KB064138

해항도시와 초국경 네트워크

이 저서는 2008년 정부(교육부)의 재원으로 한국연구재단의 지원을 받아 수행된 연구임(NRF-2008-361-B00001).

해항도시와 초국경 네트워크
-새로운 월경지역의 형성-

초판 1쇄 발행 2014년 4월 30일
2쇄 발행 2015년 8월 10일

지은이 | 우양호 · 박민수 · 정진성
펴낸이 | 윤관백
펴낸곳 | 도서출판 선인

등록 | 제5-77호(1998.11.4)
주소 | 서울시 마포구 마포대로4다길 4(마포동 324-1) 곶마루 B/D 1층
전화 | 02)718-6252/6257
팩스 | 02)718-6253
E-mail | sunin72@chol.com
Homepage | www.suninbook.com

정가 36,000원
ISBN 978-89-5933-719-4 93300

[해항도시문화교섭학연구총서 8]

해항도시와 초국경 네트워크

-새로운 월경지역의 형성-

우양호 · 박민수 · 정진성 지음

발 간 사

한국해양대학교 국제해양문제연구소는 한국연구재단의 지원을 받아 2008년부터 2017년까지 인문한국지원사업인 '해항도시 문화교섭학' 연구를 수행하고 있다. 이 연구의 개요를 간략히 소개하면 다음과 같다. 먼저, 해항도시 문화교섭 연구는 바다로 향해 열린 해항도시(seaport city)가 주된 연구대상이다. 해항도시는 해역(sea region)을 구성하는 요소로서 그 자체가 경계이면서 동시에 원심력과 구심력이 동시에 작동하는 공간으로, 배후지인 역내의 각지를 연결할 뿐만 아니라 먼 곳에 있는 역외인 해역의 거점과도 연결된 광범한 네트워크가 성립된 공간이다. 해항도시는 근대자본주의가 선도하는 지구화 훨씬 이전부터 사람, 상품, 사상 교류의 장으로서 기능해 온 유구한 역사성, 국가의 영역에 머무르지 않은 초국가적인 영역성과 개방성, 그리고 이문화의 혼교 · 충돌 · 재편이라는 혼효성의 경험과 누적을 사회적 성격으로 가진다.

다음으로 해항도시 문화교섭 연구는 해항도시를 필드로 하여 방법론적 국가주의를 넘어 방법론적 해항도시를 지향한다. 연구필드인 해항도시를 점으로 본다면 해항도시와 해항도시를 연결시킨 바닷길은 선으로 구체화되며, 바닷길과 바닷길을 연결시킨 면은 해역이 된다. 여기서 해역은 명백히 구획된 바다를 칭하는 자연 · 지리적 용법과 달리 인간이 생활하는 공간, 사람 · 물자 · 정보가 이동 · 교류하는 장이자 사람과 문화의 혼합이 왕성하여 경계가 불분명하여, 실선이 아니라 점선으로 표현되는 열린 네트워크를 말한다. 해역과 해역은 연쇄적으로 연결된다. 해항도시 문화교섭 연구는 국가와 민족이라는 분석단위를 넘어서, 해항도시와 해항도시가 구성하는 해역이라는 일정한 공간을 상정하고, 그 해항도시와 해역에서의 문화생성, 전파, 접촉, 변용에 주목하여 문화교섭 통째를 복안적이고 종합적인 견지에서 해명하고자 하는 시도다.

여기에 기대면, 국가 간의 관계 시점에서 도시 간 네트워크 시점으로의 전환, 지구화와 지방화를 동시에 반영하는 글로컬 분석단위의 도입과 해명, 중심과 주변의 이분법을 해체하고 정치적인 분할에 기초한 지리단위들에 대한 투과성과 다공성을 부여할 수 있다. 뿐만 아니라 해항도시 문화교섭 연구는 역사, 철학, 문학 등 인문학 간의 소통뿐 아니라 사회과학과 자연과학 등 모든 학문과의 소통을 전제한다는 점에서, 모든 학문의 성과를 다 받아들인다는 의미에서 '바다' 인문학을 지향한다.

이처럼 해항도시 문화교섭 연구는 '연구필드로서의 해항도시'와 '방법론으로서의 해항도시'로 대별되며, 이는 상호 분리되면서도 밀접하게 연관된다. 연구필드로서의 해항도시는 특정 시기와 공간에 존재하는 것이며, 방법론으로서의 해항도시는 국가와 국가들의 합인 국제의 틀이 아니라 해항도시와 해역의 틀로 문화교섭을 연구하는 시각을 말한다. 이런 이유로 해항도시 문화교섭학 연구총서는 크게 두 유형으로 출간될 것이다. 하나는 해항도시 문화 교섭 연구 방법론에 관련된 담론이며, 나머지 하나는 특정 해항도시에 대한 필드연구이다. 우리는 이 총서들이 상호 연관성을 가지면서 해항도시 문화교섭 연구의 완성도를 높여가길 기대한다. 그리하여 국제해양문제연구소가 해항도시 문화교섭 연구의 학문적 · 사회적 확산을 도모하고 세계적 담론의 생산 · 소통의 산실로 자리매김하는데 일조하리라 희망한다. 물론 연구총서 발간과 그 학문적 수준은 전적으로 이 프로젝트에 참여하는 연구자들의 역량에 달려있다. 연구 · 집필자들께 감사와 부탁의 말씀을 드리면서.

2014년 1월

국제해양문제연구소장 정문수

머리말

흔히 인류의 미래는 바다에 있다고들 한다. 과거에도 그러하였지만, 실제 지금 해항도시(海港都市)는 필연적으로 현대인들의 삶의 터전이고 자아실현의 장소가 되고 있다. 지구촌 인류가 바다를 배경으로 쾌적하고 건강한 해항도시와 연안사회를 만들기 위해서는 과거의 경험을 바탕으로 현재와 미래의 지속가능한 발전이 효율적으로 이루어질 수 있는 방안을 제시해야 한다. 그리고 그러한 책임은 해양과 해항도시를 필드로 하는 모든 연구자들에게 있다고 생각한다.

특히 인문학과 사회과학을 전공한 필자들은 그동안 한국해양대학교 등에서 많은 연구와 강의를 해오면서 해항도시의 개방성, 초국가적 영역성, 네트워크와 교류성 등의 내용을 독자들에게 쉽고 체계적으로 전달할 수 있는 저서의 필요성을 몸소 절감해 왔다. 또한 이는 인문한국(HK) 지원사업을 받아 우리가 새로운 학문분야로서 지금 힘든 개척의 길을 가고 있는 〈해항도시의 문화교섭학〉 아젠다에서의 규범과 크게 다르지 않다.

이 책은 전체가 총 8장으로 구성되어 있으며, 그 특징을 간단히 소개하면 다음과 같다. 먼저 제1장은 해항도시와 초국경 네트워크를 이론적으로 소개하고, 그 필요성과 의의를 서두에서 개괄적으로 다루고 있다. 제2장은 중세시대 발트해 한자도시 네트워크의 소개 및 형성과 언어, 문학, 건축, 예술 등의 문화교섭에 관한 내용을 다룬다. 제3장은 현대 유럽연합에서의 초국경 네트워크 상황과 여러 월경사업들을 소개하면서, 신한자 네트워크의 현대적 부활에 관한 내용을 다룬다. 제4장은 북유럽 지역의 외레순드 월경지역의 형성에 관한 것으로 해항도시 덴마크 코펜하겐과 스웨덴 말뫼의 초국경 네트워크를 소개한다. 제5장은 페마른 벨트에서 독일 북부의 해항도시 뤼베크, 함부르크와 덴마크 연안도시들 사이의 초국경 네트워크 구축과 최근의을 소개한다. 제6장은 동남아시아 지역 말라카와 싱가포르 해협에서 가장 큰 해항도시국가이자 선진국인 싱가포르와 인근 말레이시아 연안, 인도네시아 섬 사이의 초국경 접경성장지역에 관한 내용을 소개한다. 제7장은 동북아시아 지역에서 한·일 해협의 연안거점이자 해항도시인 부산과 후쿠오카 사이의 초국경 네트워크 형성과 최근까지의 진행에 관한 이슈를 다룬다. 제8장은 우리나라 주요 해항도시들의 초국경 협력과 월경적 국제교류의 여러 현황 및 특징을 개괄적으로 소개하려 한다.

전반적으로 이 책의 주요 관심은 제2장을 구성하는 중세시대 한자 도시동맹 부분을 제외하면 주로 근대 이후 새로운 해항도시의 초국경 네트워크 및 월경교류 이슈에 집중되고 있다. 즉 최근까지 우리나라와 해외의 여러 해항도시 네트워크를 이해하는 데 필요하다고 생각되는 개념들을 다양하게 수집하여 소개하는 데 초점을 두고 있다. 이 책에서 가급적이면 시간적으로는 근대 이전보다는 현대를, 공간적으로는 외국의 이론보다는 우리나라와 동북아시아의 해항도시의 현실과 관련된 문제와 그 해결방안을 담아 보려고 노력하였다. 지역적으로는 유럽과 동아시아를 중심으로 하되 북유럽, 서유럽, 동남아시아, 동북아시아, 우리나라의 사례를 고르게 안배하고 있다.

그리고 이 책은 기존의 특정한 이념이나 패러다임에 얽매이지 않고, 해항도시 네트워크에 관한 새로운 관점들과 이론, 그리고 사례들을 소개하려는 데에 중점을 두었다. 비록 어떤 내용은 기존 육지중심의 인문학, 도시학 등과 배치되거나 내륙적 사고에 기반한 기성이론들과 상충되는 부분도 있다. 기존 해항도시 네트워크나 초국경 협력의 이론적 기반이 국내에 거의 일천하다보니, 해외자료와 사례에서 구어체의 문장을 문어체로 옮기는 과정의 일부 미숙함이 드러나기도 한다. 이 모든 것은 전적으로 필자들의 책임이다.

또한 이 책에서 다루고 있는 오늘날 우리나라와 세계의 여러 해항도시 초국경 네트워크는 사실상 유기체와 같이 계속 변화를 거듭하고 있다. 일부 실제적인 내용들은 불과 몇 년이 지나면 낡은 내용이 되어버릴 수도 있다. 이러한 점은 근대 이후를 다루는 인문·사회과학과 현실세계를 다루는 책이 가지는 본질적인 한계이다. 필자들도 〈해항도시의 문화교섭학〉이라는 대주제에 대한 장기적인 집단연구가 종료된 것이 아니므로, 추후 판을 거듭할수록 다행히 이 부분에서는 보완이 가능하리라 본다. 무엇보다도 진정 좋은 책은 독자의 입장과 수준에서 서로 교감할 수 있는 책이라는 평범한 진리를 실천코자 노력했다. 향후 본서를 발간한 필자들은 여러분의 기탄 없는 질책과 격려를 받아들여 겸허한 자세로 부족한 부분을 조금씩 채워나갈 것임을 약속드린다.

마지막으로 이 책은 필자들에 의한 그동안의 HK아젠다 연구성과를 다시 정리하여 쓰고, 고치고, 다듬은 것이지만, 책의 출간에 있어서 많은 분들의 도움을 잊을 수 없다. 우선 최초부터 이 책과 HK아젠다 연구가 시작되고 지속될 수 있도록 배려해 주신 한국연구재단 인문사회연구본부 관계자 분들께 깊은 감사를 표한다. 당초부터 국민의 세금으로 좋은 집단연구를 하도록 허락이 되었고, 이후 역량 있는 학제

간 연구자들이 모여서 이러한 공동성과물이 출판될 수 있었다. 그동안 바쁜 학업과 논문연구에도 아랑곳하지 않고 헌신적으로 교정작업을 도와준 박사과정 성은혜 양에게 감사를 드리고, 향후 학문적 행로에도 빛나는 성과가 있기를 바란다.

더불어 오랜 시간이 걸린 이 책의 발간을 맡아 주신 도서출판 선인의 윤관백 대표님과 직원 여러분께도 깊은 감사를 드린다. 항상 바쁜 와중에서도 이 책의 마무리 작업에 끝없는 신뢰와 사랑을 보여준 가족들에게도 깊은 사랑과 감사의 마음을 전하고자 한다. 특히 아내와 아들에게는 남편과 아빠로서 “이 세상에서 어느 작은 것 하나라도 이루려면 남다른 숨은 노력이 있어야 한다”는 사실을 다시금 몸소 보여주고 싶었다.

2014년 1월 새해

부산 영도바다를 곁에 둔 한국해양대학교에서

필자를 대표하여

우양호 씀

차례

제4장 북유럽 외레순드와 초국경 통합

제5장 페마른 벨트와 초광역 네트워크

제6장 말라카 · 싱가포르 해협과 접경성장지대

제7장 한 · 일 해협과 월경공동체 협력

제8장 우리나라 해항도시와 국제교류

제 1 장

해항도시와 초국경 네트워크

제1장 해항도시와 초국경 네트워크

1. 왜 해항도시 네트워크인가?

1) 해항도시와 국민국가의 탈경계 현상

해항도시(海港都市, sea port city)란 도시 중에서도 바다를 인접한 항만이 담당하는 기능에 크게 의존하고 있는 교역도시를 말한다. 해안의 해항도시는 육지의 내륙도시, 강안의 하안도시와 함께 한 국가를 구성하는 중요한 유기체적 구성부분이 된다. 예를 들면 현대 유럽에서 국가도시 체계상 발전전략 중에서 해항도시의 역할 및 잠재적 기능의 복합화는 대도시로의 인구이동과정에서 인구의 흡인기능을 수행함으로서 대도시의 집중을 방지하고 보다 균형적인 국가발전에 이바지한다고 주장되어지고 있다(Rimmer, 1967; Bird, 1980; Bassett & Hoare, 1996; McManus, 2007).

예로부터 해항도시는 유리한 교통조건과 물자의 유통을 이용하여 상업, 공업이 발달하고, 유동인구를 상대로 하는 서비스, 위락시설이 갖추어지는 경우가 많았다. 이에 지금까지 세계의 주요 해항도시는 지역은 물론, 그 지역을 세계와 연결시켜주는 인적, 물적, 정보교환의 거점역할을 담당하였다. 역사·문화적으로 해항도시는 바다를 통하여 육지를 연결하는 교류의 창구였으며, 외래문화와 토착문화의 교섭과 조우를 통하여 새로운 문화를 창조해 내는 공간이었다(Bassett & Hoare, 1996). 이른바 전통과 현대, 지역과 세계, 육지와 바다가 결합하여 다양하고 복합적인 문화가 새로이 만들어지는 공간, 이것이 바로 지금의 해항도시들이다. 근대 국민국가 체제와 국경을 넘어 이어가는 권역으로서 해항도시의 초국경 네트워크는 그래서 더욱 중요한 의미를 갖는다.

그런데 21세기 우리나라가 속한 동아시아와 지역에서 기존의 국민국가 개념을 바탕으로 하는 중심과 주변부 공간의 설명구조는 이제 통하지 않는다는 주장이 많다. 즉 국민국가 체제는 지금 우리가 살아가고 있는 해항도시와 미래의 동아시아 지역에서 필연적으로 발생할 초국경적 공간의 발전과정을 설명할 수 없다는 점이 현실적으로 중요하게 부각되고 있다. 과거 국민국가 체제의 견고한 국경과 국민의식이 대략 17세기에서 20세기 사이에 형성된 것이라면, 국민국가를 분석단위의 기준으로 삼는 학문적 방법론은 초국경 네트워크라는 새로운 대안으로 대체되고 있는 것이다.

구체적으로 21세기에 접어든 현재, 국가(nation)보다 큰 단위인 새로운 지역(new region)의 형성과 더불어 국가보다 작은 도시들, 특히 해항도시의 활성화에 따른 새로운 월경지역 단위의 모색과 거기에 따른 민족주의의 다양한 변용을 대체할 새로운 정체성 형성의 문제는 긴밀히 맞물려 있는 상태이다. 과거 중세시대로부터 지금까지 세계 곳곳에서 나타나고 있는 해항도시 초국경 네트워크의 구축과 그 결과로 새로운 월경지역이 형성되는 여러 증거들이 이를 말해주기 때문이다.

따라서 앞으로는 국가와 육지 중심의 논의에서 탈피하여, 해양아시아의 주요 해항도시와 연안지역들이 저마다 가진 자산과 역량을 토대로 다양한 방식으로 초국가적 관계를 조절해 나가는 모습을 파악할 필요가 있다. 즉 지금 인문학 및 사회과학에서 학계가 당면한 과제 중의 하나는 국민국가의 경계와 국민의식의 분단적 장벽을 넘어, 완만한 공공 공간을 구축해 나가는데 필요한 조건과 그 과정을 밝혀 나가는 것이다.

특히 지금 유럽지역과 동아시아 지역에서 빈번하게 나타나고 있는 각종 초국경 해항도시 네트워크 구축과 월경현상은 그 추진의 방향을 사람들의 삶의 질을 담보할 수 있는 목표에 기반을 두고 있다. 즉 이러한 목표는 거주, 교통, 환경, 여가 등 제 조건을 쾌적하게 유지하는 동시에 사회통합을 새롭게 제고시키는 쪽으로 나아가고 있다. 그리고 세계화 시대를 맞이하여 점점 더 격화되는 지역단위 경쟁에서 생존할 수 있는 활력 있는 경제기반을 굳건히 갖추는 데 그 의미가 있다고 보고 있다. 이것은 그동안 동북아시아 지역과 우리나라가 국가와 경계의 틀에 갇혀 외부와의 네트워크 행위에서 중요하게 의식하지 못했던 점이다.

지금 21세기 시대에 전 세계의 주요 해항도시는 근대 국민국가 체제와 국경을 뛰어 넘어, 세계 각 지역에서 저마다의 초국경 네트워크를 구축하여 이전에는 거의 없었던 형태의 새로운 월경지역을 조금씩 형성해 가고 있다. 특히 동아시아와 유럽지역에서 이러한 현상은 중세와 근대, 그리고 오늘날까지에 걸쳐 두드러지게 나타나고 있다. 따라서 이 책에서 다루어지는 주요 내용으로서 유럽과 아시아의 해항도시들이 국경과 바다를 건너 서로 연결하는 물리, 경제, 문화적 네트워크는 분명 기존 육지적 사고나 내륙도시의 사례에서는 보이지 않는 특징을 보여주면서 독자들에게 새로운 흥미를 불러일으킬 것으로 생각한다.

2) 해항도시와 동북아시아의 시대적 상황

오래 전부터 동북아시아 권역은 세계적으로 국가별 교류의 용이성과 상호보완성이 높은 지역으로 인식되어 왔다. 이에 우리나라를 비롯하여 중국과 일본은 저마다 동북아시아 협력의 당위성과 비전을 제시하면서, 경제적 협력을 위한 지역공동체(economic union) 형성을 위한 실천적 행보를 모색해 온 것이 사실이다. 그러나 이러한 이상과 비전이 궁극적으로는 상호협력체의 완성을 위한 방향이라는 것에는 별 이견이 없었으나, 본질적 문제는 여러 가지 역사인식과 민족정서, 국제현안과 영해분쟁 등의 걸림돌로 인해 전향적으로 이상과 현실 간의 간극을 좁히지 못한 것이다.

지금 우리나라가 속한 동북아시아는 세계적으로 국가별 교류의 용이성과 상호보완성이 높은 지역인 동시에, 여전히 국가단위의 제도화되고 조직화된 협력이 제대로 없었던 지역이기도 하다. 단적으로 말하자면, 우리나라와 중국, 일본의 경우에 지금껏 경쟁과 협력을 표방하는 틀 속에서 진일보한 교류협력이 필요함을 인정하면서도, 국민국가단위의 이익과 명분의 충돌로 인하여 그 교류와 협력기반을 다지지 못하고 있다.

이러한 가운데 비교적 근래인 2008년 미국 서브프라임 모기지(sub prime mortgage) 사건 등 세계경제의 위기를 계기로 '한 · 중 · 일 간 통화 스와프 협정 체결'을 비롯한 동북아 공동대응의 자발적 움직임이 있었고, 이를 계기로 동북아시아 초국경 경제권의 구축이 다시 도마위에 오르기도 하였다. 지금도 동북아 공동체 형성과 관련하여 해당국가들은 여러 분야에서 다양한 형태의 일시적 국제협력을 간헐적으로 추진하고 있다(동북아자치단체연합, 2009).

보다 미시적으로 보면 우리나라와 동북아시아 주변국의 주요 도시들, 특히 연안과 해항도시들 간의 초국경 협력과 교류는 아직 많은 부문에서 효과적으로 시작되고 있지 못한 실정이라 할 수 있고, 계획되고 있는 부분별 네트워킹 전략도 충분한 논의와 검토를 거쳐 추진되고 있지 못하다고 볼 수 있다. 물론 이들의 최근 사건과 사례는 현재 가장 진일보된 모범사례로 평가되면서 공동체 비전은 지역과 도시발전의 특화된 교류모델로 계속 성장시켜야 한다는 의견이 많다. 따라서 우리나라와 동북아시아에서 현재 진행되고 있는 여러 해항도시의 초국경 교류나 초광역 경제권 형성에 따르는 각종 거래비용과 예상문제를 최소화하는 방안이 선제적으로 마련되어야 한다는 점에 대해서는 큰 이견이 없는 상황이다.

결국 거시적으로 동북아시아 주요 국가들의 상생에 관한 외교적 방안이 당장 마련되기가 쉽지 않은 상황에서, 최근에는 해항도시와 지역차원에서의 실질적 교류가 현실적 해답으로 나타나고 있다. 예를 들면 부산과 일본 후쿠오카의 초광역·초국경 경제권(Cross-border Mega Region), 인천과 중국 상하이, 칭다오의 황해경제권(Yellow Sea Union) 형성논의는 최근에 많은 진전을 보였으며, 예상되는 교류효과는 성공적인 네트워크의 가능성을 암시하고 있다.

3) 해항도시와 새로운 월경협력의 요구

근래에 들어서서 국제적인 교역과 투자 면에서 동북아시아 국가들, 특히 우리나라와 중국, 일본 사이의 경제적인 협력은 괄목할 만한 진전을 보였다. 그러나 빠른 기능적 경제통합과는 대조적으로 실질적인 교역과 투자 면에서의 제도화, 상설 기구화 등의 진척은 부진하였다.

이에 동북아시아에서 국제적 도시들 사이의 협력, 특히 해항도시 네트워크 구축의 당위성과 특성은 지역의 국제정치와 그간의 상황적 여건에서 찾을 수 있다.

세계적으로 탈냉전, 탈국가, 탈민족주의가 진행되고 있는 가운데, 그동안 동북아시아에서는 아직까지 자본주의와 공산주의, 남북관계, 냉전의 산물과 민족주의 등이 상존하고 있었다. 이는 아직도 동북아시아 협력의 실질적 진척과 제도화에 중대한 제약요인으로 작용하고 있다. 그러한 가운데 최근에 주목되는 현상은 국가보다는 해항도시나 연안지역의 소규모 차원에서 실제적인 협력의 움직임이 조금씩 나타나고 있다는 점이다.

만약 지금까지의 민족감정, 영토분쟁, 역사인식 등으로 인해 동북아시아에서 협력이나 교류에 관한 국가차원에서의 큰 틀(frame)이 마련되기가 쉽지 않다는 가정이 옳은 것이라면, 이제는 그 전략적 수준(strategic level)을 낮추어 볼 필요가 있다. 즉 서로 얼굴을 맞대고 있는 동북아시아 나라들의 해항도시와 연안지역차원에서의 실질적 교류에 큰 관심을 가지고, 이로부터 나타나는 작은 성과를 국가로 점차 확대하는 방법을 생각해야 할 것이다.

이러한 상황에서 부산이나 인천과 같은 우리나라를 대표하는 연안의 해항도시(sea port cities)들은 여전히 국가 간 가교의 위치에서 경제와 문화, 교역전략상 중요한 역할을 담당하고 있다. 최근 동북아시아 주요국가들은 자국 내 해항도시와 연안지역을 수단으로 국가 간 주요 교역을 진행하고 있으며, 이는 서로 약속이나 한 듯이 동시 다발적으로 나타나고 있다. 그리고 해항도시와 연안들은 단일화될 수 있는 초국경 지역과 권역별로 빠르게 발전해 나가고 있다.

예컨대 부산과 후쿠오카 간의 초국경 경제권 구성, 인천과 상해의 황해경제권 논의 등이 바로 그러한 사례들이다. 미래에 구상되고 있는 이러한 동북아시아 공동체의 구체적인 모습은 각 나라의 해항도시를 중심으로 지금의 선언적 담론이나 단순한 협력체제보다 한층 결속력 높은 구성체(structure)를 의미하게 된다. 특히 우리나라 남해안의 부산과 일본 후쿠오카의 월경한 교류사례는 근래 가장 두드러진 모범사례로 평가되며, 현재 양 해항도시 사이의 매우 구체적이고 실질적인 교류성과가 보여지고 있다. 여기에 대해서는 제7장에서 구체적으로 다룬다.

이 외에도 동북아시아에서 오랫동안 진행되어 온 환동해경제권, 환황해경제권, 환발해경제권 등의 구축담론은 이미 학자와 전문가들에게는 낯선 이야기가 아니다. 그리고 이는 동북아시아 국가들에게 해항도시 간 초국경 네트워크의 당위성과 그 실현가능성을 강하게 시사하고 있다. 다만 여기에 대한 선험적 모델이나 세계적으로 참고할 만한 사례나 근거자료가 없다는 것이 많은 이들에게 아쉬움으로 남아있다. 따라서 이 책에서 다루려고 하는 해항도시 네트워크 이론과 여러 성공사례들은 이러한 갈증을 어느 정도 해소시켜 줄 것으로 생각된다.

2. 초국경 네트워크의 의미와 쟁점

1) 초국경 네트워크의 의미

일반적으로 초국경 네트워크(cross-border network)란, "어느 나라의 도시나 지역이 다른 외국의 특정 도시 혹은 지역과 인적, 물적, 문화적으로 교류하면서 긴밀한 협력관계(cross-border cooperation)를 형성하는 것"을 말한다. 이는 국가적 차원의 외교나 초국가 협력(transnational cooperation), 국가 내부지역 간 협력(interregional cooperation)과는 분명 다른 개념이다(Morosini, Shane & Singh, 1998; Garlick, Kresl & Vaessen, 2006).

해항도시나 연안지역의 초국경 네트워크와 교류는 주체적 관점에서 "특정 해항도시(연안지역)가 스스로 월경의 자발적인 주체가 되어 시민과 경제적인 편익을 위해 월경적 협력과 교류를 실시하는 것"을 의미한다. 이 때의 특징은 문화적 전통 및 가치관, 교류방식이나 관행을 존중하는 동반자 관계에서 시작하여 언어, 인종, 종교, 이념, 체제 등의 차이를 초월하고 개인과 집단차원에서 공식 또는 비공식으로 공고화된 협력관계를 갖추는 것을 뜻한다(Cappellin, 1993; 김홍률, 2009; 김일평, 2010).

일반적으로 해항도시 간의 문화교섭과 초국경 지역 간 연계 및 협력의 형성과정은 인지→연계→협력→신뢰의 4단계를 거치며, 대체로 신뢰의 단계에 도달할 경우에 비로소 높은 성과가 나타난다고 한다(정문수, 2009). 인지는 연계·협력의 상대 또는 주체를 아는 것이고, 이들과 협력할 필요가 있어서 회의나 MOU계약 등의 형식을 통해 공식적·형식적·물리적 연계가 이루어진다. 그 다음으로 협력의 경우 콘텐츠(공동 구매, 연구개발 등)가 있어야 하고, 협력을 여러 차례 추진하면서 신뢰가 구축될 경우 교류의 밀도가 높아지고 비로소 좋은 성과가 나타날 수 있다.

해항도시 초국경 네트워크는 해항도시 내부와 외부의 다양한 주체 간 국경을 넘어선 정보교류, 협력, 보완 등을 위한 연계망을 의미하기도 한다. 이에 지금 초국경 네트워크가 형성된 해항도시들은 전문부문으로 특화된 지능을 지니고 상호보완과 협력을 통해 가장 현대적이고 번창하며, 정치 · 경제 · 문화적 선도지역으로 인정받고 있다.

보다 구체적으로 최근 유럽연합과 아시아 지역을 중심으로 나타난 세계화 및 지역주의(regionalism)의 강화추세는 국가(nation) 단위의 협력보다 도시(city) 및 지역(region) 단위협력에 기반한 지역공동체의 영향력을 증대시키고 있다. 특히 유레지오(euregio)라는 미명 하에 발트해 연안을 중심으로 한 여러 지역 간의 국경이 허물어지거나, 새로이 만들어진 초국경적 교류와 협력사례는 근래에 유럽연합 내에서도 많은 교훈과 성과를 보여주고 있다(정문수, 2009).

나아가 이 책에서 소개되는 발트해 지역의 신한자 네트워크(Die Neue Hanse), 덴마크 말뫼와 스웨덴 코펜하겐 사이의 외레순드(Øresund) 지역, 동남아시아 말라카 · 싱가포르 해협의 접경성장지대(Growth Triangle), 동북아시아의 부산과 후쿠오카 초광역경제권(Cross-border Mega Region) 등은 그 결속력이나 발전적 측면에서 세계적으로 가장 성공한 사례들로 평가되고 있다.

해항도시나 연안지역 단위의 초국경 교류에 관하여 현재까지 나온 이론과 사례를 살펴보면, 아직 그 학문적 토대가 충분한 편은 아니다. 그러나 서구의 주요 선진도시나 지역에서 초국경 교류의 주요 쟁점(issue)과 그 성공조건(situation)으로는 몇몇 내용들이 다루어지고 있다. 그러므로 제1장에서는 제2장부터 다루어질 개별의 여러 사례들을 종합적으로 아우르는 이론적 소개와 사전적 논증이 필요할 것으로 보인다.

이제 세계적으로 많은 학자들에 의해 거론되고 있는 초국경 통합과 교류의 주요 쟁점을 이론적으로 살펴보도록 하자. 초국경 교류와 협력에 대한 기존의 이론을 종합해 보면, 대체적인 논의의 흐름은 다음과 같이 소개된다. 그리고 이러한 내용들은 이 책의 각 장에서 다루어질 구체적인 사례들에 대해 사전적으로 참고해도 좋을 대목이다.

2) 초국경 네트워크의 주요 쟁점

(1) 미래의 비전과 전략 수립

해항도시 간 초국경 협력 및 통합의 성공에는 미래의 비전과 전략의 차원이 우선적으로 거론될 수 있다. 이는 세계적으로 지역공동체에서 연상되는 이상과 현실 사이의 거리감을 좁히는 역할을 하기 때문에 매우 중요한 쟁점사항으로 여겨지고 있다. 해항도시의 초국경 협력이나 교류는 국민국가의 체제에서 이루어진 외교(diplomacy)가 아니다. 그러므로 도시 단위에서 초국경 통합의 성공을 위해서는 무엇보다도 스스로의 월경통합과 협력이 해당 국가와 글로벌 경제권에 유용하다는 청사진을 발굴해 내는 것이 필요하다. 서로 다른 국가에 있는 현대 해항도시들의 교류와 네트워크 전략은 고전적인 광역권 만들기 방법만으로는 분명 한계가 있기 때문이다.

현재 국경을 초월하는 투자나 전략적 제휴가 통상적으로 해당 국가들의 경제적, 지리적 핵심지역에서만 나타나는 것도 이런 점 때문이다. 유럽과 아시아, 구미권에 산재한 거대 규모의 초국경 해항도시들은 자신들의 연계된 공간이 지정학적으로 어떤 의미를 갖고 있는지 그 비전을 통해 밝혀야 하고, 향후 어떠한 전략과 실천 속에서 장점이 부각될 수 있는지를 우선 교류의 상대방과 인접국가에게 설명해야 한다. 명확하고 설득력 높은 비전과 전략만이 초국경 교류의 성공과 이에 대한 시민의 지지, 외부의 지원을 기대할 수 있다(Cappellin, 1993; Taylor & Hoyler, 2000; Peter, 2001; Harrison, 2007).

(2) 경제기능과 역할의 배분

최근에 들어서서 세계적으로 주요 해항도시와 지역 간 경제적 기능과 역할의 배분문제가 초국경 통합의 중요한 이슈로 부각되고 있다. 현재 초국경 통합과 교류는 대부분 경제적으로 외적인 부가가치 확보가 주된 목적이 되고 있다. 글로벌 경제성장을 견인하던 유럽과 아시아의 산업도시들이 20세기 이후 급격한 쇠퇴를 비슷한 시기에 경험하고, 이것이 다시 그 해항도시들이 스스로 초국경 교류와 네트워크를 모색하는 원동력이 되고 있다.

21세기 현대사회에서의 월경협력과 초국경 지역 형성은 일반적으로 시장의 힘에 의해 발생하고 민간부문이 주도하는 것이 통상적이다. 즉 기업이나 시민이 사적동기에 의해 교류하고 상호협력하면서 네트워크를 구축해 나감으로써, 초국경지역 형성에 실질적인 기여를 하게 되는 그림이 보편적인 것으로 간주된다. 따라서 이는 국가나 중앙정부가 주도하는 기존 하향식 경제협력방식과는 달리 초국경 지역의 새로운 형성은 상향식 경제협력방식으로 간주되도록 만든다.

그리고 이러한 경제적 이유는 초국경 협력을 하는 해항도시 간 교류의 가장 실제적이고 중요한 이슈이자 쟁점이 되고 있으며, 상호이익이 존재하기 위해서 반드시 고려되는 요소이기도 하다. 즉 초국경 교류와 광역경제권으로의 통합을 통하여 지역산업과 경제를 자극하여 활성화를 도모하고, 지역단위의 수출입 장벽과 인구이동의 제한을 없애는 이점을 누리게 된다. 그리고 이 과정에서 서로 유사한 산업구조나 동종산업이 발달한 해항도시들은 시너지 경제효과를 극대화할 수 있다(Martinez, 1994; Kratke, 1998; Morosini, Shane & Singh, 1998; Sassen, 2002).

(3) 정치 · 행정적 절차와 권한의 배분

오늘날 현대사회가 다원화되고 발전될수록 국경을 초월한 협력과 교류의 과정에서 그 주체들 간의 행정적 절차와 권한배분의 차원이 점차 중요해지고 있다. 여기에는 초국경 교류나 월경적 협력을 위한 서로 다른 해항도시의 정치적 체제(political structure), 행정절차 상의 협력체제(cooperation structure)와 분권적 거버넌스(decentralized governance)가 가장 핵심으로 다루어지고 있다.

먼저 국경을 초월하기 때문에 서로 다른 지역민주주의나 정치제도(분권이나 자치)의 수준은 중요한 성공조건이 된다. 특히 정책이나 의사결정구조에서 중요한 위치를 차지하는 것은 바로 정치인(politician)이며, 이들과 오피니언 리더들의 리더십은 중요한 요소로 언급된다. 또한 행정적으로 초국경 교류에는 행정조직과 기구의 구성, 기본적인 인력과 예산배정을 통한 교류시스템의 정비가 필요하다.

특히 초국경 협력과정에서 행정기관들 간의 분권적 거버넌스는 상당히 중요한데, 이는 해항도시를 통치하는 도시정부 간의 협력과정에서 서로 주도권을 확보하기 위한 경쟁으로 비춰질 우려가 존재하기 때문이다. 민주주의와 자치에 기반을 둔 정부, 기업, 시민, 도시의 다중심 거버넌스(multi-centric governance)는 초국경 지역에서 발생하는 각종 현안의 의제설정(agenda setting)은 물론 결정상의 투명성, 개방성과도 연결되는 것으로, 초국경 네트워크에 대한 사회적 참여와 성과확산을 긍정적으로 담보한다(Taylor, 2000; Idvall, 2009; Katsikeas, Skarmeas & Bello, 2009).

(4) 비용의 분담과 재정적 문제

근래에 해항도시가 만들고 있는 초국경 지역의 상호 비용분담과 경제적 부담의 문제도 비용분담과 재정적 문제의 차원에서 현실적으로 상당히 중요하다. 특정 지역이 갖고 있었던 공간의 장점이 희석되고 월경한 지역연계를 통한 경쟁력 강화가 더욱 유의미한 접근이 된 이유는 늘어나는 경제적인 편익 때문이다. 그런데 미래의 불확실한 편익에 비추어 현재의 고정비용(fixed costs)을 부담하는 문제는 초국경 통합과 교류에 중요한 현안이 되고 있다.

특히 물리적으로 국경과 해협을 사이에 둔 해항도시 간 교류와 통합에 있어서는 국내보다 자연히 많은 비용이 소요된다. 비용은 현실적으로 초국경 교류의 필수적인 초기투입요소지만, 협상과 합의를 토대로 공동투자원칙이 전향적으로 세워지지 못할 경우 오히려 교류진전의 지체나 실패의 핵심적 요인이 될 수 있다(Church & Reid, 1999; Watson, 2000; Scott, 2001; Garlick, Kresl & Vaessen, 2006; Harrison, 2007).

(5) 일상생활과 문화적 장벽

일상생활과 문화적 장벽의 해소는 초국경 교류의 공고화와 지속성에 있어 중요한 문제이다. 즉 초국경 네트워크는 연안지역과 해항도시가 일단 기존의 국경을 초월하기 때문에 상대도시와 사람들에 대한 문화적 이해도를 높이고, 어떤 문화와 정서를 가진 곳인지도 함께 고려하는 것이 중요한 쟁점이 된다. 일상생활과 문화적 장벽은 교류내용의 접근과 방식도 달라지게 만들며, 서로 다른 곳의 정서나 사회·문화적 공감대(common sense)는 결코 무시할 수 없는 중요한 요인이다.

만약 이것이 긍정적으로 작용한다면 초국경 통합이나 월경한 교류효과가 증폭되어질 수 있는 반면 그렇지 못한 경우에는 정체나 부진한 상태를 초래하게 된다. 주목할 것은 유럽 등에서 월경교류가 성공한 지역에서는 이전부터 민간수준에서 비공식적 차원의 많은 교류를 하고 있었다는 점이다.

서로 다른 곳에 살더라도 교류의 분위기나 문화적, 정서적 토대를 이미 가지고 있다면 신뢰성(dependability) 측면에서 이후의 초국경 네트워크는 더욱 견고해질 수 있다(Martinez, 1994; Taylor & Hoyler, 2000; Peter, 2001; 김희재 · 윤영준, 2008). 일상생활과 문화적 장벽의 해소는 어찌 보면 개개인들에게는 가장 중요한 초국경 네트워크의 성공조건 중 하나일 것이다.

3) 초국경 네트워크 구축의 전개과정

기성학자들의 주요 이론에 따르면, 국가가 아닌 도시단위나 지역단위의 초국경 네트워크 교류에 관한 과정은 공통적으로 앞선 논의와 문헌적 증거들과 같이 정리될 수 있다. 그리고 이를 토대로 일반적인 해항도시의 초국경 네트워크 구축의 전개과정에 대해 다음과 같은 이론적 논리모델을 새로 개발할 수 있다. 해항도시 초국경 네트워크 구축의 과정과 쟁점을 요약 · 정리한 모델은 차제에 이 책의 구체적인 성공사례들을 살펴볼 때 좋은 사전적 기준과 관점을 제공할 것이다.

먼저 전 세계적으로 여러 해항도시가 국가의 범위를 초월하여 초국경 교류를 활성화하기 위해서는 서로에게 그 배경과 공감대가 나타나야 하고, 통합의 결정과 내 · 외부적 합의의 도출과정이 필요하다. 여기에는 지정학적, 역사적, 제도적, 사회경제적 배경들이 있을 수 있으며, 이것이 어떻게 중요한 동기와 유인이 되는지가 중요하다. 또한 초국경 교류의 추진체계와 활동을 통해 가장 중요한 쟁점과 문제를 해

〈그림 1〉 해항도시 초국경 네트워크 구축의 과정과 쟁점

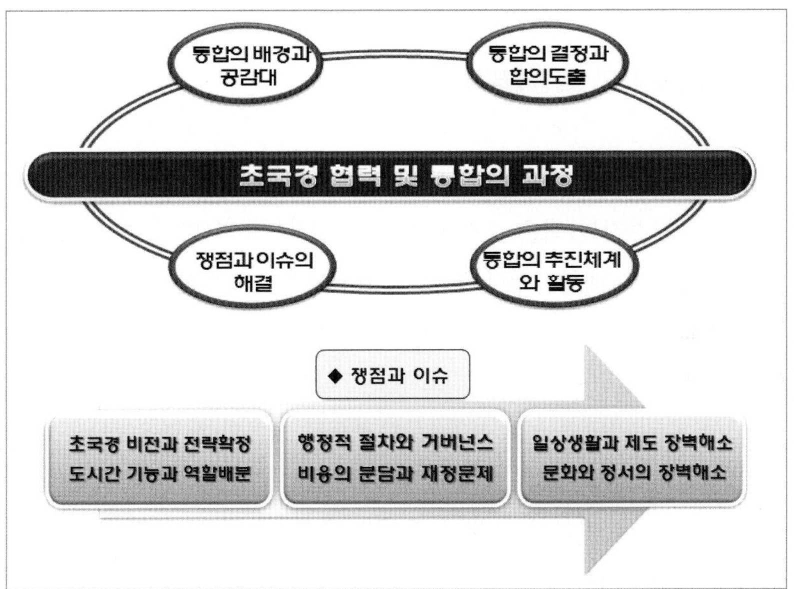

결해 나가야 한다.

앞서 열거한 바와 같이, 초국경 네트워크 구축상의 쟁점과 문제에는 초국경의 비전과 전략 차원, 경제기능과 역할의 배분차원, 정치·행정적 절차와 권한배분의 차원, 비용분담과 재정적 문제의 차원, 일상생활과 문화적 장벽의 해소 차원 등이 있었다. 이러한 쟁점의 내용을 중심으로 보면 실제 우리가 앞으로 진행할 수도 있는 초국경 교류의 어느 과정에서 어떤 주의를 기울여야 하고, 어떤 쟁점을 어떻게 해결하는 것이 좋은지에 대한 힌트와 교훈을 충분히 받을 수도 있다. 그리고, 이 책에서 소개하는 사례들을 이해하기 위한 시각의 토대가 되기도 한다.

3. 새로운 월경협력의 형성과 원인

1) 해항도시와 월경협력의 의의

세계적으로 해항도시 초국경 네트워크 구축의 과정 및 그 성공적 결과로서 월경적 협력은 오랫동안 지속되는 경우가 많이 나타나고 있다. 일반적으로 해항도시나 연안지역 단위에서 국제적 월경협력이 갖는 의미는 다양한데, 월경협력 혹은 초국경 협력, 국제협력 등의 다양한 명칭으로 일컬어진다. 그리고 이는 "하나의 해항도시가 외국의 특정 도시 혹은 지역과 인적 또는 문화적으로 교류와 협력을 하는 것"을 말한다(김판석, 2000; 황정홍 · 전영평, 2000). 즉 국가적 차원의 외교와 달리 도시나 지역의 국제적 협력은 주로 "한 도시(지역)가 국제적 차원에서 상호 협력의 자발적인 주체가 되어 해당 도시와 시민의 이익을 위하여 인적, 물적, 문화적 교류를 실시하는 것"을 의미한다 (Barkema & Vermeulen, 1997; Morosini, Shane & Singh, 1998). 대표적인 예로 우리나라와 외국의 도시 상호 간 이루어지는 공무원 연수파견, 행정정보 교환, 국제회의/전시회 개최, 문화/스포츠교류, 청소년/대학생 교류 등이 있다.

국가외교가 아닌 지역과 도시의 수준에서의 초국경 네트워크, 국제협력 등과 함께 자주 다루어지는 개념으로는 '국제교류'나 '내부의 국제화' 등의 용어가 있다. 먼저 국제교류는 도시나 지역보다는 주로 국가 상호 간이나 국가와 국제기관 간에 나타나는데, 유 · 무상의 기본교류, 교역협력상의 교류, 기술 및 인력교류, 사회 · 문화적 교류 등 국제사회에서 발생하는 다양한 형태의 국제적 유통(flow)을 의미한다.

반면에 내부의 국제화(혹은 내향적 국제화)라 함은 국가, 지역, 도시가 밖으로부터의 이질적인 것을 받아들인다고 하는 의식적인 면에 있어서의 국제화를 뜻한다. 예컨대 외국인을 위한 관광안내 수준, 외국인 노동자나 결혼이민자를 위한 외국어 교실 개설 및 의료보험 제공, 기타 공공시설에서의 외국어 안내표시 수준 등을 들 수 있다(양기호, 2006).

해항도시나 지역 단위 사이에서 이루어지는 여러 형태의 월경적 국제협력은 국가외교와 마찬가지로 서로의 문화적 전통 및 가치관, 교류방식이나 관행을 존중하는 그러한 동반자 관계에서 시작됨을 전제한다(Wendt, 1987; Harrison, 2007). 따라서 해항도시나 지역의 월경적 국제협력은 언어, 인종, 종교, 이념, 체제 등의 차이를 초월하여 개인, 집단, 기관, 공공부문, 민간부문 등에 걸친 다양한 분야와 주체들이 각각의 우호, 협력, 이해증진 및 공동이익 도모 등을 목적으로 관련주체 상호 간에 공식 또는 비공식으로 추진되는 대등한 협력관계를 의미한다(오성동, 2007; 김지희, 2008; 김일평, 2010).

2) 월경지역 구축과 협력의 유형

국경을 초월한 해항도시들 사이에 나타나는 국제적 월경지역의 형성과 그 협력의 초기적 유형은 외형상 크게 자매결연과 우호협력으로 구분할 수 있다. 먼저 우리나라 주요 해항도시가 외국 도시나 지역과의 우호적인 제휴를 통해 긴밀한 협력관계를 만들어 나가는 자매결연(sisterhood relationship)은 중요한 국제화의 수단이자, 가장 보편화된 국제협력 활동이 되고 있다(황정홍 · 전영평, 2000; 김병준, 2009).

현실적으로 국경을 넘어 해항도시나 연안지역 단위에서 맺어지는 자매결연은 곧 지역사회의 공공복리를 발전시키고 시민의 삶의 질을 높이기 위해 다른 곳과의 협력이 필요할 때 이루어진다. 즉 자매결연이 맺어지는 조건으로는 양자 사이에 공동의 관심사가 존재하고, 여기에 대한 공동행동의 약속과 그 실천을 상호 간에 확인하는 것이다. 구체적으로는 해당 도시나 지역의 대표자(시장)에 의한 공식서명 행위와 의회의 승인을 받은 이후, 협약문서로 자매결연의 관계가 성립되는 경우가 일반적인 관행이 되고 있다(Barlett & Ghoshal, 1992; 전국시도지사협의회, 2013).

반면에 우호협력(friendly cooperation)은 해항도시나 지역 간의 친선을 도모하는 초기단계의 교류로 일정기간 신뢰관계를 형성하기 위한 수단으로 사용된다. 이는 본격적인 교류나 자매결연을 전제로 상호 협력하는 체제를 의미하는데, 그 제도화나 구체성에서는 자매결연보다 강도가 약한 편이다. 현대사회에서 국경을 넘어선 해항도시와 다른 도시의 우호협력은 대체로 교류의 시작단계에서 신중을 기하는 경우가 많으며, 관계의 성공을 담보하기 위한 진단과 탐색적인 절차가 되는 경우가 많다.

해항도시들 사이의 국경을 넘어선 자매결연은 우호협력과 절차적 측면에는 차이가 없으나, 지방과 중앙의 인식과 제도 측면에서는 여전히 차이를 보여주는 것을 알 수 있다. 현재 산업, 경제, 문화, 스포츠, 기술, 학술, 청소년 등의 교류형태는 자매결연 이후 상호 간 합의에 따라 임의로 정할 수 있는 사항이므로 많은 사례를 가질 수 있다(이종열, 2007). 그런데 우리나라에서 외국도시와 자매결연을 맺을 경우 과거 오랫동안 국가(중앙부처)의 사전 승인을 받아야 했으나, 2004년부터 승인제도가 폐지되면서 이러한 협력과 교류는 급속하게 확대되고 있는 상황에 있다(전국시도지사협의회, 2013).

21세기의 국제적인 해항도시 간 교류관행으로 이해해 본다면 자매결연이 보다 성숙하고 구체화된 동반자적 협력관계이며, 우호협력은 아직 그렇지 못한 상태에서 상호 호감을 증대시켜 나가는 친구관계로 해석하면 무리가 없을 것이다. 우리나라 주요 해항도시의 국제적 네트워크나 협력의 현황에 있어서도 외국의 도시들에 대해 우호도시(friendship city)와 자매도시(sister city)는 명확하게 구분하고 있으며, 대부분 우호협력 보다는 높은 정형화 수준을 가진 자매도시의 형태로 공식교류가 이루어지고 있다.

여기에서 다루고자 하는 사례인 초국경 네트워크 도시들은 현재 대부분 자매도시이자 행정협정도시의 의미 이상이며, 이는 그만큼 각 해항도시가 서로 보증하는 교류의 '공식성'과 '구체성'이 높은 경우이다. 그리고 유럽이나 동아시아에서 활동하고 있는 해항도시들 사이의 교류수준은 관련업무의 공식담당자나 정부관계자(informed person)가 판단하는 것이 가장 정확하며(오성동, 2007), 이는 각각의 도시에서 상대에 대한 교류의 타당성, 당위성, 만족도 등이 높은 경우가 많다(Arino, et. al., 1997; Katsikeas, Skarmeas & Bello, 2009; 전국시도지사협의회, 2013).

3) 해항도시 간 월경협력의 성공조건

월경한 해항도시 간 초국경 교류와 협력의 원인이나 조건은 다양한 관점에서 논의될 수 있다. 세계적으로 월경협력이나 국제교류에 관하여 현재까지 나온 이론을 종합해서 살펴보면, 해항도시 간 교류의 성공조건으로 여러 요인들이 다루어지고 있음이 추론된다. 대체적인 논의의 흐름은 해항도시 간 월경적 협력 및 국제교류의 수준이나 활성화 문제가 '주어진 상황이나 조건(condition)' 및 '스스로 교류역량을 갖추는 것(internal capacity)'에 맞추어지고 있다. 기존 이론에서 거론되고 있는 주요 논거를 종합해 보면, 해항도시의 생태 · 지리적 조건, 문화 · 정서적 조건, 경제적 조건, 정치적 조건, 행정적 조건, 국가적 환경조건 등의 6가지 범주로 유형화시킬 수 있다.

〈그림 2〉 해항도시 간 월경협력의 성공조건

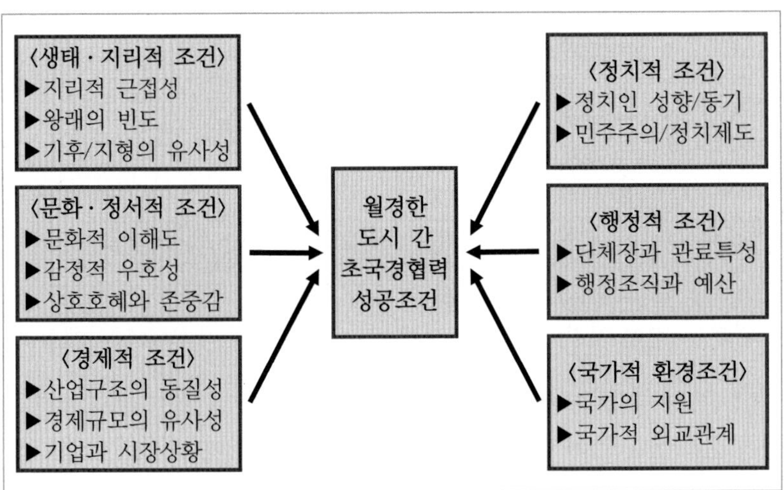

구체적으로 성공사례가 많은 유럽과 아시아 등지에서 해항도시의 월경한 국제교류가 존재하기 위한 가정으로 생태 · 지리적 차원에서는 해항도시 상호 간 지리적 접근성이 높아야 하고, 왕래 빈도가 높아야 하며, 기후 및 지형이 유사해야 한다. 문화 · 정서적 차원에서는 해항도시 상호 간 문화적 이해도가 높아야 하고, 감정적으로 우호적이어야 하며, 상대방에 대한 이해와 존중감이 높아야 한다. 경제적 차원에서는 해항도시의 산업구조가 동질적이어야 하고, 경제규모가 유사해야 하며, 기업과 시장상황이 뒷받침되어야 한다.

정치적 차원에서는 해항도시의 지역정치인이 교류에 대해 우호적이고 동기가 있어야 하며, 지역민주주의의 높은 수준과 분권적 자치제도가 정착되어 있어야 한다. 행정적 차원에서는 초국경 협력이나 국제교류에 대한 단체장이나 관료의 마인드, 전문성이 있어야 하고, 행정조직과 예산의 체계적, 상시적인 준비가 되어 있어야 한다. 국가적 환경 차원에서는 국제교류에 대한 국가(중앙정부)의 지원수준이 높아야 하고, 상대도시가 속한 국가의 외교관계 상황도 우호적이어야 한다.

(1) 생태 · 지리적 조건(ecological and geographic conditions)

국경을 초월(cross-border)한 해항도시 간 초국경 협력과 국제교류의 성공조건으로 가장 먼저 생태 · 지리적 조건을 생각할 수 있다. 여기에는 구체적으로 '지리적 접근성(access)'과 '왕래의 빈도(mobility)', '기후와 지형경관(climate and landscape)' 등이 논의되고 있다. 우선 지리적 접근성은 국제교류의 성공에 중요한 조건이 될 수 있다.

가. 지리적 접근성

물리적 측면에서 다루어지는 지리적 접근성은 원래부터 변화될 수 없는 고정적 조건(constants)인데, 이는 인접한 국가나 지역 간 소통과 협력을 만드는 중요한 원인이 되기도 한다(Martinez, 1994a; 1994b). 그러므로 해항도시 간 초국경 협력과 국제교류에 있어서도 양호한 지정학적 위치는 사람과 물자의 수송비(transfer cost)를 줄여주고, 이동의 수월성으로 인해 교류의 성공을 담보할 수 있다(이갑영, 2005).

현실적으로도 모든 지방과 국가는 지리적으로 이웃한 곳과 좋은 관계를 갖는 것이 경쟁력의 원천이 되고 있다. 예컨대 국내 · 외적으로 최근의 행정구역 통합과 광역경제권 형성이 그러한 예이고, 남북경제협력논의가 그러하며, 유럽연합(EU)의 탄생 경험이 이러한 점을 잘 보여주고 있다. 최근 인천-상해, 부산-후쿠오카 등 다양한 형태의 경제통합을 구체화하는데 지리적 접근성의 요소가 중요한 고려대상이 된다는 것은 이미 잘 알려져 있다.

나. 왕래의 빈도

지리적 조건에서 해항도시 간 왕래의 빈도도 국제교류의 성공조건이 될 수 있다. 상식적으로 지리적 접근성이 좋을수록 왕래가 빈번할 수도 있지만, 현대도시의 이동상황과 해항도시 간 국제교류의 사안에 있어서는 반드시 그렇지만은 않다는 것이 정설이다(김희재 · 윤영준, 2008). 오늘날 과학기술 및 통신과 교통수단의 발달로 과거보다 타 국가나 지역 간의 이동성과 접근성이 좋아졌으나, 실제 국제교류의 수준이나 뚜렷한 방문목적(purpose of visit)을 가진 사람들에 의한 왕래의 빈번함에 비례한다는 점은 널리 알려진 사실이다(Samers, 2002; 김지희, 2008; 김홍률, 2009).

예를 들어 동아시아 주요 국가들은 다수의 도서(섬)를 보유하고 있거나 항만을 비롯한 나라별 주요도시가 해안선을 따라 형성돼 있어서 동아시아 지역은 해양을 통한 왕래나 교류가 편리하였다(이정남, 2005). 이 때문에 동아시아 권역은 오래 전부터 동남아시아국가연합(ASEAN), 동북아자치단체연합(NEAR) 등의 협력기구가 형성되었고 다른 곳보다 교류가 구체화되어 왔다(한국국제협력단, 2011). 오늘날 국경을 초월한 지역 간의 비공식적인 왕래는 곧 교류의 시작과 성공을 보장하는 중요한 촉매가 되고 있는 것이다.

다. 기후와 지형경관

기후와 지형(경관)의 유사성도 해항도시 간 초국경적 네트워크 구축과 월경교류에 중요한 요인인데, 이는 기본적으로 해항도시들의 자연적인 조건이 서로 유사하고, 도시의 인공물이나 경관 등의 물리적 여건이 비슷할수록 교류의 성공가능성이 높아진다는 것이다. 왜냐하면, 월경한 국제교류를 활성화시키는 해항도시의 생태적 조건으로서 기후나 지형은 시민의 삶의 양식과 가치관, 의식구조를 좌우하고, 인구의 규모와 질적 구성에까지 영향을 미칠 수 있기 때문이다(김희재 · 윤영준, 2008; 동북아자치단체연합, 2011).

기존의 유럽과 구미권의 사례에서 살펴보면, 기후와 지형이 비슷한 해항도시들이 상호교류를 할 경우에는 서로의 처지와 환경을 이해하는 수준도 높아지므로, 이는 곧 교류의 지속가능성을 생태적으로 담보하는 지렛대 역할을 하게 된다(Martinez, 1994b; Scott, 20001; Harrison, 2007). 따라서 기후나 지리는 주어진 조건임에도 불구하고 예나 지금이나 상당한 의미를 가지고 있음은 틀림이 없다.

(2) 문화 · 정서적 조건(cultural and emotional conditions)

해항도시의 생태 · 지리적 조건이 눈에 보이는 대표적인 유형적 요인들(tangible factors)이었다면, 해항도시 간 월경협력과 국제교류의 성공을 위해서는 보이지 않는 문화 혹은 정서적 조건도 상당히 중요한 무형적 요인들(intangible factors)로 다루어지고 있다. 여기에는 상대 도시에 대한 '문화적 이해도', '감정적 우호성', '상호호혜와 존중감' 등이 언급되고 있다. 눈에 보이는 생태 · 지리적 조건보다 중요한 우리에게 보이지 않는 문화 · 정서적 조건에 대해 보다 자세하게 살펴보도록 하자.

가. 문화적 이해도

우선 상대도시에 대한 문화적 이해도는 국제교류 상의 필수적인 전제조건(precondition)이 된다(Barkema & Vermeulen, 1997; Katsikeas, Skarmeas & Bello, 2009). 어느 한 해항도시가 다른 외국도시에 대한 국제교류를 추진함에 있어서는 상대방의 문화적 특성과 그 정서를 충분히 고려해야 한다. 즉 우리 입장만 중요한 것이 아니라, 상대방이 어떤 문화와 정서를 가진 나라와 지역인지도 함께 고려하고, 그에 대한 교류내용의 접근과 방식도 달라져야 한다는 것이 중요하다.

예컨대, 미국의 LA, 뉴욕, 뉴저지 등과 같은 해항도시나 연안지역들은 외국도시와의 교류에 있어 초기단계부터 민간의 역할이 상당한 비중을 차지하고 있을 뿐만 아니라, 실제 교류 과정에서도 큰 역할을 수행하도록 되어 있다(Barkema & Vermeulen, 1997). 일본의 경우는 처음부터 국제교류의 관행상 직접적인 접근보다는 교류를 희망하는 간접적인 표현이 훨씬 더 호의적으로 받아들여질 가능성이 높다고 알려져 있다. 일본의 국제적 외교문화는 공식적 교류가 어디까지나 충분한 사전 교감이 이루어진 후 나타나는 자연스러운 절차로 판단하고 있기 때문이다(세계지방자치단체연합, 2011).

반면 중국은 우호교류협정이라는 공식적 교류협정을 먼저 체결한 후 자매결연을 체결하므로 상호 공식적, 제도적인 교류라는 목표를 당연시하는 문화가 나타나고 있다(전국시도지사협의회, 2013). 이렇듯 여러 해항도시와 국가별로 다른 문화적 차이에 대한 이해는 교류의 활성화, 성공가능성과 깊은 연관을 맺고 있다.

나. 감정적 우호성

해항도시 간 교류에는 우호적인 감정도 상당히 중요하다. 특히 개인주의(individualism)보다 집단주의(collectivism) 문화가 지배적인 동양권 국가들의 국제협력이나 월경적 상호교류에 있어 상대방에 대한 일반국민의 정서나 사회 · 문화적 상식들(common sense)은 결코 무시할 수 없는 중요한 요인이 되고 있다(이종열, 2007; 오성동, 2007). 이는 해항도시가 교류대상 국가나 도시를 사전에 선정하는 과정에서 중요하게 고려되고 있으며, 특히 국제교류의 지속적인 유지를 위해서는 문화나 정서상의 호감이 중요하고 심리적 차원에서 신중을 기해야 할 필요성이 높아지고 있다.

이들 감정과 정서적 요소가 긍정적으로 작용한다면 해항도시의 월경교류나 협력이 원활하게 진행되어질 수 있는 반면 그렇지 못한 경우에는 정체나 부진한 상태가 될 가능성이 높다(Sullivan & Bauerschmidt, 1990; Barkema & Vermeulen, 1997; 김부성, 2006). 상대방에 대한 우호적인 감정은 곧 교류관계에서 신뢰(trust), 열정(passion), 상상력(imagination)을 유발하고 궁극적으로는 최고(best)와 최선(brightest)의 결과를 추구하게 만든다.

다. 상호호혜와 존중감

최근 해항도시 간 초국경 협력과 국제교류에 있어서 상호호혜성과 존중감은 그 교류의 형성과 협력의 성공에 영향을 미치는 주요 원인으로 많은 학자들에게 관심을 끌고 있다. 원래 국가적 외교의 관례와 마찬가지로 국경을 초월한 해항도시 간 교류에 있어서도 서로 다른 상대방에 대한 상호신뢰와 존중(mutual trust and respect)을 원칙적인 전제로 하기 때문이다(Arino, et. al., 1997; Katsikeas, Skarmeas & Bello, 2009).

실질적으로 둘 혹은 셋 이상의 해항도시 간에 국제교류를 통한 파트너십과 협력사업의 원활한 추진을 위해서는 서로 다른 도시에 포함된 참여 주체 간의 상호 사전적 네트워크 형성도 상당히 중요하다(Scott, 2001; Sassen, 2002). 예컨대 상호호혜와 존중감의 증진을 위해 국내외 외국도시 간 제도적이고 본격적인 형태의 국제교류를 하기 이전부터 민간수준에서 비공식적 차원의 교류를 하고 있었거나, 정부 간 교류의 분위기나 역사적 토대를 이미 가지고 있다면 신뢰성(dependability) 측면에서 이후의 국제적 교류와 네트워크의 구성은 더욱 용이해질 수 있다(Arino et. al, 1997; 이정주 · 최외출, 2003; 이종열, 2007).

또한 최근에 들어 세계의 유명한 여러 해항도시들은 근래까지 상호호혜와 우호적 교류증진 목적을 위해 국제도시관리연합(ICMA), 지방자치단체국제연합(IULA), 자치단체국제환경협의회(ICLEI), 유럽자치단체협의회(CEMR) 등의 기구를 결성하였다. 이러한 교류관련 국제기구 또는 도시연합기구의 형성을 통해 참여지역과 도시 간 상호 호혜와 교류의 기반을 조성하는 사례를 늘려가고 있다.

(3) 경제적 조건(economic conditions)

현재 대부분 성공했다는 평가를 받고 있는 해항도시들의 국제적 네트워크나 월경교류는 경제적으로 도시 외적인 부가가치의 생산이 그 주요한 목적이 되고 있다. 그리고 이러한 경제적 이유들은 도시 간 교류의 실제적이고 중요한 이슈가 되어가고 있다.

주요 해항도시들은 초국경 협력이나 국제교류를 통하여 지역산업과 경제를 자극하고, 이는 다시 지역경제의 활성화를 도모하는데 이용되고 있는데 그 수단은 주로 국제무역과 물자교류의 양적 증대를 위한 관세장벽과 수출입 제한제도의 철폐 등이다. 특히 2차 산업과 3차 산업이 고루 발달한 거대 해항도시일수록 교류의 상대도시는 가장 큰 수출대상이자 해외투자의 시장이며 많은 기업이 진출할 수 있는 이점이 있는 곳이 된다.

이러한 상황에서 최근 실질적 성과를 중시하는 교류형태로서 경제협력 사업을 우선적으로 추진하는 사례가 조금씩 증가하고 있다(오성동, 2007; 부산광역시, 2009; 부산발전연구원, 2009; 김일평, 2010). 이러한 경제적 교류의 선결조건으로는 해항도시들이 가진 산업구조의 동질성, 경제규모의 유사성, 기업과 시장상황 등이 있다.

가. 산업구조의 동질성

해항도시의 초국경 협력이나 월경교류를 촉진하는 경제적 조건은 해항도시 간 산업구조의 동질성(homogeneous industrial structure)이 높아야 한다. 기존의 도시경제이론(urban economic theory)에서는 도시지역의 외부로 재화와 용역을 생산, 판매하는 기반활동(basic activities)이 곧 도시의 성장과 발전을 좌우하는 것으로 본다. 특히 수출을 대상으로 하는 기반산업은 외부도시와의 교역(trade)에 기본적으로 의존한다(김홍률, 2009).

이에 20세기 이후 유럽과 아시아에서는 글로벌 경제성장을 견인하던 제조업 기반의 산업도시들이 급격한 쇠퇴를 경험하고 있으며, 이에 각 해항도시는 3차 서비스 산업의 육성을 통해 산업구조를 고도화하여 미래에 경쟁력 있는 세계도시(global city)로의 변화를 꾀하고 있다. 북유럽과 서유럽의 선진 해항도시들이 그러하며, 동북아시아의 연안에 위치한 우리나라, 중국, 일본의 해항도시들도 역시 그러하다.

특히 이러한 변화의 노력과정에서 과거 동종 산업이 발달한 도시들, 혹은 현재 비슷한 산업구조를 가지고 있거나 향후 서로 유사한 산업구조로의 변화를 모색하는 것이 일반화되고 있다. 이들 해항도시들은 한결같이 상호 교류 시에 경제적 시너지 효과를 극대화할 수 있었다는 것이 정설이 되었다(Scott, 2001; Samers, 2002; Sassen, 2002).

나. 경제규모의 유사성

경제수준과 규모의 유사성(similarity in economic size)도 해항도시 간 교류에 중요한 요소인데, 현재 유럽연합(EU), 북미자유무역협정(NAFTA), 아시아태평양경제협력체(APEC) 등의 지역경제 통합체 성격을 가진 국제경제기구는 기본적으로 경제발전 수준이나 규모의 유사성을 전제하고 있다(세계지방자치단체연합, 2011). 즉 경제수준이나 규모의 문제는 해항도시 간 경제적 교류나 통합(economic integration)으로 인한 상호이익이 존재하기 위해서 반드시 고려되는 요소이다. 실제 경제적 규모나 생활의 격차가 큰 국제적인 도시나 연안의 거대도시들 간에는 실제 초국경적 협력이나 월경교류가 이루어지더라도 그 장기적인 관계의 유지와 진행에는 무리가 따르는 것으로 보고되고 있기 때문이다(세계도시경쟁력포럼, 2010).

다. 기업과 시장상황

기업과 시장상황의 여건(business conditions)도 해항도시의 상호교류에 많은 영향을 줄 수 있다. 특히 오늘날 해항도시의 국제관계에서 민간교류의 많은 부분은 기업인, 바이어 등의 경제인사들이 핵심적 역할(key person)을 하는 경우가 많다(Barlett & Ghoshal, 1992). 그런데 초국경 네트워크나 국제적 교류협력에 있어 이들 경제인이나 재계인사들은 경기변동(business fluctuations)이나 시장여건(market condition), 기업사정(business situation) 등에 따라 그 활동이나 기여의 범위가 달라진다(Scott, 2001).

물론 해항도시 간 국제교류는 양호한 경제적 환경이 뒷받침되어야 하지만, 기업들의 경영여건이나 상시장의 경기상황이 좋지 않을 경우에도 새로운 활로의 모색을 위해 교류를 할 수도 있다(오성동, 2007; 김홍률, 2009). 그렇지만 전반적으로 기업사정과 시장상황은 좋건 나쁘건(hot or cold) 관계없이, 해항도시 간 초국경 협력과 국제교류 등에 많은 영향을 미치는 것만은 분명해 보인다.

(4) 정치적 조건(political conditions)

근대 이후 모든 도시들은 사회주의가 아닌 이상 민주주의를 통치와 자치의 이념적 기반으로 한다. 이는 오늘날의 해항도시도 예외가 아니다. 정치적 조건은 일반적으로 도시정치(urban politics)의 특성과 성향의 문제로 특히 현대 민주주의 국가체제에서 민선자치와 지방분권 이후 중요해진 해항도시의 초국경 협력과 국제교류의 중요한 요인이다.

해항도시의 초국경 네트워크 구축에 있어서 그 월경적 교류와 도시의 정치적 요소 사이에 어떤 직접적이고 구체적인 관계는 없더라도 어느 정도 간접적인 관련은 있으며, 지속적인 국제교류의 촉진제 역할을 한다는 주장도 있다. 예컨대, 해항도시나 지역에서 나타나는 정치인의 성향, 지역민주주의와 정치제도(분권이나 자치)의 수준은 월경적 협력과 교류의 중요한 요건이 된다. 여기에 대해 보다 구체적으로 살펴보도록 하자.

가. 정치인의 동기와 성향

우선 해항도시나 국가 간 국제교류의 초기단계에서 정치인에 의한 정치적 동기부여는 중요한 역할을 한다. 도시정치이론(urban political theory)의 주장과 같이 정책이나 의사결정구조에서 중요한 위치를 차지하는 것은 바로 기성정치인(politician)이다. 이들은 자신에게 투표한 지역주민에 대한 대응성(responsiveness)이 높기 마련이며, 자신의 임기 안에 일정한 정치적 성과를 보여주려 노력하게 된다. 그러한 가운데 해항도시의 월경적 국제교류는 일부 정치인의 치적을 높이는 손쉬운 방법으로 이용되기도 했다(김판석, 2000). 이는 오늘날 정치를 하는 사람들의 기본적인 생리이며, 세계적으로 비슷한 현상으로 보고되고 있기도 하다.

그러나 우리나라의 예를 들자면, '지방의 세계화' 기치를 내건 김영삼 정부 이후 정치인의 국제화나 세계화의 인식도 많이 변화되었다. 국제화 시대의 국가경쟁력은 바로 여러 도시와 지역의 국제경쟁력과 직결된다고 해도 과언이 아니게 된 것이다. 정치인에 의한 국제교류는 장기적으로 이벤트나 전시행위라는 비판을 받기도 하지만, 최소한 단기적으로는 인적 경로를 만들고 시작하는 주요 방법이 되기도 한다(황정홍 · 전영평, 2000; 이정주 · 최외출, 2003). 이는 지리적으로 교류성과 개방성이 높은 해항도시의 경우에 더욱 확연하게 나타나고 있다.

나. 지역민주주의와 정치제도

해항도시의 초국경 협력과 국제교류는 각 도시의 민주주의(democracy)나 정치제도(political system)와도 밀접한 연관을 가진다. 즉 지역민주주의가 정착되고 자치와 분권의 수준이 높을수록 국제적인 협력과 월경적 교류의 조건은 양호하다고 할 수 있다. 먼저 어느 해항도시가 다른 도시와 국제교류나 초국경 협력을 활성화하기 위해서는 정부만이 아니라 다른 행위자를 위한 충분한 교류의 영역과 공간이 확보되어야 할 것인데, 이를 정부 단독으로 제공할 수는 없으므로 다른 민간부문과 지역사회의 관심과 협력이 절대적으로 필요하다(Sassen, 2002). 즉 국제교류의 활성화를 위해서는 지역에서 보다 많은 행위자, 민간교류의 주체들이 생겨나고 이들의 활동성과가 오히려 지역에 피드백으로 제공될 수 있어야 한다(전국시도지사협의회, 2013).

또한 초국경적 사업의 진행이나 국제교류에 관한 시민사회와 민간부문의 기대와 요구에 대해 실제 도시나 정부가 민감하게 부응할 수 있어야 할 것이고, 다양한 유인을 제공해야 할 것이며, 그 방법으로는 시민, 기업과의 대화, 협력, 네트워크가 필요할 것이다. 민주주의와 자치에 기반을 둔 정부와 기업, 시민 간의 네트워크의 구축 및 확장정도는 국제교류의 의제설정(agenda setting)은 물론 결정상의 투명성, 개방성과도 연결되는 것으로, 여기에 다른 행위자로 하여금 국제교류 네트워크에 대한 참여가 쉽다는 것을 의미한다(이종열, 2007).

같은 맥락에서 한 해항도시가 다른 도시와의 월경협력이나 국제교류의 관계 형성과 유지에 있어서 그 도시의 민주적 사회네트워크의 의미는 더욱 각별하다. 그 이유는 매번 특정한 이슈가 떠오를 때마다 이것을 지역의 다른 행위자들에게 위임(referral send)할 수 있는 대상이 있음을 의미하기 때문이다. 그리고 같이 의논할 수 있는 절차를 마련하여 문제해결에 쉽게 접근할 수 있음을 뜻하기도 한다(Martinez, 1994a; Morosini, Shane & Singh, 1998).

민주화 과정에 따라 중앙집권적인 국가통치구조가 지방분권적인 구조로 전환되어 가는 것도 해항도시들의 초국경 협력과 새로운 월경지역의 형성을 촉진시키는 중요한 요인으로 작용하고 있다. 이러한 현상은 우리나라와 일본, 중국 등과 같은 동북아시아 지역과 국가들에게서 특히 많이 나타나고 있다. 최근으로 올수록 도시나 지방정부가 자율권을 부여받으면서 상호경쟁을 하는 구도로 전환됨에 따라 국내에 한정된 발전전략으로는 한계가 있다고 판단하고 세계화 추세를 이용해 국경을 넘어선 협력방안을 추진하고 있는 것이다.

(5) 행정적 조건(administrative conditions)

오늘날 해항도시의 초국경 네트워크와 국제적인 교류협력은 공식적으로 정부활동(government action)이며, 이는 행정적 요소와 절차의 중요성을 말해준다. 이러한 행정적 조건으로는 단체장 및 관료의 특성, 전담기관이나 부서의 존재 등이 있다. 해항도시의 초국경 네트워크 구축과정에는 의외로 행정적 요소와 절차 등이 상당히 중요시되고 있다. 그리고 이는 네트워크의 공식성과 현실세계에서의 실천력을 높이기 위한 필수적인 과정으로 여겨지고 있다. 보다 구체적인 소개와 설명은 다음과 같이 할 수 있다.

가. 단체장 및 관료의 특성

현대 민주주의 국가에서 자치가 이루어지는 각 도시의 행정수장이자 공식적으로 특정 해항도시를 대표하는 단체장(head of the local government) 및 관료(bureaucrat)의 행위는 상당한 의미를 가진다. 이는 국제적인 협력관계의 시작이나 초국경 교류에 있어서 가장 중요한 행정절차상의 요인이 되기 때문이다. 예를 들어, 어느 해항도시에서 국제교류나 마케팅의 수요가 있을 경우, 도시정부를 구성하는 단체장의 적극적인 리더십이나 관료의 전문성, 교류마인드 등에 따라 그 성과는 많은 차이를 보여줄 수 있다. 나아가 정부에 관한 요인 중에서 최고관리자인 시장이 관심과 의지를 가지고 있는가에 따라 초국경적 협력, 교류의 수준이나 그 성과에는 커다란 차이가 날 수 있다(이종수, 2004).

이것은 바로 단체장의 개인적 특성과 성향(personal character)의 문제로 특히 민선자치 이후 더 중요해진 국제교류와 월경협력의 요인이다. 어느 나라의 해항도시나 연안지역에서 민선단체장의 개인적 성향이 어떠하냐, 지도력(leadership) 및 비전(vision)이 어떠한가에 따라 "우리 지역발전과 시민의 이익을 위해 과연 국제교류가 필요한가?"라는 기본명제가 영향을 받게 될 것이 분명하기 때문이다. 그리고 다시 이에 따라 구체적인 교류목표와 세부내용까지도 설정되는 그러한 순환적 구조를 가질 수도 있다(Barlett & Ghoshal, 1992; 김지희, 2008; 김홍률, 2009).

나. 전담기관이나 부서의 존재

행정적으로 해항도시 간 네트워크 구축과 교류에는 행정조직과 기구의 구성, 예산과 재정문제도 현실적으로 상당히 중요하다. 이와 같은 이유로 현재 여러 도시와 지방의 국제교류를 체계적으로 확산, 정착시키기 위해서 우선 기본적인 인력과 예산의 개선을 통한 교류시스템의 정비가 필요하다는 의견이 많다(이정남, 2005; 부산발전연구원, 2009).

해항도시가 국제교류를 위한 별도의 기관이나 부서(exclusive organizational system)를 안배해야 하는 논리적 당위성은 일단 교류의 기본적인 전문성(expertise)과 역량(competency) 강화문제를 논외로 하더라도, 행정조직에서 고정비용(fixed costs)이 큰 필수업무는 규모의 경제(economies of scale)를 누릴 수 있게 그 기능을 독립시키는 것이 효율적이라는 주장에 기반하고 있다(Harrison, 2007; Katsikeas, Skarmeas & Bello, 2009).

예를 들자면, 현재 해항도시 부산이나 인천 등이 갖고 있는 우리나라 주요 해항도시(지방정부)의 국제교류나 초국경 협력에 관한 전담부서 및 기관의 주요 업무는 개략적으로 다음과 같다. 그것은 각종 국제화업무의 총괄 기획 조정, 외국도시와의 자매결연 및 행정협정체결, 자매도시를 비롯한 주요 외국소재 해항도시들과의 교류추진, 국제관계단체 운영지원, 국제회의 개최 참여, 각종 국제 정보자료 수집 관리 등을 행하는 것으로 정의된다(전국시도지사협의회, 2013).

만약에 해항도시나 지방의 어느 행정조직에서 인사, 경제, 사회, 문화, 관광, 예술, 체육 등의 부서에 국제화 및 교류업무가 각기 분산되어 있다면 업무의 중복 및 비효율성으로 인한 손해를 감수하게 된다. 따라서 일정규모 이상의 해항도시에서 이러한 국제교류업무를 하나의 전담조직에서 관장하게 된다면, 규모의 경제효과를 바탕으로 저렴한 비용으로 많은 성과를 창출하는 것이 가능하게 된다. 또한 이러한 내부적 효율(efficiency of internal operation)은 시민에 대해서도 비슷한 인력과 비용으로 보다 질 높은 국제서비스나 교류의 편익을 제공받게 만든다(이갑영, 2005).

(6) 국가적 환경 조건(national conditions)

현대사회에서 해항도시 간 빈번해지고 있는 초국경 지역구축과 월경교류 현상은 개별지역 단위의 '진공상태(vacuum)' 속에서 배타적으로 일어나는 것은 아니다. 해항도시가 아무리 거대화, 세계화가 된다고 하더라도 여전히 국민국가 체제의 하부단위(unit)라는 점은 분명하기 때문에, 해항도시의 네트워크 구축과 월경적 교류는 상부체제로서의 국가적 영향을 받지 않을 수 없다.

특히 우리나라와 같이 중앙집권적 체제에서 자치와 분권적 체제로 구조적인 탈바꿈을 한지 얼마 되지 않은 국가의 경우 해항도시 간 교류는 국가의 영향을 크게 받는다. 유럽의 몇몇 선진국과 같이 분권화가 아주 잘된 국가라 할지라도 도시의 자체 역량에는 분명 한계가 존재한다. 따라서 이러한 국가적 환경조건은 해항도시의 네트워크 구축에 의미 있는 영향을 미치고 있음을 부인할 수 없으며, 여기에는 국가의 행정과 재정상의 지원, 국가적 외교관계 등의 요인이 많은 기성학자들에 의해서 거론되고 있다.

가. 국가의 행정과 재정 지원

해항도시에 대한 국가(중앙정부)의 지원은 그 도시의 국제적 협력 및 교류의 수준과 초국경 네트워크의 활성화에 많은 영향을 미칠 수 있다. 세계적인 추세로 볼 때, 현재 우리나라를 포함한 국가별 중앙정부는 정도의 차이는 있지만 자국내 각 해항도시나 지역들에 대해 국제교류나 월경적 협력관계 구축을 장려하기 위한 각종 정책적, 재정적 지원을 하고 있는 것이 현실이다. 그리고 이는 세계화의 관점에서 볼 때, 규범적으로 바람직한 현상으로 평가되고 있다(김병준, 2009; 세계지방자치단체연합, 2011).

특히 서구에 비해 동북아시아에서 대도시 권역은 상호 교류의 주체로서나 경쟁적 행위자로서의 역량이 여전히 부족하며, 따라서 이러한 국제경쟁력이나 교류역량은 국가의 정책과 지원에 의해 큰 영향을 받고 있다. 전 세계적으로 해항도시나 지방에 대해 이러한 국가적 교류지원을 하는 이유는 상호발전, 경제적 이익증대, 지식기술과 정보 공유, 정치적 갈등해소 및 분쟁예방 등의 사안에 걸쳐 실로 다양하게 나타난다(Watson, 2000; 김일평, 2010).

그러나 공통적인 지원의 이유도 나타나는데, 그것은 지방의 재정자립도가 낮은 상황에서 당장 성과가 나타나지 않는 국제교류는 특정 해항도시나 지역단독으로 쉽게 결정할 수 있는 문제가 아니기 때문이다. 또한 국가(중앙정부) 차원에서의 국제협력이 공식외교라고 볼 때,

해항도시 간 우호협력이나 자매결연은 국가외교를 뒷받침하고 협력 기반을 조성할 뿐 아니라 국가 전체의 외교역량 증진에도 크게 기여하는 것으로 알려져 있다는 이유도 크다(황정홍 · 전영평, 2000). 근래 인천국제신도시 개발과 여수엑스포개최사례가 이러한 국가적 지원에 의해 성공한 국제교류 사업들이다.

나. 국가적 외교관계

같은 맥락에서 국가의 상위적 외교관계도 해항도시 간 초국경 협력이나 국제교류에 중요한 환경인데, 일단 지역이나 도시단위에서의 국제교류는 그 대상국가의 외교관계와도 밀접한 연관을 가진다. 근래 세계도시의 의미로서 몇몇 해항도시들이 네트워크성을 기반으로 국가에 대한 상대적 자율성을 확보해 나가는 추세이기는 하다.

하지만 여전히 대다수 해항도시는 국가체제에 소속된 하나의 구성단위라는 것은 부인할 수 없는 사실이고, 외교의 영향을 전혀 받지 않는다고는 보기 어렵이다. 또한 상대 국가에 대한 서로 간의 감정이나 이미지는 도시 단위로 소급, 적용되어지는 경향성도 일반적이다(Barkema & Vermeulen, 1997; Morosini, Shane & Singh, 1998). 유럽공동체(EU)나 동남아시아공동체(ASEAN)는 상대적으로 덜할지 모르지만, 우리나라와 중국, 일본이 주축을 이룬 동북아시아의 경우에는 더욱 그러한 것으로 알려져 있다.

예를 들면, 우리나라 국민들이 상식적으로 느끼는 일본, 중국, 미국과의 외교관계에 대한 인식에는 상당한 차이가 있다. 그리고 이러한 국가별 외교에 대한 찬반입장과 이미지 차이는 이들 국가에 속한 특정 해항도시와의 월경과 교류에도 상당한 영향을 미칠 수 있는 것이다. 마치 일부분의 장점과 단점이 전체로 확대 해석될 수 있는 것과 같은 이치이다.

현재 우리나라 해항도시들의 초국경 협력이나 국제교류의 현황에서 그 대상 국가는 중국, 미국, 일본에 집중적으로 편중되어 있고, 러시아, 베트남, 호주, 멕시코 등의 소수의 도시가 산재해 있다. 그 이외 제3세계 국가나 도시와의 교류관계는 거의 없거나 극소수에 그치고 있다(안전행정부, 2013). 특히 남미지역과 중동지역과의 외교나 도시교류가 상대적으로 없다는 점은 우리나라 대부분의 국제교류가 지금껏 문화적 동질성이 높은 국가와 정서적 우방에 지나치게 치우쳐 왔다는 점을 우회적으로 말해준다.

4. 해항도시 네트워크 이론의 창성

오늘날 국민국가에서 한 국가 안에 존재하는 해항도시는 그 국가체제의 일부분으로만 취급되는 객체(the objects)가 더 이상 아닌 것 같다. 기존 인문학과 사회과학에서 '국제도시(international city)', '세계도시(global city)'의 개념이 등장한 지는 오래이며(Sassen, 2002), 이들은 대부분 해항도시들이다. 세계적으로 보면 유럽본토의 유명한 해항도시들을 제외하더라도 미국의 뉴욕, 일본의 오사카, 중국의 상해, 영국의 런던, 동남아시아 싱가포르 등을 아우르는 현대 해항도시의 범위는 대부분 대규모이면서도 국가적 경계를 초월하는 특성(across national boundaries)을 가진다(McManus, 2007).

그리고 이들 간 도시네트워크(inter-city network) 및 지역수준과 세계수준의 네트워크(regional network and global network)는 학술적으로도 새로운 화두를 던져 주고 있다. 즉 세계적으로 유명한 주요 해항도시는 스스로의 영역을 확장하면서 자체역량을 제고(capacity building)하기 위해 자발적으로 다른 해항도시와의 교류와 소통(international interaction)을 모색하고 있다. 물론 초국경, 국가를 넘어서는 해항도시의 네트워크는 지역과 도시의 세계화와 지방화가 동시에 진행될 경우에 가능한 것으로 보여진다.

또 다른 관점에서 20세기 후반기에 나타난 냉전체제의 붕괴 이후 전개되는 국가보다 더 큰 지역단위의 형성과 국가보다 작은 도시들의 부상은 주목을 끌고 있다. 이는 글로컬(Global + Local) 지역단위, 즉 광역도시와 광역지역, 그리고 광역네트워크의 형성을 가시화하고 있다. 일부 글로벌 시대의 현안은 국민국가 체제에 의한 통합적 관리보다는 해항도시와 다른 초국경 지역 간의 네트워킹에 의한 해결의 효과성이 크며, 심지어 국민국가는 이러한 중요성을 인식할 필요가 있음을 권고받고 있다.

그런데 근대 국민국가의 출현 이후, 지금까지 해항도시와 국가체제 사이의 관계와 그 개념에 대한 학자들의 학문적 노력은 다양한 시각과 관점, 대상과 분야 등에 따라 달라졌고, 각각의 입장이나 견해에 따른 상이한 관찰의 결과로 나타났다. 그러한 이유로 새로운 해항도시 초국경 네트워크에 대한 개념정의와 그 필요성은 개별 이론들에 있어서 지금까지 무시되거나 아주 모호한 용어로 표현되고 있으며, 이와 같은 용어의 모호함이 서로 다른 이론들 사이의 비교를 어렵게 한다. 그러나 분명한 사실은 초국경 네트워크라는 새로운 개념을 단일한 관점에서 접근하는 자체가 매우 곤란하다는 것이며, 이 점에 대해서는 현대도시를 연구해 온 기존 학자들의 이견이 없는 것으로 알려져 있다.

그럼에도 불구하고 초국경 네트워크 협력이나 교류에 관한 과거의 관점은 외교라는 미명 하에 대부분 국민국가(nation) 단위에 상당기간을 의존했었고, 국가주도의 하향식(top-down) 접근을 취할 수밖에 없었다. 그러나 해항도시 중심의 이러한 초국경 협력과 월경교류의 현상은 이와는 전혀 다른 맥락으로서, 지역이나 도시 간 네트워크의 자발적이고 우선적인 형성을 통해 차후 중앙정부 간 지역통합으로 발전시킨다. 이런 점에서 이 책에서 다루고 있는 해항도시 네트워크는 국제적 네트워크와 월경교류에 관한 발상의 전환이자, 상향식(bottom-up) 접근이라고 할 수 있다.

이러한 상황에서 현대 과학기술과 교통의 발전으로 만들어진 소통의 바다를 매개로 해서 해항도시의 개방성과 교류성은 더욱 강화되었고, 이를 기반으로 한 다른 나라 해항도시나 연안지역과의 자발적 교류를 통해 만든 다양한 월경적 네트워크 구축은 거시적 차원에서 국가외교나 교류에까지 중요한 하부토대를 만들어 주는 경우도 생겨나고 있다. 실제로 최근 유럽연합(EU)의 경우를 보면, 해항도시 간 긴밀한 초국경 네트워크는 국경을 초월한 또 하나의 새로운 공동체를 형성하게 만들고 국가별 정체성이나 가치를 재형성함으로써 결속력 있는 국가적 협력체제로까지 발전되는 기반이 되고 있다.

결론적으로 우리가 새로운 해항도시 네트워크 이론을 창성하기 위해서는 여러 가지 사례를 발굴하고, 이를 증거로 삼아 귀납적인 접근이나 논증(inductive argument)을 하는 것도 효율적일 수 있다. 즉 어떤 현상을 수집하고 이들 사례들을 분석하여 하나의 논리를 만드는 방식이 새로운 해항도시 네트워크 이론의 주장에 적합하다.

연역적 접근의 경우, 특정 현상이나 사건을 해석할 때 논리적 사고의 프레임(Frame)을 이용하여 정리함에 따라 문제를 쉽게 규정 지울 수는 있다. 그렇지만 근대 이후 국민국가의 경계(boundary)와 국경

(border)을 해항도시 스스로 넘어서는 매우 이례적이고 예외적인 사건으로서 초국경 네트워크 구축과 새로운 월경지역의 형성현상에 대해서는 연역적 방식의 적용이 어렵다. 특히 기존의 국민국가와 육지 중심적 사고의 틀에 얽매이게 되어 새로운 사실들을 간과해버릴 수 있는 단점이 연역적 접근에는 분명히 존재하고 있다.

그러므로 여기에서는 해항도시 초국경 네트워크 구축과 새로운 월경지역의 형성이라는 대주제에 대한 기존의 국가적, 육지적 사고와 발상의 전환을 시작하는 첫걸음을 과감히 내딛고자 한다. 이 책이 철저하게 현실세계의 사례와 증거 위주로 쓰여진 가장 중요한 이유도 바로 여기에 있다. 그리고 이러한 노력은 기존에 없었던 해항도시 초국경 네트워크 이론의 새로운 창성에 초석이 될 것으로 본다. 이 책을 읽은 독자들은 나중에 전 세계의 곳곳에서 국민국가의 경계가 모호해지고 있는 이유를 분명히 알게 될 것이며, 그 중심에는 바로 해항도시가 자리하고 있다는 사실을 자연스럽게 깨닫게 될 것이다.

제 2 장

중세 한자 네트워크와 문화교섭

제 2 장
중세 한자 네트워크와 문화교섭

한자(Hanse)는 중세 유럽 북부 독일의 해항도시들을 중심으로 발트해 연안에 형성되었던 경제적·정치적 동맹조직이자 네트워크였다. '한자'라는 말은 원래 '무리', '떼', '동지', '인적 유대' 등의 의미를 가졌으나 12세기부터 특히 북서유럽의 '여행상인 조합공동체(Fahrtgenossenschaft)'를 지칭하는 데 사용되기 시작했다. 그러나 한자라는 말은 때로 이러한 상인들이 조합공동체에 납부하는 '공납'을 뜻하기도 했으며 또 조합공동체나 공동체 각 지부가 지닌 특별한 '권리'를 지칭하기도 했다. 이러한 말이 점차 북부 유럽의 특정한—즉 독일인들이 중심을 이룬—상인공동체와 이들이 주축이 된 도시동맹과 네트워크 조직을 지칭하는 데 사용되기에 이른다(롤프 하멜-키조, 2012; 곽정섭, 1989; 에디트 엔넨, 1997).

한자의 맹아라 할 수 있는 저지독일 상인들의 활동은 그 이전부터 관찰되지만, 통상 한자의 시작은 도시 뤼베크가 재건설된 1159년으로 잡는다(뤼베크는 1143년 건설되었지만 1157년 화재로 폐허가 되었다가 2년 후 재건설되었다). 그 이유는 첫째로 뤼베크가 발트해 연안에 세워진 최초의 독일 도시였고, 이 도시의 건설로 저지독일 상인들이 발트해로 진출할 수 있는 교두보가 마련되었기 때문이며, 둘째로 뤼베크는 전체 한자시대 동안 가장 주도적인 역할을 했기 때문이다.

한자 조직의 공식적 종말은 마지막 한자총회(Hansetag)가 열린 1669년으로 잡는다. 물론 그 훨씬 이전, 즉 16세기 중반부터 한자는 급속히 세력을 잃고 점차 유명무실한 조직이 되었으며, 마지막 한자총회에 참가한 도시는 뤼베크와 함부르크, 단치히 등 10개 도시뿐이었다(Dollinger 1998; 롤프 하멜-키조, 2012).

그런데 중세시대 한자 네트워크의 역할은 경제와 정치 영역에 국한되지 않았고 발트해 공간에서 문화적 통일의 생성과 확산에서도 중요한 역할을 했던 것으로 평가된다. 한자의 선박으로는 교역물품뿐 아니라 정신적 · 예술적 조류와 경향은 물론 다양한 생활문화도 함께 운반되었기 때문이다. 중세 후기 발트해 공간에 세워진 도시들은 문화나 일상생활 면에서 분명 한자 네트워크에 의해 각인되었다. 따라서 우리는 "최소한 14세기 초부터 16세기 초까지 발트해 연안 지역의 문화 및 부분적으로 북해의 문화를 한자적이라 지칭할 수 있다."(Dollinger, 1998)

이 장에서는 북부 저지독일을 중심으로 발트해 연안에 형성되었던 이러한 한자의 네트워크성과 이와 결부된 해항도시 문화교섭(cultural interaction)의 고유한 특성을 알아보는 것을 목표로 한다. 이때 문화교섭이라는 것은 언어와 문학, 사상과 관념, 건축과 예술, 의생활과 식생활, 주거문화 및 사회제도 등 여러 문화 현상과 관련된 교섭 활동을 지칭한다.

이 장에서는 중세 한자 네트워크 공간에서 이뤄진 이런 여러 문화교섭 현상 중에서도 언어와 문학 및 건축과 예술의 교섭 현상을 탐구대상으로 설정한다. 하지만 이런 문화교섭 현상을 논하려면 우선 한자도시들의 특징과 그 네트워크성 및 이 조직에서 해항도시들이 맡은 특별한 역할에 관해 대략적이라도 알아볼 필요가 있다.

따라서 이 장에서는 한자 공간에서의 문화교섭 현상을 다루기에 앞서 우선 한자 네트워크의 형성과 발전 과정을 간단히 소개한 후, 이 네트워크를 형성한 한자도시들의 공통적 특징을 추출해 볼 것이며, 또 한자 네트워크 공간에서 해항도시들이 수행한 주도적 역할에 관해 알아볼 것이다. 그러고 나서 한자 공간의 언어와 문학 및 건축과 예술의 교섭 현상에 관해 비교적 자세히 서술해 보도록 하겠다.

1. 중세 한자 네트워크의 의의와 기능

1) 중세 한자 네트워크의 성립과 발전

앞서 말했듯, 한자란 12세기 중반에서 17세기 중반까지 약 500년간 존속했던 북부 저지독일 상인들의 동맹체를 지칭하는 이름이다. 한자는 저지독일의 여행상인들 및 이 상인들이 시민권을 갖고 있던 약 70개의 대도시와 약 130개의 소도시들로 구성된 네트워크 조직이었다(롤프 하멜-키조, 2011). 이 조직의 가장 중요한 목표는 교역을 통한 경제적 이윤의 최대화였으며, 이를 위해 항해의 안전 및 외국에서의 공동의 경제적 이익 창출을 도모했다. "한자는 당대 유럽에서 하나의 특수한 현상이었다고 할 수 있다. 그럴 것이 당시에는 개별 도시들이 각자의 이익만을 좇는 이기주의적 행태를 보이는 것이 일반적 현상이었기 때문이다.

저지독일 상인들은 공동의 이익을 위해 동맹으로 뭉친 결과 소규모의 개별 도시집단으로 활동했을 때보다 더 많은 교역물품을 획득하고 제공할 수 있었다. 큰 집단으로 뭉친 결과 군사력도 갖게 되자 이들의 영향력은 더욱 강화되었다. 교역국 지배자들에게 저지독일 상인들은 곧 불가결한 존재가 되었다."(롤프 하멜-키조, 2011). 그러나 세력이 커진 14세기 말부터 한자 네트워크 조직은 점차 제후의 횡포와 간섭에 반발하여 회원 간 상호협력을 꾀하고 또 발트해에서의 경제적 독점권을 지키기 위해 제후들과 전쟁을 벌이는 등 정치적 색채 또한 표출하기 시작했다(롤프 하멜-키조, 2012).

이처럼 한자는 경제적 이윤을 추구하는 조직이자 정치적 조직이라는 이중적 성격을 갖고 있었다. 한자는 또 다른 맥락에서 이중적 성격을 지녔는데, 즉 이 조직은 상인들의 조합공동체이자 도시연맹이었다. 초기에 한자는 전자의 성격이 강했으나, 점차 후자의 형태로 이행하였다. 이른바 '상인한자(Kaufmannshanse)'에서 '도시한자(Städtehanse)'로의 이러한 전환은 13세기 중반에서 14세기 중반까지 약 100년에 걸쳐 일어났는데, 몇 가지 주요한 배경 내지 원인은 다음과 같다(Dollinger, 1998; 곽정섭, 1989).

첫째로, 발트해와 북해의 무역로가 안정됨에 따라 상인들이 직접 무장 인력을 대동하고 대규모 조직을 이끌 필요가 점차 사라졌다. 그에 따라 상인들은 고향도시에 정주하고 대리인들을 파견하여 교역활동을 추진하기 시작했다. 즉 이제 상인들은 도시에 거점을 두고서 다수의 교역을 원격 조종하는 방식을 취하게 된 것이다. 더불어 부유한 상인들은 시의회 등의 자치지배기구로 급속히 진출하여 도시 지배에도 관여했다.

둘째로, 이 시기에는 유럽 북동부에서 황제의 권력이 약화되며 그에 따라 영주들의 세력이 강화되기에 이른다. 이러한 변화는 이 지역 도시들이 누려왔던 자치권의 위기를 뜻했으며 또한 자치권에 의지해 비교적 자유롭게 상업 활동을 전개했던 상인들의 위기이기도 했다. 이에 상인들은 도시 자치권 수호에 관심을 기울이며 도시 간 동맹도 추진하여 영주들에게 대항하였다. 중세 13~14세기에 한자 상인들이 속한 도시들은 지역적으로 여러 동맹을 만들어 제후들과 전쟁을 벌이기도 했다(곽정섭, 1989).

셋째로,—두 번째 배경과 연관된 것으로—이 시기 발트해 공간에서 덴마크의 지속적인 세력 팽창은 도시한자 형성에 직접적인 계기가 되었다. 덴마크 국왕 발데마르 4세의 정책으로 인해 자유로운 교역에 어려움을 겪게 된 발트해 연안의 도시들은 긴밀한 동맹을 맺어 덴마크와 전쟁을 벌이며(1367~1370년) 결국 승리를 거두었다. 더욱이 이 사건은 도시 간 동맹을 위험시했던 황제의 태도를 바꿔 놓았다. 즉 제후세력을 견제하던 황제는 이 지역 도시들의 동맹을 묵인하면서 실리를 취하는 방식을 택하게 된 것이다(Dollinger, 1998; 곽정섭, 1989).

아무튼 중세 상인들의 사사로운 네트워크 조직이었던 한자는 이러한 요인 등에 의해 점차 도시동맹의 형태로 변모했다. 물론 도시한자는 정관도 없고 상비군도 없으며 총회를 제외하면 그 어떤 관리기구도 없는 다소 허술한 조직이었다. 하지만 한자의 전성기인 14~15세기에는 대동단결하여 전쟁과 강화, 조약체결, 사절파견, 경제봉쇄, 협상 등 대외문제에서 국가적 기능을 수행했다(곽정섭, 1997).

한자도시들이 네트워크를 이뤘던 공간은 네덜란드의 조이데르 해로부터 오늘날의 발트 3국 지역(에스토니아, 리투아니아, 라트비아), 그리고 스웨덴 고틀란드 섬의 비스뷔에서 쾰른~에어푸어트~브레슬라우~크라카우 선까지를 포괄한다. 이 지역의 수백 개 도시들이 한때나마 한자에 속해 있었던 것이다. 그리고 한자도시의 상관지 및 해외영업소가 있던 장소까지 포함하면 그 네트워크 공간은 더욱 확대된다(〈그림 3〉 참조; 롤프 하멜-키조, 2012).

보다 구체적으로 살펴보면, 13~14세기에 한자는 북부 유럽을 기점으로 해서 러시아 북서부와 프랑스 북부 및 플랑드르 지방, 그리고 영국 서부에서 활동했다. 그리고 14세기 말부터는 서부와 남서부로 진출해서 프랑스의 대서양 연안을 거쳐 스페인과 포르투갈에서도 교역 활동을 했으며, 16세기부터는 항해에 의해 이탈리아로 진출하고 북방으로는 아이슬란드, 동방으로는 모스크바까지 진출했다.

원래 중세 원격지 무역은 남방의 지중해 무역과 북방의 북해 · 발트해 무역으로 대별되었으며, 남방 무역권은 이탈리아인에 의해 주도되었고 북방 무역권은 독일인들이 주체가 된 한자에 의해 주도되었다. 즉 한자 네트워크 조직은 노브고로트, 리가, 함부르크, 뤼베크, 브뤼주

〈그림 3〉 13~17세기 주요 한자도시와 상관지 및 해외영업소

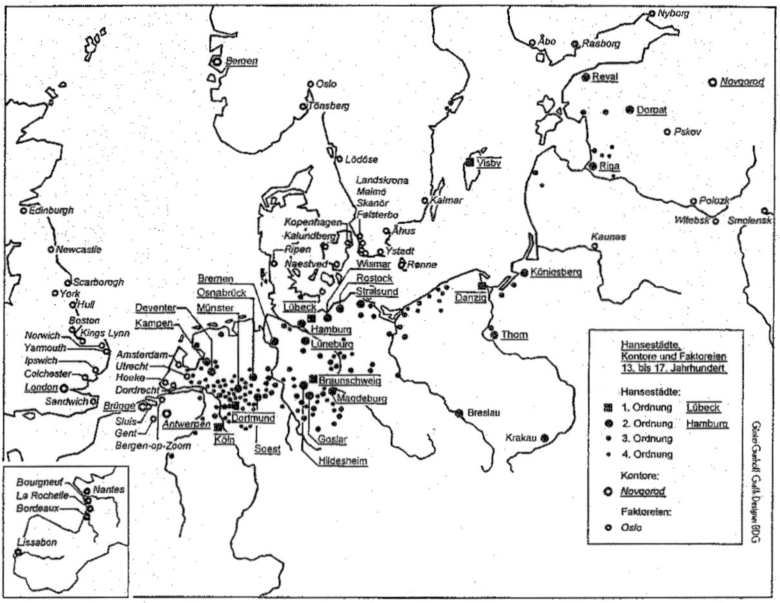

및 런던을 잇는 축을 따라 북해와 발트해에서의 교역을 거의 독점하다시피 했다(Gipouloux, 2011). 16세기에 이르면 이 북방 무역권이 남방 무역권과도 접촉하게 된다(곽정섭, 1997).

한자 교역의 기본구조는 유럽 동방과 북방의 사치품 및 원재료와 반가공품, 그리고 생필품을 서방과 남방의 직물 완성품과 교환하는 것이었다. 당시 이런 물품에 대한 수요는 날로 증가했으며, 한자의 활동도 갈수록 활발해지고 그 세력도 점차 증대했다.(롤프 하멜-키조, 2011). 그러나 상인과 도시의 동맹체로서 한자의 영향력과 활동은 16세기 중엽부터 급속히 약화되고 17세기 중반에 이르면 소멸된다(Dollinger, 1998; 최재수, 1997). 한자 쇠락의 이유로는 영국과 네덜란드 상인의 부상, 아메리카 대륙 발견으로 인한 대서양 무역권의 발전 등이 제기되기도 하지만 결정적 치명타를 입힌 것은 근대적 영토국가의 등장이었다(Gipouloux, 2011). “하지만 수세기 동안 한자 동맹의 정치 조직은 경제적 이해관계를 방어하는 점에서 이 동맹을 둘러싼 영토국가들보다 더 효율적이었음을 잘 보여주었다”(Gipouloux, 2011).

2) 중세 한자도시들의 사회구조

중세 한자도시들의 사회구조는 지역마다 다소간 차이를 보이기에 획일적으로 규정하기 어렵지만 공통적인 윤곽은 잡아낼 수 있다(Dollinger, 1998). 우선 한자도시들은 중세의 여타 독일 도시들과 마찬가지로 제후들의 직·간접적 지배 내지 간섭에서 완전히 벗어나지는 못했다. 한자도시들 중에서 제국도시, 즉 신성로마제국 황제로부터만 지배를 받는 도시는 뤼베크와 도르트문트, 고스라르 등의 3곳이었으며 나머지 도시는 성·속제후의 관리 아래 있었다. 제국도시는 ‘제국

내의 제국'이라 불릴 만큼 영방 제후들을 배제한 특권을 누렸다(곽정섭, 1989). 그렇지만 제국도시가 아닌 도시들도 중세 도시 특유의 자치권은 누리고 있었다.

이러한 자치권 획득은 무엇보다 도시 주민들, 특히 상인들의 경제력 향상에 기인한 것이었다. 상업이 번창한 다른 중세 도시와 마찬가지로 한자 공간의 부유한 도시민들은—근본적으로는 여전히 장원제도에 의존하고 있기에—상대적으로 빈곤한 제후들을 매수하거나 이들에게 돈을 빌려주는 대가로 조금씩 자치권을 획득해 나갔다. 이러한 과정을 거치는 동안 한자도시의 시민들은 점차 영주재판권에서 벗어나고 종군의무에서도 해방되는 등 도시에서 영주권을 서서히 배제시켜 나갔다. 심지어 일부 도시에서는 영주가 교체될 때 먼저 도시의 제반 특권을 승인하게 했고 영주가 도시특권을 침해할 경우에 대비해서 도시의 저항권을 인정하게 만들었다(곽정섭, 1989; 마크 기로워드, 2009).

중세 한자도시에서 시민의 자치 공동체가 형성되는 과정을 가시적으로 보여주는 사건은 '시의회 Rat'의 출현이었다. 시의회는 도시민의 자치 운영기구로서, 후일 그 수장을 '시장(Bürgermeister)'이라고 부르게 되었다. 독일의 도시들에서 이러한 시의회가 형성되는 때는 1200년을 전후한 시기이며, 후일 한자가 형성될 공간의 도시들도 비슷한 시기에 시의회가 생겨났다(Miltzer, 1996).

물론 이러한 시의회가 도시민 모두의 이익을 대변하는 기구였다고 말하기는 어렵다. 대부분의 도시에서 시 의원은 형식상 폭넓은 선거권에 기초해 선출되었지만, 사실상 도시를 운영하는 것은 일부 '유력한' 세력이었기 때문이다. 즉 한자도시의 시의회 등을 장악하여 도시 행정을 좌우하고 다른 도시의 상인들 및 도시 간 동맹을 주도하는 세력은 최상위의 상인계층과 소위 '연금생활자(Rentner)', 그리고 제후의 가신과 관리들이었다.

이 때의 '연금 생활자'란 상업으로 크게 돈을 벌었으나 시의회에 진출하기 위해 상업의 직접 운영에서 손을 떼고 그 대신 거액의 지분, 즉 연금을 받기 시작한 사람들을 가리켰다(Graßmann, 1988). 그리고 12세기에 지방 영주의 다수 가신과 관리들은 — 영주가 시골에 정주했던 것과 달리 — 주로 도시에 거주했다. 이들은 대개 상인들과 유대를 맺고 상업 활동에 열을 올렸기 때문에 영주에 대한 충성심보다는 도시와의 연대감이 강했다. 따라서 이들은 세습귀족이기보다는 상인적 시민의 성격을 갖고 있었다고 볼 수 있다(Miltzer, 1996; 마크 기로워드, 2009). 사인과 연금 생활자 및 도시에 거주하는 가신과 관리 등 당시의 최상위 계층은 당시 '도시 귀족(Patriziat)' 혹은 '유력자(Melorat)'라는 명칭으로 불렸다(Dollinger, 1998; Miltzer, 1996).

마지막으로 한자도시 내의 계층 분포를 보면, 도시 귀족 아래에는 최상위의 농민과 해운업자, 중간규모 상인 등이 있었고, 다음으로 중간층에는 다수 농민과 소상인, 유복한 수공업자가 속했다. 그리고 대다수 수공업 장인과 소농민은 빈곤층이었으며, 최빈곤층에는 소규모 수공업자와 도제, 임노동자, 짐꾼 등이 속했다(Dollinger, 1998; Miltzer, 1996; 에디트 엔넨, 1997).

3) 한자 네트워크 공간에서 해항도시의 기능

한자 네트워크 공간에서 해항도시의 기능은 역사적으로 다음과 같이 설명되고 있다. "대다수 한자도시들은 내륙에 있었지만, 한자의 생명은 해상교역에 있었다. 그럴 것이 한자는 바다를 건너가 닿은 교역국(과 교역도시)에서만 특권과 상관을 획득했기 때문이다. 오로지 이런 교역지에서만 한자는 활동적 조직이 되었고, 이런 곳에서 한자대회의 대표자들과 상관의 장로들이 능동적으로 활동했다. 제국의 내륙이나 이탈리아까지 이르는 교역은 상인들의 개인적 활동이었고, 이는 한자로부터 그 어떤 정치적·조직적 지원도 받지 못했다."(롤프 하멜-키조, 2011).

한자도시들의 네트워크는 해상교역을 생명으로 했기에 이 네트워크 조직의 물리적 위력은 거대한 선단에 의해서 뒷받침되었다. 15세기 말 한자의 선단은 약 6천 톤에 이르는 1000여 척의 선박으로 구성되었고, 이는 당시 세계에서 가장 큰 규모였다고 말할 수 있다(Gipouloux, 2011). 그리고 16세기 후반에 이르면 7대 한자도시인 브레멘과 함부르크, 뤼베크, 비스마르, 로슈토크 및 슈트랄준트와 단치히에만 약 1000척의 선박이 있었다(롤프 하멜-키조, 2011). 이런 거대한 선단의 위력에 힘입어 한자 네트워크 조직은 수세기 동안 발트해와 북해의 교역을 독점할 수 있었던 것이다.

중세 한자의 생명은 해상교역에 있었고 그 위력은 선단에 있었기 때문에 이 네트워크 조직에서 해항도시의 위상은 지극히 높을 수밖에 없었다. 순전히 개수로만 본다면 해항도시들은 한자에서 소수였지만, 이 조직에서 해항도시의 정치적·경제적 중요성은 날이 갈수록 증대했다(롤프 하멜-키조, 2011). 한자 네트워크에서 해항도시는 처음에 그저 통과항이었지만 점차 주요 교역품의 중심적 환적항으로 발전했기에 커다란 경제적 기능을 획득했고, 이런 경제력을 기반으로 제후들로부터 점점 더 많은 특권과 자율권을 획득했기에 중요한 정치적 기능도 확보했다(롤프 하멜-키조, 2011). 게다가 해항도시들은 제후나 외부세력으로부터 한자의 생명인 해상교역권을 방어하는 전쟁에서도 결정적 역할을 수행했기에 군사적 중요성도 지니고 있었다.

실제로 한자 동맹은 스웨덴(1567~1570, 1630), 영국(1470~1474), 네덜란드(1438~1441), 그리고 덴마크(1370, 1426~1435, 1616)와 전쟁을 치렀고, 대체로 자신들의 해상교역권을 지켜내는 데 성공했다고 할 수 있다(Gipouloux, 2011). 그리고 이런 전쟁이 일어나면, 주요부담은 바다에서 가까운 해항도시들이 떠맡게 되었다. 즉 전쟁의 실제 수행은 해항도시의 시민들과 이들에게 고용된 용병이 맡았고, 해항도시들에 소속된 선단은 곧 전투용 함대로 개편되었다. 게다가 전쟁에 참여한 해항도시들은 한자 항구에 출입하는 선박들과 화물에 전비용 관세를 징수할 권리도 갖고 있었다(롤프 하멜-키조, 2011).

한자의 해상교역에서 가장 중요한 역할을 했던 7대 도시는 모두 해항도시 내지 바다에서 가까운 하안도시(河岸都市)였고, 이중에서도 가장 주도적인 역할을 맡은 해항도시는 뤼베크였다. 곽정섭(2005)은 뤼베크가 한자에서 지도적 위치를 점하게 된 이유로 다음 5가지 사실을 들고 있다. ① 뤼베크는 독일인들의 동방식민의 경유지였다. 즉 벤덴이나 프로이센 지방에서 여러 시민도시가 건설될 때 뤼베크는 일종의 모시(母市) 역할을 했다. ② 12세기 초 이래로 뤼베크는 성속 제후의 간섭을 받지 않는 제국도시로서 막대한 자치권을 행사했다. ③ 뤼베크는 지리적 요충지에 있었기에 동서무역에서 주도적 역할을 할 수 있었다. ④ 지리적인 면에서 마찬가지로 유리한 위치에 있던 비스뷔와의 경쟁에서 뤼베크가 승리했다. ⑤ 12세기 중엽 이후 덴마크의 팽창정책에 맞서 한자 이익을 수호하는 과정에서 뤼베크가 선두에 섰다.

뤼베크는 한자 네트워크 공간의 전체 물동량 중에서 약 1/3 정도를 처리할 정도로 이 동맹에서 경제적으로 핵심적 역할을 수행했으며, 그렇기에 이 도시의 시의회와 상인세력은 이 공간에서 정치적으로도 강력한 힘을 행사했다. 하지만 한자 동맹은 결코 국가 같은 조직이 아니었고 명확한 위계질서를 결여한 분권적 조직체였다(Gipouloux, 2011). 즉 "동맹체 전체를 대표하는 인격적 또는 상징적 재현의 부재, 사안마다 끊임없이 반복되는 합의와 조정들, 합의사항에 대해서도 개별적인 입장을 강하게 주장하는 각 도시들의 권리 존중, 전권과 복종 관계의 부재" 등이 한자의 특색을 이뤘다(홍용진, 2012).

따라서 뤼베크는 한자 네트워크에서 정치 · 경제적으로, 따라서 문화적으로도 주도적 위치에 있었고 그 영향력을 무시할 수 없었지만, 다른 도시들, 특히 발트해 연안의 주요 해항도시들은 뤼베크에 복종했던 것이 아니라 때로 이 도시와 경쟁하고 때로 협조하며 정치 · 경제적 이익을 도모하고 특유의 문화적 네트워크를 형성해 나갔다고 볼 수 있다. 그러면 이하에서는 이러한 해항도시들을 중심으로 한자 네트워크 공간에서 이뤄진 문화교섭 현상에 관해 알아보도록 하겠다.

2. 중세 한자 네트워크 공간의 문화교섭

1) 한자 네트워크 공간의 언어

(1) 한자어로서의 중저지 독일어

서양 중세의 한자 네트워크 공간은 언어적 문화면에서 상당한 통일성을 지니고 있었다. 그럴 것이 한자 공간은 중저지독일어(Mittelniederdeutsch) 방언의 분포지역과 거의 일치하기 때문이다(Dollinger, 1998). 중저지독일어란 북부 독일의 "저지독일어사에서 중간 언어단계, 즉 고저지독일어와 신저지독일어 (…) 사이의 시기"에 속하는 언어이며 "무엇보다 13~17세기의 북부독일의 저지독일어적 표현들을 포괄한다"(Peters,

1986). 이 방언은 서방의 네덜란드어와 프리슬란트어, 북방의 덴마크·유틀란트어, 동방의 슬라브계 언어들, 그리고 남방의 고지독일어와 분명하게 구별되는 언어형식이다(Meier & Möhn, 2006a).

중저지독일어는 제2차 음운추이현상을 겪지 않았기 때문에 여러 고지독일어 방언과 구분된다. 예를 들어 중저지독일어에서 p로 유지된 것이 중고지독일어에서는 pf, ff, f로 변했는데, appel & apfel, open & offen, gripen & greifen 등이 그런 사례이다(김건환, 2003). 중저지독일어 영역은 우선은 오늘날의 홀슈타인과 니더작센, 베스트팔렌 지역을 포괄했다. 그러나 12~14세기에 위 지역 독일인들의 동방이주가 진행되면서 중저지독일어 방언의 영역이 메클렌부르크와 포메른, 마르크브란덴부르크 일부, 그리고 프로이센과 오늘날의 발트3국 지역으로 확장되었다. 이런 지역에서는 한동안 중저지독일어와 슬라브계 언어가 병존했지만, 결국은 중저지독일어가 관철되었다. 비슷한 시기에 서방의 오스트프리슬란트와 아이슈테트 반도에서도 프리슬란트어가 중저지독일어에 의해 밀려났다(〈그림 4〉 참조; Meier & Möhn, 2006a).

이처럼 중저지독일어 공간의 확장은 북부 저지독일인들의 이주 및 정복과 직결된 현상이었으며 이런 공간에서 동시에 급속히 진행된 도시건설과도 관계가 깊다. 다시 말해, 중저지독일어는 현재의 독일 북부를 중심으로 점차 이웃 지역과 도시로 세력을 넓혀 나가고 새로운 도시 건설에도 적극 관여했던 중세 저지독일인들의 언어였던 것이다. 그리고 저지독일인들의 이러한 생활공간 확장을 주도한 세력은 바로 상인들이었으며, 이들에 의해 한자라는 네트워크 조직이 형성되고 발전되었다. 이런 맥락에서 중저지독일어 사용공간의 확장은 한자 네트워크의 형성 및 발전과 직접적 연관을 갖는 것으로 평가된다(쉴트, 1998). 즉 중저지독일어는 한자의 팽창과 지배력에 근거해 커다란 "방

〈그림 4〉 중세 후기 한자공간에서의 중저지독일어 분포지역

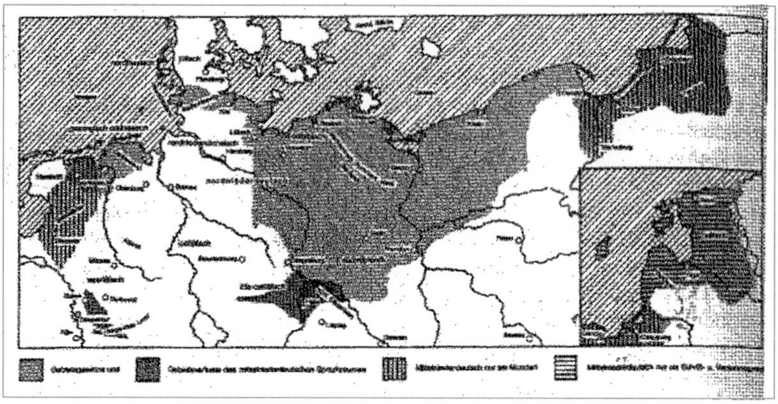

사의 힘(Strahlungskraft)"을 가지게 되었던 것이다(김건환, 2003).

이런 이유에서 중저지독일어는 언어사가에 의해 흔히 "한자어(Hanse sprache)"라 불리기도 한다(Sanders, 1982). 그리고 '한자어'라는 이름에 걸맞게, 중저지독일어는 한자상인들이 정주하여 활동하던 외국의 특정지역에서도 일종의 공식어로 사용되었다. 즉 주민 대다수가 중저지독일어권 출신이었던 브뤼주와 런던, 베르겐, 노브고로드 등의 대규모 상관지 및 여타 지역의 소규모 한자 상관지들에서도 이 언어가 생활어 및 행정어로 사용되었던 것이다(Meier & Möhn, 2006a).

더 나아가, 이런 한자 상관지에서는 중저지독일어 사용 여부를 정주의 주요 조건으로 삼기도 했다. 즉 한자 상관지에서는 새로운 상인집단이 입주를 신청해 올 경우 중저지독일어 사용 여부를 중요한 기준으로 삼아 허가를 결정하곤 했던 것이다. 중저지독일어 공간의 핵심지역, 즉 베스트팔렌이나 작센, 포메른 및 프로이센과 벤드 지역에서 온 상인들은 대개 거의 아무런 문제없이 입주가 허락되었다. 출신지역과 사용 언어만으로 이들의 한자 소속성이 전혀 의심되지 않았던

것이다. 그에 반해, 네덜란드나 라인란트, 튀링엔, 슐레지엔, 폴란드 출신처럼 중저지독일어를 사용하지 않는 상인들은 한자 상관지로의 입주가 결코 쉽지 않았다(Selzer, 2010).

(2) 한자 네트워크 공간에서 중저지 독일어 변형과 문어 및 조정어

그렇지만 당시의 중저지독일어는 한자 네트워크 공간 전체에 걸쳐 단일한 형태로 나타났던 것은 아니며 또한 이 공간에 처음부터 '문어(Schirftsprache)'로서 확고히 자리 잡은 것은 아니었다. 한자 공간의 중저지독일어는 우선은 '구어(Sprechsprache)'로 나타났고 지역별로 다양한 변형을 포함했으며 이러한 다원 상태는 한자가 소멸될 때까지 완전하게 극복되지 않았다(Schülke, 2005).

하지만 발트해 공간을 무대로 활동하던 한자 상인들은 조직적 협업을 위해 무조건 소통할 수밖에 없었으며 또 그러한 소통이 불가능하지는 않았다. 이는 우선 중저지독일어의 다양한 지역적 변형들이 서로 판이한 외국어가 아니라 크게 보면 하나의 언어로 묶일 수 있는—물론 서로 많은 차이를 지닌—하위 방언들이기에 가능한 일이었다. 그리고 또한—이 점이 아주 중요한데—중세의 한자 상인들은 의사소통의 의지가 열렬했으며 다른 언어에 대해 비범한 개방성과 관용성을 보여주었다. 그럴 것이 이러한 언어적 소통은 상업상의 이익과 직결된 문제였기 때문이다(Schülke, 2005).

여기에 관련된 연구자들에 의하면, 당시 한자 상인들은 타 언어 이해를 위해 기꺼이 많은 노력을 기울였으며(Meier & Möhn, 2006a), 대체로 '세미커뮤니케이션(Semikommunikation)'이 가능한 정도까지는 소통의 능력을 갖추려 했다고 한다(Schülke, 2005). 여기에서 말하는 세미커뮤니케이션이란 '수용적 다언어성(rezeptive Mehrsprachigkeit)'이라고도 불리는 개념으로, 서로 다른 언어의 사용자가 상대방의 언어로 말을 하지는 못하지만 상대방의 언어를 알아들을 수는 있는 소통형식을 가리킨다. 이러한 소통상황은 물론 서로 유사점이 많은 언어들 사이에서 가장 빈번하게 발생한다(Braunmüller, 1995). 중세의 한자 상인들은 출신지역의 차이로 서로 다른 중저지독일어 변형을 사용할 경우 이러한 방식으로나마 소통을 실현시키려 애썼다. 더욱이 발트해 공간의 이 저지독일 상인들은 스칸디나비아나 네덜란드 상인들과도 세미커뮤니케이션의 방식으로 상업상의 소통을 유지시켜 나갔다(Schülke, 2005).

발트해 공간에서 중저지독일어의 다양한 영역별 구어 변형들은 점차 지역적인 문어들도 형성시켜 나갔다. 다시 말해, 중저지독일어는 13세기에 들어 한자 상인들의 "문자적 조직 수단(Mittel der schriftlichen Organisation)"(Meier & Möhn, 2006a)으로 활용되기 시작하며, 심지어 이후 수 세기에 걸쳐 이 공간의 지배적인 문어로 자리 잡게 되었다. 이렇게 된 데는 무엇보다 두 가지 원인이 있었다(Meier & Möhn, 2006a).

첫째로, 한자도시의 상인 시민계층은 당시까지 지배적 문어였던 라틴어와 중고지독일어에 익숙하지 않았다. 중세 중기까지 북부독일에서 교회와 행정 관련 문어는 라틴어였으며, 문학 영역에서는 주로 고지독일어가 사용되었다. 전성기 중세까지 문학은 주로 궁정을 중심으로 발전했는데, 이런 궁정의 귀족·제후를 위해 창작활동을 수행한 예술가들은 묘하게도 고지독일어만이 문학의 언어라는 견해를 고수했다. 그래서 예컨대 최초의 민네쟁어인 하인리히 폰 벨데케 같은 인물은 저지독일 출신임에도 불구하고 고지독일어로만 작품을 썼다. 그리고 북부 저지대의 궁정사회에서도 고지독일어로 쓴 문학작품만이 향유되었다(Dollinger, 1998; 쿠르트 로트만, 1982). 그렇지만 한자도시의 상인들은 이런 문어에 접근이 어려웠기에 자신들의 일상어인 중저지독일어 구어를 문어화했다.

둘째로, ―앞서 한자의 사회구조와 관련해서 보았듯― 북부 저지독일 도시의 상인들은 한자무역에 의해 발트해 공간에서 경제적 · 정치적 지배력을 강화해 나갔으며 이런 지배력은 개별 한자도시 내에서도 관철되었다. 그리고 그 결과 상인적 시민들의 중저지독일어 문어는 한자 네트워크 공간에서 지배적 문어로 자리 잡게 되었다. 중저지독일어 문어는 한자도시의 상업적 사안은 물론 행정과 법률 및 교회 영역에서 보편적으로 사용되기 시작했다.

그렇지만 중저지독일어 구어 변형들의 다양성과 이에 근거한 문어들의 지역적 제한성은 점차 한자 상인들의 광역적 교역활동에서 장애로 대두했다(Meier & Möhn, 2006a). 그리하여 14세기에 들어와 한자 상인들은 최소한 문어를 통일시키려는 노력, 다시 말해 문자적 조직화에서 "조정어(Ausgleichssprache)"를 정하려는 경향을 보이기 시작했다(Schülke, 2005). 이런 과정에 결정적 영향을 미치고 일종의 표준 기능을 담당한 중저지독일어 방언은 뤼베크어였다. 이는 당시 해항도시 뤼베크가 한자 공간에서 최고의 정치적 · 경제적 요지였으며, 한자 네트워크 조직의 운영에서 일종의 지도력을 행사하고 있었다는 사실과 깊은 관련이 있다.

뤼베크어는 한자 네트워크 공간에서 제일 먼저 법률 언어로서 관철되었다. 즉 홀슈타인에서 에스토니아에 이르기까지 다수의 한자도시에서는 뤼베크의 도시법이 채택되었고(Schülke, 2005), 이 지역의 모든 법정에서 뤼베크어가 공식용어로 채택되었다(Dollinger, 1998). 뤼베크 방언은 여기에서 그치지 않고 외교언어로도 관철되었다. 한자대회의 합의문들은 14세기 중반까지 라틴어로 기술되었던 반면, 1369년 이후로 뤼베크어로 기술되었던 것이다.

더욱이 뤼베크의 시의회는 상관지와의 서신교환은 물론 스칸디나비아 제후들이나 플랑드르 도시들과의 접촉에서도 뤼베크어를 공식 문어로 고집했고 결국은 이를 관철시켰다(Dollinger, 1998). 물론 뤼베크어가 한자 네트워크 공간 어디에서나 이런 지위를 획득했던 것은 아니다. 내륙의 주요 한자도시인 쾰른이나 프로이센의 독일기사단 지역 등은 끝내 자신들의 방언을 고수했기 때문이다. 그렇지만 뤼베크는 대략 15세기 초까지 자신의 방언을 한자의―특히 법제와 외교 및 무역 분야―공식 문어로 관철시키는 데 성공했다고 볼 수 있다(Dollinger, 1998).

그 결과 "뤼베크의 중저지독일어는 초지역적 한자 소통어라는 사회적 위세를 갖고서 1400년 이후로 지역별 저지독일어 문어들을 압도해 버렸다. (…) 뤼베크 시의회 참사회의 언어적 규범은 북부독일에서 모범으로 기능했다. 발트해 공간의 (…) 참사회들은 뤼베크의 문어 사용에 적응했다."(Peters, 1986). 그리하여 15세기에는 뤼베크적 특성을 가진 중저지독일어가 무엇보다 한자도시들의 상층부, 다시 말해 부유한 상인계층과 도시 지배세력에 의해 가장 많이 사용되는 언어가 되었다. 물론 뤼베크의 중저지독일어는―앞서 말했듯―한자 공간의 모든 곳에서 관철되는 유일한 문어는 아니었으며, 더욱이 중저지독일어 구어 변형들은 훨씬 더 다원적으로 병존했다(Schülke, 2005).

한자 네트워크 공간에서 중저지독일어의 지배는 그러나 오랫동안 지속되지는 않았다. 일차적으로 이는 상인과 도시의 동맹체로서 한자 네트워크의 영향력과 활동이 16세기 중엽부터 급속히 약화되고 17세기 중반에 이르면 소멸되었다는 사실에서 기인한다(쉴트, 1998). 무역에서 한자의 영향력 약화와 지배력 상실은 중부와 남부 독일인들의 세력 강화를 수반했고 이는 언어 측면에서도 변화를 가져왔다(Meier &

Möhn, 2006a). 즉 15세기 말부터 남부의 고지독일어가 서서히 북부를 잠식하기 시작했으며, 그 결과 16~17세기에는 고지독일어가 북부에서도 무역을 비롯한 생활의 모든 영역을 장악하기에 이른다(Dollinger, 1998).

이러한 변화는 15~16세기 독일 황제 막시밀리안 1세와 카를 5세 치하에서 제국의 중앙집권화 경향에 의해 더욱 가속화되었다. 즉 이런 경향에 의해 16세기 초부터 고지독일어가 표준 문어로 힘을 얻게 되었던 것이다. 그리고 북부 저지대에도 불어온 중세 말, 근세 초 인본주의의 바람은 라틴어의 부활을 추동하여 중저지독일어 문어의 약화에 가세했다. 인쇄술의 보급 또한 같은 방향으로 작용했는데, 15~17세기 도서인쇄는 — 물론 다양한 지방 방언의 책자가 출간되었지만 — 고지독일어 지역을 중심으로 이뤄졌고 그 결과 고지독일어의 영향력을 강화시켰던 것이다.

이런 흐름 속에서 고지독일어는 1520~1530년 이후로 개신교 소속 관청의 공식 문어로 관철되었다. 그리고 17세기부터 성직자들은 — 신교와 구교를 막론하고 — 고지독일어로만 설교를 했다. 이런 모든 흐름 속에서 중저지독일어의 쇠락은 더 이상 막을 수 없는 것이었으며, 18~19세기에 이르면 저지독일어는 북부 시골의 소박한 농부나 쓰는 사투리 정도로 그 위상이 전락하게 된다(Meier & Möhn, 2006a).

2) 한자 네트워크 공간의 문학

(1) 중세의 문학 개념과 한자의 문학

중세의 '문학(Literatur)' 개념은 아직은 근대적 의미의 자율적 순수예술 영역에 국한되지 않는다(Menke, 1996). 자율적 '순문학(Dichtung)'은 근대의 산물이기 때문이다. 중세의 문학 개념은 언어적 예술작품, 즉 순문학의 걸작 뿐 아니라 정신사적 맥락에서 의미 있는 저작(예컨대 역사적 저술이나 종교적 저술) 및 순문학적 성격의 다양한 소품, 더 나아가 일상생활의 기록물까지 아주 넓은 영역의 텍스트를 포괄한다(Meier & Möhn, 2006b; 참고로, 그렇기에 여기에서 'Literatur'라는 개념은 '문학'으로만 번역될 경우 오해의 소지를 남긴다. 따라서 이하 서술에서는 이 말을 문맥에 따라 '문헌'으로도 기술을 할 것이다). 중세 한자 공간의 경우도 사정은 다르지 않아서, 이렇게 넓은 문학 개념을 동원할 때에만 중저지독일어로 창조된 한자 사회의 문화적 성과들을 제대로 평가할 가능성이 열린다.

앞서 보았듯, 중세 네트워크 한자 공간에서는 13세기 이후 수세기 동안 중저지독일어가 북부독일의 모든 영역에서 문어로서 자리를 굳혀가며 그 지역별 특이성을 서서히 극복하고 통일적 형태로 접근해 나갔다. 그리고 이러한 과정이 진행되는 13~17세기 동안 한자 공간에서는 다양한 유형의 중저지독일어 문학이 산출되었는데, 여기에서는 위르겐 마이어와 디터 묀의 해석에 따라 이 유형들을 네 가지로 분류해 간단히 서술해 보겠다(Meier & Möhn, 2006b).

(2) 한자 문학의 분류

마이어와 묀은 한자 네트워크 공간에서 중저지독일어로 표현된 문학 내지 문헌을

1) '제도내적 텍스트(Institutionsinterne Texte)'와
2) '제도 포섭적 텍스트(Institutionsübergreifende Texte)',
3) '공공성을 가진 비제도적 텍스트(Nicht-institutionsgebundene Texte mit Öffentllichkeitscharakter)',

그리고 마지막으로

4) '사적 용도의 텍스트(Texte für den Privatgebrauch)'로 분류한다.

이 중 먼저 '제도 내적 텍스트'는, 사회 조직화를 위한 작업과정을 구조화하고 그 권한과 책임 소재를 확정하며 전문적 작업지식을 매개하는 등의 과제 수행을 위해 작성된 문헌을 가리킨다(Meier & Möhn, 2006b). 중세 후기의 시민적 질서를 갖춘 한자 공간에는 다수의 공식 제도들이 존재했으며, 여기에는 예컨대 한자 총회와 지역별 대표자 회의, 각 도시의 시의회, 시의회에 부속된 법원 등의 관청, 더 나아가 교회와 그 부속시설, 학교, 길드, 제후나 황제 직속 관청 등이 포함된다. 또한 런던과 브뤼주, 베르겐 및 노브고로드에 소재했던 한자 상관도 이러한 공식적 제도에 포함될 수 있다.

이러한 제도들에서는 당연히 그 원활한 기능과 유지를 위한 지침과 지식 등이 명문화되어 있었다(Meier & Möhn, 2006b; Henn, 2006). 이런 문헌에는 무엇보다도 다양한 법제들이 포함되는바, 그 사례가 되는 것은 시의회와 관련된 다양한 법제, 교회 법령, 학교 법령, 수공업자 규약, 그리고 상관 조례 등이다(Meier & Möhn, 2006b). 구체적으로는, 『노브고로드 슈라 *Nowgoroder Schra*』와 같은 문헌이 이에 포함되는데, 이 문헌은 1270년 제정되고 그 후 수 세기 동안 6차례 걸쳐 개정된 상관 조례로 행정과 사법에 관한 규정을 담고 있다(Meier & Möhn, 2006b).

다음으로 '제도 포섭적 텍스트'란 다수 제도 사이의 원활한 협력이나 제도와 개인 내지 더 넓은 공공성 사이의 관계 규정을 위해 산출된 문헌을 지칭한다(Meier & Möhn, 2006b). 한자 네트워크 공간에서 다양한 층위와 목적의 제도들은 당연히 고립해서 존재하고 기능하는 것이 아니었다. 오히려 각 제도들은 다른 층위와 목적의 제도들과 소통하고 협업하지 않을 수 없었으며 또 사회구성원인 개별 시민의 구체적 실존상황과 소통할 수 있어야 했다(Meier & Möhn, 2006b). 따라서 이러한 목적을 위해 다양한 법제와 규칙이 명문화되었다.

이런 문헌에는 한자 업무(예컨대 한자도시 간 협약이나 한자와 비한자 세력과의 협약)에 관한 것이나 도시 내 제도들(예를 들어 시의회와 교회 당국) 사이의 관계를 규정한 문헌이 속하며, 또한 상속이나 재판, 재산, 조세, 위생, 혼인, 복장 등에 관한 조례나 규율 등이 포함된다(Meier & Möhn, 2006b). 이런 문헌의 구체적 사례로는 1479~1480년에 제정된『함부르크 부르스파르켄 *Harmburger Bursparken*』이 있는데, 이는 도시 내 도로와 광장의 위생에 관한 지침을 담고 있는 행정 관련 규정집이다(Meier & Möhn, 2006b; Graßmann, 2006).

세 번째로 '공공성을 갖는 비제도적 텍스트'는 공식적 제도와 직접적 연관이 없이 시민 공중을 계도하거나 이들에게 정치적 · 신앙적 · 윤리적으로 영향을 주고 동시에 오락도 제공하려 했던 문학을 포괄한다(Meier & Möhn, 2006b). 앞서 소개한 두 가지 텍스트 유형이 명백한 한자 제도와 결부된 실용적 목적을 갖고 있었던 것에 비해, 이 유형은 그런 일의적 목적과 결부되지 않는 "다기능적 문학(multifunktionale[n] Literatur)"이었다고 말할 수 있다. 이런 유형의 텍스트에는 중저지독일어 영역 바깥에서 전래된 "번역문학(Übersetzungsliteratur)"이 많았으며, 자연과학적 · 지리학적 지식을 전달하는 것에서 한자 네트워크 공간 내의 사회 문제를 비판하는 것에 이르기까지 그 내용도 다양했다(Meier & Möhn, 2006b). 마이어와 묀에 의하면, 이 텍스트 유형은 목적에 따라 다시금 4가지 부류로 나뉠 수 있다.

첫째 부류에는 '사회의 문제점을 비판하면서 적절한 행동과 태도를 충고하는 텍스트들'이 속한다. 이런 텍스트들은 아주 독창적인 것은 아니어서 이미 존재하는 고지독일어나 네덜란드어, 라틴어 문헌의 개작이나 번안이 대부분이었다(Meier & Möhn, 2006b). 이런 텍스트에는 자성의 기회를 갖게 한다는 의미에서 "거울문학(Spiegelliteratur)"(Menke, 1996; Meier & Möhn, 2006b)이라 불렸던 격언집 류의 저술이 많았고 교훈시나 설교집 형태의 글도 있었다. 그리고 풍자적 사회비판의 내용을 담고 있는 것도 적지 않았는데, 이런 텍스트는 주로 우화의 형태를 취하고 있었다(페터 바프네스키, 1983).

15~16세기에 중저지독일어로 번안·개작된 『여우 라인케 *Reynke de Vos*』나 『바보들의 배 *Narrenschiff*』, 그리고 이솝우화들(『막데부르크 산문 이솝 *Magdeburger Prosa-Äsop*』, 『볼펜뷔텔 이솝 *Wolfenbütteler Äsop*』은 그 대표적 예에 속한다. 『여우 라인케』의 원전은 프랑스 북부에서 생성된 『여우 이야기 *Roman de Renard*』이다(〈그림 5〉 참조). 이 텍스트가 플랑드르를 거쳐 독일과 영국 등의 나라로 전파되어 큰 인기를 끌게 되었다. 한자 공간에서는 1498년 뤼베크의 성직자에 의해 번안되어 책으로 출판되었고 북부 저지독일과 스칸디나비아에서 엄청난 성공을 거두었다.

이 여우 이야기에서 다른 많은 동물과 함께 등장하는 여우는 지혜와 교활함의 상징으로 계략을 써서 힘 있는 자를 압도하거나 조롱하는 사람을 대변했다(Dollinger, 1998; 프레데릭 B. 아르츠, 1993). 그리고 풍자문학인 『바보들의 배』는 슈트라스부르크의 인문주의자 제바스티안 브란트(Sebastian Brandt; 1457~1521)의 작품으로 도덕적으로 타락한 세상을 바보들의 배에 견주어 비판하고 있다(프리드리히 호프만·헤르베르트 뢰쉬, 1992; 〈그림 6〉 좌측 참조).

한자 네트워크 공간에서 가장 탁월한 사회 비판적·풍자적 문필가로 평가되는 인물은 브라운슈바이크 출신의 헤르만 보테(Hermann Bote; 1488~1520)였다. 그가 15세기 말 창조하거나 중저지독일어로 최

〈그림 5〉 여우 이야기 삽화

〈그림 6〉 바보들의 배(좌)와 딜 울렌슈페겔의 삽화(우)

초 번안한 작품으로 알려진 『딜 울렌슈페겔*Dil Ulenspegel*』은 동명의 주인공을 등장시켜 기성사회의 모순과 상층문화의 부조리, 계층 간의 갈등을 풍자한 문학으로, 오늘날까지 '틸 오일렌슈피겔(Til Eulenspiegel)'이란 제목으로 전승되고 있다(김면, 2003; 〈그림 6〉 우측 참조).

'공공성을 갖는 비제도적 텍스트'의 두 번째 부류는 '지식과 정보 전달을 위주로 한 교양서'이다. 먼저 여기에는 과거에 제도 내재적 문헌에 속했으나 인쇄술의 보급 및 공중의 교양욕구 증대에 따라 대중용 보급판으로 출간된 것들이 속한다. 그런 문헌의 예로는 인쇄된 성경이나 찬송가집, 교리문답서, 사전, 문법책, 산수교과서(Meier & Möhn, 2006), 그리고 특정 도시나 제도에 연관된 연대기 문학(Chronikliteratur)을 꼽을 수 있다(페터 바프네스키, 1983).

중저지독일어로 쓰인 연대기들은 인류역사 내지 한자역사를 배경에 깔고서 특정 도시나 제도의 역사에 관해 서술한 것들이었는데, 이런 연대기에는 단순한 사실보고와 주석으로 채워져 있는 것이 있는가 하면, 종교적 우화나 일화를 섞어 넣어 교훈도 제공하려 한 것도 있다(Menke, 1996; Dollinger, 1998). 그밖에 한자 상인들에게서 인기를 끌었던 여행기 문학도 여기 포함되는데, 이런 문학은 실제 체험에 근거한 것이 아니라 유사한 여러 이야기를 버무려 만든 번안 작품이 주종을 이루었다(Meier & Möhn, 2006b). 그리고 또 의학 관련 조언서 등도 크게 유행했는데, 이 역시 이런 부류의 텍스트에 포함될 수 있다(Menke, 1996; Meier & Möhn, 2006b).

세 번째 부류로는 '종교적 교화 문학'을 들 수 있는데, 이는 주로 성경이나 성자 전설에 근거한 이야기 문학이었다(Meier & Möhn, 2006b). 14~15세기 한자 공간에서는 특히 성모의 생애를 그린 '마리아 문학(Mariendichtung)'과 성자들의 선행과 순교를 서술한 문학이 크게 인기를 끌었다. 이런 문학은 객관적 전기라기보다 전설적 기적담에 가까웠는데, 당시 한자 네트워크의 도시민들은 기적을 전혀 의심하지 않았기에 이런 이야기에서 커다란 종교적 감화를 받았다(프레데릭 B. 아르츠, 1993). 또한 이런 이야기는 민중적 연극(Schauspiel)으로도 만들어져 자주 상연되었는데, 연극이 상연되는 장소는 주로 한자도시의 광장이었다(Menke, 1996; Meier & Möhn, 2006b; 페터 바프네스키, 1983).

'공공성을 갖는 비제도적 텍스트'의 마지막 네 번째 부류는 '오락문학(Unterhaltungsliteratur)'이다(Meier & Möhn, 2006b). 중세에는 순수한 의미의 오락문학은 드문 편이었으며, 이는 한자 네트워크 공간에서도 예외가 아니었다. 멩케에 의하면 중세 후기 한자 네트워크 공간에서 생산된 문학은 80퍼센트 정도가 종교적 색채를 갖는다(Menke, 1996). 그렇지만 한자 공간에도 오락적 문학이 전혀 없는 것은 아니었다. 물론 이런 문학은 처음에 인쇄된 형태보다는 주로 구두에 의해 전승되었다(Meier & Möhn, 2006b).

그러다가 15세기에 이르면 이런 구전문학이 문자화되고 이런 맥락에서 일종의 대중적 산문소설인 '민중본(Volksbuch)'이 출현해서 시민들의 오락물로 발전한다. 이런 민중본의 하나가 드라큘라 전설이었는데, 이는 트랜실바니아의 잔혹한 제후였던 블라드 테페스(Vlad Tepes)에 관한 괴기담이었다. 드라큘라를 소재로 한 최초의 저지독일어 민중본은 1502년 뤼베크에서 출간되었다(Meier & Möhn, 2006b). 그리고 후일 괴테나 토마스 만에 의해 다시 채택될 파우스트 소재 역시 16세기 한자 공간에서 민중본으로 출간되었다(Meier & Möhn, 2006b; 프리드리히 호프만 · 헤르베르트 뢰쉬, 1992). 또한 이런 민중본의 출현과 함께 종교적 교화의 의도를 갖지 않는 순수 오락적 연극도 출현했다(Meier & Möhn, 2006b; 프리드리히 호프만 · 헤르베르트 뢰쉬, 1992).

한자 네트워크 공간에서 중저지독일어로 산출된 문학의 네 번째 범주를 이루는 것은—앞서 말했듯—'사적 용도의 텍스트'이다. 이 범주에 속하는 것은 대개가 서간문들이다. 즉 사업상의 편지가 아닌 친구나 동업자, 연인 사이의 편지 등이 여기 속하며, 그밖에 세례나 결혼, 장례식과 관련된 초청장 및 개인적 여행 비망록이나 일기 등이 이 유형에 속하는 한자 문헌으로서 현재까지 전승되고 있다(Meier & Möhn, 2006b).

3) 한자 네트워크 공간의 건축과 예술

(1) 중세 미학의 기본 원리

한자와 동시대의 유럽 건축과 예술은 고딕 양식의 지배 아래 있었다. 물론 한자 네트워크 공간의 도시들은 여타 지역의 경향과 반드시 일치하지는 않는 독특한 유형의 고딕 건축과 예술을 창조했다. 그런데 이런 독특함을 이해하기 위해서는 먼저 고딕 양식 일반에 대한 이해가 앞서야 할 것이며 또 고딕 양식의 기초가 된 중세 미학적 원리에 대한 이해도 선행되어야 하리라 생각된다.

신앙의 시대였던 중세에는 미나 예술과 관련해서 체계성을 갖춘 이론화 작업이 사실상 수행되지 않았다. 중세에는 신학을 제외하면 예술이나 학문에 대한 지성적 관심이 별반 크지 않았기 때문이다(블라디슬라브 타타르키비츠, 2006). 그럼에도 불구하고 중세의 다양한 신학자나 기독교 사상가에게서 미나 예술에 관한 생각의 편린을 찾아볼 수 없는 것은 아니다. 이런 맥락에서—'미학'이란 학문은 비록 근대의 산물이지만—'중세미학'이란 것이 재구성되곤 한다. 그리고 이러한 재구성에 따르면 중세에는 이미 그 초기부터 두 가지 전형적 미학사상이 등장했으니, 이 두 가지는 흔히 '빛의 미학'과 '비례의 미학'이란 이름으로 불린다(김율, 2007a).

'빛의 미학'은 1세기에 디오니시우스 아레오파기타라 불리는 인물이 썼다고 전해지는 문헌들에 근원을 두고 있다. 이 문헌들에서 미는 되풀이하여 빛 내지 명료성으로 정의되었는바(블라디슬라브 타타르키비츠, 2006), 또 다른 경향인 '비례의 미학'을 대표한 가장 중요한 인물은 아우구스티누스(354~430년)였다. 그의 사상에 의하면 미의 본질은 조화와 적절한 비례, 그리고 부분들의 관계에 있었다(김율, 2007b).

'빛의 미학'과 '비례의 미학'이란 두 경향은 중세 내내 여러 기독교 사상가에게서 산발적으로 등장했으며(김율, 2007a), 11~15세기 스콜라 철학에서도 지속적으로 힘을 얻었다. 즉 오랜 전통을 가진 중세의 '비례 미학'과 '빛의 미학'은 전성기 중세에 이르러 스콜라철학의지지 또한 얻으며 이로 인해 더욱 강한 영향력을 발휘하게 되었던 것이다.

그리고 빛과 비례의 미학으로서 스콜라주의 미학은 거의 동시대에 탄생한 고딕 건축과 예술의 원인들 중 하나였다(블라디슬라브 타타르키비츠, 2006) 이런 건축과 예술을 후원하고 장려한 사람들은 스콜라적 학식을 갖춘 주교나 대수도원장이었고, 건축가나 장인들은 이들의 사상과 아이디어를 작품으로 표현해 냈던 것이다. 달리 말해, 고딕 건축과 예술은 '빛과 비례의 미학'에 대한 스콜라 시대 특유의 해석방식이었으며 그 가시화 형태였던 것이다.

(2) 고딕양식의 건축과 예술

예술사적으로 고딕은, 로마네스트 양식에 이어 12세기 중반 등장하고 15~16세기 르네상스 양식에 의해 해체될 때까지 대략 4~5세기 가량 유럽을 풍미한 예술양식을 지칭한다. 이 양식은 교회를 비롯한 건축에서 주로 표현되었지만 조각과 회화, 예술 공예품도 포괄하고 있다. 잘 알려져 있듯이, '고딕'이라는 명칭은 15~16세기 르네상스 시기의 이탈리아 교양인들—예컨대 당대 예술가 바사리(Vasari)—에게서 연원한다.

이들은 전세기를 지배했던 예술양식을 비하하는 맥락에서 이런 명칭을 붙였는데, 고딕 양식이란 곧 '고트족의 양식'을 뜻했다. 즉 이 말은 5세기에 로마제국과 그 아름다운 문화를 파괴했던 야만적 고트족에게서 유래할 만한 추악한 양식이라는 의미를 함축했던 것이다(사카이 다케시, 2009). 그러나 시간이 흐르면서, 특히 19세기 예술사가들에 의해 고딕이란 명칭에서는 이런 폄하의 의미가 서서히 탈각된다.

고딕 양식의 시조로 간주되는 건축물은 파리 근교 일 드 프랑스의 생 드니 수도원으로, 이는 '쉬제르(Suger)'라는 인물이 이곳의 수도원장으로 취임하면서 낡은 건물을 재건축한 것이다(1130~1144년). 당대의 성직자들이 성당 축조에 관여하는 일은 당시 보편적 현상이었다. 그런데 건축적 지식도 있었던 쉬제르는 이런 정도를 넘어서 직접 장인들을 지휘하고 설계와 시공에 참여하는 등 건축가 역할도 했다. 이때 그는 스콜라적 미학의 원리가 적극적으로 표현될 수 있는 새로운 건축구조를 실현시키려 했다(임석재, 2006). 그리고 이 수도원 건물에서 후일 고딕양식의 기본 특징으로 거론되는 여러 건축적 요소들이 처음으로 등장했다.

이러한 새로운 건축요소들은 1140년 이후 프랑스 사르트르 대성당의 서쪽 벽을 건설할 때도 적용되었으며, 여기에서 작업을 했던 석공들은 이어 상스로 가서 최초로 순수한 의미의 고딕 성당을 건설했다. 그리고 12세기가 끝날 무렵부터 13세기 중엽까지 프랑스 각지에서 '새로운' 고딕 양식의 성당들이 생겨났다(카린 자그너, 2007).

그렇다면 중세 한자에서 고딕 양식의 성당들이 지닌 고유한 건축학적 특징은 무엇인가? 고딕 성당의 가장 주요한 특징으로 거론되는 점은 크게 세 가지이다(사카이 다케시, 2009). 첫 번째 특징은 높이와 상승을 표현하는 첨두아치가 사용되었다는 점이며, 두 번째 특징은 플라잉 버트리스와 버트리스를 사용했다는 점, 그리고 세 번째 특징은 벽면에 수많은 창문을 뚫어 놓았다는 점이다. 그리고 이렇게 구분된 세 가지 건축학적 특징은 고딕 양식만의 더욱 다양한 특징들을 포괄한다. 고딕 양식은 당연히 시대와 장소를 달리해서 다양하게 진화했으며 많은 변형을 낳았다. 하지만 여기에서는 일단 이러한 사실을 배제하고, 고딕 양식의 가장 전형적인 특징들을 짚어 보도록 하겠다.

먼저 첨두아치와 관련해서 고딕 성당의 기본 형태를 알아보도록 하자. 전형적인 고딕 성당의 평면도를 보면, 그리스도의 십자가 형태를 확실하게 보여준다. 즉 고딕 양식은 본진과 두 개의 익랑으로 분명하게 구분되어 있다. 그리고 본진의 끝자락 중 제단소가 있는 앱스(후진)는 동쪽을 향하는데, 이는 성지가 있는 방향이다. 반대편 서쪽 끝에는 대개 3개의 문이 있으며, 두 개의 익랑에도 문이 있다(〈그림 7〉 참조).

바깥에서 보면 이러한 문들 위에는 대개 2개의 첨탑이 있다. 본진은 수많은 기둥, 즉 클러스터 피어에 의해 중랑과 두 개의 측랑으로 나뉘며, 이때 대개는 측랑의 천장이 중랑의 천장보다 낮다. 클러스터 피어들은 나란히 이어진 피어 아치를 구성하며, 피어 아치들은 트리포리엄과 클리어스토리(고측 창) 공간에 의해 천장의 리브볼트로 연결된다(〈그림 8〉 참조 — 그림에서 1은 아치 지대로 두 개의 클러스터 피어가 아치를 이루고 있으며 4가 트리포리엄이다. 그리고 3은 리브볼트 구조를 표시하며 10이 리브이고 17이 버트리스, 18이 플라잉 버트리스이다). 첨두아치 구조의 리브볼트는 로마네스크의 반원아치 구

〈그림 7〉 고딕양식 성당의 평면 구조

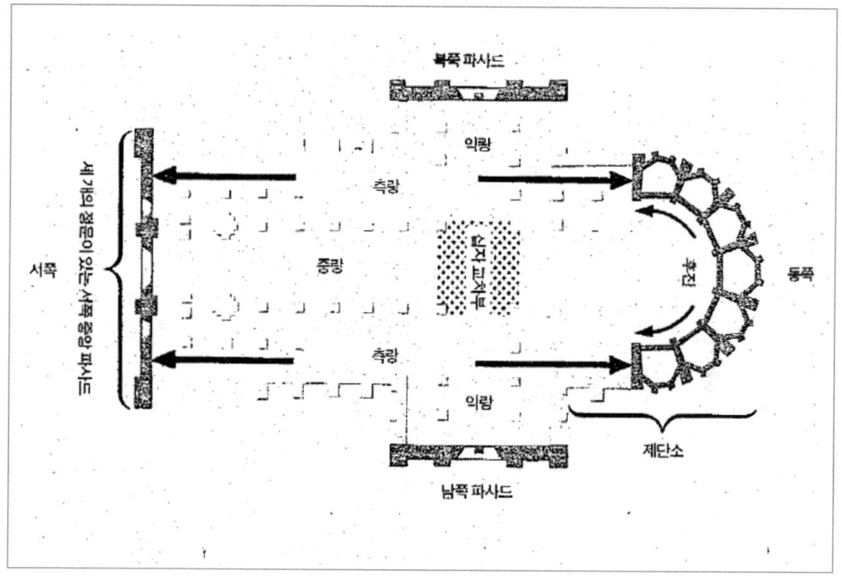

〈그림 8〉 고딕양식 성당의 내외 구조

조에 비해 시선을 위로 유도하여 수직성을 강조하는 효과가 있었을 뿐 아니라 높이 조절도 가능했다(김정수, 2008).

중세 한자에서 고딕 성당의 내부는 하나의 리브볼트 아래 좌우 한 쌍씩의 클리어스토리와 트리포리엄 및 피어 아치가 기본 공간 단위를 이루며, 이 기본 공간 단위가 길게 이어지면서 본진과 익랑을 구성하게 된다. 요컨대 건물 내부에서는 매우 복잡하면서도 뚜렷한 조화와 비례와 통일의 원리가 실현되고 있다. 고딕 내부에서 확인할 수 있는 또 한 가지 특징은 수직성의 분명한 강조이다. 고딕 성당에서 상승하는 수직성의 강조는 리브볼트에 사용된 첨두아치에서만 표현되는 것이 아니다. 더 중요한 요소는 리브볼트로 이뤄진 천정이 과거보다 훨씬 더 높아졌으며 이것이 수많은 피어에 의해 지탱된다는 점이다. 그리고 이때 피어는 과거보다 더 가늘고 길어져서 수직성의 인상이 한층 강조된다.

또한 건물 외부의 입구 위에도 높은 첨탑들이 세워져 수직성을 강하게 표현했다. 그렇다면 고딕 성당에서 이처럼 수직성을 강조한 이유는 무엇일까? 이는 신을 향한 종교적 열망, 즉 신에게 더 다가서고자 하는 열망의 시각적 표현방식이었다(블라디슬라브 타타르키비츠, 2006). 물론 고딕 성당 내부에서는 이러한 수직성만이 강조되는 것이 아니었으며 측면으로 이어지는 기본 공간 단위들에 의해 수평성도 표현되었다. 요컨대 그 내부에서는 다시금 수직성과 수평성의 조화가 실현되고 있었던 것이다.

고딕 성당에서는 첨두아치 구조의 리브볼트가 천정에 사용됨으로써 수평하중이 줄었기 때문에 벽의 두께 또한 줄일 수 있었다. 그러나 이때 수평하중이 전혀 없을 수는 없었으며 또 수직하중이 가중되는 경향이 있었다. 그리하여 수평하중을 수직하중으로 전환시키는 동시에 — 건물 내부에서는 기둥이 담당하고 있는 — 수직하중을 분담하는 역할을 맡은 것이 규칙적 형태로 건물 외부에 돌출되어 있는 플라잉 버트리스와 버트리스였다.

고딕 성당의 이러한 기술적 개선은 또 다른 미학적 표현을 가능케 했다. 앞서 말했듯, 첨두아치의 천정 구조 및 플라잉 버트리스와 버트리스의 사용은 벽의 두께를 줄일 수 있는 효과를 가져왔다. 그리고 과거 건축물에 비해 훨씬 얇아진 벽은 스콜라철학이 강조하는 정신주의와 초월성에 부응하는 것이었다. 즉 고딕 성당에서 "벽은 양감을 상실하면서 비물질화되는 것 같았다."(블라디슬라브 타타르키비츠, 2006). 더 나아가 성당 벽은 하중 지탱의 부담에서 크게 벗어났기 때문에 수많은 — 위쪽 끝이 뾰족하고 기다란 고딕식 — 창문도 지닐 수 있었다. 이렇게 해서 성당 내부는 많은 빛을 끌어 들였으며, 그 결과 찬란한 빛의 미학을 실현시킬 수 있었다.

지층에 규칙적으로 이어져 있는 커다란 창문은 측랑에 빛을 주기 위한 것이었고, 클리어스토리는 — 클러스터 피어 때문에 지층 창을 통해 스며든 빛을 제대로 받지 못하는 — 중랑에 빛을 주기 위한 것이었다(김정수, 2008). 빛의 미학을 추구하는 고딕 성당 건설자들의 노력은 여기에서 끝나지 않았다. 그들은 창문에 스테인드글라스 기법을 사용하여 찬란하고 화려한 빛의 미학을 실현했던 것이다. 서쪽 정문을 들어선 중세인들은 빛으로 찬란한 중랑을 지나 앱스의 제단소로 향했다. 신비한 빛의 세계를 지나 제단소로 향하는 과정은 천국 문을 지나 천상의 예루살렘으로 들어서는 과정을 연상시켜야 했다(카린 자그너, 2007). 창문과 관련된 고딕 성당만의 또 다른 특징은 정문 위에 장미 모양의 창, 이른바 장미 창을 설치한 점이다. 쉬제르의 생 드니 성당에 처음 설치된 장미 창은 이후 고딕 성당의 상징처럼 되었다.

이상에서 고딕 성당의 주요한 건축학적 요소들에 관해 알아보았다. 이러한 주요 요소들의 활용은 결국 “강한 수직 비례의 실내를 빛으로 가득” 채워 “신비주의적인 공간”을 창출하는 데 그 목적이 있었다(임석재, 2006). 다시 말해, 고딕 성당은 ‘비례의 미학’과 ‘빛의 미학’이라는 스콜라적 미학 목표가 실현된 ‘초월’의 공간을 지향했다.

12세기 중엽 프랑스에서 시작된 이러한 고딕 건축 양식은 13세기 말에 이르면 전체 유럽을 정복하게 되었다. 그리고 고딕 양식은 성당 건축뿐 아니라 세속 건축에도 서서히 수용되었으며 다양한 종류의 예술에도 커다란 영향을 미쳐 이른바 고딕 예술을 탄생시켰다. 여기에서는 이러한 고딕 예술 중에서 조각과 회화의 몇 가지 특징만 간단히 살펴보도록 하겠다.

먼저 고딕의 석조 조각은 주로 성당을 비롯한 종교적 건물 장식에 사용되었기 때문에 건축과 아주 밀접한 관계가 있었다(임석재, 2006). 이때 초기의 고딕 조각들은 건축과 강한 결합성을 지녔기 때문에 건축적 비례의 원칙에 지배당했다. 즉 조각의 주제는 대개 다양한 기하학적 문양이거나 성자들과 성가족이었는데, 인물의 경우 비례가 자연스럽지 않고 건축의 요구에 맞춰 길게 늘였으며 똑바르고 단순하며 뻣뻣한 모습을 하고 있었다(블라디슬라브 타타르키비츠, 2006). 그러나 13세기 말~14세기 중엽에는 고딕 건축의 또 다른 원리인 중량감의 해소가 조각에도 적용되기 시작하여 조각은 더 유동적이고 자연스러우며 우아한 모습을 취하게 되었다(카린 자그너, 2007). 타타르키비츠는 고딕 예술에서 나타난 이러한 변화를 가리켜 ‘순수 · 영혼적인 미(美) 개념’으로부터 ‘영혼 · 물질적인 미(美) 개념’으로의 전환이라 칭한다(블라디슬라브 타타르키비츠, 2006).

로마네스크 성당은 넓고 두꺼운 벽을 프레스코 벽화로 치장했던 반면, 고딕 성당에서는 스테인드글라스 창문으로 벽이 치장되었기 때문에 회화가 들어설 자리는 별로 없었다. 하지만 제단과 제단 주변 요소들은 빈번히 회화로 장식되기도 했다(카린 자그너, 2007). 회화의 주제는 대개 신약성서에 나오는 장면이나 인물들, 특히 그리스도 수난과 연관된 성모의 모습이었다.

(3) 한자 네트워크 공간 특유의 고딕 양식 건축과 예술

독일에서는 13세기 중반부터 고딕 양식이 성당 건축에 도입되었다. 프랑스 북부지방과 인접한 라인 강 상류 지역 도시들에서 건축되기 시작된 독일의 고딕 성당은 16세기 중반까지 독일 전역으로 퍼져 나갔다. 독일 고딕의 시조로 꼽을 수 있는 건축물은 쾰른 대성당이었다. 독일 중세 성당 중 최대 규모이기도 한 쾰른 대성당은 프랑스의 아미앵 대성당을 본보기로 삼아 1248년 착공되었다.

쾰른 대성당이 그렇듯, 초기의 독일 고딕 성당은 프랑스의 영향을 많이 받았지만 처음부터 독자적인 요소들이 없지 않았다. 그 한 가지가 바로 로마네스크 양식의 잔존이다. 즉 독일은 로마네스크 건축의 전통이 워낙 강했기 때문에 고딕 시대에도 그 경향이 완전히 사라지지 않고 고딕 양식과 혼융되었다. 예를 들어 독일 고딕 성당에서는 서쪽 파사드를 중시했던 독일 로마네스크 양식의 전통을 지켜 전체 규모에 비해 과도하게 높은 종탑을 정문 위에 세우는 경우가 많았는데, 쾰른 대성당도 예외가 아니었다(신안준 · 윤재희, 2008).

더불어 독일 고딕은 시간이 지남에 따라 나름의 변형을 양산하기 시작했는데, 그 대표적 사례가 넓은 홀 형태의 '할렌키르헤(Hallenkirche)'였다. 이 고딕 성당 형식은 주랑과 측랑의 높이가 같아 내부 공간이 넓은 홀의 형태를 취하고 있었다. 이 형식은 베스트팔렌 지방을 중심으로 발전하였으며 14세기에 이르러 독일 여러 지역으로 전파되었다. 할렌 키르헤의 대표적 사례로는 파더보른과 뮌스터의 대성당 등을 꼽을 수 있다.

고딕 건축에서 또 하나의 대표적인 독일적 변형은 '벽돌 고딕(Backsteingotik)' 양식이었다. 벽돌 고딕은 중세에 북부 독일 저지대와 발트해 공간, 다시 말해 한자 네트워크 공간의 도시들에 널리 퍼진 양식이며, 이 때문에 중세 한자 건축을 대변하는 양식으로 규정된다(임석재, 2006; 카린 자그너, 2007). 즉 벽돌 고딕 건축의 분포 지대는 발트해의 한자 네트워크 공간과 거의 일치하며, 그 집중적 생성시기 또한 한자의 전성기였던 13~14세기였다.

벽돌 고딕이란 명칭은 북부 독일과 발트해 공간에서 건축용 자연석재의 부족으로 벽돌이 고딕 건축 자재로 사용되었기 때문에 붙여진 이름이다. 그러나 벽돌 고딕의 독특한 점은 단순히 석재 대신 벽돌을 사용했다는 점에만 있는 것이 아니다. 그 또 다른 특징들은 벽돌 고딕 건축의 시조이자 원형인 뤼베크의 성모 마리아 교회에서 알아보도록 하겠다.

발트해 연안의 독일 도시 뤼베크는 "한자의 여왕"(Felgentreu & Nowald, 2008)이라 불릴 만큼 이 동맹에서 중추적 역할을 했으며 13~15세기에 상업으로 커다란 번성을 누렸다. 한자도시들 중 해항도시 뤼베크는 프랑스에서 시작된 새로운 건축 양식, 즉 고딕 양식의 도입에서도 선도적 역할을 했는데, 그 결과물이 1277년 시공되고 1351년 완공된 성모 마리아 대성당이었다. 즉 뤼베크의 성모 마리아 대성당은 발트해 연안의 한자공간에 건설된 최초의 고딕 건물이었다. 그런데 이 대성당은 프랑스의 고딕 성당들을 전범으로 삼았지만 몇 가지 점에서 기존 고딕 양식과는 구별되는 특징을 보여주었다.

무엇보다 눈에 띄는 것은 이 대성당의 건축에 벽돌이 사용되었다는 점이다. 앞서 말했듯, 해안 영역인 독일 저지대와 발트해 공간에서는 석재 조달에 어려움이 있었으며, 이런 이유에서 이 공간에서는 이미 로마네스크 시대부터 벽돌이 건축자재로 사용되었다. 그리고 뤼베크의 성모 마리아 대성당은 최초로 고딕 양식을 따라 건설되기는 했지만 자재로는 전통적 방식대로 벽돌이 사용된 것이다. 일반적으로 벽돌 성당은 석재 성당에 비해 표면처리가 깔끔하기에 좀 더 단아한 인상을 주며, 붉은 색조가 독특한 인상을 자아낸다. 그리고 이로 인해 뤼베크의 성모 마리아 대성당은 다른 지역의 성당 건축과는 또 다른 특색을 보여주게 되었다(〈그림 9〉 참조).

다음으로 지적할 수 있는 점은, 이러한 벽돌 자재와 관련되어 나타난 장식 상의 특징이다. 앞서 언급했듯, 일반적으로 고딕 성당에서는 건물 여러 부위에 정교하고 주제도 다양한 석조 조각들을 다채롭게 새겨 놓는 경향이 있었다. 그러나 벽돌 성당에서는 재료의 특성상 장

〈그림 9〉 뤼베크의 성모 마리아 대성당

식적 형태를 상당 부분 포기할 수밖에 없었다. 이로 인해 벽돌 고딕 양식의 성당은 외관상 훨씬 더 단조롭고 간소한 인상을 갖게 되며, 이 점은 뤼베크의 성모 마리아 대성당에서도 확인할 수 있다. 물론 이후의 벽돌 고딕 대성당에서는 벽돌을 이용한 독자적인 박공형태로 외벽을 장식하려는 노력이 나타났다(카린 자그너, 2007).

그리고 벽돌이란 자재와 직접 관련되지 않은 장식적 요소에서도 해항도시 뤼베크의 성모 마리아 대성당은 독특한 면모를 보여주었다. 먼저 이 대성당에는 기존 고딕 성당에 비해 훨씬 더 큰 창문들이 설치되었고, 여기에 스테인드글라스 기법이 전혀 적용되지 않았다. 이렇게 커다란 맹창을 단 것은 햇빛이 부족한 북부의 기후 조건에 기인한 특색이었다.

또한 볼트의 천정에는 꽃 장식을 그려 넣었으며, 내벽이나 기둥도 조각이나 부조로 장식하지 않고 그림을 그려 넣었다. 더욱이 이런 장식 그림은 기존 고딕 양식에서 흔히 볼 수 있는 기하학적 문양이 아니라 꽃문양 이었다. 그리고 장식 색채로는 주로 적색과 백색을 사용했다(Toman, 2009). 이런 독특한 장식 방법 역시 여타 벽돌 고딕 건축에 채용되어 발트해 공간 대성당들의 특색을 이루게 되었다.

그밖에도 뤼베크의 성모 마리아 대성당에서는 트리포리엄의 존재가 미미해져서 주랑이 클리어스토리와 거의 맞붙어 버리며, 바깥에서 보면 클리어스토리의 유리창이 외벽보다 좀 더 바깥으로 튀어나오게 처리되었다. 그리고 서쪽 파사드에는—앞서 말했듯, 독일 고딕 양식의 특징으로서—웅장한 수직 비례의 종탑 두 개가 세워졌으며, 여기에 독일 로마네스크 전통에 따라 투구가 입혀졌다(임석재, 2006; Toman, 2009).

대략 이러한 독특함을 지닌 뤼베크의 성모 마리아 대성당은 이후

15세기에 이르기까지 발트해 공간의 한자도시들, 특히 리트비아의 리가까지 이어지는 발트해 남부 해안의 도시들에서 수십 차례 모방되었다(Toman, 2009; Dollinger, 1998). 즉 이 지역에서는 거의 2세기에 걸쳐 뤼베크의 성모 마리아 대성당을 표준으로 한 성당들이 지어졌으며, 그 대표적 사례로는 슈트랄준트의 성 니콜라이 성당(1276~1291년)과 로슈토크 근처 도베란의 시토 교단 성당(1294~1398년), 그리고 단치히의 성모 마리아 교회(1343~1502년) 등을 꼽을 수 있다(Toman, 2009).

뤼베크의 성모 마리아 대성당을 표준으로 — 물론 각기 다양한 변형적 요소들과 특색도 지니고서 — 건설된 이 수십 채의 중세 성당들은 불그레한 벽돌 외벽과 웅대한 2개(간혹 1개)의 종탑, 높고 커다란 맹창과 독자적 내부 장식, 그리고 기본적인 고딕 구조란 면에서 주요한 공통점을 지녔으며, 이런 공통점을 지니고서 발트해 유역 한자 네트워크 공간의 건축학적 정체성을 형성했다(발트해 공간에 건설된 벽돌 고딕 성당들의 목록과 개개 성당의 건축학적 특징 및 역사적 영향 관계에 관한 자세한 내용은 다음 참조: Böker, 1988; Pfotenhauer & Lixenfeld, 2000).

그런데 한자 공간의 건축학적 정체성을 구성했던 벽돌 고딕 양식은 성당 건축에서만 실현된 것이 아니며, 또 새로운 양식의 성당 건축만이 상인적 한자 네트워크를 통해 이 공간에서 확산된 것은 아니다. 한자 네트워크 공간에서 볼 수 있는 또 하나의 대표적인 벽돌 고딕 건축은 다름 아닌 시청이었다. 13~16세기 한자도시들에서 시청 건물은 아주 웅장하고 화려한 형태를 갖추었으며 시민들이 주축이 되어 세운 교회와 더불어 도시 중심부를 차지했다(카린 자그너, 2007). 세속건축으로서의 시청에서는 초월성을 강조하는 내부 장식적 요소는 많이 감소되었지만 기본적인 고딕의 특징은 적극적으로 차용되었다.

〈그림 10〉 중세 한자도시 뤼베크(좌)와 슈트랄준트(우)의 시청 건물

벽돌 고딕의 시청에서도 일종의 시조가 되어 다른 한자도시들의 시청 건축의 전범이 되었던 것은 뤼베크의 시청이었다. 뤼베크에서는 1220년경 두 채의 시청 건물이 세워져, 이 중 하나는 '직물전시소(Gewandhaus)'로 사용되고 다른 하나는 집회장으로 사용되었다. 그 후 13세기 후반 이 두 채의 건물이 연결되었으며 이후에도 증보를 거듭해 15세기 중반경 오늘날의 모습을 갖게 되었다(〈그림 10〉 좌측 참조).

한자도시에서 시청은 초기에 행정과 상품판매를 동시에 담당하는 장소로 시작되었으나 점차 행정만을 담당하는 곳으로 변했고, 도시의 확장 및 시민 권력의 증대와 더불어 점덤 더 화려하게 증축되었다. 이에 관해서는 다음 참조: Dollinger, 1998). 이 시청은 장미 창과 첨탑 등의 고딕적 요소를 차용했으며 — 벽돌 고딕 양식이 그렇듯 — 외벽에 장식적 요소가 거의 없으나 지붕을 수직벽 뒤로 넣는 등 새로운 장식적 기법에 의해 단조로움을 피하려 한 노력을 보여준다.

뤼베크 시청은 많은 한자도시들의 시청 건축에서 모방의 대상이 되었는데, 그 전형적인 예가 슈트랄준트 시청(14세기)이다. 그러나 이 시청 건물에서는 장식적 측면에 더 공을 들인 흔적을 확인할 수 있다.

그리고 한자공간의 동부에서는 뤼베크 시청을 전범으로 삼기는 하되 독자적 요소를 훨씬 더 많이 가미한 시청 건물들도 발전했다. 그 좋은 예는—오늘날 폴란드령에 속하는—한자도시 토른에 건설된 시청이다(14세기). 이 시청은 성곽의 모습을 다소 흉내 낸 것으로 안뜰(Innenhof)이 있으며 첨탑 외에 거대한 종탑도 갖추고 있다(〈그림 11〉 우측 참조). 종탑이 있는 성곽 형태의 벽돌 고딕 시청들은 토른 외에 브레슬라우와 단치히, 레발 등에서 발견된다(Dollinger, 1998).

한자 네트워크 공간에서는 14세기 이후 시청 외에 많은 공공건물이 시의회의 주도로 세워지기 시작했다. 역시 벽돌 고딕 양식을 차용한 이러한 건축의 예로 돌랑제는 브라운슈바이히의 직물전시소, 뤼네베르크의 청어창고, 뤼네베르크와 단치히의 곡물저장소 등을 들고 있다(Dollinger, 1998). 그리고 또 한자도시들에서는 상인길드와 수공업자 길드가 회합을 위한 각자의 건물을 짓는데 열중했는데, 역시 벽돌 고딕이 특징을 갖는 이런 건물의 예로는 뤼베크의 선원조합가옥과 레발의 '그로세 길데', 힐데스하임의 '크노헨하우어암트하우스' 등이 있다. 그밖에 한자공간의 벽돌 고딕 세속 건축의 예로는 영주들의 위협적 간섭을 막기 위해 도시민들이 세웠던 방어벽, 예컨대 비스비의 방어

〈그림 11〉 슈트랄준트 시청의 내부와 토른의 시청

벽이나 도시의 기념비적 정문, 일례로 뤼베크의 '홀슈텐토어'와 같은 것이 있다.

조형예술의 경우를 보면, 한자공간에서는 당연히 석조 조형물이 별로 발전하지 못했다. 앞서 보았듯, 중세의 석조 조형물은 성당 건축과 관련이 깊고 한자도시들의 고딕 성당은 벽돌을 주된 자재로 사용했기 때문이다. 따라서 한자 네트워크 공간의 벽돌 고딕 성당 내부의 여러 장식물이나 제단 등은 주로 목각에 의해 제작되었다(Dollinger, 1998).

그러나 한자 네트워크 공간에 석조 조형물이 전혀 없는 것은 아니며, 특히 독일 북부의 한자도시들에서는 시내 곳곳에 다양한 상징적 의미를 지닌 석상을 세우는 경우가 많았다. 그 대표적인 예가 롤랑(Roland)의 조상들이다. 주지하듯, 롤랑은 중세 초의 전설적 기사이며 12세기 초 프랑스에서 지어진 서사시 「롤랑의 노래」의 소재가 되기도 한 인물이다. 중세에 이 전설적 인물은 명예를 지키며 정의로운 불굴의 전사를 상징하곤 했다(Hucker, 1996).

독일 북부 한자도시들의 시민들은 15~16세기에 흔히 영주의 횡포와는 대비되는 정의로운 기사의 상징으로, 그리고 자기 동일시의 대상으로 이 전설적 인물의 조상을 도시 곳곳에 세웠다(Hucker, 1996; Dollinger, 1998). 한자공간에는 브레멘에서 리가에 이르기까지 아주 많은—초기에는 주로 목재, 15세기 이후로는 석재로 지은—롤랑의 조상이 있으며, 브레멘의 롤랑 석상(1404년)은 5미터가 넘는 높이이다.

중세 한자 네트워크 공간에서 애호되었던 또 다른 조상의 주제는 성 게오르기우스였다. 기독교의 14성인 중 한 사람이기도 한 게오르기우스는 3세기 말에 태어난 인물로 기록에 의하면 4세기 초에 신앙을 지키다 잔혹한 고문을 받았고 종내는 참수를 당했다. 그런데 이 인물과 관련해서는 용과 싸워 공주를 구해낸 용감한 전사였다는 전설이

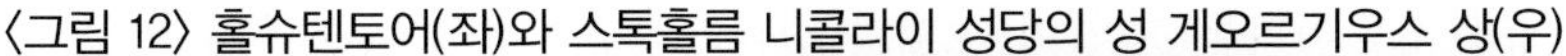
〈그림 12〉 홀슈텐토어(좌)와 스톡홀름 니콜라이 성당의 성 게오르기우스 상(우)

전해오고 있다.

중세 한자도시의 시민들이 이 인물을 주제로 애호한 것은 기독교 신앙과도 관련이 있었지만 롤랑의 경우와 마찬가지로 그가 명예와 정의를 지키는 기사의 이미지를 갖고 있었다는 사실과 관계가 깊다(Dollinger, 1998). 한자 네트워크 공간에는 여러 도시에 성 게오르기우스의 조상이 있으나, 가장 유명하며 예술적으로 높은 평가를 받는 것은 화가이자 조각가였던 베른트 노트케(Bernd Notke; 1440~1509년)가 스톡홀름의 니콜라이 성당에 세운 성 게오르기우스 상이다.

(4) 한자 네트워크 공간에서 건축과 예술의 교류

한자 네트워크 공간의 건축학적 정체성과 관련해서는 다음과 같은 의문이 제기될 수 있다. 이러한 정체성은 고딕이라는 선진적 건축양식과 벽돌이라는 지역의 소재가 만나 이뤄낸 우연의 산물일 뿐 상인과 도시 동맹체로서의 한자의 정체성과는 직접적으로 상관이 없는 것이 아닌가? 이 물음에 대한 답을 말하자면, 그렇지는 않다. 즉 이 해답은 무엇보다 13~15세기 한자 네트워크 공간에서 벽돌고딕 양식의 대성당을 세운 주체가 누구인가를 확인할 때 보다 분명해진다.

한자도시들에서 위용을 자랑하는 웅대한 벽돌고딕 성당들은 거의 모두가 주교 본당이 아니며 부유한 시민이 주축이 되어 세운 교회였다(Dollinger, 1998). 즉 이 성당들은 도시 운영을 실제로 좌우했던 시민세력의 과시욕이 낳은 산물로서 웅대함과 화려함을 자랑했으며, 그에 반해 ― 도시가 주교좌인 경우 ― 주교 본당들은 규모가 더 작았고, 도심부에 위치하지 못하는 경우도 많았다(임석재, 2006).

그렇다면 상인적 시민세력의 권세를 표현하는 대성당이 도시마다 다른 양태로 세워지지 않고 양식상의 공통점을 가진 채 여러 곳에서 등장한 이유는 무엇일까? 여기에서 먼저 생각해 볼 것은 한자 지도층의 초도시적 결속과 네트워크이다. 한자를 주도하는 각 도시의 유력자들, 특히 저지 독일 대상인들은 서로 복잡한 친인척 관계로 이어진 경우가 많았고, 그렇지 않은 경우라도 중세적인 동업자 형제서약에 의해 극도로 긴밀한 관계를 유지하고 있었다(Selzer, 2010).

강한 연대감으로 맺어졌던 이들은 방문에 의해서건 서한 내지 사신을 통해서건 접촉을 유지시켰으며, 각 도시의 발전상황이나 문젯거리 등에 관해 정보를 나누고 의견과 조언을 주고받았다(Selzer, 2010). 한자도시의 세력가들은 이런 방식으로 사업상의 이익을 꾀함을 물론 도시법령이나 제도 등을 교환하고 발전시켰으며 더 나아가 문화적 유사성도 구축해 나갔다. 즉 이들은 대성당 등의 건축 계획과 관련해서도 정보와 의견을 교환했고 솜씨 좋은 장인 내지 예술가들을 서로 소개하기도 했던 것이다(Jaacks, 2006).

다음으로 생각해 봐야 할 것은, 한자 네트워크 공간에서 해항도시 뤼베크가 차지했던 위치와 역할이다. 앞서 말했듯, 당시 뤼베크는 도시한자의 정치적·경제적 최고 요충지였으며 한자 공간에서 일종의 주도권을 행사하고 있었다(곽정섭, 2005). 그리고 그 결과 뤼베크는 건축과 예술의 분야에서도 최대 중심지의 지위를 누리게 되었다.

뤼베크는 예술재료나 예술적 가공품 혹은 완성품의 중심적 교역장이기도 했지만, 도시 건설 초기부터 정주한 수공업자, 조각가, 화가들 외에 더 낳은 삶의 기회를 찾아—예술이나 건축 분야에서 선진적인—플랑드르 등지에서 몰려온 수공업자들이 집단적으로 혼거하는 공간이었던 것이다(Jaacks, 2006). 그리고 이런 점에서 뤼베크에는 유력자들이 토착 재료를 갖고서 최신 양식의 건축 등을 시험해보려 할 경우 이를 실행할 인프라가 충분히 갖추어져 있었던 셈이다. 고딕양식의 대성당이 뤼베크에 최초로 세워진 연유는 이런 맥락에서 이해될 수 있다.

한자도시 상인 유력자들의 정보·이념 네트워크에서 대성당 건축 등은 중요한 화젯거리가 되었고 수용과 모방의 대상으로 부각되곤 했다(Poeck, 2002). 그리고 한 도시의 유력자들은 타도시의 유력자들에게 솜씨 있는 건축이나 예술 관련 수공업자들을 주선했으며, 이들 수공업자들은—중세에는 일반적인 현상이었듯—주문지를 찾아가 장기간 머물면서 작업을 진행하곤 했다. 벽돌고딕 양식의 대성당과 관련시켜 보면, 뤼베크에 거주했던 건축 및 예술분야 수공업자들은—한자의 무역루트를 따라—주요 한자도시로 이동하면서 대성당 건축에 참여했다.

물론 각 한자도시의 벽돌고딕 대성당은 오로지 뤼베크에서 출발한 수공업자들에 의해서만 건설된 것은 아니다. 개개 한자도시에서는 도시 귀족은 물론 교회 세력도 사소한 정도로나마 이러한 건설에 관여했고 또한 토착 수공업자들도 자기들만의 노하우를 갖고서—더불어 자신들의 이권 수호를 위해—이러한 작업에 참여했다(Böker, 1988).

중세에는 주로 교회 장식의 일부로서만 의미를 가졌던 조각이나 회화 작품 역시 대부분 뤼베크를 거쳐 발트해의 한자공간으로 전파되었다. 뤼베크에서 제작된 예술품 외에도 주로 발트해 남부 연안의 한자도시들에서 제작된 작품들이 잠시 한자의 여왕 품에 안겼다가 한자공간의 여러 도시로 수송되었던 것이다(Dollinger, 1998). 해외의 한 연구에 의하면, 13~16세기에는 플랑드르와 북부독일에서 제작되고 뤼베크를 경유해 각지의 한자도시로 보내진 성당제단만도 약 300점에 이른다(Selzer, 2010). 물론 한자선박에 의해서 제단이나 조각 장식, 조상, 회화 등의 예술품만이 수송된 것은 아니다.

한자의 무역로는 북부 독일 저지대의 예술가들을 이동시키는 경로이기도 했다. 이런 경로를 이용해 한자공간 곳곳에 예술품을 남긴 장인 예술가로는 마이스터 베르탐 Meister Bertam과 마이스터 프랑케 Meister Francke, 콘라트 폰 조에스트 Korad von Soest, 슈테판 로흐너 Stefan Lochner, 그리고 한스 보르네만 Hans Bornemann과 요하네스 융에 Johannes Junge를 손꼽을 수 있다(Jaacks, 2006; Selzer, 2010). "한자적이라 지칭할 만한"(Dollinger, 1998), 이런 예술가들 중에서 빼놓을 수 없는 또 한 사람은—앞서 한 번 언급한—베른트 노트케였다. 그는 포메른의 대상인 가문에서 출생하여 뤼베크에서 예술을 배웠고 한자공간의 여러 도시를 떠돌면서 다수의 걸작을 남겨 놓았다.

(5) 강: 뤼베크의 사회복지정책이 낳은 건축

마지막으로 이 절에서는 건축사나 예술사적으로 중요한 의미를 갖지는 않고 고딕양식과도 직접적 관계가 없지만 한자 공간에서 아주 독특한 현상으로 나타난 한 가지 건축 유형에 관해 소개하고자 한다. 여기에서 소개하려는 것은 한자시대에 해항도시 뤼베크에 건설되어 오늘날까지 그 흔적을 남기고 있는 초라하면서도 아주 독특한 건축물이다. 이는 뤼베크가 다른 한자도시들과 마찬가지로 시행하고 있었던 구빈정책과 관련이 있었던 것이기에 더욱 흥미롭다.

중세 한자도시들에는 의심할 여지없이 다수의 빈곤층이 존재했다. 중세에 빈곤층에 대한 구호사업은 전통적으로 교회와 수도원의 임무였으나, 도시의 성장 및 상업적 시민의 세력 확대에 따라 13세기부터는 한자도시의 시의회를 주축으로 한 부유한 상인계층들도 직접 빈곤층 구호에 관심을 기울이기 시작했다(Graßmann, 2006). 이는 기독교적 신앙심과 인간애에 근거한 것이기도 했지만 도시 내 불만증폭 및 소요의 방지를 위해서도 필요한 일로 인식되었다. 이러한 구빈정책, 달리 말해 사회복지정책의 일환으로 한자도시들에서는 도시 변두리에 빈곤층을 위한 다세대 가옥들이 빽빽하게 세워졌다.

빈곤층을 위한 이러한 다세대 가옥들은 당시 '허드레 집(Bude)'나 '처마 집(Traufenhaus)' 이라 불렸고, 여기에는 대다수 수공업자나 임노동자 및 그 가족들, 외지에서 온 떠돌이 일꾼, 선원이나 수공업자의 가난한 미망인 등의 계층이 저렴한 집세를 내고 입주할 수 있었다 (Falk, 2006).

한자 네트워크 공간에서 나름의 선진성을 자랑했던 뤼베크에도 당연히 이러한 건축물이 존재했다. 그런데 뤼베크의 아주 독특한 점은 빈곤계층의 이러한 다세대 가옥들이 도시 중심부와 분리되어 변두리에 위치하지 않고 부유한 시민들의 가옥과 맞붙어 있었다는 점이다. 이는 중세 뤼베크의 부자들이 자기들 주택의 넓은 안뜰(Hof)를 내주었고 여기에 빈곤층을 위한 다세대 주택이 세워졌기 때문에 나타난 현상이었다. 뤼베크인들은 이러한 허드레 집을 '강(Gang)'이라 불렀는데, 이는 다세대 주택의 주민이 대로에 면한 부자의 주택 정문을 지나지 못하고 측면의 '좁은 통로'로 드나들었기 때문에 붙은 이름이었다 (〈그림 13〉 참조).

한자시대에 뤼베크에는 이러한 강(Gang), 즉 '통로 집'이 200개 가까이나 형성되어 부유한 시민들의 주택과 공존했다. 다시 말해, 중세 뤼베크에서는—함부르크 등의 다른 한자도시들과 달리—부자와 빈자의 거주지역이 확연하게 구분되지 않았던 것이다(Scheftel, 1988). 물론

〈그림 13〉 '강'의 모습

이처럼 빈곤층을 위한 다세대 가옥과 부자들의 주택이 공존하게 된 것은, 뤼베크가 트라베 강과 바케 강에 둘러싸여 있었기에 빈곤층을 위한 변두리 지역의 확보가 어려웠다는 점에도 기인한다. 그러나 당시 이 도시의 부유한 시민들이 다른 곳도 아닌 자기들의 주택 안뜰을 내주었다는 점은 분명 한자의 여왕 뤼베크의 남다른 진취성을 감지케 하는 대목일 듯하다.

3. 중세 한자 네트워크의 평가와 의미

이상에서 중세 후기 유럽 북부 독일과 발트해 공간에서 지배적 영향력을 행사했던 도시 및 상인들의 경제적·정치적 동맹이자 네트워크 조직이었던 한자에 관해 알아보았다. 그리고 한자 네트워크 공간에서 점차 공식 언어로 자리를 굳혀갔던 중저지독일어와 그 교섭 작용 및 이 언어로 생성된 문학과 그 전파에 관해서 비교적 자세히 살펴보았다. 마지막으로 한자 네트워크 공간에서 형성된 독특한 건축과 예술의 양식 및 그 교류와 전파의 양상에 관해서도 전반적으로 소개하고 여러 특징들을 알아보았다.

한자 공간에서 언어와 문학 및 건축과 예술의 교류와 전파는 근본적으로 한자라는 경제적·정치적 네트워크가 존재했기에 활기를 띨 수 있었다. 중세 발트해 권역에서 한자의 교역 네트워크는 비단 언어와 문학 및 건축과 예술뿐 아니라 사상과 음악, 의복, 주거생활의 새로운 경향의 확산과 교섭 작용 또한 촉진시켰다. 그리고 이런 과정을 통해 발트해 공간의 도시들은 경제적 번영에 부응하는 문화적 풍요로움 또한 다채롭게 누릴 수 있었다.

이런 맥락에서 한자는 중세 북동부 유럽의 문화적 발전 및 발트해 공간에서의 근대 문화의 도래에 크게 일조 했다고 평가할 수 있을 것이다. 또한 한자공간의 여러 도시에서 볼 수 있는 빈곤층의 다세대 주택, 특히 뤼베크의 '강'은 인본주의나 이에 근거한 시민복지정책이 오로지 르네상스 이후 근대의 산물만은 아니었음을 확인시켜 준다.

이상의 내용에서 확인할 수 있듯, 후기 중세 발트해 권역에서 고도의 문화와 문명이 꽃피고 안팎으로 그 교섭 활동이 활발히 전개된 것은, 이 지역 해항도시들이 주도한 한자 네트워크에 크게 힘입은 현상이었다. 한자의 본질은 자유와 자치에 입각한 도시들, 특히 해항도시들의 자율적 네트워크였다. 이러한 네트워크가 존재할 수 있었던 시기는 구심력이 약했던 중세 봉건 시대, 즉 영토적 국민국가 등장 이전 시기인 13-17세기였다.

그러나 근대적 국민국가의 형성이 가시화되면서 발트해는 러시아와 프로이센, 영국, 프랑스, 폴란드 및 통일국가 독일 등이 세력 다툼을 벌이는 단절의 공간으로 변질한다. 특히 제2차 세계대전 이후 전개된 냉전은 발트해를 적대적 군사블록 사이의 경계지대로 만들었다. 이런 이념적·군사적 대립은 20세기의 발트해를 오랫동안 교역과 관광, 문화교섭에서 심각한 장애를 겪는 공간으로 만들었다. 그러나 1990년대 동유럽과 중부유럽에서 공산주의 체제의 몰락은 발트해를 다시금 소통과 상생의 공간으로 회복시켰으며, 21세기 초 구공산권 국가들의 유럽연합 가입은 새로운 문화교섭의 공간으로서 발트해 변모의 기폭제가 되고 있다.

오늘날에는—지구화란 세계적 차원의 변화에 연동되어—국민국가의 경계를 넘어선 개방적·탈국민국가적 네트워크 창출에 대한 관심이 급속히 증폭되고 있다. 이는 영토적 국민국가의 패러다임이 그

한계를 노정하고 있으며, 대안적인 세계사회 패러다임이 필요하다는 오늘날의 이해 확산에 부응하는 현상이다. 하지만 이때 이 새로운 패러다임, 즉 탈국민국가적 네트워크 공동체의 모델이 가능한가라는 물음 또한 심심치 않게 대두하고 있다. 이에 대해 역사적 한자는 이런 패러다임이 결코 불가능하지 않다는 하나의 중요한 역사적 전거로 제시될 수 있을지 모른다. 중세 발트해 권역에서 출현했던 한자 네트워크는 독점과 배타와 집중에 근거한 공동체 형식이 아니라, 관계성에 기초하여 다양한 연결 기능, 즉 신축과 확산, 재편성, 상호보완과 부조 등의 기능을 발휘하고, 이를 통해 공동의 번영을 실현하고 한 공동체의 형식으로 이해될 수 있기 때문이다.

제 3 장

현대 발트해 공간과 도시네트워크

제 3 장
현대 발트해 공간과 도시네트워크

1990년대부터 2010년대인 오늘날까지 현대 유럽의 발트해 공간에서는 도시 및 지역 간의 다층적 네트워크가 활발히 형성되고 있다. 몇 가지 예만 들자면, 11개 국민국가가 면해 있는 이 공간에서는 1990년대 초 이후로 '발트해 관광위원회(BTC)'와 '발트해 지역 7개 최대 도서 협력기구(B7)', 그리고 '발트해 지역 문화 통합 협의회(ARS BALTICA)', '발트해 해항 협회(BPO)', '발트해 상공회의소(BCCA)' 및 '발트해 노동조합(BSTUN) 등이 결성되었으며, 더 나아가 중세 한자(Hanse)의 계승을 표방하는 도시 네트워크 한자와 발트해 지역 100개 이상 도시의 초국가적 네트워크인 '발트해 도시연합(UBC)'이 결성되었다(Görmar, 2002; 정문수 · 정진성, 2008).

그밖에도 이 공간에서는ㅡ이러한 상설 네트워크 조직과 직간접적으로 연결되어ㅡ다양한 도시 및 지역 네트워크 프로젝트가 창안되어 구체적이고 세분화된 탈국민국가적 협업을 수행했는데, 그 대표적 사례로는 프로젝트 'HOLM'이나 프로젝트 'Maritime Heritage', 프로젝트 'Big Lakes', 프로젝트 'Best(Best Exchange on Sustainable Tourism)', 그리고 프로젝트 'WUD(Waterfront Urban Development)' 등을 들 수 있다(이들의 구체적 내용에 관해서는 나중에 언급하도록 하겠다).

발트해 공간에서 국경을 초월하여 형성되는 이러한 다층적 네트워크들은 유럽 내 국민국가들의 영토성과 그 주권이 ― 지구상 다른 지역에 비해 ― 현저히 약화되고 있음을 시사하는 것이며, 이런 맥락에서 도시 및 소규모 지역이 국민국가를 대체 내지 보완하는 행위자로 부상하고 있음 또한 암시하는 것이라 할 수 있다. 그렇다면 발트해 공간에서 이처럼 소규모 지역과 도시, 특히 해항도시의 역할이 강화되고, 이들 사이의 네트워크가 국민국가의 경계를 가로질러 활발히 형성되고 있는 요인과 역사적 배경은 무엇일까? 그리고 현재 이뤄지고 있는 이런 네트워크적 발전의 구체적 양태와 성격은 어떤 것일까?

이 물음들에 답하기 위해 이 장에서는 먼저 고대부터 냉전 직후까지 발트해 공간의 역사에 관해 알아볼 것인 바, 이는 오늘날 발트해 공간에서 국민국가의 경계를 초월한 해항도시 및 지역 네트워크가 활성화되는 현상이 이 공간의 역사적 특징과 무관하지 않다는 인식에 기초한다(이 장의 제1절).

다음으로는 오늘날 발트해 공간에서 해항도시와 소규모 지역들 사이에서 이뤄지는 다층적 네트워크 발전에 좀 더 직접적 영향을 미치는 두 가지 요인을 살펴 볼 것인 바, 그 하나는 이른바 지구화(Globalization)이며, 다른 하나는 유럽연합이라는 특수한 초국경적 공동체이다(이 장의 제2절).

사실 오늘날 국민국가의 영토성과 주권의 약화는 비단 발트해 공간에서만 나타나는 현상이 아니며, 지구화가 몰고 온 보편적 현상이라 볼 수 있다. 따라서 우선은 이런 지구화 현상과 발트해 공간에서의 발전 양상이 서로 연관되어 논의될 필요가 있다. 하지만 오늘날 발트해 공간은 분명 여타 지역과는 다른 특수성도 보여주는바, 이러한 특수성은 유럽연합이란 형태를 취한 유럽 지역 공동체의 특성과 관계가 깊다.

따라서 발트해 공간의 도시 및 지역 네트워크 활성화의 요인 및 배경과 관련해서 유럽연합의 역사와 그 일반적 실행 원칙 및 통치 방식, 그리고 인터레그 사업 등이 비교적 상세히 논의될 필요가 있다. 그리고 마지막 절에서는 발트해의 역사 및 지구화와 유럽연합에 관한 설명을 바탕에 두고서 오늘날 발트해 공간에서 나타나는 도시 및 지역 네트워크의 구체적 사례 몇 가지가 소개될 것이다(3절).

1. 발트해 공간의 역사와 특징

현대 유럽의 발트해는 북위 53도에서 66도 사이, 경도 20도에서 26도 사이에 있는 북유럽의 내해로서 스칸디나비아 반도와 유럽대륙 및 덴마크 도서들에 의해 둘러싸여 있다. 이 바다는 북으로는 보트니아 만, 북동으로는 핀란드 만에 이르며, 동쪽으로는 리가 만에 닿아 있고, 또 북해 및 러시아의 백해와 연결되어 있다(정문수 · 정진성, 2008). 발트해의 면적은 43만km^3로 현재의 독일보다 조금 크고 스웨덴보다 조금 작은 공간이다.

발트해 공간에 인도게르만계 종족이 진출한 것은 기원전 6000년경인 것으로 추정되며, 이들은 주로 홀란드와 폴란드 사이의 지역에 거주하다 후일 영국과 스칸디나비아 반도로도 건너갔다. 남부 스웨덴에서 발견된 가장 오랜 인류생활의 흔적은 기원전 5000년경의 것이다. 기원전 2000년경 인도게르만계 종족의 정주지는 동유럽의 넓은 지역으로 확산돼 오늘날 우크라이나가 위치한 곳까지 이르렀다.

〈그림 14〉 발트해의 지리적 위치와 주변 국가

오늘날 핀란드와 에스토니아가 위치한 발트해 동부 변경에는 핀란드 · 헝가리 부족이 살았는데, 이들이 어디에서 유래했는지는 분명치 않다. 이들보다 약간 남쪽 지역에는 이른바 발트족이 살았다. 게르만족과 슬라브족 및 발트족은 모두 인도게르만계 종족에 속하고 이들의 언어도 인도게르만어족에 포함되는 반면, 핀란드 · 헝가리 부족의 언어는 인도게르만어족과 전혀 다른 특성을 나타낸다. 아무튼 이들 종족 모두가 기원전 수천 년과 기원 후 수백 년 동안 발트해 공간에 정주하고 있었던 사람들이다(Krieg, 2004).

발트해 공간의 게르만족은 서기 375년 이른바 민족 대이동을 시작했으며, 이러한 이동은 대략 서기 568년까지 계속되었다. 대이동의 기폭제가 된 사건은 훈족의 침입으로, 이들은 375년 흑해 연안의 게르만 부족인 동고트족을 궤멸시켰다. 게르만족은 이들 훈족의 위세에 밀려 서쪽으로 달아난 것이었지만, 다른 한편으로 당시 게르만족은 이미 기후변화와 인구증가 및 기근 등의 심각한 문제에 직면해 있었고, 이런 문제의 해결을 모색하려는 의도에서도 대이동을 시작한 것이었다(Krieg, 2004). 게르만족의 분파인 유트족과 작센족 및 앙겔족은 450년경 잉글랜드 동부와 스코틀랜드 남동부를 점령하고 켈트족을 복속시켰으며, 알레만족과 작센족 일부 및 프랑켄족, 그리고 튀링겐족과 바이에른족은 라인강과 엘베강 사이의 중서부 유럽을 장악했다(Der grosse Ploetz, 1999).

게르만족의 대이동으로 엘베강 동편의 내륙이 빈 공간으로 남자, 8세기에 슬라브 족이 이 지역으로 내려왔다. 같은 시기 발트해의 북부와 북서부 지역에는 게르만의 일파인 노르만족에 속하는 덴마크와 스웨덴 및 노르웨이 사람들이 정주지를 형성하며 서서히 남하하기 시작했다. 반면 남부에서는 카를(샤를마뉴) 대제의 영도 아래 형성된 프랑크 제국이 다시 엘베강 너머로 세력을 뻗치고 있었다. 따라서 8세기 이후 엘베강 동편과 발트해의 남부 연안은 노르만족과 프랑크족, 그리고 슬라브족이 각기 세력을 강화하며 각축을 벌이는 장소가 되었다(Krieg, 2004; Der grosse Ploetz, 1999).

그렇지만 프랑크 제국은 9세기에 들어 3개의 제국으로 분열되며, 이중 동프랑크 제국은 다시 와해되어 작센과 튀링겐, 바이에른, 슈바벤, 로트링겐, 프랑켄 등의 공작령으로 분열되었다. 이 시기 가장 크게 세력을 확장한 부족은 스칸디나비아인들로 노르만족인 이들은 반

〈그림 15〉 11~12세기의 덴마크 왕국(Kinder & Hilgemann, 1964)

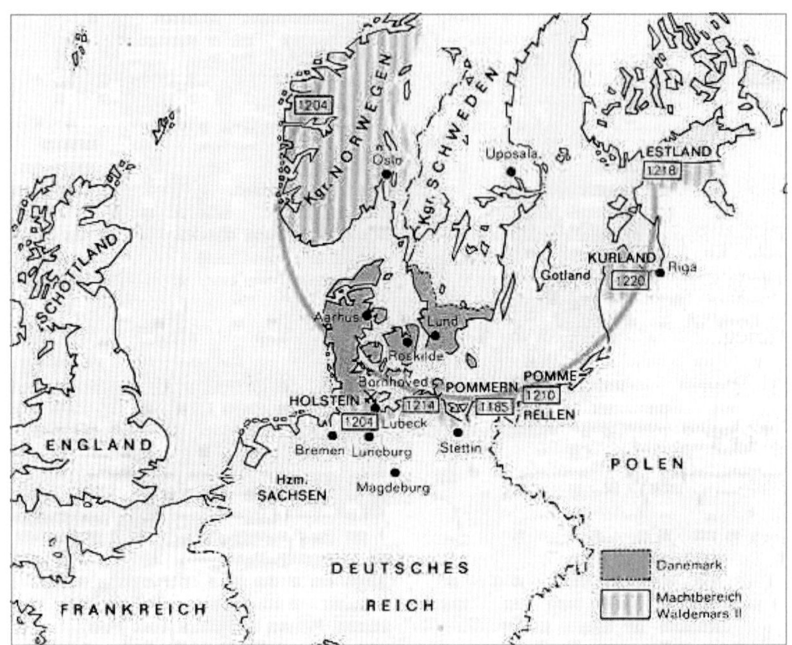

도에 여러 왕국을 형성하면서 남하했다. 특히 스칸디나비아인 중에서도 덴마크 왕국은 노르웨이와 잉글랜드의 넓은 지역을 정복했으며, 11~12세기에 이르면 발트해와 북해 전역을 세력 아래 두었다.

당시 덴마크 왕국은 러시아 북부와 프랑스 북부 해안에도 정주지를 형성했고, 멀리 지중해의 남부 이탈리아와 시칠리아 섬으로도 진출했다. 하지만 덴마크 왕국은 1227년 북부독일의 제후들 및 당시 북유럽에서 가장 강성한 도시였던 뤼베크와 전쟁을 벌여 패했고, 그 후로 급속히 세력을 상실했다. 그 대신 뤼베크를 중심으로 한 저지독일 상인과 도시들의 조직인 한자가 발트해는 물론 북해에서도 서서히 지배권을 획득해 나갔다. 다른 한편, 엘베강 동편인 중동부 유럽의 슬라브인들은 12~13세기 동안 독일인들에 의해 동방으로 쫓겨나기도 했지만 많은 수가 독일인들과 공존하는 길을 찾아 동화되었다(Krieg, 2004).

1159년 사자왕 하인리히에 의한 뤼베크 건설은 발트해 남서부 연안 지역의 독일제국 편입을 뜻했다. 엘베 강을 통해 내륙과 연결되어 있는 이 도시를 중심으로 저지대, 즉 북부 독일의 상인들은 발트해 교역권에서 세력을 강화해 나가기 시작했다(롤프 하멜-키조. 2008). 1161년 독일 상인들은 고틀란드 섬으로 진출해 상관을 열었고 이를 시작으로 발트해 공간에서 서서히 상인 네트워크 조직을 형성하기 시작했다. 이것이 바로 후일 한자로 불리게 될 동맹의 시작이었다.

저지독일 상인들은 곧이어 노브고로트에도 상관을 열어 러시아와의 무역도 증대시켰으며, 13~14세기에 이르면 발트해에서도 가장 강한 경제적·정치적 세력으로 성장했다. 13세기에 저지독일 상인들의 조직은 상인 동맹에서 도시 동맹으로 성격을 전환시켰으며, 1356년에는 최초의 한자 총회를 개최했고, 이때 최초로 '한자'라는 명칭도 등장했다(곽정섭 1989).

한자의 목표는 저지독일 상인들 및 이들이 정주하는 도시의 무역 특권을 확보하는 데 있었다. 이를 위한 한자 네트워크 조직의 활동은 상당히 성공적이어서 발트해 교역에서 러시아와 네덜란드, 영국 상인들의 진출을 막아내고 독점을 유지할 수 있었다. 14~15세기는 저지독일 상인들의 네트워크인 한자의 전성기로서 당시 이 조직은 발트해 공간과 북유럽의 교역을 독점했다.

한자는 발트해 공간의 교역 대상지역에 정치적·문화적으로도 큰 영향을 미쳤다. 예컨대 저지독일의 해외 상관지에는 독일의 도시법이 도입되었고, 이는 주변 지역의 입법과 사회질서 정비에 영향을 주었다. 또한 이런 지역에는 벽돌 고딕 양식의 독일 건축과 회화, 조각 등

〈그림 16〉 중세 한자의 주요 교역루트

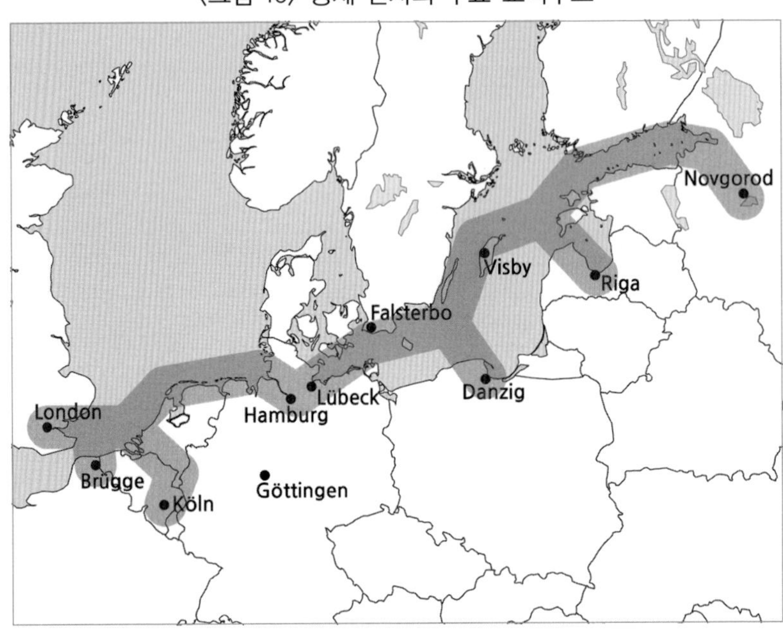

이 전수되어 문화를 발전시켰으며, 다양한 수공업 관련 지식의 보급이나 기록 문화의 발생 및 발전 또한 한자 교역과 긴밀한 관계가 있었다(이 책의 제2장을 참조).

그러나 한자는 16세기에 이르러 서서히 쇠락의 길로 접어드는바, 여기에는 여러 가지 이유가 있었다. 이 중에서 가장 중요한 두 가지 이유만 꼽자면, 우선 절대군주제와 국민국가의 등장으로 인해 유럽 여러 지역에서 한자 상인들은 더 이상 무역특권을 보장받을 수 없게 되었다. 지역 영주들은 더 이상 한자도시들 및 그 상인들과 협상할 수 있는 위치에 있지 않았기 때문이다. 다음으로 15세기 말 아메리카 대륙의 발견으로 인해 발트해 공간은 유럽의 변두리로 전락했고 그 정치적 · 경제적 중요성을 상실하게 되었다(Dollinger, 1998; 최재수 1997).

17세기에는 스웨덴이 발트해 공간의 강자로 부상해서 동부 연안의 에스토니아와 리투아니아 및 폴란드 등을 영토로 병합했고 발트해를 '스웨덴의 호수'로 삼았다. 그러나 1699년 발발한 '북방전쟁'에서 스웨덴은 러시아와 폴란드, 덴마크, 노르웨이, 작센 및 프로이센과 영국의 연합군에게 패했으며, 이후 18세기 동안 발트해 공간은 프로이센과 러시아가 세력을 다투는 장소로 변했다. 그러나 1차 세계 대전이 발발하고 종전을 겪는 동안 독일은 패전으로, 그리고 러시아는 혁명 발발과 제정의 붕괴로 이 지역의 지배권을 잠시 상실했다. 당시 이 공간에서는 5개의 새로운 국민국가, 즉 핀란드와 에스토니아, 라트비아, 리투아니아, 폴란드가 탄생했다(Krieg, 2004; Der grosse Ploetz, 1999).

제2차 세계대전 종전 후 발트 3국(에스토니아, 라트비아, 리투아니아)과 폴란드 및 동부 독일은 소비에트 러시아에 병합되거나 그 영향권 아래 놓였고, 발트해는 동서블록이 직접 대결하여 발전과 변화에 제약을 받는 장소가 되었다. 1990년대 초 동구권의 몰락으로 냉전이 종식되자 이 공간에서 발트 3국과 벨로루시가 독립했으며, 발트해 공간에 면한 국민국가는 모두 10개국(발트 3국과 핀란드, 러시아, 폴란드, 독일, 덴마크, 스웨덴, 노르웨이)이 되었다(Der grosse Ploetz, 1999).

냉전 종식 후 발트해 공간에서는 급격한 정치적 · 경제적 변화가 일어나고 있는바, 우선 냉전기간 동안 중립을 표방하던 스웨덴과 핀란드가 1995년 유럽연합에 가입했으며(덴마크는 이미 1973년 가입, 노르웨이는 국민투표 결과 오늘날까지도 유럽연합 미가입), 이후 나토에도 실질적으로 가맹했다. 폴란드는 1994년 유럽 연합에 가입신청을 하고 1999년에는 나토에 합류했으며, 발트 3국은 1995년 유럽연합에 가입 신청을 했다. 2002년 유럽연합은 중부와 동부유럽 8개 국가의 가입신청을 받아들였고, 여기에는 발트 3국과 폴란드가 포함되었다. 이들 국가가 2004년 5월 1일 유럽연합에 공식적으로 가입함에 따라 발트해는 이를테면 유럽연합의 내해가 되었다. 물론 발트해 공간에서는 러시아도 여전히 무시할 수 없는 지분을 갖고 있다(Krieg, 2004).

냉전 기간 동안 교역과 관광산업 등에서 미발전 상태에 있었기에 유럽 경제 · 문화에서 상대적으로 낙후되었던 이 지역은 1990년대 이후로 급속히 발전하고 있다. 2008년도에 발표된 발트해 지역의 경제지표에 따르면, 이 지역의 지역내총생산은 8,300억 달러로, 이는 유럽연합 총생산의 11퍼센트에 달한다. 발트해 연안 국가들의 인구를 합산할 경우 발트해 공간의 인구는 약 8,500만 명이며, 이중 해안 반경 10km 이내에 거주하는 인구는 약 1,500만 명, 해안 반경 50km 이내에 거주하는 인구는 약 2,900만 명으로 추산된다. 그리고 2,900만 명의 인구 중 76퍼센트인 2,200만 명은 인구 25만 이상의 도시에 거주하고 있으며, 대도시의 90퍼센트는 해안에서 반경 10km 이내에 있는 해항도시들이다(정문수 · 정진성, 2008) 따라서 발트해 공간의 경제 · 정치 · 문화적 발전에서는 해항도시의 역할과 기능이 특히 크다고 판단할 수 있다.

오늘날 발트해 공간에서는 권역적인 공동체 의식이 형성되고 있으며, 이는 이 공간을 유럽연합 내의 독특한 경제 · 정치 · 문화적 공동체로 가꾸려는 다양한 이해집단, 즉 유럽연합과 국민국가, 지방자체단체, 도시, 기업 및 여타 NGO 등의 노력 덕분이다. 이러한 노력은 이들 다원적 이해집단이 구성하는 다층적인 네트워크에서 표현되는바, 이러한 네트워크 구성의 예로는 발트해 의회협의회(BSPC)와 발트해 국가협의회(CBSS), 발트해 지방정부협의회(BSSSC) 혹은—앞서 언급된 바 있는—'발트해 관광위원회(BTC)'와 '발트해 지역 7개 최대 도서 협력기구(B7)', '발트해 지역 문화 통합 협의회(ARS BALTICA)', '발트해 해항 협회(BPO)', 그리고 '발트해 상공회의소(BCCA)'와 '발트해 노동조합(BSTUN) 등을 들 수 있으며, 그밖에도 중세 한자의 계승을 표방하는 도시 네트워크 한자와 발트해 지역 100개 이상 도시의 초국가적 네트워크인 '발트해 도시 연합(UBC)'도 빠뜨릴 수 없다.

그렇지만 이 장의 서두에서 언급했듯, 오늘날 발트해 공간에서 이처럼 다층적 차원의 네트워크 형성이 활발히 이뤄지고 있는 현상은 이 공간의 역사에 대한 간추린 이해만으로는 충분하게 설명되지 않는다. 이러한 네트워크적 발전에 대한 좀 더 깊은 이해를 위해서는 이런 발전을 추동하는 좀 더 직접적인 원인과 배경에 대한 이해가 필요한 바, 그런 원인과 배경으로는 무엇보다 지구화 과정과 유럽연합이란 특수한 통치조직을 들 수 있다. 따라서 다음에서는 이 두 가지 사안에 관해 소개하고, 보다 구체적인 설명을 해 보도록 하겠다.

2. 현대 발트해 공간의 탈국민국가적 네트워크

1) 지구화와 도시의 성격 변화

일반적으로 지구화란 "커뮤니케이션 관계의 확산과 강화가 국민국가적 경계를 넘어"서는 현상, 즉 "돈, 서비스, 테크놀로지, 상품, 자본, 인간과 정보의 전 세계적 교환이 증가하고, 갈수록 국민국가의 조종과 구성을 벗어"(마르크스 슈뢰르, 2010)나는 현상이라고 정의된다. 달리 말해, 지구화란 국민국가의 경계를 넘어 다양한 공동체를 원활히 연결짓고 여러 지역과 대륙을 가로질러 권력관계의 범위를 확대하는 인간조직의 대규모적 변동이라고 할 수 있다(데이비드 딜레니, 2013).

그런데 여기에서 '국민국가의 경계를 넘어선다'라는 것은 국가라는 사회구성적 · 영토적 권력이 현저하게 약화되고 있음을 뜻한다. 다시금 슈뢰르의 말을 빌면, "국민국가는 자신이 초래하지도 않았고 또 조종하거나 통제할 수도 없는 발전에 휩쓸리고 있다. 원래는 바깥에 있어야 하는 것들이 구석구석에서 이제 퇴락한 집안으로 몰려들어오는 상황과도 같다."(마르쿠스 슈뢰르, 2010). 물론 이런 변화로 인해 국가 자체가 당장 소멸되고 있는 것은 아니지만, 과거와 달리 국가의 역할은 매우 약화되어 지극히 역동적인 지구적 복잡계 시스템 내에서 '하나의' 행위자로 축소되는 경향을 드러낸다.

국민국가의 역할을 축소시키는 지구화란 따라서 영토의 경계, 즉 국경을 사이에 둔 안과 밖의 구별이 약화되고, 중심과 주변 내지 처음과 끝의 구별이 모호해지며, 결합과 해체의 운동이 활성화되는 세계의 확장이라고 이해될 수도 있다. 이렇게 되면 당연히 기존 국민국가 안팎에서 탈통합적이고 중층적이며 분리적인 질서가 생성되기 마련이다. 즉 한편으로 국민국가들로 엄격히 구획되어 형성되었던 영토성 및 네트워크들이 해체되고 기존 영토들이 탈영토화(deterritorialization) 되며, 다른 한편으로 이와 동시적으로 새로운 영역성 및 네트워크들이 형성되고 곳곳에서 재영토화(reterritorialization) 현상이 일어난다. 지구화(세계화)가 수반하는 국민국가의 경계 약화 및 여러 차원에서 이와 동시적으로 일어나는 탈영토화 · 재영역화에 관해 닐 브레너는 이렇게 말한다.

"세계화는 밀접하게 연관된 다중적인 지리적 스케일에서 동시다발적으로 진행된다. 즉 세계화는 지구적인 스케일의 공간에서만 펼쳐지는 현상이 아니며, 영역 국가, 지역, 도시, 장소 같은 지구보다 하위에 있는 공간들의 생산, 차별화, 재배치, 변형을 통해 진행된다"(Neil Brenner(1999), "Beyond State Centrism? Space, Territoriality, and Geographical Scale in Globalization Studies", in: *Theory and Society* 28, 여기에서는 데이비드 딜레니, 2013에서 재인용).

그리고 닐 브레너는 다음과 같은 말도 덧붙인다.

"오늘날 국가의 영역성은 갈수록 여러 가지 새로운 공간적 형태들과 뒤얽히고 덧붙여진다. 여기에서 말하는 새로운 공간적 형태들은 근접하고, 상호배타적이며, 자기폐쇄적인 공간의 덩어리들과는 상당히 다르다. 국가 기구의 스케일은 위로, 아래로, 그리고 바깥으로 일제히 근본적으로 재조정되면서 영역적 국가조직들의 다형적인 층들을 만들어내고 있다. 이런 상황에서 전 지구적인 사회적 공간의 이미지로는, 근대적인 국가 간 시스템과 연관된 영역의 동질적이고 상호연결적인 블록이라는 전통적 (…) 모델보다는, 겹겹이 층이 있고 상호침투하는 성격을 가진 결절들, 수준들, 스케일들, 형태학들의 복잡한 모자이크라는 이미지가 갈수록 더 적합해지게 되었다"(Neil Brenner, 1999; 데이비드 딜레니, 2013에서 재인용).

이런 의미에서 지구화는 딜레니에게 "이질적인 경계 및 영역들의 확산과 이런 경계와 영역들이 여러 차원의 스케일을 넘나들며 일으키는 유동적인 절합"(데이비드 딜레니, 2013)이라 해석된다.

지구화 시대 세계질서의 본질적 특성이 이처럼 유동체, 네트워크, 탈영토화 등의 메타포로 포착될 수 있다면, 근대 국민국가 내에서 통합의 주요한 이음매 역할을 했던 도시들의 성격도 크게 변화했음을 함축한다. 주지하듯, 근대 국민국가는 하나의 국민경제 내에서 완결되는 노동력 편성을 기반으로 하며 거기서 발생하는 다양한 대립요인을 하나의 중앙으로 회수하여 해소해 왔다. 이런 국민국가의 내부에서는 국민공동체라는 '환상'이 육성되며(베네딕트 앤더슨, 2003), 사회의 여러 가지 차별이나 위계화의 움직임이 시민사회의 국민화로 통합되었다. 그리고 이 같은 '시민사회의 국민화'로 통합되는 과정에서 중요한 역할을 한 것이 이른바 '시민적 공공권'이다.

구체적으로 이런 공공권은 정당조직과 지방정부, 다양한 이익단체나 종교조직, 가족 등의 중간영역집단으로서 존재해 왔다. 그리고 시민사회의 사적이며 계급적인 여러 모순과 대립을 완화하고 조정하는 장소도 형성되어 왔으니, 이런 역할을 수행한 것이 바로 도시이다. 근대 국민국가에서 국민사회가 위계적 · 지형적으로 편재되는 과정에서 도시는 통합의 주요한 이음매 기능을 수행해 왔던 것이다. 요컨대 근대 국민국가에서 도시는 어디까지나 국가 내의 도시였다(요시하라 나오키, 2010).

그러나 지구화 시대의 도시들은 — 현대의 여러 도시이론가들(하비, 매시, 사센, 스미스, 어리 등)이 공히 지적하듯 — 초국가적 사회공간의 다양한 네트워크가 중첩되는 지평에서 주요 결절점(노드)으로 자리 잡고 있으며, 이런 현상은 국민국가의 역할 축소와 동전의 양면을 이룬다. 다양한 네트워크가 중첩되는 지구적 규모의 지평에서 중첩적 흐름의 공간, 달리 말해 노드의 위치에 놓인 도시들은 탈맥락화 · 초공간화되며, 그 결과 기존 영토를 초월한 세계성 또한 획득한다. 지구화 시대의 도시들은 점차 국민국가의 중앙집권적 · 권위주의적 체제에서 탈피하여 국가를 초월하는 도시로 변모하고 있는 것이다.

이런 맥락에서 볼 때, 오늘날 발트해 공간에서 나타나는 도시와 소규모 지역들 간의 탈국민국적 네트워크 형성은 지구화가 전세계에서 보편적으로 야기하는 현상의 한 가지 사례로 이해될 수 있다. 주지하듯 냉전체제의 종식은 자본의 전구지구적 흐름을 발생시켰고 지구화의 물결이 요동치게 했다. 발트해 공간은 냉전시대에 상대적으로 단절과 미발전의 영역이었기에 사회주의 체제의 몰락과 동구 블록의 와해는 이 공간에 급속한 변화를 가져올 수밖에 없었다.

더욱이 지구화는 발트해 공간에서 국민국가의 경계를 넘어서는 다차원의 네트워크를 형성케 하고 있으며, 특히 발트해 연안의 도시들은 초국가적 사회공간의 다양한 네트워크가 중첩되는 지평에서 주요 결절점이란 기능을 활발히 수행해 나가고 있다. 그런데 발트해 공간에서 도시들, 특히 해항도시들 및 지역들 간의 네트워크가 활발히 형성되는 과정에서는 지구화란 현상과 별개로 발전해 온 또 다른 요인이 작용하고 있다. 앞서 말했듯, 이 요인을 이루는 것은 유럽연합이라는 특수한 통치 양식이다. 이러한 통치 양식은 발트해 공간의 (해항) 도시 및 지역 간 네트워크 형성을 활발히 추동하는 좀 더 뿌리 깊고 직접적인 원인이 되고 있다.

2) 유럽연합과 탈국가적 네트워크

(1) 유럽연합의 역사

과거 9~10세기 경에 기독교화가 북유럽과 동유럽에서도 본격적으로 진행되고 13세기에 발트해 공간에서 한자라는 상인 및 도시 연합체가 강력한 세력으로 부상한 후로 이 공간은 북동부 유럽인들의 주요 활동무대가 되었다. 그러나 15세기에 아메리카 대륙이 발견되자 유럽인들의 활동무대는 대서양으로 이동했으며, 그 결과 한자는 몰락의 길로 접어들고 발트해 공간은 서서히 유럽의 변두리로 전락했다. 이 상황은 19세기에 이르기까지 크게 달라지지 않았으며, 20세기에는 2차 세계대전 후 동서 냉전 체제 아래서 발트해 공간이 여전히 유럽의 그늘진 영역으로 머물렀다.

이 그늘에 빛이 드리워지기 시작한 것은 사회주의 동구권이 몰락하고 동서 간 이념적 장벽이 무너진 1980년대 말, 90년대 초의 일이다. 1990년과 91년 발트해의 동부 연안에는 기존의 러시아 외에 벨로루시와 에스토니아, 라트비아, 리투아니아라는 4개 국가가 더 탄생했으며, 이들 국가는 냉전 기간 동안 낙후된 경제상황에서 벗어나기 위해 서유럽 국가들과의 다각적인 협력을 모색하기 시작했다. 발트해 공간에서 과거 철의 장막에 의해 갈라져 있던 국가들의 여러 도시와 지역이 협력을 추진하고 다양한 네트워크를 형성하게 된 배경에는 이처럼 냉전 종식이 자리하고 있다. 그러나 이것만으로는 아직 그 배경의 전부가 그려진 것이 아니다. 이 배경이 완성된 모습으로 그려지려면 유럽연합(EU)의 형성 과정과 그 역할이 분명하게 밝혀져야 하기 때문이다.

유럽연합은 1991년 네덜란드의 도시 마스트리히트에 모인 유럽 12개국에 의해 결성되었다. 그러나 유럽연합은 이 순간 이 장소에서 갑작스레 탄생한 것이 아니며 이미 40년 이상의 역사를 배경으로 해서 출현한 것이다. 유럽연합의 뿌리는 제2차 세계대전 직후인 1947년으로 거슬러 올라간다. 이미 19세초부터 통합에 관심을 보여 왔던 유럽사회는 제2차 세계대전 후 공동의 협력에 의해 새로운 유럽을 건설하려는 노력을 본격적으로 개시했다. 그 결과 1947년 '유럽통합을 위한 국제협력 위원회'가 발족되었고, 1952년 파리조약에서 '유럽 석탄 · 철강 공동체'가 결성되었다.

이 기구는 석탄과 철강에서만 초국가적 연대에 의해 관리를 실행한다는 기능주의적 성격을 갖는 것이었지만, 당시 회원국들은 이 기구를 전체 유럽 통합의 초석으로 삼겠다는 의사를 분명히 했다. 이후 회원국들은 1957년 로마조약에 의해 '유럽 경제공동체'와 '유럽 원자력 공동체'를 결성했고 1967년에는 '유럽 석탄 · 철강 공동체'를 포함한 세

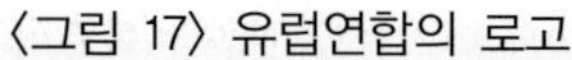
〈그림 17〉 유럽연합의 로고

기구를 '유럽공동체'로 통합했다.

이후 '유럽공동체'는 회원국들 간의 호혜적 무역 자유화 조치를 단계적으로 실행하여 '유럽공동체'를 하나의 경제권으로 성장시켰으며 회원국들의 확대를 통해 그 영역을 넓혀 나갔다. 1986년 유럽공동체는 유럽을 실재적인 경제적 단일체로 통합하기 위해 '경제 · 화폐 동맹'의 점진적 실현을 결의하는 '유럽단일의정서'를 체결했다. 그리고 1992년 마스트리히트에서 '유럽연합에 관한 조약'(통상 '마스트리히트 조약'이라 불림)이 체결되고 '유럽연합'이 결성됨으로써 여러 해에 걸친 일련의 통합과정은 일단락되었다.

물론 마스트리히트 조약으로 유럽의 통합이 종결된 것은 아니다. 그러나 이 조약은 유럽이 최소한 경제 영역에서는 개별 국가의 경계를 넘어서 하나의 지역적 공동체를 형성했음을 선언한 것이며, 동시에 향후 정치적 · 사회적 통합으로 나아갈 것임을 분명히 밝힌 것이다(유럽연합에 관한 이상의 내용은 다음을 참조: 독일연방정치교육회 편, 1999; 문진영, 2009).

〈그림 18〉 유럽연합의 회원국가

이렇게 해서 형성된 유럽연합은 현재 27개 회원국에 약 5억 명의 주민을 가진 거대한 통합체이다. 그런데 유럽연합은 "경계가 없는 하나의 경제구역을 만들고, 경제적 · 사회적 결속을 강화"하는 것과 "균형 잡히고 지속적인 진보를 촉진"시키는 것을 목표로 삼고 있기 때문에 경제적으로 낙후된 지역들의 개발에 특별한 관심을 기울이지 않을 수 없다(독일연방정치교육회 편, 1999).

이런 맥락에서 유럽연합은 발트해 공간에 대한 지원 역시 아끼지 않고 있으며, 이 공간에서 도시 및 지역의 네트워크가 활발히 형성되는 것은 이런 사정과 무관하지 않다. 아래에서는 유럽연합의 어떠한 구체적 실행 원칙과 방식 및 지원 정책이 이러한 네트워크 형성에 직접적 영향을 미치고 있는지 알아보기로 하겠다.

(2) 유럽연합의 실행 원리: 보충성 원칙

유럽연합은 '유럽이사회'와 '유럽위원회', '유럽의회', '유럽법원' 등 몇 가지 집행기구를 산하에 두고 있으며, 마스트리히트 조약은 이 기구들이 구체적 활동에서 준수해야 할 주요한 실행 원칙으로 보충성 원칙을 제시했다. 보충성 원칙이란 유럽연합과 회원국들이 주어진 목적을 달성하기 위해서 개별 회원국 차원보다 공동체 차원에서 대응하는 것이 더 효과적인 경우에 그런 정책을 추진한다는 원칙을 말하며, 마스트리히트 조약 중에는 제5조에 이 원칙이 다음과 같이 명기되어 있다.

> "유럽연합은 이 조약에 의해 연합에 부여된 권한과 설정된 목표의 한계 내에서 활동할 것이다. 그 배타적 권한에 속하지 않는 영역에서 유럽연합은 문제가 된 행위의 목표가 회원국에 의해서는 중앙, 지역 및 지방의 어떠한 차원에서도 충분하게 달성될 수 없고, 오히려 문제가 된 행위의 범위나 효과를 이유로 유럽연합 차원에서 보다 양호하게 달성될 수 있는 경우에 한하여 관여한다. 유럽연합의 제반 조처는 이 조약의 목표 달성에 필요한 정도를 넘어서지 않는다."

그런데 이러한 보충성 원칙은 마스트리히트 조약에서야 처음으로 제시된 것이 아니라 이미 1950년대부터 유럽경제공동체나 유럽공동체 등에서 산발적으로 표방되곤 했다(문용일, 2009). 그리고 일찍이 독일 바이마르 공화국의 헌법 역시 이 원리에 크게 의존했으며 제2차 세계대전 후에 연방주의와 사회보장국가를 지향하면서 제정된 서독의 기본법 또한 그렇다(Subsidarität, 2013).

그러나 보충성 원칙은 훨씬 더 이른 시기에 가톨릭 사회원리로 처음 제시된 것으로, 19세기 독일의 주교 케텔러(Ketteler)가 이 원칙의 최초 입안자로 알려져 있다(요셉 회프너 추기경, 2000). 보충성의 사상을 보여주는 그의 몇 마디 문장을 인용하면 다음과 같다.

"국민이 스스로 할 수 있는 것은 자신의 집에서, 자신의 지역에서, 자신의 고향에서 스스로 처리하고 이를 완성시켜 나아갈 권리를 부여한다. 이것은 말할 것도 없이 중앙집권적 국가 권력의 원칙과는 일치하지 않는다. (…) 그리고 각종 행정과 법률제정은 가장 마지막으로 이뤄진다(요셉 회프너 추기경, 2000)."

"나의 생각은 개인이 행사할 수 있는 권리를 스스로 행사해야 한다는 원칙에 있다. 나에게 있어 국가는 기계가 아니라 살아 있는 구성체로 이루어진 살아있는 유기체로서, 각 구성체는 자기 고유의 권리와 기능을 가지며, 고유의 자유로운 삶을 살아간다. 개인, 귀족, 지방 자치단체 등이 이러한 구성체이다. 모든 하위의 구성체는 자기의 영역 안에서 자유로이 활동하고 자율과 자치의 권리를 누린다. 그리고 유기체의 하위 구성체가 더 이상 자기의 목적을 스스로 달성하지 못하거나 자기 발전을 위협하는 위험을 스스로 물리칠 수가 없는 경우에만 비로소 상위의 구성체가 대신하여 활동하게 된다(요셉 회프너 추기경, 2000)."

그리고 이러한 보충성 원칙이 가톨릭의 사회원리로 최초 명시된 것은 교황 피우스 11세에 의해서이다. 그가 1931년 반포한 사회회칙 〈40주년Quadragesimo Anno〉은 교황 레오 13세의 회칙 〈새로운 사태〉 반포 40주년을 맞이하여 공표된 것으로 1930년대 유럽의 어지러운 정치상황을 배경으로 한 것인데, 피우스 11세의 회칙에 나오는 다음과 같은 구절은 통상 '보충성 원칙'의 고전적 정의로 평가된다.

> 역사가 명백히 보여주듯, 사회 상황의 변화로 인해 이전에는 소규모 집단이 수행하던 많은 일이 지금은 대규모 조직체에 의해서만 수행될 수 있다는 것은 사실이다. 그러나 개인의 창의와 노력으로 완수될 수 있는 것을 개인에게서 빼앗아 사회에 맡길 수 없다는 것은 확고부동한 사회 철학의 근본 원리이다. 따라서 한층 더 작은 하위의 조직체가 수행할 수 있는 기능과 역할을 더 큰 상위의 집단으로 옮기는 것은 불의이고 중대한 해악이며, 올바른 질서를 교란시키는 것이다. 모든 사회 활동은 본질적으로 사회 구성체의 성원을 돕는 것이므로 그 성원들을 파괴하거나 흡수해서는 안 된다(교황 비오 11세, 1987; 번역 원문을 재구성하여 인용).

피우스 11세 이후 가톨릭 교회에 의해 정립된 사회질서의 기본원리는 '연대성의 원칙', '공공선의 원칙', '보충성의 원칙' 3가지이다. 이 중 앞의 두 가지는 사회가 공공의 행복을 위해 개개인을 도와야 한다는

〈그림 19〉 주교 케텔러의 초상과 교황 피우스 11세의 초상

출처: http://en.wikipedia.org/wiki/Pius_XI
http://en.wikipedia.org/wiki/Wilhelm_Emmanuel_Freiherr_von_Ketteler/Pius_XI

의무를 강조하는 반면, 보충성 원칙은 이러한 도움에서 유의해야 할 권한의 분할과 제한에 초점을 맞춘 것이다(요셉 회프너 추기경, 2000).

하지만 보충성의 원칙은 권한 집중을 제한하고 자율성을 강화하는 측면만 포함하는 것이 아니다. 물론 보충성 원칙은 개인이나 작은 사회집단의 삶을 포괄적 사회 공동체의 간섭에서 보호한다는 의미에서 자치의 규정을 강조한다. 그러나 보충성 원칙은 불가피할 경우 상위 공동체가 하위 공동체를 원조해야 한다는 의무의 규정 또한 포함하고 있다. 즉 개인이나 일정 크기의 집단이 주어진 영역에서 제 기능을 발휘하지 못할 경우 좀 더 포괄적인 규모의 공동체가 개입해야 하는 의무를 강조하는 것이 바로 보충성 원칙의 또 다른 측면인 셈이다.

공동체와 자치적 의미로서의 "보충성은 하위단위에 우선적인 권한을 주는 것에 그치는 것이 아니라 다른 한편으로는 상위단위에 적극적인 의무를 부과하는 원칙이다. 하위단위에서 적절히 수행할 수 없는 일에 대해서는 상위단위가 공동이익(common good)을 위해 그 권한을 행사하여야 한다는 원칙이다. 보충성은 하위단위에 자유를 부여하는 원칙이기도 하지만 사회적 통합을 위해 상위단위에 권한을 인정하는 원칙인 것이다."(김석태, 2005).

유럽연합이 마스트리히트 조약에서 이러한 보충성 원칙을 주요한 실행 원리로 채택한 1차적 이유는, 연합의 영향력이 비대해지는 것을 예방하고 회원국의 자율성을 분권적으로 보장하려는 데 있었다고 볼 수 있다(문용일, 2009). 그러나 보충성 원칙을 개별 회원국에 적용하면 중앙정부의 힘이 약화되고 소규모 공동체의 자율성이 강화되는 결과가 나타나며, 또한 이 소규모 공동체의 문제 해결을 위해 불가피할 경우에는 국가 대신 다른 소규모 공동체 혹은 초국가적 유럽공동체와 결속할 수 있는 가능성 또한이 열린다. 더 나아가 유럽연합은 보다 효율적인 문제해결을 위해—개별 국가의 경계를 초월해서—여러 소규모 공동체, 즉 도시나 지역들을 연결시키는 방안을 추진하거나 공동체들의 자발적 소통과 연대를 지원할 명분과 책임도 갖게 된다.

이러한 점을 고려할 때, 오늘날 발트해 공간을 비롯한 유럽연합의 여러 곳에서 확인되는 월경적 네트워크 형성의 활성화 역시 유럽연합의 보충성 원칙에 의해 원리적 지원과 정당성을 얻고 있는 것임을 짐작할 수 있다. 발트해 공간의 도시와 주요 지역이 국민국가의 경계를 초월해서 다양한 협력과 네트워크 형성을 추진하고 각자의 경제적 이익을 도모하는 현실, 그리고 이 과정에서 유럽연합의 적극적 지원을 얻고 있는 현실은 국민국가의 권한 축소를 결과로 가져온 유럽연합의 보충성 원칙에 크게 기인한다고 볼 수 있기 때문이다. 요컨대 유럽연합의 보충성 원칙은 해항도시 및 지역 간의 네트워크 형성과 관련해서도 기본 원리로 작동하고 있는 것이다. 그러면 이러한 기본원리는 유럽의 구체적 권력 분배와 통합 과정에서 어떻게 실현되고 있는가? 그리고 이러한 실현 방식은 발트해 공간의 도시 및 지역 네트워크 형성 작업과 어떻게 연결되는 것인가? 다음에서는 이에 관해 알아보기로 하겠다.

(3) 유럽연합의 통치 방식: 다층적 거버넌스

앞서 보았듯, 통합된 유럽에서는 보충성 원칙이 중요 실행 원리로 작용함에 따라 국민국가 단위의 전통적인 지정학적 정치가 약화되고 각 단위의 소규모 공동체 및 이들의 연합, 그리고 각 국가의 정부와 유럽연합 사이의 결속이 여러 층위에서 다양한 방식으로 실현되는 경향이 나타나고 있다. 즉 보충성 원칙에 근거한 통합의 추진 결과 기존의 국가정부가 보유했던 권위가 초국가적 기구와 국가하위 공동체 모두에 분산되고 초국가적 기구와 국가하위 공동체 혹은 국가 하위 공동체 사이에서 국경을 초월한 소통과 연대의 채널이 형성되는 것이다.

그리고 1990년대 초부터 통합유럽에서 확인되고 있는 이런 독특한 권력 분산 및 소통의 현상은 '다층적 거버넌스(multi-level governance)'라는 개념을 탄생시켰다. 여기에서 말하는 '거버넌스(governance)'는 기존 국민국가 체제의 '정부(government)'와 동의어가 아니다. 거버넌스와 정부는 모두 목적적 행위, 목표 지향적 행동, 그리고 규칙체계를 언급한다. 그러나 정부는 공식적 권위와 충분히 합법적인 정책실행을 보장하는 정책권한에 의해 지탱되는 행위를 제시하지만, 거버넌스는 법적으로, 공식적으로 규정된 책임감에서 연유하거나 혹은 연유하지 않고, 저항을 극복하고 순응을 얻고자 하는 경찰권에 필연적으로 의존하지 않는 공유된 목표에 의해 지탱되는 행위를 언급한다.

요컨대 거버넌스는 정부 이상의 현상을 포괄하는 것이다. 거버넌스는 정부의 제도를 포함할 뿐 아니라 비공식적 · 비정부적 메커니즘을 포함한다. 그래서 그러한 메커니즘의 사람과 조직은 그 범위 내에서 자신의 필요와 부족분을 만족 · 충족시킨다. 보다 강하게 말해 정부는 정부정책에 대한 광범위한 반대에 직면해도 기능할 수 있는 것과 달리 거버넌스는 다수에 의해 받아들여졌을 경우에만 작동하는 규칙체계인 것이다."(이수형, 2005). 그리고 다층적 거버넌스란 "유럽연합~국가~지방정부 등 수직적 위계에 위치한 각 단위 공동체가 사안마다 상호 연대하고 경쟁과 협력을 통해 정책을 산출 · 집행하는 통치 양식"(송병준, 2005)을 지칭한다. 그리고 이러한 통치 양식에서 유럽연합의 회원국 정부는 일견 강력할지 모르지만, 유럽인들의 공동체 내의 다양한 행위자 중 하나에 불과하다. 이런 맥락에서 유럽연합은 다음과 같은 세 가지 특징을 지닌 독특한 공동체로 평가된다.

"첫째, 국가는 중요한 행위자이지만, 정책결정권을 더 이상 독점하지 못하고 다른 층의 정체들과 공유하고 있다. 특히 [유럽연합의 초국가 기구인] 집행위원회, 의회, 사법법원 등은 정책결정 과정에 독립적인 영향을 미친다. 국가하위체제인 지방이나 지역정부도 정책 관련 행위를 하는데, 국가의 정부가 통제하지 못하는 경우가 대부분이다. 둘째, EU에서 정부들이 공동결정을 하게 됨에 따라 개별 정부의 통제력이 상실되었고, 이는 국가주권에도 심각한 영향을 미쳤다. (…) 셋째, 정치의 장(political arena)들은 '상호연결'(…)되어 있다. 초국가기구와 국가하위체(substate)의 직접적 관계의 확대는 정부의 통제력을 더욱 약화시킬 것이다. 국가는 EU의 통합적이고 강력한 부분이지만, 초국가기구와 국가하위체를 연결시키는 고리는 아니며, 각 지역에서 행해지는 행위에 대한 통제를 독점적으로 행사하는 것이 아니라 서로 공유하고 있다.(김계동, 2007)"

이러한 특징을 지닌 유럽연합에서는 따라서 더 이상 국민국가(정부)에 의해서만 정책이 수립되고 집행되는 것이 아니라 국민국가 내의 혹은 이들을 가로지르는 지역, 더 나아가 다양한 형태의 비정부기구와 초국적 기업 등이 복잡한 네트워크를 형성하면서 정책 결정에 참여하고 있다. 정책을 결정하고 집행하는 행위의 다양한 수준과 층위에서 수많은 행위자들이 서로 영향을 주고받는 상호관계의 네트워크가 형성되고 있는 것이다(〈표 1〉 참조). 이런 의미에서 유럽연합은 "복잡하고, 다층적이며, 지리학적으로 중복되는 정부와 비정부 엘리트

〈표 1〉 정부체제와 다층적 거버넌스 체제의 특징 비교

항목	정부 (government)	다층적 거버넌스 (multi-level governance)
구조	* 중앙집권적	* 네트워크 구조 * 다중적 권위와 경로 * 탈국민국가 시스템과 국가 간 협상 시스템 병존
행위자	* 국민국가 내 공적 행위자 * 위계적 권한 배분	* 공적 · 사적 행위자 * 초국가 행위자

들로 구성되는 조직체"(Wolfgang Wessels, 1997)라고 정의될 수 있다.

유럽연합에서 다층적 거버넌스의 이러한 실현은 국가에 기반을 둔 영토정치가 약화되고 있음을 의미한다. 전통적 의미의 국민국가는 확정된 영토 내에서 대내적으로 최고의 권위이자 대외적으로 타국에 대해 주권을 주장해 왔지만, 이제 일정한 정도로 통합된 유럽에서는 국경을 가로지르는 관계망이 발달하면서 영토성이 점차 해체되고 그에 따라 국민국가의 주권적 속성도 어느 정도 약화되고 있기 때문이다. 그리고 국민국가의 주권성 약화와 관련된 이러한 '탈영토의 정치'는 국가하위제제로서의 도시 및 지역의 부상과 동전의 양면을 이룬다(홍익표, 2007).

그런데 유럽연합의 통치양식은 이처럼 강한 네트워크적 속성을 갖는다는 점에서 최근 들어 '네트워크 거버넌스'라고 규정되기도 한다(홍성우, 2009). 즉 '네트워크 거버넌스'는 유럽연합의 다층적 거버넌스가 드러내는 본질적 특징인 네트워크성을 더욱 부각시키고 강조하기 위한 개념이라 이해할 수 있다(Börzel, 2009). 유럽 거버넌스는 유럽의회에서의 회원국가 간 통치의 자발적 협업에 전적으로 기초하는 것도 아니고, 집행위원회 같은 초국민국가적 행위자들의 위계적 관계에 기초하는 것도 아니다. 유럽연합의 통치는 오히려 여러 네트워크에서의 협상을 통해 이뤄지는바, 이 네트워크들은 상이한 통치 층위에서의 공적·사적 행위자들을 결집시킨다. 이런 이유에서 최근에는 유럽연합의 통치 형식을 포착하기에는 '다층적 거버넌스'보다 '네트워크 거버넌스'가 좀 더 적절한 개념이라는 주장 또한 대두하고 있다(Börzel, 2009).

앞서 보았듯, 유럽연합의 통치행위는 다양한 층위와 영역에서 다양한 행위자들에 의해 수행되고 또 이들 사이에 긴밀한 협업관계가 형성되고 있다는 점에서 전통적 국민국가의 통치행위와는 분명한 구조적 차이를 드러낸다. 즉 유럽연합은 행위자들 사이의 '주권 공유'에 기초한 하나의 '네트워크'로서 작동하고 있는 것이다(홍성우, 2009). 그렇기에 유럽연합이란 통치형태는 흔히 네트워크 국가(network state)' 또는 '네트워크 정책체계(network policy)'라고 지칭되기도 한다. 여기에서 네트워크 국가 내지 정책체계란, 복합 거버넌스로서 국가와 여러 사회세력 및 하위집단, 그리고 초국가 기구 등 여러 층위의 정치적 행위자들이 각자의 이해관계에 따라 주요한 정책결정과정에 끊임없이 개입하는 복합적 정책결정과정의 통치 구조를 지칭한다.

'다층적'이라 불리건, '네트워크적'이라 불리건, 유럽연합의 거버넌스 체계는 근본적으로 영토국가성 내지 국민국가성에서 벗어난 다중심적 체계이다(Börzel, 2009). 유럽연합의 거버넌스 체계의 다중심성은 세 가지 특징에서 드러나는바, 그 특징이란 첫째로 정책결정 역량이 상이한 수준의 행위자들에게 분산 · 공유되어 있고, 둘째로 이러한 행위자들의 관계가 전혀 위계적이지 않으며, 셋째로 국가 간 정책결정이 다수결이 아니라 지속적이고 광범위한 협상을 통해 이루어진다는 점이다(홍성우, 2009).

발트해 공간에서 국경을 초월한 도시 및 지역 간 네트워크가 활발히 형성되고 있는 현상 역시 오늘날 보충성 원리에 입각하여 유럽연합에서 실현되고 있는 다층적 거버넌스 내지 네트워크 거버넌스와 관계가 깊다. 좀 더 적극적으로 표현하면, 발트해 연안의 여러 국민국가에 산재된 도시나 지역들이 공동의 이익을 위해 함께 정책을 입안하고 사안별로 초국가기구와도 결속하는 것은 바로 다층적 거버넌스 내지 네트워크 거버넌스의 구체적인 한 양태라고 볼 수 있는 것이다. 발트해 연안의 여러 도시를 비롯해서 통합유럽의 지방정부들은 서로 간의 연대 및 유럽연합과의 결속을 통해 다양한 정책을 추진하는데, 그 구체적 방향은 대략 다음과 같이 분류될 수 있다.

> ① 지역차원에서의 EU 협력단위체 설립, ② 공통된 지리적 · 경제적 방향을 가지고 있는 지역, 공통된 정책적 문제를 가지고 있는 지역, EU의 재정지원을 받는 지역들을 포괄하는 지역 간 협의 네트워크를 가능하도록 하는 자율적 사무국 설치, ③ EU 조직 프로그램을 형성 · 집행 · 감시하는 활동에 광범위한 참여 요구, ④ 각료이사회, 집행위원회의 분과위원회, 이사회의 실무그룹의 대표들과 직접적 채널 구성, ⑤ 조약작성 작업에 지역대표를 포함시킴으로써 조약 협상에 있어서 중앙정부의 행동의 자유 제한, ⑥ 지방정부에 정통성을 부여하고, 보호하고, 권한을 제공하는 방향으로의 EU 조약 개정 요구, ⑦ 중앙정부를 거치지 않고 EU, 특히 집행위원회를 접촉할 수 있는 권한 보장.(김계동, 2007).

(4) 유럽연합의 권역개발 지원정책: 인터레그

이상에서는 발트해 공간에서 도시 및 지역 네트워크 형성 활성화의 주요 요인으로서 유럽연합에서의 보충성 원칙 수립과 그 구체적 실현 방식인 다층적 거버넌스에 관해 알아보았다. 다음으로는 발트해 공간에서 실현되는 이러한 네트워크의 물적 기반에 관해 알아보기로 하겠다. 네트워크 활성화의 물적 기반은 간단히 말해서 유럽 전체의 자원이라 할 수 있으며, 유럽연합과 다층적 거버넌스의 주요 행위자인 국가하위체들은 이러한 자원을 재분배 받기 위해 다양한 방식으로 네트워크를 형성하고 또 그러한 자원에 의해 네트워크를 유지한다. 그리고 유럽연합이 국가하위체들과 이들의 네트워크 사업에 자원을 재분배하는 것은 유럽의 실질적 통합을 위한 지역 간 격차의 해소와 경제적 평준화라는 당위적 목표를 실현하기 위함이다.

유럽연합 내지 그 전신인 유럽공동체는 이미 오래전부터 역내에서 소득이 낮고 발전이 뒤쳐진 지역의 경제발전을 지원하기 시작하고 있다. 이는 유럽통합의 과정에서 각 지역들 사이의 발전 격차가 원활한 통합을 저해한다는 판단에서였다. 이를 위해 유럽공동체는 일찍부터 고용 촉진 및 노동력의 지리적 이동 촉진을 위한 유럽사회기금(ESF)과 유럽농업지도보증기금(EAGGF)을 창설했으며 공업쇠퇴 지역과 낙후지역의 개발과 구조조정에 의해 지역불균등을 완화시키려는 목적으로 유럽지역개발기금(ERDF)이 출범되었다.

유럽연합의 균형적 지역 정책 중 발트해 공간과 관련해 특히 중요한 것은 유럽지역개발기금에서 지원하는 사업인 인터레그(Interreg)이다. 이 사업은 유럽연합 국가들 사이에서 지역 간 협업을 촉진시키기 위해 1989년부터 시행되고 있는데, 그 목표는 탈국경적, 초국가적, 초지역적 협업을 활성화시켜 유럽 대륙 전반의 균형 잡힌 발전을 도모하고, 궁극적으로는 유럽연합의 경제적 · 사회적 통합을 강화하는 데 있다(Interreg, 2013b).

구체적으로 인터레그 프로그램은 국민국가의 경계를 초월한 협업에 역점을 두고 있는데, 이는 한편으로 정치적 단위로서의 국경선이 경제적 · 문화적 · 사회적 문제의 공동 해결 과정에서 이미 커다란 장애로 부각되었기 때문이며, 다른 한편으로 국민국가의 체계에서 국경지역들이 언제나 경제 · 사회 · 문화적으로 상대적 낙후성을 면치 못했기 때문이다. 이러한 문제를 해결하기 위해 인터레그 프로그램은 유럽연합 전역에 걸쳐 사회간접자본의 확충을 위한 협업, 공공 복지사업에서의 협업, 기업들 간의 협력과 공조, 환경보호정책에서의 협업, 교육 및 문화적 사안에서의 협업 등을 추진하고 있다(Interreg, 2013a).

이러한 인터레그 프로그램은 한정된 기간 단위로 추진되어 왔으며, 현재까지 4차에 걸쳐 실행되었다. 제1차 인터레그 프로그램은 1989~

1993년에 시행되었으며, 제2차 인터레그 프로그램은 1994~1999년, 제3차 인터레그 프로그램은 2000~2006년에 실행되었고, 제4차 인터레그 프로그램은 2007~2013년 동안 진행되었다. 이 중에서 발트해 공간과 특히 중요한 것은 제2차와 3차 및 제4차 인터레그 프로그램이다. 이 세 차례의 인터레그 사업에서는 발트해 공간을 비롯한 일부 해역권의 발전과 네트워크 형성이 다양한 층위와 방식에서 추진되었기 때문이다(참고로 인터레그 사업에서는 '탈국경적 사업 분야', '초국가적 사업 분야', '초지역적 사업 분야'를 각기 A, B, C분야로 약칭한다.

A분야에서는 유럽연합 국가들 사이에서 국경을 초월한 경제적 · 사회적 협력을 창출하고 권역의 공동 개발 계획을 수립하기 위한 인접 지역 간 협업이 주요 지원 대상이 되며, B분야에서는 유럽연합 국가들과 여타 국가들의 통합을 유도하기 위한 권역 내 초국가적 협력이 지원 대상이고 유럽연합 내의 지속적이고 균형 있는 발전도 추구된다. 마지막으로 C분야에서는 낙후된 권역 내의 네트워크 형성을 위한 지역 간 협업이 주요 지원의 대상이다(이에 관한 보다 구체적인 내용에 대해서는 다음을 참조: http.stmwivt.bayern.de/EFRE/lnterreg-IV).

먼저 제2차 인터레그 프로그램에서는 초국가적 협력 구조의 기반을 마련하고 주요 해역을 비롯한 권역 발전에 권한이 있는 주체들 사이에서 교섭을 활성화시키는 것이 주요 과제였으며, 총 45개의 초국가적 프로젝트가 추진되었다. 제2차 인터레그에서 발트해 지역을 지원 대상으로 삼은 사업 분야는 C분야(Interreg II-C)인데, 여기에서는 4가지 주요 사업 영역이 설정되었고, 이 사업 중의 한 영역에 '자연 및 문화유산의 경영과 관광 진흥'이란 사업이 할당되었다. 그리고 이의 실현을 위해 다음과 같은 구체적 목표가 제시되었다(Görmar, 2002).

* 관광산업 증진을 위한 통합적 계획과 마케팅 전략 수립
  (예: 바이킹과 한자의 유산 활용)
* 관광 상품 개발
* 문화 · 자연유산의 분류와 정리
* 공간계획과 자연보호 및 문화 · 자연유산의 경제적 활용에 대한 관심 증진
* 학자와 정책입안자, 관광사업 전문가, 환경보호단체, 지역 관청 사이의 네트워크 형성

이러한 목표에서 출발한 Interreg II-C의 '자연 및 문화유산 경영과 관광 진흥' 지원 사업은 응모된 다수의 프로젝트를 심사했으며, 선발되어 재정적 지원을 받은 프로젝트들에 바로 서두에서 발트해 공간의 도시 간 네트워크 형성 사례로 소개된 "HOLM"이나 "Maritime Heritage" 등이 포함되었다. 이러한 현대 한자네트워크에 관한 인터레그 차원의 주요 프로젝트 내용을 간단히 소개하면 다음과 같다.

* 프로젝트 "HOLM" : 이는 뤼베크 만과 비스마르 만을 중심으로 홀슈타인 동부와 메클렌부르크 서부에 위치한 독일 도시들 및 스웨덴의 도시 칼마르, 카를스크로나, 박스외, 노르웨이 외스트폴드 지방에 산재한 도시들, 그밖에 폴란드와 리투아니아의 도시들이 참여한 프로젝트로, 이 지역의 자연 및 문화유산을 관광 상품으로 개발하는 데 목적을 두었다. 이를 위해 이 프로젝트에서는 참여도시들이 보유한 자연 및 문화유산의 실태와 가치가 조사되고 자료집으로 발간되었으며 협업의 가능성과 난제들도 분석되고 논의되었다. 그리고 이 과정에서 도시 간 네트워크의 유지와 마케팅 수단의 공동개발, 지속적인 상호소통을 실현할 수 있는 방법도 토의되었다(http://www.pearls-of-the-north.com).

* 프로젝트 "Maritime Heritage" : 이 프로젝트는 독일 함부르크 근처의 슈타데 지역과 스웨덴, 핀란드, 에스토니아의 주요 도시 및 지방 마을이 추진한 것으로, 여기에서도 네 지역 해양유산의 경제적 활용 방안이 모색되었다. 이를 위해

가치 있는 유산의 목록이 작성되었으며 상설 전시회와 순회전시회가 시작되었고 인터넷 홈페이지도 설치되어 관광객 유치를 위한 기반이 다각도로 조성되었다(http://educa,kpnet. fi/kronoby/mar).

* 프로젝트 "Big Lakes" : 이는 스웨덴과 노르웨이, 핀란드, 러시아, 에스토니아의 거대 호수들 근처에 위치한 소도시와 비도시지역들이 연합하여 추진한 프로젝트였으며, 자연 · 문화적 유산을 기반으로 관광산업을 발전시키는 데 목적을 두었다(http://biglakes.net).

* 프로젝트 "Best"(Best Exchange on Sustainable Tourism): 이는 발트해의 거대한 섬들에 소재한 소도시와 비도시지역이 연합하여 자연 및 문화유산의 경제적 이용을 도모한 프로젝트였다(http://www.b7.elkdata.ee/best).

* 프로젝트 "WUD"(Waterfront Urban Development): 이 프로젝트는 발트해 공간에서 호수와 하안, 해안 지역 도시들이 연합하여 추진한 것이었으며, 독일의 7개 도시와 스웨덴, 덴마크, 핀란드의 수변 도시들, 새로이 유럽연합에 가입한 폴란드와 에스토니아, 라트비아, 리투아니아의 도시들, 그리고 러시아의 여러 도시가 참여했다. 이 프로젝트에서는 특히 과거 동구권에 속했던 나라들의 수변 공간 정비에 지원이 집중되었으며, 이를 기반으로 해서 공동의 관광 산업 네트워크를 발트해 공간에서 공동으로 마련하는 것이 실천적으로 추진되었다(http://www.waterfront-urban-development.org).

* 프로젝트 "VASAB" : VASAB은 'Vision and Strategies around the Baltic Sea'의 약자로서, 'VASAB 2010 Plus'는 발트해 지역의 모든 국가가 참여해서 이 지역의 공동 발전을 추진한 대규모 프로젝트였다. 이 프로젝트에는 다양한 협력과 네트워크 형성에 의해 발트해 공간의 경제적 이익을 공동으로 도모하는 과정에서는 구체적이고 세분화된 초국가적 · 초민족적 협업이 과제로 대두했는데, 이 중에서 가장 중요한 과제의 하나는 공동의 자연유산과 문화유산을 보호 · 관리하고 이를 경제적으로 활용하는 문제였다. 즉 발트해 연안의 국가들 사이에서는 이 해역의 풍요한 자연유산, 예컨대 원시상태를 유지한 숲과 호

수, 피오르드, 암초도 등의 자연사물과 바이킹, 한자 등의 역사적 자취를 담은 다채로운 건축물과 도시 공간 등을 보존하고 관광 기획과 부대시설 등을 마련해서 이를 경제적으로 활용하는 것이 지극히 중요한 공동과제로 부각되었던 것이다(VASAB, 2010).

다음으로 유럽연합에 의해 48억 7천5백만 유로의 지원을 받은 제3차 인터레그(Interreg) 사업, 이 중에서도 특히 초국가적 사업 분야인 B분야에서는 선행한 사업을 기반으로 해서 더욱 구체적이고 강도 높은 발트해 발전 프로젝트들이 다양하게 추진되었다. 제3차 인터레그 사업의 초국가적 사업 분야('Interreg III-B)는 4가지 주요 사업 영역을 설정했는데, 이중 제1영역은 '발트해 지역의 혁신력 제고'였으며 제2영역은 '발트해 지역의 교통 및 통신망 확충', 제3영역은 '공동자원으로서의 발트해 경영', 그리고 제4과제는 '도시 및 도시권의 경쟁력 및 흡인력 증진'이었다. 이러한 사업과제의 실현을 위해 Interreg III-B에는 발트해 연안 10개국이 참여해서 총 129개 프로젝트를 추진했으며 괄목할 만한 성과를 거둔 것으로 평가된다(Interreg-Kooperationsraum: Ostseeraum, 2013).

마지막으로, 제4차 인터레그(Interreg) 사업에는 제3차 사업의 예산을 훨씬 상회하는 78억 유로가 투입되었다. 제4차 사업은 52개 사업 영역을 포괄했으며, 이 중에서 초국가적 사업 분야('Interreg IV-B)는 총 18억 2천 유로의 예산으로 13개 사업 영역을 지원했다. 13개 사업 영역에도 당연히 '발트해 프로그램'이 포함되었으며, 나머지 12개 프로그램은 '알프스 지역 프로그램'과 '대서양 연안 프로그램', '카리브 지역 프로그램', '인도양 지역 프로그램', 그리고 '아코레스 섬~마데이라 섬~카나리아 제도 프로그램'과 '지중해 프로그램', '북해 프로그램', '북서유럽 프로그램', '북단 프로그램', 그리고 '남동유럽 프로그램'과

'남서유럽 프로그램'이었다. 그리고 각 사업 영역에서 초국가적 네트워크 사업을 내용으로 하는 수많은 프로젝트가 추진되었다.

3. 현대 발트해 도시네트워크의 활동과 성과

1) 발트해 공간의 주요 네트워크

1990년대 이후 발트해 공간에서 형성된 주요 탈국민국가적 네트워크의 예로는 서두에서 언급했던 몇 가지 조직을 들 수 있다. 먼저 발트해 상공회의소(BCCA: Baltic Sea Chamber of Commerce Association)는 1992년 결성된 조직으로, 45만 개 기업이 이 네트워크 조직에 가입해 있다.

다음으로 1999년 결성된 발트해 노동조합 네트워크(BASTUN: Baltic Sea Trade Union Network)는 발트해 10개 국가 22개 조합의 권역 연맹으로 2013년 현재 약 2000만 명이 조합원으로 가입되어 있다.

1991년 결성된 아르스 발티카(ARS BALTICA), 즉 발트해 지역 문화통합 협의회는 예술 및 문화 영역에서 권역의 교류와 발전을 지원하기 위해 창설된 것으로, 이 네트워크 조직은 발트해 연안 국가 협의회(CBSS: Council of the Baltic Sea States)와도 긴밀한 관계를 맺고 있다.

헬콤, 즉 발트해 해양환경 보호 협의회(HELCOM: Baltic Maritime Environment Protection Commission)는 발트해의 해양환경 보호를 위한 네트워크 조직으로 원래 1974년 결성되었지만, 2000년 이후 과거 동구권 국가도 포괄하는 발트해 연안 10개국의 조직으로 확장되어 활발한 활동을 전개하고 있다.

〈그림 20〉 발트해 상공회의소(BCCA)와 노동조합 네트워크(BASTUN)의 로고

〈그림 21〉 아르스 발티카와 헬콤의 로고

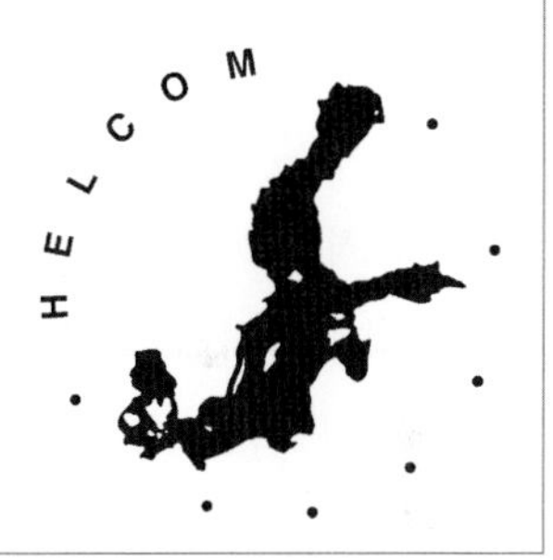

〈그림 22〉 발트해 연안국가 협의회(CBSS)와 발트해 대학 통합프로그램(BUP)의 로고

그리고 1997년 조직된 발트해 대학 통합 프로그램(BUP: Baltic University Program)은 발트해 연안의 약 225개 대학 및 고등교육기관으로 이뤄진 네트워크 조직으로, 권역 국가들의 공동 발전을 위한 인재 양성을 목표로 창설되었다(정문수 · 정진성, 2008).

1990년대 이후 발트해 공간에서 형성된 주요 탈국민국가적 네트워크 조직 중에서 권역의 도시 내지 해항도시와 관계가 깊은 조직으로는 무엇보다 발트해 해항협회(BPO: Baltic Ports Organization)와 발트해 도시 연합(UBC: Union of Baltic Cities), 그리고 역사적 한자의 계승을 표방하는 두 네트워크 조직인 '새로운 한자'와 '한자의회'를 들 수 있다. 이 절에서는 이 네 가지 조직 중 앞의 두 가지만 간단히 살펴볼 것이며, 한자의 이름을 걸고 있는 두 조직에 관해서는 각기 절을 달리해서 좀 더 자세히 설명하도록 하겠다.

먼저 발트해 해항 협회는 베를린 장벽 붕괴와 공산권 해체 직후인 1991년 10월에 결성된 것으로, 발트해 공간의 해항 간 협력과 물류 발전을 도모하기 위한 네트워크 조직이다. 발트해 해항 협회의 목적은 발트해 공간을 전략적인 물류 중심지로 발전시키고 그 해운 경쟁력을 개선하는 데 있으다. 이를 위해 이 네트워크 조직은 개별 해항의 효율성과 해항 간 연계성을 제고하고, 항구 내 사회간접자본을 개선하는 것은 물론, 해항 사용자 및 운영자 간 협력을 증진시키고, 운송망을 조직적으로 발전시키며, 항만공사와 이해집단의 협력을 증대시키는 등 다양한 활동을 수행하고 있다(정문수 · 정진성, 2008).

다음으로 발트해 도시 연합은 2013년 현재 발트해 연안 10개국의 107개 도시가 가입한 조직이다. 1991년 결성된 이 조직은 발트해 공간에서 탈경계적인 공동체적 협업의 탈중심적 · 탈위계적 네트워크로서 기능하고 있으며, 회원도시들의 민주주의와 경제 및 사회 발전, 그리

〈그림 23〉 발트해 도시 연합(UBC)과 발트해 해항협회(BPO)의 로고

고 문화 창달과 환경보호를 목적으로 한다. 다시 말해, 이 도시 네트워크 조직의 목적은, 발트해 공간 내 도시들 사이의 사람과 물자와 자본 및 문화의 자유로운 교류를 통해 공통의 안정적인 정치 및 경제 시스템을 확보하는 것은 물론, 개별 문화를 존중하는 공동체적 문화 여건을 마련하고, 더 나아가 민주주의와 인권 및 환경의 보호를 추구함으로써 정치 · 경제 · 문화적으로 동질성을 지닌 공간으로 발트해 권역을 발전시켜 나가는 데 있다.

발트해 도시 연합은 이러한 목적의 실현을 위해 2000년대 초 '아젠다 21 액션'이라는 실행 프로그램과 사회헌장을 결의하기도 했다. 우선 2001년 결의된 사회헌장에서는 '병자와 노인, 실업자, 무주택자에 대한 지원', '회원 도시 내 어린이와 청소년에 대한 지원과 보호', '노약자, 장애인 및 만성적 환자에 대한 사회보장정책의 이행', 그리고 '여성와 아동에 대한 마약밀매를 억제하는 지역별 프로그램 수립'과 '젠더 평등을 위한 정책 수립' 등의 구체적인 실행 방향이 설정되었다. 다음으로, 2002년 수립된 아젠다 21 액션 프로그램은 2004~2009년 동안 추진될 구체적 수행계획으로, 여기서는 '최적의 거버넌스와 지속가능한 도시 경영', '에너지 자원의 지속가능한 이용', '최적의 생활조건

과 자연보호', '지속가능한 경제와 물류', 그리고 '사회적 통합과 건강' 등의 분야에서 세부적 목표가 수립되고 여러 활동이 추진되었다(정문수 · 정진성, 2008).

2) 새로운 한자(Neue Hanse)의 부활

'새로운 한자(Neue Hanse)' 내지 '도시연맹 한자(Städtebund die Hanse)'는 과거 중세 한자의 계승을 표방하는 발트해 공간의 네트워크 조직으로, "경계를 넘어서는 도시들의 생활 및 문화 공동체" 형성을 기치로 하여 1980년 창설되었다(Neue Hanse, 2013). 2000년 발효된 회칙의 1조에 따르면, 이 도시 네트워크 조직의 목표는 다음과 같다.

> 한자는 국경을 초월하는 한자의 정신과 역사적 경험에 근거해 유럽 도시의 정신을 부흥시키고, 한자도시만의 자긍심을 높이며, 도시 간 공동 작업을 발전시켜 경제적 · 문화적 · 사회적 · 국가적으로 통일된 유럽을 실현하고, 도시들의 정체성을 강화시키며, 이를 통해 살아 있는 민주주의를 체험할 수 있게 한다는 데 목표를 두고 있다(Städtebund Hanse, 2013).

이런 목표를 추구하는 현대판 한자의 형성은 1980년 네덜란드의 도시 즈볼레(Zwolle)에서 시작되었다. 당시 즈볼레 시가 도시탄생 750년 주년 행사를 준비하는 과정에서 중요한 고문서가 발견되었는데, 이 고문서에 따르면 중세 한자에서 뤼베크를 의장 도시로 인정한 최초 도시는 바로 즈볼레였다. 즉 뤼베크가 한자총회에서 공식적 대표권을 인정받은 해는 1418년이지만, 즈볼레는 이미 1294년에 한자에서 뤼베트의 대표적 권위를 인정했으며, 이런 점에서 도시 즈볼레는 중세 한자와 중요한 인연이 있는 도시였다는 점이 새롭게 부각되었던 것이다. 이를 계기로 즈볼레는 1980년 도시탄생 750주년을 맞아 한자 주간을 설정하고 현대판 한자총회를 개최했으며 43개 과거 한자도시의 대표들을 초대했다. 1699년 마지막으로 개최되었던 한자총회가 약 280년 만에 부활되었던 것이다(정문수 · 정진성, 2007).

1980년 즈볼레의 한자 주간을 시작으로 1982년부터 2013년 현재까지 발트해 공간에서는 매년 도시를 달리해 가며 한자 주간과 한자 총회가 개최되었고, 그 횟수는 33회에 이른다. 새로운 한자 조직의 규모도 점점 확장되어 2000년 이후 한자에는 과거 동구권 국가를 포함한 16개국 약 200개의 도시들이 가입하여 한자 주간과 총회에 참석하고 있다. 중세 한자에 속해 있었던 거의 대부분의 도시들이 새로운 한자에도 가입한 것이다(정문수 · 정진성, 2007).

새로운 한자는 역사적 한자에 속했던 도시들만을 회원으로 받아들이고 있으며, 여타 희망도시에는 총회의 심의를 거쳐 명예회원의 자격을 부여하고 있다. 그리고 한자의 역사적 전통을 존중하여 뤼베크에 의장도시 역할을 맡기고 있다. 한자의 주요 조직은 크게 3개의 기관, 즉 총회와 집행위원회, 그리고 의장단으로 나뉜다. 이중 총회(Delegiertenversammlung)는 최고 의결기관이며, 여기서는 회원 도시들이 각기 1표를 행사한다. 총회는 매년 열리는 한자주간에 개최되며, 총회에서의 의사결정은—참가 도시의 수와 무관하게—다수결로 이뤄진다. 총회에서는 도시들의 회원 가입과 탈퇴, 의장단의 수, 프로젝트 승인 여부 등의 의제가 결정된다(Neue Hanse, 2013).

다음으로, 의장단(Präsidum)은 최소 3개 다른 국가의 4인 대표자로 구성되며, 의장(Vormann; Präsident)은 한자의 의장도시인 뤼베크의 시장이 맡는다(Neue Hanse, 2013). 의장단은 집행위원회 준비, 총회 준비, 프로젝트 제안, 시급한 프로젝트의 결정, 한자의 명예회원도시 추

〈표 2〉 국제 한자주간과 총회 개최도시 및 국가

순서	년도	개최지	국가
2	1982	도르트문트	독일
3	1983	뤼베크	독일
4	1984	노이스	독일
5	1985	브라운슈바이크	독일
6	1986	두이스부르크	독일
7	1987	칼마르	스웨덴
8	1988	쾰른	독일
9	1989	함부르크	독일
10	1990	테벤테르 · 주르펜	독일
11	1991	베젤	독일
12	1992	탈린	에스토니아
13	1993	뮌스터	독일
14	1994	슈타데	독일
15	1995	조스트	독일
16	1996	베르겐	노르웨이
17	1997	그단스크	폴란드
18	1998	비스비	스웨덴
19	1999	올덴잘	네덜란드
20	2000	즈볼레	네덜란드
21	2001	리가	라트비아
22	2002	브뤼주	벨기에
23	2003	프랑크푸르트 · 슬루비체	독일 · 폴란드
24	2004	투르쿠	핀란드
25	2005	타르투	에스토니아
26	2006	오스나브뤼크	독일
27	2007	리프슈타트	독일
28	2008	잘츠베델	독일
29	2009	노브고르트	러시아
30	2010	페르누	에스토니아
31	2011	카우나스	리투아니아
32	2012	뤼네베르크	독일
33	2013	헤르포르트	독일
34	2014	뤼베크	독일

출처: 한자도시네트워크(http://www.hanse.org/de)

천, 긴급 상황 시의 결정권을 갖는다(정문수 · 정진성, 2007). 마지막으로, 집행위원회(Kommission) 구성에서는 우선 독일의 5개 도시가 지분을 갖고, 다음으로 열성적 회원도시들이 있는 국가들이 각기 1개 도시의 지분을 갖는다. 열성적 회원도시가 있는 국가들에는 2013년 현재 벨기에와 잉글랜드, 에스토니아, 핀란드, 프랑스, 아이슬란드, 라트비아, 리투아니아, 네덜란드, 노르웨이, 폴란드, 러시아, 스코틀랜드, 스웨덴과 벨로루시 등이 포함된다. 따라서 현재는 20개 도시의 대표로 집행위원회가 구성되고 있다. 집행위원회는 의장단을 보조해서 한자주간과 총회를 실질적으로 준비하는 역할을 맡으며, 연간 2회 이상 회의를 소집할 의무를 갖는다. 그밖에 상설 한자 사무국은 의장도시인 뤼베크에 소재하고 있다(Neue Hanse, 2013).

앞서 한자회칙 1조의 내용에서 보았듯, 이러한 도시연맹 한자의 목표는, 국민국가의 경계를 초월한 한자도시들 공유의 정체성을 추구하고, 도시 네트워크를 통해 정치 · 경제 · 사회 · 문화적인 공동의 발전을 실현하는 데 있다. 1998년 스웨덴 비스비(Visby)에서 개최된 제18회 한자주간과 총회에서는 11개국 106개 참가도시가 공동으로 서명한 선언문이 발표된 바 있는데, 이 '비스비 선언'에서는 한자의 조직 운영 방식과 목표가 좀 더 구체화되어 표명되었다.

비스비 선언에 따르면, 한자는 첫째로 관료주의적으로 경직된 조직이 아니라 유연성을 장점으로 하는 탈중심적 네트워크 조직이다. 다음으로, 한자의 주된 활동 목표 중 하나는 개별 도시에 관한 문서 보전과 발굴, 도시 보존과 홍보 및 복원에 있다. 셋째로, 한자의 또 다른 목표는 한자도시 간 공동의 프로젝트를 추진하여 상호 이해를 촉진하고 공동의 일자리를 창출하며 또 지역 간 균형적 발전을 도모하는 데 있다. 마지막으로 비스비 선언에서 한자는 회원 도시와 발트해 공간의 미래를 담당할

〈그림 24〉 새로운 한자의 로고

청소년 네트워크의 발전을 또 하나의 중점 사업이라고 밝혔다.

이런 목표에 비춰 볼 때, 새로운 한자 내지 도시연맹 한자는 협소한 의미의 정치·경제적 이익을 추구하는 네트워크 조직은 아니며, 발트해 공간 국가와 도시 및 지역의 역사적 공동체 정신을 함양하고 상호이해 촉진과 공동의 문화 보존 및 환경 보전에 관심을 갖는 탈국민국가적 조직이라 할 수 있다. 그렇기에 매년 1개 회원도시에서 개최되는 한자 주간 역시 다분히 축제적인 분위기 속에서 전개된다. 물론 최근 들어 한자는 발트해 공간의 시장 확대와 발전, 경제적 부가가치 창출을 위한 공동의 노력에 관해 심도 깊은 논의를 개진하는 동시에 이를 위한 다양한 방안을 모색하고 있기도 하다(정문수·정진성, 2007).

3) 한자의회의 형성과 활동

(1) 한자의회의 형성과정 및 목표

한자의회(Hanseatic Parliament)는 비교적 최근인 2004년 공식적으로 결성된 발트해 공간의 네트워크 조직으로, 무엇보다 이 권역 중소기업들의 발전과 산학협력에 기초한 지속적 혁신을 추구하는 단체이다. 한자의회는 발트해 연안 11개국 소재 상공회의소 50여 곳을 회원으로 하는 네트워크 조직으로, 상공회의소에 소속된 약 3십만 개 중소기업들을 실질적 주체로 한다. 상공회의소들이 소재한 11개국은 노르웨이와 스웨덴, 핀란드, 러시아, 에스토니아, 라트비아, 리투아니아, 벨로루시, 폴란드, 덴마크, 독일 등이다(Hanse-Parlament, 2013). 그리고 각 국가별 상공회의소는 대개 도시에 위치하며 중소기업 역시 도시 및 근교에 위치해 있다는 점에서 한자의회는 도시 네트워크의 성격 또한 지니고 있다.

한자의회는 2004년 공식적으로 발족했지만, 그 뿌리는 1989년으로 거슬러 올라간다. 즉 아직 독일 재통일이나 공산권 붕괴 등의 전조를 볼 수 없었던 시절, 함부르크의 제조업 분야 상공회의소에서 국경을 초월한 동종 기업의 네트워크적 협업에 관한 복안이 제시되었던 것이 그 시초를 이룬다. 물론 당시 함부르크 제조업 분야 상공회의소의 주체들에겐 완성된 계획이나 구체적인 전략적 복안 따위는 없었다.

하지만 이들은 역사적 한자처럼 국경을 초월해서 공동의 복리를 추구할 수 있는 국제적 네트워크 조직을 꿈꾸었으며, 이후 갑작스레 찾아온 독일 재통일과 동구권 해체는 이런 소망에 강한 추동력을 선사했다. 1992년 북동부 유럽 제조업 정기시(Messe)에 참석한 함부르크의 중소 상공인들은 서로 친분을 나누고 경험을 교환했으며 협업 프로젝트를 추진하기로 합의했다. 그리고 2년 후인 1994년 북동부 유럽 중소기업들의 협력 포럼으로서 한자의회가 창설되었다(Hogeforster, 2007).

1994년 창설된 한자의회는—역사적 한자와 마찬가지로—회칙도 없고 구속력 있는 법적 형식조차 갖추지 않은 느슨한 네트워크 조직이었다. 하지만 이 조직은 엄격한 형식을 갖추지 않고서도 상호 신뢰 축적과 경험 및 정보 교환을 통해 실질적으로 협력을 강화해 나갈 수 있었다. 그러나 문제는 외부와의 관계에서 발생했다.

한자의회가 실질적으로는 협력을 증진시켜 나갈 수 있었다 해도 아무런 법적 형식도 갖추지 않고 대표자도 없는 이 조직은 외부 세계에 대해 실존하지 않는 것이나 다름없었다. 이런 곤란함에 봉착한 한자의회는 2004년 러시아의 성 페테르부르크에서 최초로 한자 총회(Hanse-Tagung)를 개최하고, 10개 발트해 국가 19개 상공회의소가 가입한 조직으로 출범했으며, 회칙과 최소한의 법적 형식을 갖춘 공식 조직으로 등록을 마쳤다. 그리고 2년 후에는 11개국 상공회의소들의 네트워크 조직으로 확대되어 오늘날의 모습을 갖추게 되었다. 한자의회의 상설 사무국은 처음에 덴마크 코펜하겐에 있었으나 현재는 독일 함부르크로 이전된 상태이며, 현재 의장은 함부르크 상공회의소 소속의 위르겐 호게포르스터(Jürgen Hogeforster)이다(Hogeforster, 2007; Hanse-Parlament, 2013).

한자의회는 2005년부터 유럽연합이 추진하는 인터레그(Interreg) 사업에서 지원을 받아 다양한 프로젝트를 추진했으며, 그 방향은 주로 다음과 같은 것이었다(Hogeforster, 2007). 구체적으로 한자의회의 주요 추진사업은 수출 진흥 세미나, 커뮤니케이션 개선을 위한 중소 상공인 영어 코스 개설, 국경을 초월한 기업 간 협력을 위해 공동 주식 발행, 전자분야 협력 증진, 중소기업 경영 개선, 공동 생산과 판매, 중소기업의 인력 조달을 위한 학사 과정 중심의 산학협력적 교육 개발 등으로 구성되어 있다.

그러나 한자의회는 발트해 공간에서 중소기업 및 중산층 경제가 활성화되려면 좀 더 거시적이고 장기적인 안목에서 공동체 의식과 협력

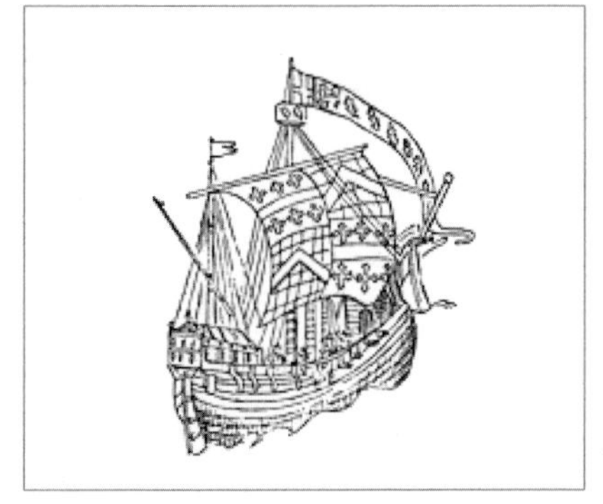

〈그림 25〉 한자의회의 로고

체제가 구축되어야 한다고 판단했다. 그렇기에 이 조직은 발트해 연안 사회들의 문화적 동질성 강화와 정신적·심적 상호 이해 인프라의 구축 또한 필수적 과제라 보았으며, 이를 위해 다음과 같은 방향의 다양한 프로젝트도 추진해 왔다(Hogeforster, 2007).

그것은 중소기업 경제의 활성화를 위한 중소기업와 대학 및 전문대학, 그리고 행정 및 정치기관의 일체적 협업 촉진, 발트해 공간 개별 국가들의 경제정책 조건에 대한 분석 및 장래 변화·발전을 위한 복안 모색, 발트해 공간 개별 국가들의 교육체계에 대한 분석 및 장래 변화·발전을 위한 복안 모색, 이를 위한 공동 세미나, 워크숍, 학술대회 등 개최 등이다.

이런 방향의 다양한 프로젝트 추진을 통해 한자의회는 현재 활발한 활동을 전개하고 있으며, 발트해 공간의 중요한 네트워크 조직으로 성장해 가고 있다. 이 조직이 1994년 '한자'라는 이름을 내걸고, 2004년 등록 협회로 재출발하는 과정에서 이 명칭을 공식화하고 단체의 로고 또한 한자의 코그선으로 채택한 데는, 역사적 한자의 정신을 계승하겠다는 취지가 깔려 있었다. 한자의회의 현직 의장인 호게포르스터는 이 조직이 계승하려는 '한자의 정신'을 다음과 같이 요약한다(Hogeforster, 2007).

- 호혜에 기초한 북부 유럽 네트워크
- 세계 개방적 자유로움과 탈중심적 협력
- 생활 · 경제 · 문화 공동체
- 공익과 사익의 건전한 혼융
- 발트해 공간 전체의 모두를 위해 지역적 장점을 활용하는 '윈-윈-상황'의 창출
- 한자의 자긍심과 전통
- 강한 공간적 · 문화적 정체성
- 개인적 · 권역적 차이와 장점의 존중
- 확고한 자존감

호게포르스터에 따르면, 이러한 가치 태도는 중세 한자를 강한 네트워크 조직으로 만들었다. 중세 한자는 경계를 초월한 공동의 경제 · 생활공간을 창출하고 공존과 호혜적 복리를 추구했다. 오늘날의 한자의회는 이러한 가치 태도를 계승하여 발트해 공간에서 중소기업체와 중산층의 성공과 번영을 지향하는 것은 물론 전체 권역의 경제 · 사회 · 문화적 발전을 도모하고 있다(Hogeforster, 2007).

그렇지만 역사적으로 중세 한자가 오늘날의 네덜란드 · 벨기에 및 영국의 일부 지역까지 연결된 네트워크 조직이었던 것에 비해, 현대 20~21세기의 한자의회는 발트해 권역의 국가들로만 네트워크 영역을 한정 짓고 있다. 즉 중세에 한자 네트워크와 연결되어 있었던 런던이나 브뤼주 등의 서부 유럽 지역으로는 네트워크를 확장하지 않고 있다(Hanse-Parlament, 2013).

(2) 한자 총회의 개최

현대 발트해 공간에서 한자의회는 중세 한자의 전통을 계승하여 한자 총회(Delegiertenversammlung) 또한 개최하고 있다. 한자총회는 과거 중세 한자도시에 속했던 모든 도시들의 대표가 참석하는 회의로 1년에 한 번 국제 한자주간(Die internationalen Hansetage)에 열린다. 그런데 중세의 한자 총회는 부정기적 회합이었던 것에 비해, 오늘날의 한자의회가 주도하는 한자 총회는 매년 1회 개최를 원칙으로 하고 있다.

한자총회는 회원도시의 신규가입과 제명, 한자회칙의 변경과 한자 해산, 한자집행위원회의 제안에 따른 의장단 지명, 한자집행위원회의 제안에 따른 국제 한자주간 공표, 한자집행위원회에서 추천한 한자 프로젝트 허가, 한자집행위원회와 의장단 견제, 청소년 한자 지원, 의장단의 자문과 한자집행위원회 제안에 따른 명예회원 자격 수여 등의 권리를 갖는다(정문수 · 정진성, 2007).

현대 발트해의 한자 총회는 한자의회라는 네트워크 조직의 구체적 논의 기구이자 의사결정 기구라 할 수 있다. 한자의회의 목표, 즉 중소기업의 경제적 역량 강화 및 발트해 공간의 문화적 협력과 개별 부분 권역의 경제 · 정치 · 사회적 발전 및 정체성 함양이라는 목표에 부응해서 한자 총회는 다음과 같은 핵심적 목표를 추구한다(Innovation ist Tradition, 2007).

- 학문과 연구, 제조업과 중소기업 사이의 협업 촉진
- 역사에서 배우고, 이를 토대로 능동적인 미래 창조를 위한 목표 설정과 방안 마련
- 현재에 대한 심화된 이해
- 발트해 공간의 권역적 정체성 강화

- 발트해 공간에서 공동 프로젝트를 실현하기 위한 동기와 아이디어 및 방안의 도출

이런 목표 실현을 위한 구체적 방향 설정 및 계획 수립과 실천을 위해 매년 개최되는 한자 총회는 참석 인원을 120명으로 제한하며, 이틀에 걸쳐 행사를 진행한다. 총회에 참석하는 11개국 출신 120명은 다양한 인력으로 구성되는바, 여기에는 각 분야 학자들, 중소기업인, 관련 협회나 단체 대표자, 정치가 또는 행정공무원, 저널리스트 및 여타 전문가들이 포함된다(Innovation ist Tradition, 2007).

매년 한 가지 의제를 정한 총회에서는 우선 명사 한 명이 초청되어 기조발표를 하고 그 외 몇 사람이 주제발표를 한다. 예를 들어 2011년에는 유럽연합 집행위원회 집행위원인 귄터 외팅어(Günther Oettinger)가 초청되어 '발트해 공간에서 혁신 가능한 에너지와 중소기업'란 주제로 기조발표를 했으며, 2012년에는 역시 유럽연합 집행위원회 집행위원인 요하네스 한(Johannes Hahn)이 초청되었다(Hanse-Parlament, 2013).

기조발표와 주제발표들이 끝나면, 몇 가지 분과가 정해지고 분과별로 원탁이 마련되어 참가자 거의 전원이 원탁 난상 토론을 벌인다. 예를 들어 한자의회의 2007년 한자 총회는 '발트해 공간에서 지식의 전이와 혁신'이란 의제를 내걸었고, 기조와 주제발표가 끝난 후, 11개 원탁에 각기 10명이 배치되어 소모임 발표를 듣고 토론을 벌였다. 이때 11개 원탁은 4개 집단으로 분할되어 1개 집단은 '역사로부터 배우기'라는 주제에 집중했고, 1개 집단은 '현재를 올바로 인식하기'란 주제로 논의를 벌였으며, 2개 집단은 '미래를 형성하기'란 주제에 집중해서 의견을 모았다(Innovation ist Tradition, 2007).

한자 총회의 모든 발표와 토론 과정은 비디오로 녹화되며, 발표문들과 토론 내용 및 합의 결론 내용은 2011년부터 단행본으로 출간되고 있다. 단행본 발간 작업은 한자의회의 부속 네트워크 기관으로 2010년 창설된 발트해 아카데미에서 담당하고 있다(이 기관에 관해서는 뒷 부분에서 다시 소개하겠다).

한자의회는 애초부터 중소기업 관련자들의 탈중심적·탈위계적·탈경계적 네트워크 실현을 추구하며, 현대적인 의미의 수목적 질서 체계를 거부하는 조직이다. 그렇기에 한자의회는 간소한 회칙과 최소한의 법적 요건만을 마련하고 있으며, 이런 조직 성격은 구체적 논의 기구이자 의사결정 기구인 한자 총회에서도 분명하게 나타나고 있다. 한자 총회에서는 회원 대표들에 의한 분과별 발제와 난상 토론에서 거의 모든 사안이 논의되고 결정된다. 즉 한자의회는 한자 총회에 자발적으로 집결한 대표자들의 자율적이고 적극적인 논의를 통해 조직의 활동 방향과 구체적 프로젝트를 설정하고 실천해 나가는 조직인 것이다.

한자의회는 대기업 등에서 흔히 볼 수 있는 하향적 명령 질서와 다른 이러한 논의와 의사결정 구조를 조직의 장점으로 간주하고 있다. 한자의회의 이러한 원칙에 관해 현직 의장인 호게포르스터는 다음과 같이 말한다.

> 혁신은 창조적·창의적인 카오스에서 생겨난다. 혁신은 계획되거나 조직될 수 없다. (…)
>
> 이미 20세기 말에 시작된 새로운 시대에는 새로운 합리성들도 출현했다. 전략적 합리성은 명백히 상대화를 겪게 되었다. 전략적 계획성은 가치를 상실했다. 변화들이 신속하고 역동적으로 일어나기에, 최초 계획이란 계획 완료시점에서는 이미 낡은 것이 되어 버렸기 때문이다. 이로 인해 장기적 계획을 추진

하는 대기업들이 특히 어려움에 처했다. 그와 달리, 확정된 장기계획 없이 언제나 유연하게 행동하고 상황에 따라 카오스를 통과하는 미지의 장소로도 떠날 수 있었던 중소기업은 이익을 얻을 수 있었다.

관료적 합리성도 변화를 경험했다. 날이 갈수록, 기업들은 하향식 명령과 지침에 의해 업무를 처리하기 어렵게 되었다. 모든 직원이 공동 형성자이자 공동 개발자로서 운영에 편입되어야 했다. 모든 직원이 경영자가 되고, 모든 경영자가 그때그때 실무자가 되어야 했다. 이런 변화 역시 비교적 가족적 형태의 노동방식에 기초하고 협력적 지도체제를 실현한 중소기업들에 유리하게 작용했다. 대기업들은 자율적인 전문가 센터를 육성함으로써 이러한 미래지향적 구조를 모방하려 했다.

우리는 자연에서 많은 것을 배웠다. 계획적 무계획성에서는 형성과 혁신의 과정이 '시도와 실수'의 원칙에 따라 이뤄진다. 우리는 실수에서 생겨나는 생산성을 활용했다. 개별 기업과 개별 네트워크에서는 목표의 논의와 확정 및 그에 대한 치밀하고 규제된 추구가 중요하다. 그렇지만 목표 도달과 관련해서는 궁리할 수 있는 모든 길이 열리고 장려되며 함께 추진된다. 잘 알려져 있듯, 로마로 이르는 길은 수천 가지이기 때문이다(Hogeforster, 2007).

다른 한편으로, 한자의회는 2004년 이후 총회를 통해 다양한 프로젝트를 기획하고, 2005년부터 ― 많은 경우 유럽연합의 지원을 받아 ― 이를 실행에 옮기고 있는데, 이런 프로젝트 중 대표적인 것은 '발트해 아카데미'와 'QUICK'이다. 이 두 프로젝트에는 한자의회 회원인 11개국의 상공회의소들과 대학 및 전문대학이 참여했고, 그밖에 정치와 행정 당국, 경제와 환경 및 기술 분야 등의 전문가들이 다수 관여했다.

(3) 발트해 아카데미

발트해 아카데미는 2008년 한자의회가 창설한 것으로, 발트해 공간 국가들의 8개 대학·전문대학의 네트워크 조직에서 시작되었으며, 2010년에는 9개국 15개 대학의 조직으로 확장되었다. 발트해 아카데미의 목표는 학문기관과 중소기업 간 산학협력 강화에 있다. 한자의회는 대학 및 전문대학의 연구 · 개발이 그동안 거의 대기업과 결부되어 전개되어 온 것에 문제의식을 가졌으며, 이런 상황에 변화를 가져오기 위해 발트해 아카데미를 창건한 것이다. 따라서 발트해 아카데미는 대학 및 전문대학의 연구 · 개발을 통해 발트해 전체 공간 및 부분 권역의 중소기업들을 지원하는 데에 1차적인 목표를 두고 있다.

그러나 다른 한편으로 한자의회에서 설립한 한자 아카데미에서는 네트워크 조직을 통해 중소기업에 유능한 인력을 수혈하는 장기적 목표 또한 세워두고 있다. 즉 한자의회는 발트해 아카데미란 조직을 통해서 다양한 국가와 지역, 대학, 분과로 흩어져 있는 잠재 인력을 통합적 · 학제적으로 교육하고, 이때 무엇보다 복수전공 학사 및 석사과정을 운영하는 사업에 관심을 쏟고 있다. 이를 위해 한자의회의 회원

〈그림 26〉 발트해 아카데미의 산학협력 과정(Hogeforster, 2007)

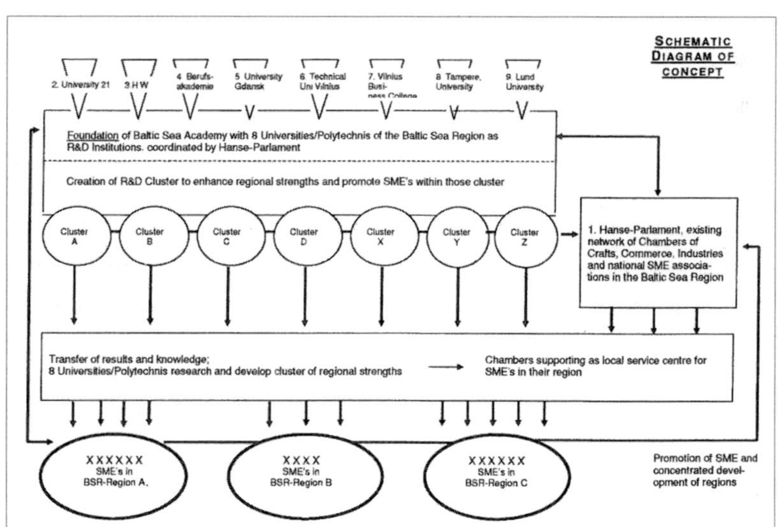

약호 설명: SME=중소기업, BSR=발트해 권역, R&D=연구개발

기업들은 수익을 한자 아카데미에 재투자하는 구조를 만들어 나가고 있다. 발트해 아카데미의 산학협력 과정을 도식적으로 나타내면 〈그림 26〉과 같다.

(4) QUICK 프로젝트

한자의회는 2005~2007년 동안 유럽연합의 3차 인터레그(Interreg) 사업 B분야(발트해 공간 개발 지원)에서 막대한 자금을 지원 받았고, 이를 토대로 몇 가지 주요한 프로젝트를 시행했다. 이러한 프로젝트들이 끝난 시점에서 한자의회는 대규모 후속 프로젝트를 기획했고, 이 프로젝트를 퀵(QUICK)이라 명명했다. QUICK은 한자의회가 이 프로젝트에서 추구하는 4가지 목표의 머리글자를 따서 만든 명칭이다. QUICK의 추구 목표는 다음과 같이 정리된다(Hogeforster, 2007).

- ***QU**alification*: 국제적으로 선도적인 기술적 · 상업적 활동을 위해 광범위한 재교육 과정을 구상하고 실행.
- ***I**nnovation*: 발트해 아카데미와 협력하여 광범위한 연구 및 개발을 진행시키고, 획득된 주요 지식과 정보를 회원들이 공유하여 혁신을 촉진.
- ***C**o-operation*: 네트워크들의 지속적 발전 및 무엇보다 발트해 공간 중소기업들 간의 초국가적 · 탈경계적 협력 강화.
- ***K**ey business*: 발트해 공간 내 부분 권역들 특유의 잠재 역량에 집중하는 생산품 개발을 지원하고 공동의 마케팅 실현. 장기적으로는 품질에서 국제 시장을 선도하는 'Made in Baltic'이란 브랜드 개발.

한자의회는 이런 목표를 추구하는 QUICK 프로젝트를 2009년 9월부터 2012년 12월까지 추진했으며, 이를 위해 유럽연합의 제4차 인터레그(Interreg) 사업 B분야에서 3백6십9만 유로를 지원받았다. 이 과정에서 한자의회는 발트해 아카데미 프로젝트 또한 하나의 부분 사업으로서 QUICK라는 거대 프로젝트에 포함시켰다. 그리고 이 대규모 프로젝트의 추진으로 한자의회는 다음과 같은 성과를 거둘 수 있었다(Hanseatic Parliament,(2013a).

- 발트해 9개국 15개 대학들의 네트워크와 인프라 발전(발트해 아카데미)
- 3개의 특화 혁신 클러스터 개발
- 지식과 기술 전이 활성화
- 75개 중소기업을 위한 연구 및 개발 프로젝트 추진
- 500개 중소기업을 위한 경영 및 투자 계획 교육사업
- 최신 기술 분야에서 후세대 교육 프로그램의 개발 및 실행
- 각 분야 중소기업을 위한 국제적 비즈니스 포럼 개최 및 협업 강화
- 3개 전략적 정책 프로그램 개발 및 이를 위해 권역·국가·국제 차원에서 정책 결정 과정에 개입

한자의회는 QUICK 사업을 추진하는 과정에서 발트해 아카데미 외에 이른바 중소기업 역량 강화 센터들(Centers of Competence)을 창설했다. 즉 한자의회는 중소기업 발전과 관련된 핵심 분야로 '에너지 효율성'과 '환경 보호', '인간 자원' 및 '유기적 발전'과 '자원 절약 생산'이란 6개 주요 역량 강화 분야를 설정하고, 이에 상응해서 6개 역량 강화 센터를 창건한 것이다.

앞으로도 한자의회는 발트해 아카데미와 중소기업 역량 강화센터를

〈그림 27〉 프로젝트 QUICK의 복안(Hogeforster, 2007)

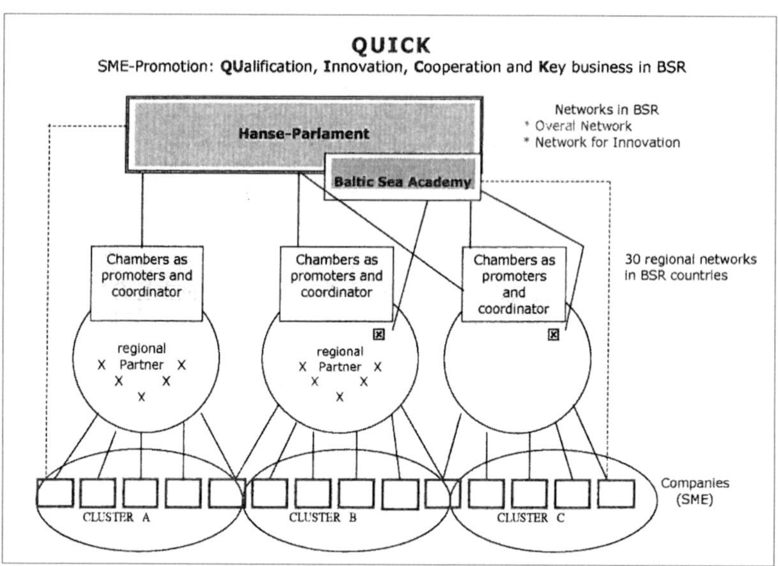

약호 설명: SME=중소기업, BSR=발트해 권역

중심으로 QUICK이란 사업명 아래 다양한 프로젝트 내지 사업을 추진해 나갈 계획이다. 이러한 QUICK 프로젝트는 발트해 공간의 부분 권역별로 대략 30개의 특화된 네트워크를 발전시킬 계획을 품고 있으며, 이 계획이 실현된다면 한자의회는 대략 30개의 특화 네트워크가 중첩적으로 엮인 복합적 네트워크 조직의 성격을 갖게 될 것이다. QUICK의 이러한 구도를 그림으로 나타내면 〈그림 27〉과 같다(Hogeforster, 2007).

4. 현대 발트해 도시네트워크의 평가와 의미

이른바 보충성 원칙을 주요 운영원리로 삼은 유럽연합의 결성은 다층적 거버넌스의 가능성을 열었으며, 그에 따라 국민국가의 틀을 넘어선 도시 및 지역 간 네트워크의 형성도 활기 있게 이뤄지고 있다. 그리고 사회주의 실험의 실패 이후에는 과거 공산권에 속했던 동유럽 국가들도 유럽연합에 가입하여 새로운 형태의 공동체를 형성하려는 노력에 동참하고 있다.

이러한 노력의 일환으로 유럽연합이 추진하는 인터레그 프로그램은 전체 유럽의 균등한 발전을 목표한 것으로, 유럽 연합 내에서 다층적 통치의 실현 및 도시 및 지역 간 네트워크 형성은 이 프로그램으로부터 실질적 지원을 받고 있다. 그리고 유럽연합의 이런 정책에서 커다란 수혜를 받은 대표적 권역 중의 하나가 앞서 말했듯이 발트해 해항도시 네트워크 공간이다.

사실 발트해 공간은 냉전으로 인해 유럽의 변두리가 되기 이전에는 정치 · 경제 · 문화적으로 활발한 교섭, 다시 말해 다양한 갈등과 충돌 속에 상생과 공존이 모색되었던 공간이다. 게다가 중세의 한자라는 탈경계적 네트워크 조직은 이 공간에 장기간 번영을 가져오기도 했다. 오늘날 발트해 공간은 유럽연합과 연계함과 동시에 중세 한자동맹의 전통을 계승하여 다양한 도시 및 지역 네트워크를 형성하고 있다. 이 지역의 도시 및 지역 네트워크 활성화는 지구화라는 시대적 흐름을 기회로 삼는 동시에 이 흐름이 가져오는 부작용을 권역 공동체의 힘으로 제거하려는 노력의 산물이기도 하다.

오늘날 발트해역을 하나의 경제적 · 문화적 · 정치적 공동체로 구성하려는 시도는 유럽연합, 국민국가, 지방자치체 내지 광역시 그리고 NGO의 차원에서 활발히 전개되고 있다. 이런 시도의 성과는 특히 교육과 환경, 문화, 노동, 정치 경제 분야에서의 통합이란 형태로 가시화되는 중이다.

발트해역의 이런 탈영토국가적 변화는 이 해역에서 근대적 국민국가 형성 이전의 개방적 네트워크 체제가 회복되고 있다는 추정을 가능케 한다. 근대적 국민국가 형성 이전에 발트해역은 자율적이고 개방적인 네트워크 공동체의 성격을 갖고 있었다. 이곳에서는 다양한 사람들이 서로 만나면서 다층적인 문화를 형성해 나갔다. 이때 해항도시는 사람과 재화의 교류, 문화적 교섭의 핵심적 허브였다. 당시 해항도시는 역내 각 지역을 연결시킬 뿐 아니라 원거리의 역외 거점과도 연결되어 광범위한 네트워크를 형성했다. 중세 발트해역의 해항도시는 집결과 확산, 구심력과 원심력의 기능이 동시에 작동하는 공간이었던 것이다. 이렇게 볼 때, 오늘날 발트해에서 해항도시를 축으로 하여 전개되는 변화, 즉 탈국민국가적 네트워크 공동체의 형성 경향은, 전적으로 새로운 현상이기보다 역사적으로 실재했던 지역 공동체 모델의 복원이라 이해될 수도 있는 것이다. 그리고 이 모델은, 지방-국가-지역 차원의 다층적 협력 체제를 통해 국민국가의 영토성을 초월한 지역발전의 실현이 요구되고 있는 오늘날 하나의 중요한 전범의 의미를 지니고 있다.

제 4 장

북유럽 외레순드와 초국경 통합

제 4 장
북유럽 외레순드와 초국경 통합

1. 외레순드 초국경 지역의 개관

21세기에 들어 세계적으로 바다를 끼고 있는 해항도시 간 초국경 교류의 성공사례는 현재까지 그리 흔치 않다. 이 가운데 북유럽 지역에서 덴마크와 스웨덴 사이의 초국경 지역통합과 교류의 사례, 일명 '외레순드(Oresund)'의 성공은 우리에게 많은 점을 생각하게 만든다. 덴마크의 코펜하겐과 스웨덴의 말뫼는 지난 2001년부터 외레순드 형성을 합의하고, 10년 넘게 성공적으로 유지해오고 있다.

외레순드는 그 형성과정에서 양 도시 사이의 산적된 여러 문제와 갈등도 있었으며, 적지 않은 문제점도 예상되었다. 그럼에도 불구하고 외레순드의 구축은 결국 양 도시와 시민들의 합의 하에 순조롭게 추진되었으며, 예상되었던 문제점도 그리 심각하게 표출되지 않은 성공적인 사례로 평가되고 있다.

따라서 여기에서는 외레순드 형성과정과 운영체계를 심층적으로 살펴봄으로써, 이 사례가 현재 우리나라와 주변국 도시나 지역과의 초국경 교류에 필요한 향후의 과제와 쟁점사항에 대해 어떠한 시사점을 제공하는가를 생각해 본다. 그리고 이를 통해 초국경 교류의 논리를 설명할 수 있는 현실적인 근거를 발견하고, 이를 통한 여러 가지 실천적 함의를 생각해 보도록 한다.

1) 외레순드의 역사적 개관

역사적으로 서기 약 800년 이후 바이킹 시대에서부터 외레순드 해협은 북유럽 지역 주요 왕국들의 해전무대였고, 스웨덴의 헬싱보리 부근은 해적의 근거지로 유명하였다. 12~13세기에는 덴마크 유명한 역사가인 삭소 그라마티쿠스(Saxo Grammaticus)가 라틴어로 저술한 〈덴마크의 역사〉에서 "이 해협에서는 배가 노를 저을 수 없다"고 하였을 정도로 청어가 많았다. 조수간만의 차가 거의 없는 이 해협에서 추운 겨울에 얼음이 얼면 항해가 불가능해질 때도 있지만, 과거에는 대체로 연중 항해가 가능하였다.

이에 따라 중세 외레순드 지역의 청어잡이 어업은 덴마크령이었던 스코네(지금의 스웨덴)의 정기 시장과 함께 지금의 덴마크 영토와 독일의 뤼베크(지금의 독일북부 지역) 사이의 무역의 기초를 이루었다. 그러나 옛 독일과 발트해의 한자도시(Die Hanse)가 융성하게 되고 남부상인들의 북유럽 진출이 이루어지자, 이에 대항하기 위해 덴마크의 군주 아벨(Abel)은 유럽 각 나라의 모든 배가 이 해협을 통과할 때 일종의 통행료인 해협세(海峽稅, Sundtolden)를 징수하기 시작하였다. 과거에는 북쪽의 카테가트 해협에서 발트 해까지 가는 가장 빠른 지름길이었던 이 해협을 어느 한 나라가 정치적으로 장악하는 것이 곧 경제적 혜택을 의미했기 때문이다.

이러한 이유로 오래 전에 외레순드 해협권은 역사적으로 갈등과 대립의 시대를 겪었다. 1400년대 스칸디나비아 3국(덴마크, 스웨덴, 노르웨이)은 덴마크 여왕 마가렛 1세(Margrethe I)의 칼마르 연합(Kalmar Union)에 속했다. 이 지역은 공통의 문화와 역사를 처음부터 지녔던 셈이다. 그러나 1523년 스웨덴이 연합을 탈퇴하여 덴마크와 패권을 겨룬 끝에 1658년 스코네 지역을 차지하게 되고, 두 나라의 국경은 외레순드 해협으로 결정되었다.

구체적으로 덴마크는 1429년부터 헬싱괴르를 통과하는 모든 선박에 통행세를 부과하였고, 1567년에는 선적화물에도 과세하였기 때문에 이 해협세는 덴마크 국가수입의 약 70%를 차지할 정도로 엄청난 금액이었다. 이후 1429년~1859년 사이에 덴마크는 외레순드 양쪽 해안을 모두 장악하고, 항행하는 선박들을 장기간 통제하였기 때문에 유럽 여러 나라의 역사서와 사료에서 이 해협의 이름이 종종 등장하고 있다.

1645년 네덜란드는 덴마크 군주인 크리스티안 4세(Christian Ⅳ)에게 해협세를 감액하도록 협상하였고, 1855년에는 미국이 통행세 납부를 거부하였으며, 1859년에는 강압적인 세금에 시달려 온 유럽 각 나라의 요구로 해협세가 폐지되기에 이르렀다. 이어 1660년에는 코펜하겐 회의에서 채택된 외레순드 조약에 의하여 유럽 각 국가는 많은 보상액(약 6700만 kroner)을 덴마크에 지불하게 되었고, 반대급부로 외레순드 해협을 영구적으로 자유로운 항로로 만들었다. 이러한 해협의 역사적 기록은 오늘날 유럽경제사와 국제해운사의 중요한 사료가 되고 있다.

이후 수세기 동안의 긴장 완화와 함께 1800년대 통일대국을 향한 스칸디나비아주의(Scandinavianism)가 이념적으로 성장하면서, 더욱 넓어진 스칸디나비아 국가를 만들려는 북유럽 나라들의 움직임이 태동하게 된다. 특히 이는 제2차 세계대전이 끝나고서는 보다 다양화된 형태의 초국가적 월경협력이 북유럽에서 진행되게 만들었다. 1980년대 유럽연합이 만들어지기 훨씬 이전인 1950년대에는 북유럽 3국(덴마크, 스웨덴, 노르웨이)의 공동의사결정기구인 노르딕(Nordic) 의회가 출범하면서 월경협력이 추진된다. 1950년대 초에 북유럽 3국의 시민은 여권이나 비자 없이도 월경할 수 있게 되었으며, 노동시장의 통합도 진행되어 노동허가증 없이도 상대지역에서 자유롭게 일할 수 있게 되었다.

2) 외레순드의 지역적 개관

유럽연합(EU) 전체 지역 중에서도 북유럽 지역의 좁은 해협을 중심으로 덴마크의 셸란드(Sjaelland) 섬과 스웨덴의 스코네(Skane) 지역 사이의 광역권역을 해협의 이름을 본떠 '외레순드' 라고 부르고 있다. 구체적으로 외레순드 지역은 스웨덴 남부의 스코네(Skone) 지역과 덴마크 동부의 셸란드(Sjaelland), 로랄드 팔스터(Lolland-Falster), 뫼엔(Moen), 보른홀름(Bornholm) 등의 지역으로 구성된다. 외레순드는 덴마크어로 외레순드(Øresund), 스웨덴어로는 외레순드(Oresund), 영어로는 사운드(Sound)로 국제표기가 되고 있다. 외레순드 해협의 길이는 약 110km, 너비는 4.8km~27km, 수심은 약 7m~54m이다.

외레순드 해협은 발트 해와 대서양을 잇는 덴마크의 세 해협 중 하나로, 남쪽의 발트해와 북서쪽의 카테가트 해협을 연결하며, 세계에서 가장 왕래가 빈번한 항로 중의 하나이다. 외레순드 해협에는 아마게르(Amager, 코펜하겐 일부) · 벤 · 살솔메라고 하는 3개의 큰 섬이 있으며 이들은 해협을 드뢰그덴 수로(서쪽)와 플린테렌덴 수로(동쪽)로 나눈다.

〈그림 28〉 덴마크와 스웨덴 초국경 지역의 외레순드 지역과 그 해협

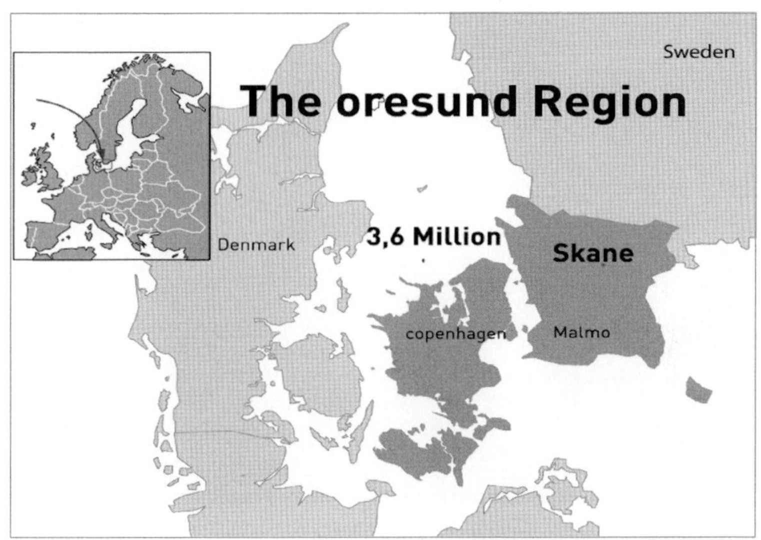

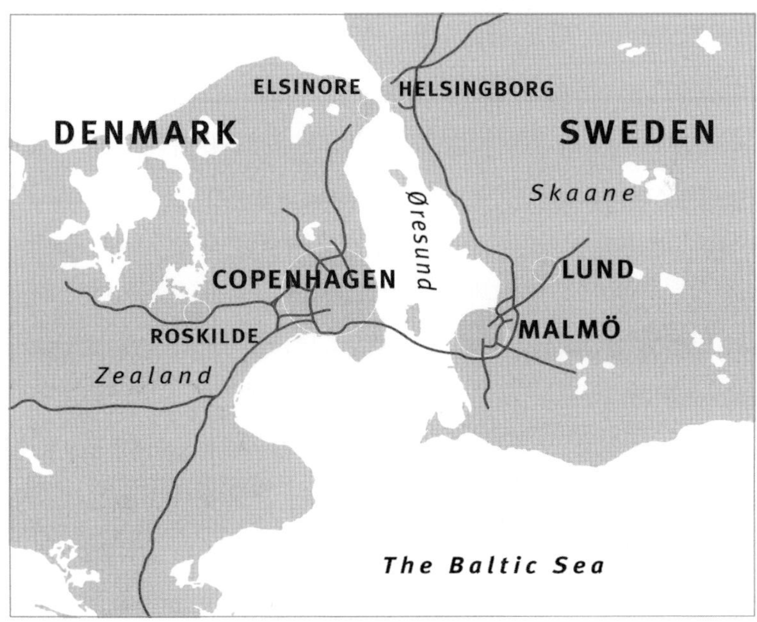

출처: http://ko.wikipedia.org/wiki(CC-BY)

〈그림 29〉 외레순드 대교

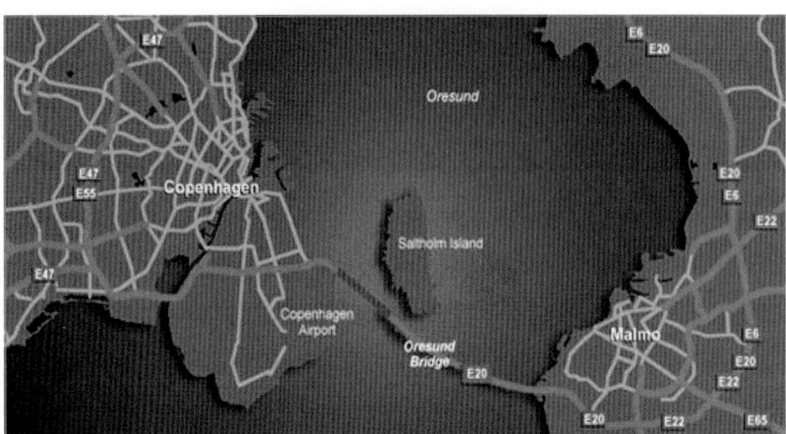

출처: http://ko.wikipedia.org/wiki(CC-BY)

외레순드 해협의 동쪽 연안에 있는 말뫼(Malmo)와 헬싱보리(Helsingborgs)는 스웨덴의 주요 항구이고, 해협의 서쪽 연안에 있는 코펜하겐(Copenhagen)과 헬싱괴르(Helsingor)는 덴마크의 주요 항구이다. 특히 남쪽의 코펜하겐과 말뫼 사이의 지역은 육지가 가장 많이 돌출해 있어, 해역의 전체 세로 길이가 53km 정도에 달하지만, 해역의 가로 너비는 약 14km에 불과하여 매우 근접한 지역이다(Encyclopaedia Britannica, 2012).

현재 이 지역은 스웨덴과 덴마크 사이의 외레순드 해협을 에워싼 지역으로서 가장 성공적인 해상월경협력이 이루어지고 있는 곳이다. 크게는 덴마크의 수도권인 코펜하겐광역권(Greater Copenhagen)과 그 주변의 셸란드광역권(Region Sjaelland), 스웨덴의 동남권인 스코네광역권(Region Skane) 사이의 초국경 협력 지역으로 유럽연합(EU) 내

국가 간 경제지역 중 가장 발전된 지역으로 손꼽히고 있다. 이러한 것을 가능케 한 원인의 한 가운데에는 외레순드 대교(Oresundsbron, Oresund Link)가 자리하고 있다. 덴마크 코펜하겐과 스웨덴 말뫼를 잇는 외레순드 대교는 외레순드 다리, 외레순드 브리지로도 불리우며 세계적인 교량의 하나이다. 덴마크의 코펜하겐과 스웨덴의 말뫼를 연결하는 외레순드의 일부 구간에 해저터널도 같이 건설되었다.

외레순드 대교는 스칸디나비아 반도와 유럽 본토의 원활한 물류 및 여객 운송을 위해 약 6년 간의 공사로 22개의 침매함을 연결한 끝에 개통되었다. 사장교에 더하여 길이 4.05km의 도로 및 철도 겸용 터널로 세계에서 가장 긴 침매(沈埋) 터널이다. 침매 터널은 지상에서 철근 콘크리트나 강철을 써서 만든 관을 물밑에 파놓은 기초에 차례로 놓아 연결한 다음 물을 퍼내어 터널을 완성하는 방식이었다. 이 사업에서는 해협의 횡단 구조물 길이가 16km에 달하기 때문에 해저터널 외에 4km 길이의 인공 섬과 8km의 현수교가 추가로 시공되었다.

2000년 7월 1일에 개통된 이 다리로 인해 유럽 대륙의 최북단 끝자락에 위치한 덴마크의 수도 코펜하겐은 북유럽의 관문으로 그 위상이 더욱 높아졌다. 이 다리를 통해서 덴마크 코펜하겐과 스웨덴 말뫼를 오가는 기차는 매시 20분 간격으로 오전 6시부터 자정까지 하루 수십 편이 운행되고 있다. 외레순드 대교를 통해 양국 간 인적·물적 교류가 활발하게 이루어지면서, 이제 덴마크와 스웨덴은 국경을 초월한 하나의 경제권을 형성하고 있다. 역사적으로 오랜 해협영토 분쟁으로 전쟁을 치를 정도의 앙숙이었던 두 나라는 치열한 국제경쟁에서 살아남기 위해 갈등의 역사를 뒤로하고 초국경 지역을 중심으로 한 단일 경제권을 형성한 것이다.

〈그림 30〉 외레순드 대교의 전경

출처: http://ko.wikipedia.org/wiki(CC-BY)

유로화(EURO) 화폐와 다리의 의미

세계적으로 통용되는 모든 유로화(EURO) 화폐(5유로~500유로)의 뒷면에는 다리(bridge)가 그려져 있다. 액수에 따라 작은 화폐의 돌다리부터 큰 화폐의 초대형 현수교까지 여러 가지 모양의 다리가 공통적으로 묘사되어 있다. 이것은 단순한 우연이 아니라 유럽연합의 기본적인 네트워크 정신을 표현한 것이다. 즉 현재 유럽에서도 모범적인 외레순드 지역을 비롯한 유럽연합(EU) 지역전체의 초국경적 협력과 교류의 취지를 국가와 거점도시(특히 연안지역과 해항도시)의 '연결'을 의미하는 다리(교량)를 통해서 간접적으로 사람들에게 각인하고자 노력하는 것이다. 또한 사람들이 쓰는 가장 기본적인 경제도구인 화폐에서부터 유럽연합이 지향하는 진정한 미래의 통합적 비전을 의미를 담고자 노력하는 것으로 볼 수 있다.

2. 외레순드 초국경 지역의 거점도시

1) 스웨덴의 해항도시 말뫼

말뫼(Malmo)는 스웨덴에서 스톡홀름, 예테보리 다음 세 번째로 큰 항구도시로 인구는 약 30만여 명 정도이다. 말뫼는 도시의 형태를 갖춘 시기가 13세기에 시작되며, 유럽 각지로 연결되는 중요한 위치에서 중세 한자동맹시대에는 어업기지로 번영을 누렸다. 도시 초창기에는 덴마크 영토에 속했으며, 17세기 초까지 코펜하겐 다음가는 도시로 발전하기도 하였다.

스웨덴과 덴마크 사이에 계속된 전쟁으로 인하여 말뫼는 1685년에 스웨덴의 영토로 귀속되었으며, 이후 19세기 중반 이후 스웨덴 국영철도(Statens Jarnvagar)가 개통되면서 활발한 도시성장이 이루어진다. 19세기 중엽부터 20세기 후반까지는 제조업과 물류운송의 중심지가 되어 조선산업에서 식품가공업에 이르기까지 다양한 산업이 중흥되었다.

특히 말뫼의 서항(Malmo Western Harbor) 지역은 간척지로, 과거 유명 자동차 업체인 사브(Saab)의 생산 공장이 있던 자리이다. 이 지역은 유럽의 경기침체와 사양산업화로 조선과 자동차 공장이 모두 철수한 뒤에 토양오염이 심각한 상태로 버려져 있었다. 그러나 1996년에 스웨덴 주택 · 건축물 · 도시계획위원회 산하단체인 SVERBO가 유럽주택엑스포(European housing exhibition-Bo01)의 초대 개최지로 선정하면서 주거 · 주택 지구의 방향으로 도시 해안가 지역의 새로운 변모를 시작하였다. 이는 공공환경과 자연 친화적 건축의 관점에서 시민의 삶의 질을 높은 수준으로 유지하면서, 유럽에서 가장 모범적인 '지속

가능한 발전지구'를 만드는 것을 목표로 현재까지 개발이 진행되고 있다.

교통여건 상으로 살펴보면, 덴마크의 코펜하겐과 인접하여 덴마크와의 해상교역이 빈번했던 항구도시인 말뫼 지역은 2001년 덴마크 코펜하겐까지 이어지는 교량 겸 터널인 외레순드 대교가 완성되면서 인구 및 물자이동의 요지로 급부상하였다. 지금은 외레순드 대교의 개통 이후 스웨덴 남부 거점도시로, 유럽 북부의 신흥도시로 새로이 부각되고 있다.

새로운 첨단산업 공장들과 물류창고 등은 말뫼 해안가의 넓은 매립지에 세워졌으며, 스톡홀름과 예테보리에 철도가 연결되어 새로운 교역중심도시로의 발전을 꾀하고 있다. 말뫼는 현재 정보기술, 생명공학, 컨벤션 산업 등 고부가가치 산업이 발달한 친환경 녹색도시로 국제적인 관심을 받고 있으며, 화려한 도시부활(urban renaissance)과 도시재생(urban renewal)의 교과서로 평가되고 있다(Øresund Committee, 2009; Forening Øresund, 2012; Malmo, 2012).

2) 덴마크의 해항도시 코펜하겐

코펜하겐(Copenhagen)은 북유럽과 덴마크의 최고의 수도이자 스칸디나비아에서 가장 유명하고 아름다운 도시로 불린다. 인구는 약 550만여 명 중에서 60만여 명이 살고 있으며, 대도시 권역(Greater Copenhagen)의 도시화 지역의 인구(Urban Population)는 120만여 명으로 볼 수 있다. 근대 이전에 코펜하겐은 도시의 특징적인 명칭처럼 상업(Copen)과 교역의 중심 항구(Hagen)로 자리잡아 왔다.

코펜하겐은 11세기에 최초로 역사에 등장하며 15세기 중반 이후 현재까지 덴마크 왕국의 수도이다. 1167년에 최초로 성채가 축조된 뒤에 도시가 발전하였고, 13세기 중엽에는 수륙교통의 요지를 차지하는 지리적 조건으로 인하여, 여러 나라의 시기와 부러움을 샀다. 13세기 말~16세기 초까지의 시기에는 상인들의 이권과 무역문제로 발트해 한자동맹의 공격을 받기도 하였다. 코펜하겐은 1422년에 덴마크 왕국의 도시권을 획득하여, 1443년 이후 덴마크의 공식 도시가 되었다. 1658년~1659년 사이에는 해협세 징수문제로 이웃인 스웨덴의 공격을 받아 점령당하기도 하였으며, 역설적으로 1660년에는 바로 이곳에서 해협세 문제가 해결된 코펜하겐 조약이 체결되기도 하였다.

코펜하겐은 이전에 무역과 선박의 중심지였으나, 근대 이후부터 현대 초반까지는 대표적인 공업도시이기도 하였다. 문화 · 예술의 중심으로 미술관 · 박물관이 많고 세계적으로 권위 있는 학회 · 연구기관의 본부가 있다. 해안의 아마게르섬에는 근대 이후의 조선소와 제철공장 등이 많이 있으며, 이외에 무역과 상업의 영향으로 도자기 · 낙농제품 · 화학 · 섬유 등의 제조업이 활발하며 가구 · 피아노 등도 유명하다. 주요 공업으로 조선, 기계류 생산, 통조림 가공, 양조 등이 있으나, 1980년대 이후 사양산업으로 접어든 것들이 많아 외레순드 형성 이전에 도시가 경제적으로 어려움을 겪기도 했다.

그러나 최근 스웨덴 말뫼와 연결된 외레순드 다리의 건설로 인해서 코펜하겐도 역시 경제와 환경적 면에서 많은 변모를 하고 있다. 2005년 인구유입을 예상하고 도심을 흐르는 운하 40km 주변과 해안지역에 10년 계획으로 4만 가구의 주택건설 계획을 확정했다. 코펜하겐 국제공항과 도심을 잇는 교통수단으로 운전사가 없는 최첨단 메트로(도시철도)를 건설해, 하루 24만여 명, 연간 8,000만여 명을 운송하고 있다. 이제 코펜하겐은 유럽에서 역사가 가장 오래된 도시에서, 이제 외레순드의 가장 역동적인 교류의 중심지로 변모하고 있다(Ministry of Foreign Affairs of Denmark, 2012).

3. 외레순드 초국경 통합의 추진과정

1980년대부터 경제적으로 무너져 가던 유럽을 한순간에 일으켜 세운 것은 1993년 유럽연합(European Union, EU)의 탄생이었다. 유럽연합의 경우, 1980년대 후반부터 여러 국가와 지역들의 통합을 목적으로 초국경적 협력을 이미 활발히 추진하고 있었다. 이후 유럽연합 27개 회원국은 화폐를 통일하고 거의 모든 물적·인적 교류망을 하나로 통합함으로써, 북미권역과 아시아권역에 견줄 만한 거대 경제권으로 탈바꿈하는 데 성공했다. 유럽의 이러한 변신은 유럽대륙 전체의 통합과 동시에 국경을 초월한 지역과 지역 간의 활발한 연계가 뒷받침됐었기 때문에 근본적으로 가능하였다.

1) 외레순드 초국경 통합의 배경

(1) 지역경제와 주력산업의 몰락

원래 덴마크와 스웨덴은 탁월한 국가경제력을 갖춘 유럽의 선진국 중의 하나였다. 양 국가의 도시들도 현대적 부흥기를 구가하였으며, 지역에서도 시민들의 삶의 질과 모든 생활측면에서 전혀 불편함이 없었다. 그러나 최근 지구촌 글로벌 경제체제의 재편과 산업환경의 급속한 변화, 인구집중과 환경훼손, 사회적 양극화 문제가 근래 이들 국가와 수도, 여러 해항도시들을 위기로 몰아 넣게 만들었다. 결과적으로 놓고 보면 북유럽에서 연안지역과 해항도시들의 위기상황은 이후 도시 간 초국경 협력의 동기와 촉매가 되었다고 볼 수 있다.

먼저 1980년대까지 스웨덴은 자동차와 조선산업의 세계적인 강국이었으나, 그 이후 유럽경제가 하향세에 접어들고 글로벌 제조업의 대륙별 경쟁체제가 심화됨에 따라 문제가 발생하게 되었다. 즉 1990년대 말뫼 지역의 주력산업이던 조선산업과 자동차산업이 국제경쟁에서 밀려 하루아침에 몰락을 했다. 한 예를 들어 보면, 말뫼의 서쪽 항구 매립지대인 베스트라 함넨에는 대형 조선소와 사브(SABB) 자동차 회사가 위치하고 있었다. 그러나 볼보(Volvo)와 함께 스웨덴의 세계적인 자동차 회사인 사브(Saab)가 파산하기 훨씬 이전에 이미 대규모 사브 자동차 공장을 말뫼 지역에서 모두 철수시켰다.

게다가 유럽의 조선업계는 자동차보다 더욱 심각한 불황을 맞이하고 있었다. 특히 이 지역에서 조선산업은 1980년대까지 지역경제의 핵심이었는데, 우리나라와 일본, 중국 등 아시아 조선산업의 부흥에 밀려 쇠락의 길을 걷게 되었다. 제조업에서 유럽의 높은 노동자 임금은 상대적으로 낮은 아시아의 노동임금과 대규모 시설투자에 따른 자동차, 조선 등의 가격경쟁력 격차를 도저히 감당할 수 없었던 것이다.

스웨덴의 자동차 공장과 조선소들은 막대한 피해가 발생해 도산과 설비축소가 줄을 잇게 되었다. 자동차와 조선산업 쇠퇴 후 산업위기 및 도시자체가 급격히 쇠락하여 폐허가 된 땅으로 버려지고, 약 30만여 명의 인구 중 10%가 넘는 약 3만여 명의 일자리가 상실되었다. 이에 말뫼는 폭격을 받은 도시(bombed city), 죽음의 도시로 불리게 되었다. 이러한 당시의 엄청난 경제적 충격은 말뫼시 정부와 정치인들의 관심을 외부로 돌리게 만들었다.

'말뫼의 눈물'과 '터닝 토르소(Turning Torso)'

2003년 우리나라의 조선업체인 현대중공업은 스웨덴의 항구도시 말뫼에 있는 세계적인 조선업체 코쿰스(Kockums) 사의 골리앗 크레인(높이 140m, 중량 7000t)을 단돈 1달러에 인수했다. 20세기 초 조선업에서 세계적인 리딩 기업이었던 코쿰스는 1986년 불황으로 문을 닫으면서 이 크레인을 매물로 내놓았으나 매수자가 없자 결국 단돈 1달러에 우리나라 대기업에 판 것이다.

스웨덴 국영방송은 이 크레인이 해체돼 현대중공업 울산공장으로 향하던 날, 장송곡과 함께 '말뫼가 울었다(말뫼의 눈물)'는 제목의 기사를 내보냈다. 이후 헐값에 팔린 이 크레인은 '말뫼의 눈물'로 불리게 되었고, 현재 우리나라 울산 현대중공업 공장에서 재조립되어 사용되고 있다. 말뫼시는 이 크레인이 있던 자리에 도시재생 의지를 상징하는 '터닝토르소(Turning Torso: 등을 돌리는 형상을 한 미래형 첨단빌딩)'를 건축하였다.

출처: http://ko.wikipedia.org/wiki(CC-BY)

(2) 인구집중화 문제와 환경의 악화

다른 한편으로 덴마크는 국토의 면적이 우리나라보다 좁고 자원도 부족하지만, 1인당 연간GNP가 약 3만 달러가 넘는 강소국(强小國)이다. 수도인 코펜하겐은 원래부터 지역경제의 구조가 전기, 통신, 계측기기, 환경, 의약 등의 고부가가치 비교우위상품의 생산에 주력하였고, 자동차, 가전제품, 일반소비재 등의 비교열위 상품은 전량수입에 의존하였다. 그리고 유서 깊은 관광 · 문화도시였기 때문에 1990년대 이후 스웨덴의 말뫼 보다는 상대적인 지역경제 침체의 충격이 적었다.

당시 코펜하겐은 높은 임금수준에도 불구하고, 도시경쟁력이 세계 상위권을 유지하고 있었다. 코펜하겐의 강점은 도시의 교육 · 문화도시로 많은 젊은 인구들이 유명대학에서 고등교육을 받고 있으며, 문화예술이 발달하였다는 것이다. 이 때문에 1950년대부터 인구의 도시집중화 현상이 계속 확대되었다.

지금까지도 덴마크는 인구가 적은 농어촌 지역에서 도시지역으로 인구가 많이 이주하고 있으며, 이러한 현상은 코펜하겐에서 인구의 집중과 빈곤의 문제를 함께 야기하였고, 다른 지역에는 인구감소와 소득격차의 양극화라는 설상가상의 결과를 가져왔다. 코펜하겐 시민들은 소득수준이 세계 최고수준이지만, 세금도 가장 많이 내는 도시 중의 하나로 유명하다. 물론 세금부담이 높은 만큼 시민들이 정부로부터 질 높은 공공서비스를 제공받고 있지만, 반대급부로 정부에 대한 시민들의 기대치도 매우 높은 상황에 놓여 있다.

이에 코펜하겐도 1980년대부터 국가와 도시정부의 과도한 복지비용 지출로 인해 지역의 기업들이 국제경쟁력을 상실하였으며, 장기간 실업률이 연간 약 10% 이상을 기록하였다. 1990년대부터는 실업과 노숙자가 급속히 증가하였으며, 도시의 품격과 이미지가 악화되기 시작하였다. 특히 1800년대부터 유지된 보행자 중심의 도시구조가 자동차에 의해 장악되면서 기존의 광장 및 공공공간이 주차장으로 전용되고, 생태와 보행환경이 점차 열악해지는 등 거주환경이 악화되었다.

코펜하겐 시정부(City of Copenhagen Council)는 이러한 환경과 도심 쇠퇴의 문제를 극복하고자, 도시 외부와의 광역적 협력방안을 모색하게 된다. 즉 교통지체나 환경악화 문제를 해결하지 못한 채 있는 영국의 런던이나 프랑스의 파리 등의 선례를 답습하지 않기 위해, 초국경 연계를 통한 지속 가능한 광역적 다심형(多心型) 지역으로의 활로를 찾게 된 것이다.

2) 외레순드 초국경 통합의 결정과 합의

역사적으로 유럽 내에서 오래된 영토분쟁과 그로 인한 분할 및 공유의 과정을 거친 스칸디나비아 반도는 지역적으로 통합의 논리와 가능성이 크게 존재하고 있었다. 20세기 이후, 외레순드 지역에서도 1960년대에 접어들면서 월경협력과 통합의 요구가 커지게 된다. 이러한 결과로 인해 1964년에 외레순드 협의회가 설치되고, 1973년 덴마크와 스웨덴 두 나라 사이 접경지역의 물리적 통합에 이르는 전면적 협력관계를 만들어나가자는 취지의 협정이 체결된다. 원래 외레순드 해협에서 초국경 지역을 영구히 연결하려는 구상은 19세기 말경에 처음 제기되었다.

최초 외레순드 대교의 건설 구상과 계획은 1975년에 거의 결정되지만, 1970년대 말 당시 세계적인 오일쇼크와 경제위기의 여파로 덴마크에서 일단 계획을 전격적으로 보류하게 된다. 그러다가 다시 1980년대에 들어 유럽연합이 결성되고, 회원국들의 경계를 허물려는 신지역주의가 태동하면서 외레순드의 통합은 학계와 정치계의 지지를 받게 된다. 게다가 결정적으로 경제위기와 연안도시들의 몰락으로 인해 다리 건설에 더 적극적이었던 스웨덴이 1980년대 중반 다시 문제를 제기해 외레순드 초국경 통합은 원점부터 재검토되기에 이른다. 결국 1991년 양국정부가 외레순드 해협의 연결(link)에 합의하고, 다리 건설을 위한 합작회사를 설립하고 본격적인 추진을 하게 되었다. 외레순드 초국경 통합의 결정과 합의에 대한 보다 구체적인 상황을 소개하면 다음과 같다.

(1) 말뫼의 초국경 지역통합의 공감대

1990년대에 들어서면서 이미 양국 지역정치인들 사이에서 두 지역을 다리로 연결해 단일 경제권으로 만들자는 구상이 제기되었지만, 그 적극성 면에서 시도가 먼저 제기된 것은 오히려 덴마크의 코펜하겐보다 도시규모가 작은 스웨덴의 말뫼 지역이었다. 1990년대 초반부터 말뫼시 정부는 도시위기 극복을 위해 공장과 조선소가 있던 해안자리에 미래형 첨단도시를 건설하겠다며 도시재생과 이미지 쇄신을 시도한다. 도시의 경제위기 이후 대부분 공장들이 문을 닫을 때, 말뫼시의 미래 성장동력을 기존의 제조업이 아닌 지식산업으로 바꿔야 한다는 인식이 폭넓게 형성되었기 때문이다.

때마침 도시와 스웨덴 중앙정치인들과의 합의도 원동력이 되어, 중점적으로 이러한 인식의 변화가 힘을 얻게 되었다. 즉 말뫼는 지역경제의 주축이었던 자동차와 조선산업을 포기하고 미래형 첨단, 생태도시로 새롭게 태어나는 장기비전을 세우기에 이르렀다. 말뫼시가 처음으로 기획하여 시도했던 〈BO01〉이라는 이름의 도시재생 종합프로젝트는 국가와 유럽연합의 공동지원을 받으며 시작되었다(Peter, 2001;

Oresund Institute, 2012).

말뫼시는 〈BO01〉프로젝트를 통해 해안 공장지대였던 〈BO01지구〉를 중심으로 녹색도시 개념에 입각한 지속 가능한 생태주거단지 개발사업에 착수했다. 도시를 재생함에 있어 사람 중심의 도시, 어느 곳이던 지루하지 않은 다양성 높은 도시, 신재생에너지의 완전 사용을 목표로 했고, 사람이 아닌 살아있는 모든 생명체를 위한 도시계획을 추진했다.

당시 유럽 전체에서 어떤 식으로 미래의 주거지를 지어야 하는지에 대한 논의가 활발하였고. 말뫼의 〈BO01〉은 유럽연합의 지속가능한 도시재생프로젝트(SURE: Sustainable Urban Revitalization of Europe)에 의한 시범지구로 장기 재정지원을 받았다(Garlick, Kresl & Vaessen, 2006; Idvall, 2009). 이후 말뫼의 〈BO01〉 단지를 보기 위해 2001년 이후 약 30,000명이 넘는 외국인이 다녀갔으며, 2009년 코펜하겐에서 열린 유엔기후변화협약 당사국 총회에서는 세계 주요 인사와 참가자들이 말뫼 투어를 했을 정도로, 지금의 말뫼는 친환경적인 도시계획의 모범이자, 도시재생의 선진적인 지역으로 알려져 있다.

보다 구체적으로 말뫼는 그 위치가 스웨덴 남단의 제일 마지막 도시였기 때문에 자국 내에서도 주요 도시 간 이동거리가 멀고, 내륙만으로 권역을 확장을 하기에는 지리적 한계가 있었다. 따라서 새로운 활로의 모색이 요구되었으며, 그 핵심이 외레순드 해협을 건넌 코펜하겐과의 다리건설 문제였다. 이러한 외레순드 연결의 중요성을 부각시키고, 지식산업 부흥을 위한 대학 건설, 고학력자가 일할 수 있는 기업유치와 이를 위한 홍보, 녹색도시(green city)와 지속 가능한 주거단지조성이 골자인 신도시개발사업 등에 계획의 주안점이 두어졌다.

말뫼시는 이 새로운 도시계획의 목표를 수립할 때부터 여러 분야의 삶의 질(Quality)을 중심으로 환경과 사회를 비롯한 모든 도시수준을 높이겠다는 의지를 보여주었다. 1999년 말뫼는 내일의 도시(city of tomorrow)를 지향하고, 당시 세계적인 이슈로 다뤄지고 있었던 지속가능성(substantiality)을 실현할 수 있는 도시를 만들기 위해 비전을 선포하면서 국가와 유럽연합에 적극적인 재정지원을 요청하였다.

동시에 말뫼시 정부와 〈BO01지구〉의 시민, 민간개발업체들이 체계적인 협의를 통해 도시의 높은 질적 수준을 위한 최소기준들을 제시한 가이드라인과 구체적인 실천계획을 만들게 된다. 이런 점이 좋은 평가를 받아 2000년에는 중앙정부의 재정지원과 함께 유럽연합으로부터 총 7년 동안 3천만 유로(약 350억 원)의 지원을 약속 받았고, 말뫼시는 이 돈으로 해안지역의 조선공장이 빠져나간 땅을 사들이는 것으로 계획집행을 시작하게 된다.

이어 외레순드 지역의 통합계획을 말뫼시민들의 지지 하에 의회에서 공식적으로 결정하게 된다(Peter, 2001, Øresund Committee, 2004). 이것은 차제에 유럽연합 전체에 신지역주의(new regionalism)의 실험을 유행시킨 협력의 시초가 국경해협을 마주한 비교적 작은 도시의 내부에서 시작된 것이라 볼 수 있다.

(2) 코펜하겐의 상황과 통합의 결정

비슷한 시기에 덴마크 코펜하겐에서도 말뫼와의 통합이 필요한 상황이 전개되었다. 앞서 말한 도심의 인구집중과 고령화, 생태환경, 양극화 문제를 제외하더라도 환율과 도시경제수준의 차이로 인해 코펜하겐은 시민생활이 점차 불편해지기 시작했다. 예를 들면, 이전부터 코펜하겐은 말뫼보다 부동산 가격이 30%가량 비쌌으며, 물가 역시 매우 높았다.

원래 덴마크에는 경제자유구역이나 자유무역지대 등의 특수한 목적으로 조성된 산업단지가 없다. 덴마크의 대표적 기업들은 대부분 각 지방도시에 분산되어 있는데, 이는 당초 기업이 설립될 당시부터 소재지에서 성장해왔기 때문이다. 대부분 도시 공공용지를 국가가 아닌 지방정부가 소유하고 있는 관계로 원칙적으로 입지결정은 지방이 한다. 이에 따라 코펜하겐 시민(소비자)은 거주와 생활문제 해결을 위해 생활권을 외곽지역으로 넓혀야만 하는 상황이었다.

그런데 코펜하겐 외곽 지역인 글로스트룹(Glostrup), 브론드비(Brondby), 발레룹(Ballerup) 지역은 국제공항과 공장지대인 관계로 이마저도 그리 순탄치만은 않았다. 이 때문에 코펜하겐광역정부(HUR: Greater Copenhagen Authority)는 외레순드 다리를 통한 초국경 경제권역에 자발적 동의를 하게 된다.

또한 외레순드 형성 초기인 2001년부터는 코펜하겐 시민이 집과 부동산 가격이 싼 말뫼로 거주지를 옮겨 코펜하겐 시내 직장으로 통근하고, 말뫼에 거주한 기존 스웨덴 시민들은 취업기회가 더 많은 코펜하겐으로 대거 이동, 사람들이 국경을 넘어 뒤섞이기 시작했다(Taylor & Hoyler, 2000; Øresund Committee, 2009; Forening Øresund, 2012).

현재 코펜하겐 국제공항이 소재한 카스트룹(Kastrups)은 원래 도시 외곽이었으나, 외레순드 다리가 연결되면서 외레순드 광역권의 중심에 새로이 위치하게 되었다. 이런 점 때문에 스웨덴과 전 유럽국가의 승객이 골고루 증가했고, 이로 인해 코펜하겐 국제공항은 세계 5위권 수준에 걸맞는 허브공항으로서의 위상을 보유하게 되었다. 그리고 지금 코펜하겐 국제공항과 인근 지역은 유럽에서 가장 매력적인 국제비즈니스 지역으로 부상하고 있다(Ministry of Foreign Affairs of Denmark, 2012).

〈그림 31〉 스웨덴(스코네)-덴마크(셸란)-외레순드(통합권)의 인구와 교통증가

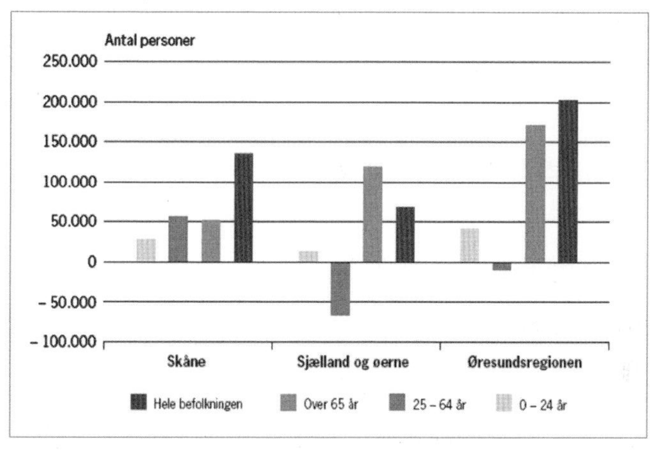

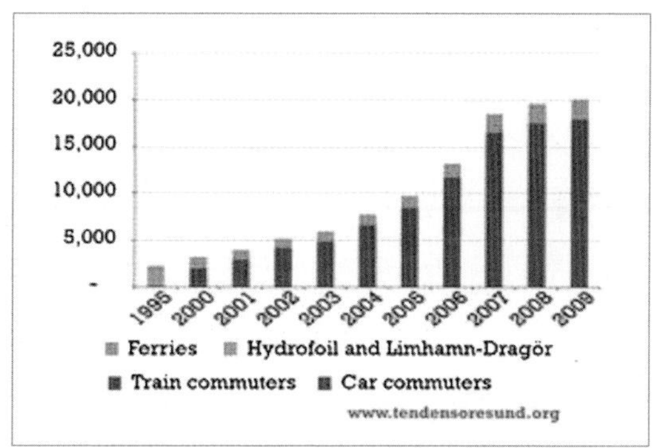

출처: Oresund Institute(2012). http://www.oresundsinstituttet.org(CC-BY)에서 재구성.

이러한 점은 말뫼 역시도 마찬가지이다. 21세기에 초국경 광역경제권이 글로벌 대기업에 매력적인 투자지역으로 부각되면서, 다국적 기업의 북유럽 본부 기능을 외레순드 초국경 권역으로 옮기는 사례도 늘고 있다. 한 예로 다국적 글로벌 자동차 회사인 다임러 크라이슬러(Daimler Chrysler)와 메르세데즈 벤츠(Mercedes-Benz)가 2000년 이후

북유럽 본사를 스웨덴의 수도인 스톡홀름에서 외레순드의 말뫼로 전격 이전을 했으며, 스웨덴의 글로벌 통신회사인 에릭슨(Ericsson)도 여기에 새 공장을 세웠다.

3) 통합의 추진체계와 주요 활동

(1) 외레순드 위원회의 구성

원래부터 스웨덴과 덴마크는 외레순드 해협경계선을 중심으로 연안지역에 많은 인구가 밀집되어 있었다. 그 중에서 인구집중도가 가장 높고 서로 가까운 곳이 코펜하겐과 말뫼 지역이었다. 이 지역이 인구의 규모 상으로 큰 곳은 아니나, 두 지역을 묶을 때 발생하는 집적의 이익과 규모의 경제효과가 매우 큰 것으로 예상되었기 때문에, 일찌감치 통합의 공식추진체계로서 이른바 '외레순드 위원회(Oresund Committee)'를 구성하게 되었다. 이 위원회를 중심으로 하여 다양한 제도적 행위자의 협력이 만들어져, 외레순드는 통합의 결실을 맺게 된다.

외레순드 위원회는 지난 1993년에 만들어졌으며, 현재까지 약 20년 동안 외레순드 지역을 관리하는 유일한 정치 · 행정적 최고위 협력체이다. 이 위원회는 덴마크와 스웨덴 양국에서 각각 18명씩, 총 36명의 위원(민선정치인)으로 구성되며 1년에 두 차례 회동한다. 즉 정치인들을 중심으로 총 36개의 소조직이 단일화된 형태를 취하고 있으며, 18개는 스웨덴, 18개는 덴마크 지역에 속해 운영되고 있다.

여기에는 중앙정치인 뿐만 아니라 지방의원도 좌장이나 멤버로 고루 참여하고 있다. 이들의 임기는 각 개별 위원회의 임기에 따르며, 위원장은 1년씩 두 나라 소속 인물로 교대하여 담당하고 있다. 외레순드 위원회 아래에는 집행위원회(executive committee)가 있으며 위원회 멤버에서 각 국가 6명씩 총 12명으로 구성된다. 1년에 최소 4회 회합하며, 필요시에는 수시로 회합을 한다. 코펜하겐에 위치하고 있는 위원회 사무국(secretariat)은 두 위원회에서 결정한 사항들을 수행하는 실무기관으로 전체 상근 직원은 파견된 공무원을 포함하여 약 30명 내외로 구성되어 있다. 따라서 전반적으로 위원회를 구성되는 조직과 인력으로 보자면, 행정기관(GO)과 시민단체(NGO)의 중간 정도 성격을 갖는 것으로 파악된다(Øresund Committee, 2009).

(2) 외레순드 위원회의 활동

외레순드 위원회의 활동 목표는 세 가지로 나타난다. 첫째, '광역권의 지속가능한 경제발전 촉진'으로 주어진 조건의 극대화, 잠재력의 가시화, 지역의 국제적 역량을 축적하는 것이 하위목표이다. 둘째, '일상적 통합의 촉진'으로 다리를 중심으로 한 이동성의 증대, 서로 다른 규칙과 시스템의 상호작용 촉진, 양 도시의 정체성과 협력의 정당성을 촉진하는 것이 주요 내용이다. 셋째, '지역연계의 촉진'으로 협력인프라와 상호 의사소통을 강화하고 광역권 전체의 균형발전 도모를 골자로 하고 있다.

외레순드 위원회는 외레순드 광역권의 경제와 제도부문에 주로 초점을 두고 운영되고 있는 상황이며, 상위 경제위원회에서 두 나라의 공생발전을 위한 정책결정을 하면, 외레순드 부위원회, 집행위원회, 사무국으로 정책이 내려가고 다시 부위원회에서 최종승인을 하면 정책이 실질적으로 시작되는 구조를 가지고 있다. 따라서 부위원회에서 위원들은 정책에서의 실무적이고 자세한 사항들까지도 결정한다. 이 과정에서 위원회의 직원들은 정당한 방식으로 개별 위원에 대한 정책

지원을 요청하는 등의 양성적인 로비활동(lobbying activities)도 이루어진다고 알려져 있다(Øresund Committee, 2004; Oresund Institute, 2012).

외레순드 위원회는 그 활동방식에서 정치공학적 협상과 로비활동(lobbying)이 주류로, 다른 지역의 협의체들과는 다른 독특한 면모를 보이고 있다. 추진방식을 보면 흔히 생각하는 부정적 이미지의 음성적인 로비가 아니라, 공식적인 정책홍보과정이고, 기획 중인 정책에 대한 정책협의의 공론화의 장에 가깝다고 한다. 외레순드의 각종 프로젝트를 기획, 지원을 받을 수 있도록 위원회 구성원과 사무국이 양국의 중앙정부와 정치권, 유럽연합을 상대로 행하는 업무과정을 살펴보면 다음과 같다.

먼저 유럽은 각 지역마다 유럽연합에서 받은 예산을 나누어 지원받는데, 외레순드의 두 도시는 공동프로젝트를 기획하여 지원기금을 더 많이 받을 수 있도록 노력하고 있다. 또한 정치가들을 만나 프로젝트를 서로 공유하는 활동을 추진하거나, 도시마다 개별적으로 관련분야 행정가, 정치인을 대상으로 공식적 로비와 설득활동을 실시한다. 이 때 로비는 컨퍼런스 등 외부활동 참여로 자신들의 목표를 대외적으로 공개하는 활동에 주력한다. 주요 논리는 위원회가 기존 기획한 프로젝트 중에서 성공한 사업의 경우가 유럽에서 가장 크고 최신이며, 상대적으로 다른 곳보다 고용창출 효과 등의 가시적 성과가 크다는 식의 설득이 많다.

현재 외레순드 위원회를 중심으로 한 협력체계는 월경협력을 촉진하고 복잡해진 이해관계를 외부에 대변하고 주변국가 및 유럽연합과 상시소통을 하고 있다. 위원회는 덴마크와 스웨덴의 중앙정부 및 다른 지방과 경쟁하는 구도가 아니라 광역권의 이점을 살려 서로 협력하는 관계인 것이다. 예컨대, 이 위원회에 관련된 정치가, 교수, 전문가들은 광역권 경제의 번영을 위해 활동해오면서 다양한 관련 기관과 정보교류를 하고, 지역발전전략을 오랫동안 수립해 왔다.

덴마크와 스웨덴의 중앙 정치인은 약 1주일의 회기로 연 1회 정도 전체 외레순드 부위원회 위원들과 정기 회의를 갖는다. 여기서는 경제, 건설, 기후변화 등 세부 주제별로 연간계획을 수립, 사전에 전달한 후 개인적 학습단계를 거쳐 밀도 높은 의견을 상호 교환하면서 새로운 정책을 개발하는 과정을 거친다. 이 외에도 양국의 국가예산에 영향력 있는 유력 정치인들과의 협력, 정보교류 등을 위해 세미나, 워크숍 등 다양한 교류협력 활동을 전개하고 있다. 최근 2010년부터 위원회는 새로운 기후변화 및 그린에너지로 더욱 활성화된 지역 만들기를 목표로 양국 간 효율적인 교류를 넓힐 수 있는 방법을 모색하기 위해 새로운 프로젝트를 준비하고 있다(Oresund Institute, 2012).

4. 외레순드 초국경 통합의 쟁점과 이슈

1) 새로운 통합 비전과 전략의 확정

(1) 비전과 전략의 필요성

외레순드 지역은 1990년 초반부터 통합의 논의가 있었고, 2000년부터는 스웨덴 남부와 덴마크 동부에 걸쳐 있는 이 두 지역을 잇는 외레순드 대교가 건설되면서 본격적으로 두 국가 및 지역에 상생발전을 위한 다양한 초국경 경제협력이 이루어지고 있다. 현재의 성공이 있기 이전에 초기 통합논의에서의 첫 번째 쟁점은 외레순드 초국경 지역의 통합에 대한 뚜렷한 비전과 전략이 있으며, 미래의 청사진이 명확한가 하는 것이었다. 지금의 결과론으로 놓고 보자면, 만약 이것이 없었다고 가정하면 양 국가와 유럽연합 등 외부의 모든 지원은 기대할 수 없었을 것이다.

해협을 사이에 둔 양국 두 도시의 네트워크가 밝히고 있는 외레순드의 통합취지와 비전의 기본정신은 관련 문건에서도 다음과 같은 내용을 통해 확인되고 있다(Øresund Committee, 2009; Oresund Institute, 2012). 그것은 "국경을 초월하는 외레순드 지역의 정신과 역사적 경험을 드러내고, 도시 간 상생과 협력의 정신을 부활시키며 시민의 자긍심을 높인다. 지역의 공동협력활동을 발전시켜 경제적이고 문화적이며 사회적으로 통일된 네트워크를 활성화하고, 참여하는 도시들의 지속가능성과 정체성을 강화하며, 그럼으로써 시민들의 균등한 삶과 살아있는 생태 및 생활환경을 체험할 수 있게 한다." 등의 표현으로 나타나고 있다.

(2) 비전과 전략의 주요 내용

지난 1995년 이후 덴마크와 스웨덴의 중앙정부와 유럽연합은 양국의 초국경 권역간 경제협력을 위해 외레순드 지역의 사회간접자본(도로, 철도, 이동통신, 네트워크 등)에 엄청난 재정을 지원하였다. 이러한 지원의 궁극적 배경에는 두 도시가 거시적 통합계획수립을 조기에 완료하여, 공동발전을 위한 체계적인 노력을 기울이고 있었던 것에 기인한다. 구체적으로 통합의 핵심역할을 한 외레순드 위원회(2009)에 따르면, 외레순드 지역의 통합비전은 "2020년까지 이 지역을 유럽에서 가장 매력적이고 기후변화에 효과적으로 대응하는 지역으로 만들자"는 것이다. 이를 위해 단기적으로는 역동적인 월경개발과 효과적인 통합의 수혜를 받는 지역이 되는 것이다.

미래의 통합적 비전 실현을 위한 외레순드의 4대 핵심우선과제(key priorities)로는 교육과 혁신(knowledge & innovation), 문화와 여가(culture & leisure), 매력적이고 응집력 높은 노동시장(attractive & cohesive labour market), 접근성과 이동성(accessibility & mobility)이 있다. 상호공동의제(interdisciplinary thema)로는 외레순드 도시들의 매력과 접근성(attractiveness & accessibility), 기후변화와 환경(climate change & environment), 시민의 삶과 건강(health) 등이다. 외레순드의 최상위 비전은 약 10년 단위의 장기로 수립하고 있으며, 이를 제외한 핵심과제와 하위전략은 3년에서 5년의 중기단위로 변화를 주고 있다(Oresund Institute, 2012).

이러한 장기적이고 명확한 비전 및 전략은 일자리를 창출하고 지역발전을 위해 기업체 등을 적극 유치하고자 하는 외레순드 위원회의 계획이 조기에 확정됨으로 인해 가능하였다. 이와 함께 양국 중앙정부의 지역혁신 정책들과 조화가 되었고, 유기적인 연계 하에 원활히 추진된 때문이라 할 수 있다.

요약하자면, 외레순드의 비전과 발전전략의 체계는 기본적으로 외래순 다리를 활용하여 이동과 집적의 경제를 실현함으로써 역내 잠재력을 선순환적으로 증폭시키는 것이다. 즉 초국경 교량을 통한 산업, 지식, 노동이동의 증대를 통해 생산성 증대와 인구유입 및 노동력 증가를 유발하고, 이를 다시 광역시장의 성장과 기업유입의 유인으로 사용하는 방식이다.

따라서 외레순드의 비전은 궁극적으로 스칸디나비아 지역을 대표하는 메트로폴리스이자, 고부가가치 첨단생태 클러스터의 구축을 실천적 미래상으로 지향하고 있다. 두 도시의 월경권역은 통합 10년이 넘은 현재 시점에서 국경을 초월해 하나의 경제권을 이룸으로써, 유럽에서도 변방이었던 스칸디나비아 전체를 첨단산업과 식품, 바이오,

〈그림 32〉 외레순드 통합의 선순환 비전과 전략

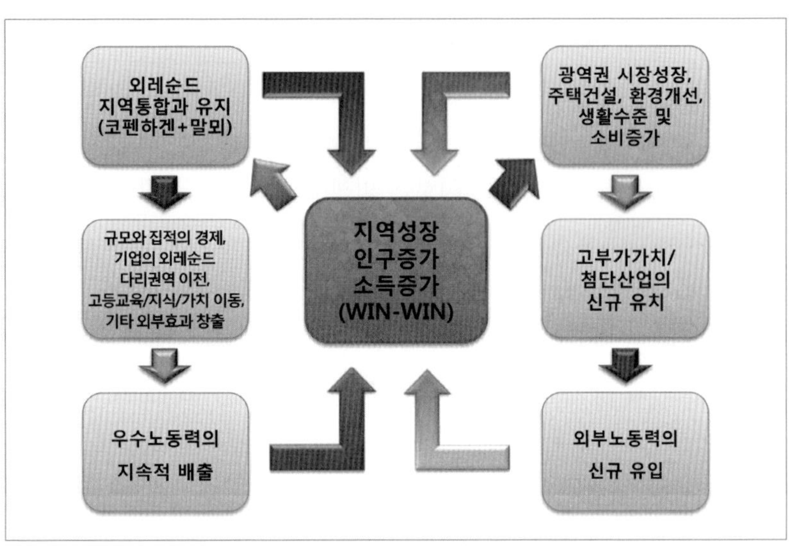

낙농산업이 어우러진 고부가가치의 메디콘밸리(Medicon Valley)로 변모시켰다. 그리고 이러한 변화의 양상은 지금까지 외레순드 지역이 양국에게 지식기반 첨단산업을 지속 가능하게 유지시키는 인큐베이터 역할을 수행하도록 만들어 주고 있다.

2) 도시 간 경제기능과 역할의 배분

(1) 산업구조의 조정과 동질화

현대도시들의 성쇠를 좌우하게 되는 이러한 지정학적 여건은 과거에서처럼 단순히 지리적, 물리적 요인에 의해서만 결정되는 것은 아니다. 주변공간의 기능과 역할, 인근 도시들의 위상과 지향에 의해서도 지정학적 환경이 결정되기도 한다. 바로 이러한 측면이 외레순드에서 도시 간 네트워킹의 의미와 중요성을 지적해 준다.

외레순드 사례에서는 표면적으로 양 도시의 경제기능이 비슷한 기간에 쇠퇴하고, 실업과 도시환경 문제가 생기면서 이를 타개할 방안의 하나로 초광역 통합의 가능성이 논의되기 시작했다. 특히 1990년대 중반의 경제위기로 실업률이 높아진 스웨덴 말뫼 쪽에서 직업을 구하기 위해 내륙과 덴마크 쪽으로 이동하는 인구가 급증한 것이 이를 가속화했다. 이에 통합과정에서 대두된 중요한 문제가 통합 후에 산업과 경제분야를 중심으로 한 도시 간 기능과 역할의 배분 문제였다. 국경을 초월한 초광역 협력체제인 외레순드를 형성한 경제적 쟁점은 "산업의 공간 재조정을 위한 지역제휴(regional alliance)"에 있었던 것이다(Oresund Institute, 2012).

주요 산업구조에서 과거 코펜하겐과 말뫼는 그리 유사하지는 않았다. 말뫼는 자동차와 조선, 기계부품소재, 항만산업 등의 제조업이 중심이었던 반면, 코펜하겐은 관광, 컨벤션, 전기, 통신, 계측기기, 환경, 의약 등의 고부가가치 산업이 중심이었다. 과거 두 도시의 산업구조에서 하나는 제조업 중심의 역사가 길었고 하나는 고부가가치 산업 중심이었기 때문에 처음에는 통합의 효과가 의문시되기도 하였다.

그러나 말뫼가 1990년대부터 유럽에서 사양산업이 된 자동차와 조선산업을 포기하고 새롭게 건강 · 의료 · 복지, 나노테크 에너지, 디지털 컨텐츠, 정보기술, 영상 · IT, 생명공학으로 주력산업을 개편하기로 하면서 광역권의 산업구조가 비슷해지게 되었다(Oresund Institute, 2012; Malmo, 2012). 따라서 현재 두 도시는 외레순드를 통해 대부분 3차 서비스 산업을 새로운 성장동력으로 간주하고 있는 것이 매우 유사하고, 산업의 시너지 효과도 기대되고 있었다.

최근의 외레순드의 경제현황에서 살펴보면, 이러한 효과를 직접적으로 확인할 수 있다. 1990년 중반만 하더라도 두 해항도시가 각각 15%대에 이르던 실업률이 코펜하겐에서는 약 4% 대로 개선되었고, 말뫼도 약 7%대로 떨어졌다. 외레순드 지역의 경제성장률도 다리 개통 이전에는 양 국가의 전체 평균치와 똑같았는데, 2001년 다리 개통 이후에는 약 10여 년의 기간 동안 코펜하겐과 말뫼가 모두 국가 평균치의 약 1.5배 이상의 폭발적인 성장률을 기록하고 있는 것으로 알려졌다(Oresund Institute, 2012).

게다가 외레순드에서 코펜하겐과 말뫼를 오가는 초국경 유동인구가 당초 예상을 훨씬 초과하여 최초 다리 건설비용의 회수시점이 매우 빨라졌다는 점도 고무적인 현상으로 나타나고 있다. 2000년 당시 총 130억 크로네(약 2조 원 가량)에 달했던 외레순드 대교의 공사비는 지금 원활한 요금징수 추세로 인해 당초 2030년 정도까지에 걸친 30년 회수계획보다 훨씬 앞당겨져, 대략 2014년 후반기 정도에는 모두 100% 회수가 될 것으로 기대되고 있다. 이것은 역시 두 지역의 산업과 경제인구의 상생 및 동질화가 만들어낸 부수적인 효과가 될 수 있다.

(2) 노동시장과 인력의 이동

외레순드 통합의 과정에서 경제구조의 유사성 증대와 함께 주목되는 것이 노동인력의 이동과 그 효과이다. 외레순드 지역경제의 절대비중을 자치하는 서비스 산업과 고부가가치 산업구조에는 고급인력과 이들의 임금경쟁력이 필수적이다. 특히 국경을 넘어선 지역제휴가 필요하다는 전략의 주요 논거는 규모의 경제로 보다 확대된 숙련노동시장을 창출함으로써 부의 기회를 낳고 생산성 증대효과를 낳는다는 경제학의 기본가정에 있다. 그 핵심 주장은 숙련된 기술노동력 및 고급지식인력과 고용주를 동일장소에 집적함으로써 외부효과(Marshallian externalities)의 열매를 노동시장이 직접 수혜 하는 그러한 일원화된 지역경제체제로 만든다는 것에 있다.

외레순드 통합의 주요 경제논리 중의 하나는 노동시장의 경제를 실현하기 위해 해협을 중심으로 노동시장이 분절되어 있는 물리적, 사회경제적 상황을 극복하고 공급과 수요의 매치를 수월하게 하면 보다 많은 발전을 유발할 수 있다는 것이었다(Idvall., 2009). 즉 지역제휴를 통한 노동집적의 효과는 다시 도시인구의 팽창으로 강화되며, 덴마크와 스웨덴의 노동시장 및 임금의 차이와 불균등을 서로 극복시킬 수 있다는 계획이었다.

이러한 구상과 논리는 2001년 외레순드 대교가 완전 개통되면서 마침내 현실화되었다. 외레순드 대교 개통 후 코펜하겐과 말뫼는 급속도로 하나의 노동시장, 단일 생활권으로 탈바꿈했다. 외레순드의 통합과정이 가속화되고 공고화된 가장 현실적 원인에는 실제 스웨덴 말뫼와 인근지역의 고실업과 코펜하겐 지역의 고임금이 결합하여 만들어진 노동시장의 효율 및 균등화를 들 수 있다.

경제와 산업부문에서 두 도시의 항만(sea port) 공동관리체계는 가장 혁신적인 것으로 평가될 수 있다. 외레순드 지역의 대표적 항구는 코펜하겐-말뫼항(Copenhagen-Malmo port), 트렐보리항(port of Trelleborg), 헬싱보리항(port of Helsingborg) 등이 있는데, 전통적으로 트렐보리항은 철로수송품의 비율이 높고, 기존에 말뫼항은 화물운송과 생산/유통에 특화되어 있으며, 코펜하겐항은 대형선박, 컨테이너, 크루즈 및 관광업에 전문성을 가지고 있었다. 즉 항만통합으로 물류와 관광이라는 서로 다른 경영자원의 효율적 이용과 시너지효과(synergy effect)의 창출하고 있으며, 다국적 글로벌 제조/유통기업의 상당수가 여기에 물류센터를 유치해 놓고 있다.

덴마크와 스웨덴에 위치한 두 항만의 기능과 관리를 일원화시킨 코펜하겐-말뫼 항만청(CMP: Copenhagen/Malmoe Port AB)은 2001년부터 서로 다른 국가 및 도시의 항만들끼리 상호 통합된 법인체이다. 이는 세계적으로 유례가 없는 초국경 항만운영 협력시스템으로 평가되고 있다. 게다가 두 항만은 관리통합으로 북유럽과 서유럽의 관문이라는 지리적 이점을 이용하여 국제인지도 향상 및 유럽 최고 허브항만으로서의 도약을 꿈꾸고 있다(OECD, 2003).

또한 DSB First는 덴마크와 스웨덴의 철도회사들을 대신해서 외레순드 대교를 관통하는 철도시설을 통합적으로 운영하고 있으며, 대량운송 수단으로서의 철도는 오늘날 통합된 외레순드 지역 시스템 유지의 근간이 되고 있다. 일례로 덴마크와 스웨덴의 서로 다른 국적을 가진 고객들은 외레순드 철도여행을 할 때 자신들이 국경을 넘는다고 생각하지 않는다고 한다(Oresund Institute, 2012).

최근 외레순드 위원회와 외레순드 연구소의 통계에 따르면, 덴마크와 스웨덴에서 거주하는 사람 중에서 많은 인구가 외레순드 지역으로 이주하기를 희망하고 있다(Øresund Committee, 2009; Oresund Institute, 2012). 실제 스웨덴의 말뫼와 덴마크의 코펜하겐의 상당수 시민들은 약 17마일의 해협을 가로지르는 외레순드 다리를 통해 매일 출퇴근을 하고 있다. 코펜하겐과 말뫼는 각각 생산지역과 소비/보완지역으로 그 기능이 자연히 나뉘게 되었으며, 이러한 기능적 보완성으로 인해 다시 협력개발이 재가속화 되고 있다. 두 도시는 이렇게 경제와 산업, 노동부문에서 상호 기능적 보완관계를 계속 유지하고 있는 것이다. 예를 들어 외레순드가 형성된 2000년대 초반에는 주로 스웨덴의 전문직종인 IT전문가 · 제약분야 연구원 등의 고급인력들이 주로 덴마크 쪽의 코펜하겐 지역으로 건너갔지만, 최근엔 가게 점원 · 식당 종업

〈그림 33〉 외레순드 지역 시민의 초국경 이주 현상

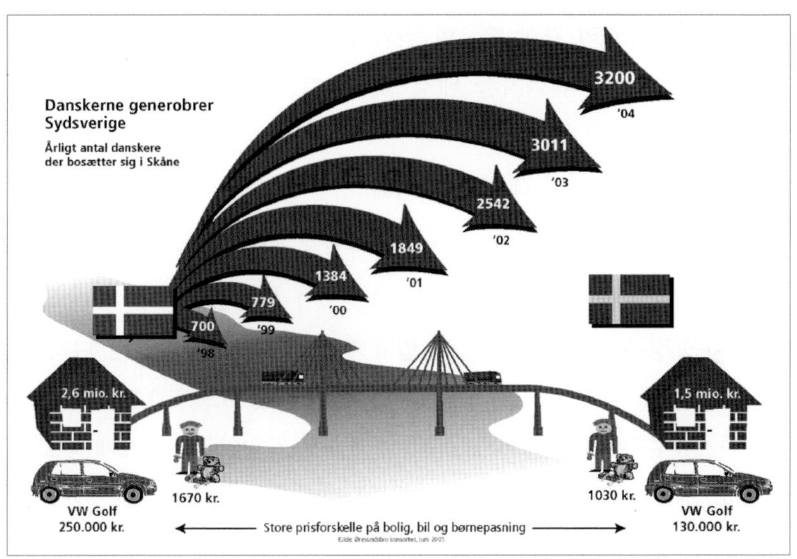

출처: Oresund Institute(2012). http://www.oresundsinstituttet.org(CC-BY)

원·운전기사 등 저임금 근로자들도 광범위하게 취업이주를 하고 있고, 덴마크 시민이 거주지를 스웨덴 쪽으로 옮기는 사례도 급속히 늘고 있다고 한다.

3) 행정적 절차와 분권적 거버넌스 실현

외레순드 통합에서 행정적 권한과 협력이 지역단위에서 어떻게 조정될 수 있었는가는 성공가능성의 측면에서 제기된 또 다른 쟁점이었다. 여기서 각 지역이 나타낸 공통적인 특징은 크게 두 가지이다. 하나는 두 나라에서 이루어진 지방행정구역의 대내적 광역화이며, 다른 하나는 지방자치와 지역개발의 분권적 강화 및 협력적 거버넌스 체제의 구축이다. 이 두 가지 요소는 외레순드 월경통합 과정에서 일어난 정치와 행정차원의 가장 중요한 변화들이며, 유럽에서도 양국이 가진 오랜 자치와 분권의 역사를 배경으로 한다.

(1) 지방행정구역의 대내적 광역화

먼저 덴마크에서는 지방행정구역과 자치체계(Danish Local Government System)의 광역화가 이루어졌다. 외레순드가 통합된 2004년 덴마크 정부는 지방정부 행정구조개혁을 발표하고, 2006년부터 기존 14개 주(county)를 폐지하면서 전국을 5개 광역권(Region)으로 1차 개편하였다. 외레순드 지역의 덴마크 측은 원래 8개 정치단위로서 2개의 도시(코펜하겐과 프레데릭스보리)와 6개 카운티(Copenhagen, Frederiksborg, Roskilde, Vestsjælland, Stostrøm and Bornholm)로 이루어져 있었다. 이들은 다시 99개의 소도시 및 자치권역으로 구성되어 있었다. 즉 덴마크 정부는 2006년에 이들의 전격적인 행정적 구조조정을 통하여 단지 2개의 광역권(코펜하겐 광역권과 셸란 광역권)으로 일단 모두 통합을 시켰다.

특히 코펜하겐 광역권은 수도지역 광역권(Hovedstaden)으로 3개의 카운티인 코펜하겐시, 프레데릭스버그시, 로스킬드시 등으로 구성되어 있다. 현재 덴마크는 약 530만여 명의 인구 중에서 코펜하겐 주변의 수도권에 약 140만 명이 거주하여 전체인구의 약 25% 이상이 외레순드에 포함된 코펜하겐 광역지역에 거주하고 있다(Garlick, Kresl & Vaessen, 2006).

코펜하겐 광역정부(HUR: Greater Copenhagen Authority)는 덴마크 최초의 특별광역기구로서 코펜하겐 광역권 전체의 총괄적인 지역발전을 추진하는 집행부이다. 이 정부의 업무는 자국내 인접 스코네 광역권과의 초광역 협력업무의 조정, 지역 도시계획업무 총괄, 광역권내 광역 대중교통망의 개발·조정·운용, 광역권 관광정책 및 경제정책 개발과 조정, 그리고 광역권 문화생활 개선 추진 등이다. 즉 지금 덴마크의 코펜하겐 광역정부는 외레순드에서 스웨덴쪽의 스코네 광역권과의 각종 초국경 협력업무의 조정 뿐만 아니라, 여러 광역권 관광정책 및 경제정책 개발과 조정, 그리고 광역권 문화생활 개선 추진 등을 맡고 있다. 이처럼 코펜하겐 광역정부의 행정권한과 업무는 중앙정부에게 이양된 거의 모든 분야를 망라하고 있지만, 예하 개별 도시들의 자치권을 간섭하거나 훼손하지는 않는 것이 특징이다(Copenhagen, 2012). 따라서 코펜하겐 광역권의 경쟁력은 곧 예하 도시들과 외레순드에 인접된 도시들과의 수평적 네트워킹으로 보인다.

〈그림 34〉 외레순드 인근 지방행정구역의 대내적 광역화

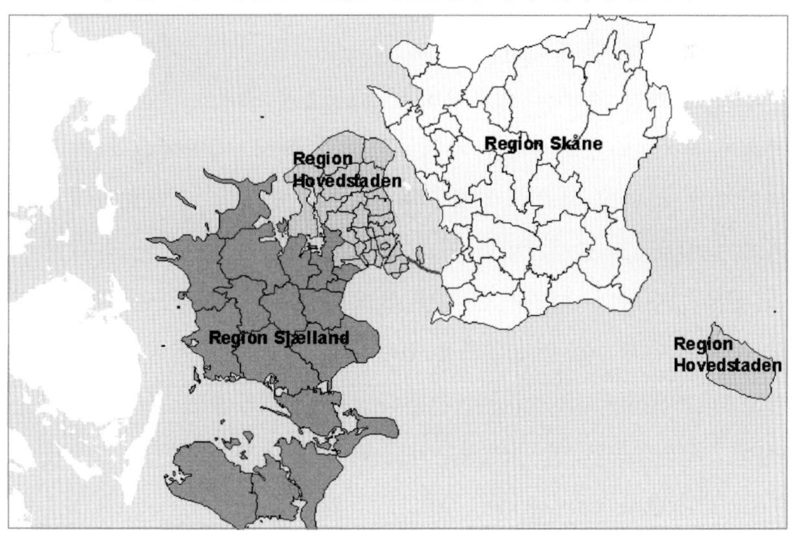

출처: http://ko.wikipedia.org/wiki(CC-BY)

덴마크와 마찬가지로 스웨덴의 광역화와 분권화도 덴마크 행정체계 개편 이전의 시기에 이미 이루어졌다. 스웨덴은 외레순드 지역에 대해서 스코네 광역권(Region Skane)을 가지고 있는데, 이미 지역개발의 책임을 일정 시험기간 동안 지방의 민선정치인들에게 이양하기로 한 1996년의 의회결정에 따라, 1998년에 국내적 광역화를 이루어내고 광역정부에 권한과 책임을 이양한 점이 눈에 띈다. 스웨덴의 스코네 광역권은 예하에 총 33개에 이르는 자치단체(시)를 두고 있으며, 매 4년마다 민선직선으로 선출되는 자치시 대표들은 스코네 지방정부연합(Skane Association of Local Authorities)에서 정기적으로 협의를 하고 있다.

1999년에 스웨덴 정부는 지역개발의 책임을 스코네(Skane), 칼마(Kalmar), 요타란(Gotland), 바스트라 요타란(Vastra Gotaland)의 4개 광역권에 대부분 이양을 완료한다. 스코네 광역정부와 하위 자치시(municipalities) 정부들 간의 행정적 권한 배분을 살펴보면 그 특징이 보다 더 명확하게 드러난다.

우선 광역권 정부는 의료서비스, 대중교통서비스, 도로와 철로의 계획과 투자, 비즈니스개발 지원, 근로환경개선, 지역예술 지원 등을 책임지며, 하위의 여러 자치시들은 기본적으로 교육과 사회서비스(육아와 노인보호), 도시계획과 건축, 환경, 보건, 방재, 구호, 수자원 관리 등을 담당한다. 따라서 스웨덴 쪽의 말뫼가 포함된 스코네 광역권은 예하의 33개 기초행정구역을 통합하여 보다 많은 자치권과 예산을 갖고서 코펜하겐시와 협상을 진행하였으며, 외레순드 구축 이후에는 덴마크 쪽의 코펜하겐 광역정부와도 더 많은 초국경 협력사업을 전개하고 있다(Øresundsregionen, 2012).

여기서 주목되는 것은 연방제가 아닌 중·소규모의 국가들이 지역

〈그림 35〉 외레순드 인근지역의 확장과 주변 신도시 발전

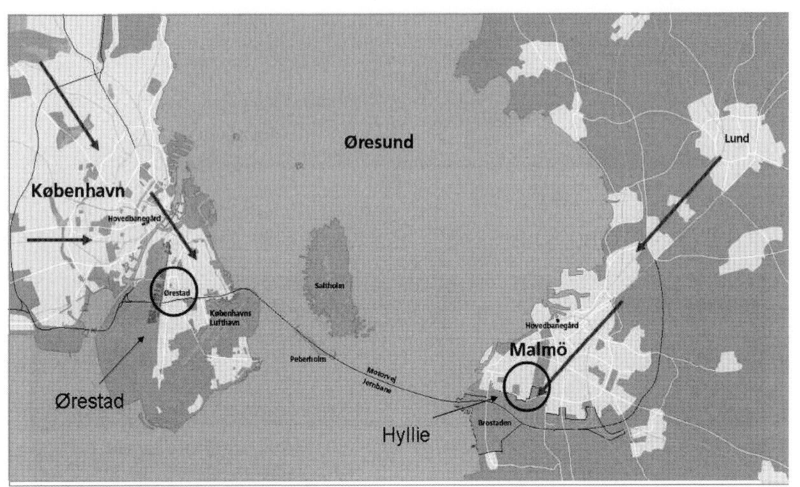

출처: Oresund Institute(2012). http://www.oresundsinstituttet.org(CC-BY)

간 초국경 협력과 경쟁력의 신장을 위해서는 광역화가 불가피하며, 반드시 지방분권화와 병행되어야 한다는 점을 보여주었다는 점이다. 이는 우리나라의 해항도시 및 연안지방과 중앙에서도 향후 초국경 협력사업의 전개 시에 실천적으로 크게 참고해야 할 대목이기도 하다.

(2) 지역개발의 분권과 협력적 거버넌스

외레순드 사례에서 도시와 광역권의 행정적 협력과 거버넌스 체제의 구축도 성공에 중요한 부분으로 간주될 수 있다. 특히 외레순드의 형성에서 다리건설 등에 많은 비용이 소요된 만큼 덴마크와 스웨덴, 두 국가의 재정지원 과정과 유럽연합의 지원프로그램(Interreg-Ⅱ, Interreg-Ⅲ) 집행에는 많은 민간기관과 조직들이 관여하였다. 이러한 과정을 통해 외레순드의 수많은 행정관리업무가 실제 어떻게 조정되

〈그림 36〉 외레순드 지역의 협력네트워크 체계 및 구성

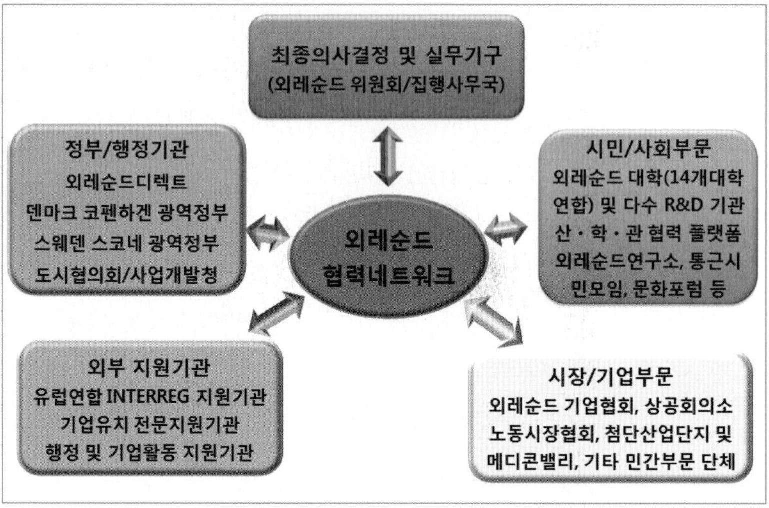

최종의사결정 및 실무기구
(외레순드 위원회/집행사무국)

정부/행정기관
외레순드디렉트
덴마크 코펜하겐 광역정부
스웨덴 스코네 광역정부
도시협의회/사업개발청

외레순드
협력네트워크

시민/사회부문
외레순드 대학(14개대학 연합) 및 다수 R&D 기관
산 · 학 · 관 협력 플랫폼
외레순드연구소, 통근시민모임, 문화포럼 등

외부 지원기관
유럽연합 INTERREG 지원기관
기업유치 전문지원기관
행정 및 기업활동 지원기관

시장/기업부문
외레순드 기업협회, 상공회의소
노동시장협회, 첨단산업단지 및 메디콘밸리, 기타 민간부문 단체

는지는 시스템 상으로 보면 매우 중요해진다. 즉 코펜하겐과 말뫼 당사자뿐만 아니라 외부의 지원기관과의 관계형성, 협력적 거버넌스가 어떻게 이루어지는지 살펴볼 필요가 있다.

현재 외레순드 지역은 다중심 거버넌스(multi-centric governance)의 모범답안이라고 해도 과언이 아니다. 외레순드의 거버넌스에는 정부와 민간의 다양한 행위자들이 참여하고 있으며 긴밀한 네트워크를 구성하고 있다. 크게 정부, 시장, 시민사회의 섹터로 구분한다면 그 네트워크의 참여주체와 그 체계는 다음과 같이 구분될 수 있다.

먼저 정부와 공공기관 차원에서 외레순드 지역에는 양국의 중앙정부간 국세청, 노동기관, 사회보장기관의 우선협력체인 외레순드디렉트(Öresunddirekt)가 있고, 코펜하겐과 스코네 광역정부가 중심이 된 광역협의회가 있으며, 예하의 코펜하겐과 말뫼 간의 도시협의회(Copenhagen-Malmo cities), 엘시노르와 헬싱보리 간의 도시협의회의

〈그림 37〉 중첩된 삼중 나선구조의 협력적 거버넌스(OSR실례)

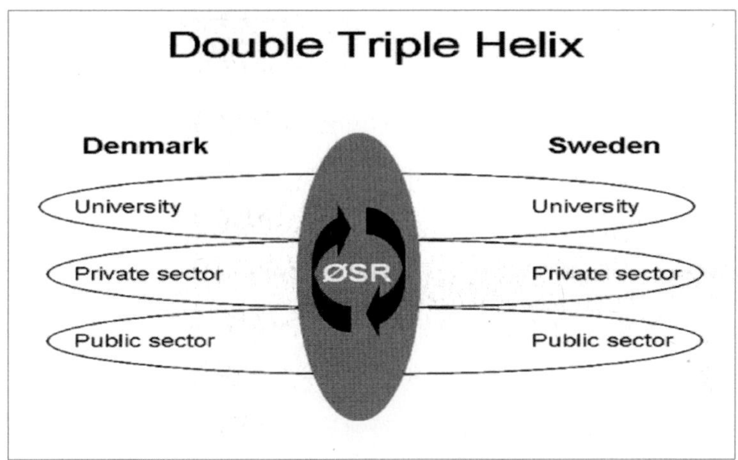

출처: Oresund Institute(2012). http://www.oresundsinstituttet.org(CC-BY)

(Elsinore-Helsingborg municipalities) 등이 도시 간 공공실무협의체로 운영되고 있다. 월경지역 공공협의체로서는 월경지역 총괄 행정책임자로서 외레순드 위원회(Oresund Committee)와 정보마케팅의 공공조직으로서 외레순드 네트워크(Oresund Network)가 존재한다.

시장과 민간기업 차원에서 외레순드의 지역에는 외레순드기업협회(Oresund Business Council), 외레순드 상공회의소(Oresund Chamber of Industry and Commerce), 외레순드 노동시장협회(Oresund Labour Market Council) 등이 통합적으로 운영이 되고 있다.

시민사회 차원에서 외레순드의 지역에는 우선 교육과 관련된 학교 네트워크가 두드러진다. 여기에는 총 14개 대학이 연합된 외레순드 대학(Oresund University)과 다수의 R&D 네트워크가 있으며, 이 외에도 외레순드 월경출퇴근시민모임(Oresund Cross-Border Commuter Organization), 외레순드 문화포럼(Oresund Cultural Forum) 등이 있다.

산·학·관의 협력체로서는 외레순드사이언스리전(OSR: Oresund Science Region)과 외레순드 연구소 등이 있으며, 여기에는 메디콘밸리 아카데미(Medicon Valley Academy)를 비롯한 8개의 협력 플랫폼이 있다(Oresund Institute, 2012). 특히 스웨덴 말뫼에 있는 외레순드 연구소(Oresund Institute). 2002년 설립돼 외레순드 초광역권 개발 프로젝트에서 싱크탱크(think tank) 역할을 담당하고 있다.

4) 비용의 분담과 재정적 문제 해결

초국경 교류와 통합의 시작과 끝에서 현실적으로 중요한 것은 서로의 비용분담과 재정확보의 문제일 것이다. 외레순드에서 재정과 비용분담의 문제가 해결된 요인으로는 공통적으로 첫째, 재정분권으로 인한 지방정부 지출의 자율성이 일정 부분 보장되었고, 둘째, 뚜렷한 공동투자 배분원칙이 사전에 확립되었으며, 셋째, 유럽연합의 장기적 재정지원프로그램(Interreg II-A, Interreg III-A)이 존재하고 있었기 때문으로 보여진다.

(1) 재정적 분권과 지출의 자율성

먼저 스웨덴과 덴마크는 OECD에서도 가장 재정분권이 잘 이루어진 국가로서, 서로 비슷한 구조를 갖고 있다. 지방정부의 세출은 세입을 대략 20% 내외에서 초과하는데, 나머지는 중앙정부가 보전해주는 구조이다. 특히 덴마크의 경우 원래부터 국내총생산(GDP)의 20%를 기초행정구역에서 지출하고 있어서 지역 내에서의 자금순환을 활발하게 하는 측면이 있었다. 덴마크와 스웨덴의 지방이 코펜하겐 광역권과 스코네 광역권으로 개편된 2000년 이후에는 재정자율성이 더욱 강화되었다.

외레순드에 대한 투자재원의 마련은 지방정부와 중앙정부인 지역개발부(Ministry of Local Government and Regional Development)가 공동으로 한다. 지출의 세부적인 재원이 지역 내에서 어떻게 순환되는지를 정확히 알 수는 없지만, 해당 지방정부가 주도적으로 운영주체가 되어 각종 사무와 재원을 담당하고 있는 것은 확실하다. 양국에서 지방에 대한 중앙정부의 주요 지원사항은 기업투자, 금융지원, 기반시설 투자, 지역혁신 프로젝트 추진허가, 기업자금 지원 등에 한정된다. 또한 덴마크와 스웨덴의 광역정부는 외레순드 지역의 고용, 교통, 농/수산업, 교육, 의료, 연구 등의 여러 분야에서 지역발전정책을 조정할 1차적인 책임이 있다고 한다(Øresund Committee, 2004).

(2) 공동투자 배분원칙의 확립

다음으로 외레순드 공동사업에 대한 투자비율을 살펴볼 필요가 있다. 우선 재정이 가장 많이 소요된 외레순드 다리의 건설비용에 대해 덴마크와 스웨덴 지역의 공동투자비율은 외레순드 위원회에서 약 3년 이상의 장기적인 정치협의를 거쳐 정확하게 50%씩 분담하기로 합의하였다(Taylor & Hoyler, 2000). 다리 건설 이후의 양국의 여러 정책사업에 있어서도 기본적인 투자비율은 50:50으로 기준을 삼았다.

외레순드 위원회에서는 현재까지 공동사업에 있어 해당 정책을 제안한 쪽이나 제안을 받은 쪽이나, 공공의 목적을 위한 것이라면 가급적 50:50의 비율을 유지하도록 정하고 있다. 이러한 기본원칙을 준수하면서, 덴마크와 스웨덴의 사업개발청은 지금까지도 외레순드 위원회가 선정한 지역 간 프로그램의 재정지원을 수행하게 된다.

외레순드 지역 간 긴밀한 경제협력을 위해 두 지역은 다리를 중심으로 한 모든 연결SOC(도로, 철도, 이동통신, 네트워크 등)에 총 150억 유로(당시 약 19조원)에 달하는 액수를 투자하였다(Øresund Committee, 2009; Oresund Institute, 2012). 특히 상호 동등한 재정투자로 만들어진 외레순드 다리는 명실상부하게 연계협력의 기념비적인 시설로서, 실제로 초국경 권역의 광역경제와 공동발전을 위해 결정적인 가교역할을 하고 있다.

(3) 유럽연합의 장기적 재정지원

다른 한편으로 2000년부터 외레순드 해협의 두 지역은 외부 유럽연합의 장기재정지원을 통해 국경을 넘은 협력활동이 더욱 활성화된다. 즉 외부의 구체적 협력지원 프로젝트를 통해 양 해안의 시민과 기업, 기구나 조직들이 상호학습을 통해 새로운 발전가능성을 확인하게 된다. 유럽연합의 재정지원과 지침에 충실하여 국경장벽은 낮추고, 공동의 네트워크, 제도, 조직을 발전시켰던 것이다. 무엇보다 이것은 유럽연합의 장기 재정지원 프로그램인 인터레그(Interreg)의 구성취지와 장기적인 목적을 충실히 구현하는 것이었다.

이러한 상황에서 유럽연합은 지역교류지원 프로그램인 인터레그(Interreg)에 따라 Intereg II-A를 통해 코펜하겐 광역권과 스코네 광역권에 총 2,900만 유로(유럽연합 1,350만 유로, 국가/지방정부 1,350만 유로, 민간 200만 유로)를 외레순드에 투입하였다. 이어서 외레순드에 대한 Intereg III-A도 역시 유럽연합과 양국이 절반씩 분담하여 총 6천 180만 유로를 투입하였다. Intereg III-A는 예산이 2배로 늘었고, 적용범위 역시 외레순드 인접지역까지 망라하게 되었다. 또한 프로젝트 규모가 커지고, 내용이 여러 부문에 관계될 뿐만 아니라 지방과 민간 조직의 참여도 훨씬 커졌다.

〈그림 38〉 유럽연합(EU) 전역의 초국경 협력사업 진행현황

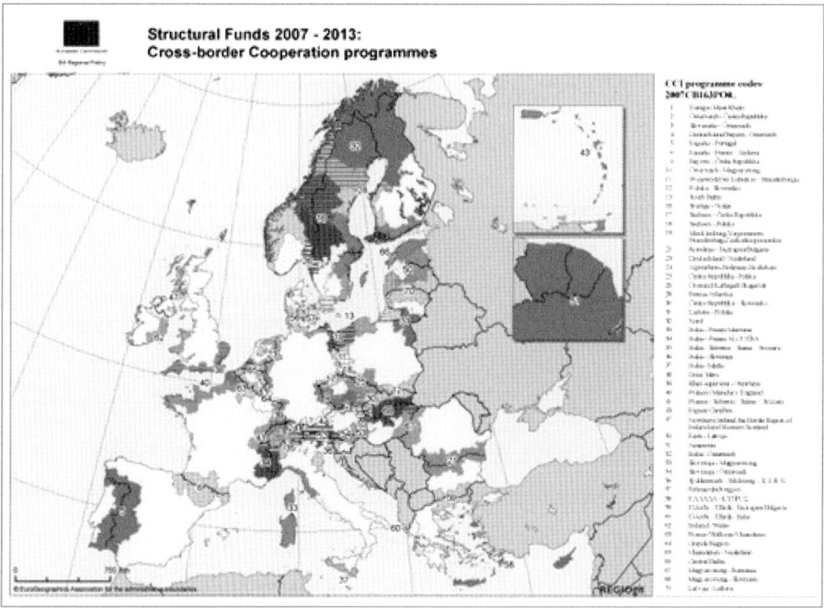

출처: 유럽위원회 지역발전기금(http://ec.europa.eu/regional_policy: CC-BY)

따라서 외레순드 지역은 Interreg II-A와 Interreg III-A를 통해 다리 건설을 포함한 총 250개 이상의 세부 프로젝트가 재정지원을 받았으며, 총액으로는 9천만 유로(당시 약 1,100억 원) 이상이 투자되었다. 그리고 2000년부터 2006년까지 약 7년 동안에는 3천만 유로(당시 약 350억 원)가 특별지원으로 추가 투자되었다. 이중 거의 절반은 유럽연합으로부터 지원된 것이다.

외레순드에 대한 초국경 교류지원 프로그램(Interreg)을 통한 유럽연합의 개입은 결과적으로 새로운 정부와 기업들의 투자동기를 적극 유발하는 촉매의 역할을 했다고 볼 수 있다. 뿐만 아니라 유럽연합의

공식적 재정지원을 받는다는 것은 이 지역의 위상에 긍정적인 이미지를 만들어 주는 등 교류 모범지역으로서의 부수적 외부효과도 가져온 것으로 평가된다(Idvall, 2009).

유럽연합의 인터레그(Interreg) 프로그램

유럽연합(EU)의 지역 간 협력 프로그램인 인터레그(Interreg)은 International Regions의 약어로서 유럽연합의 구조기금(Structural Funds) 프로그램의 하나이다. 구조기금은 역내 경제사회적 균형발전을 위해 만든 것으로, 적용분야나 대상의 성격에 따라 3개 목표(objective 1, 2, 3)와 4개 커뮤니티 이니셔티브(community initiatives: Interreg, Urban, Equal, Leader+)로 구성되어 있다. 4개 커뮤니티 이니셔티브에서 지원비중이 가장 큰 것이 〈Interreg〉이고 그 목적은 초국경 협력을 장려하는 것이다. 구체적으로 인터레그 프로그램에는 3가지 유형이 있는데, 〈Interreg A〉는 월경협력(cross-border cooperation), 〈Interreg B〉는 초국가협력(transnational cooperation), 〈Interreg C〉는 지역간협력(interregional cooperation)을 지원한다. 외레순드가 지원 받은 구조기금은 월경협력을 지원하는 Interreg A 였다. Interreg는 1991년부터 시작되었는데 외레순드 지역과 외레순드 위원회는 1994년부터 참여하였다. 인터레그 프로그램은 세 가지 차원의 초국경 협력을 통해 해당 협력지역이 지속가능하고 균형 잡힌 발전을 이루도록 유도한다. 기금은 유럽연합 공동기금(EU fund) 50%와 지방 및 중앙정부기금(local-regional-national funds) 50%를 대응자금으로 하는 방식으로 조성한다(Øresund Committee, 2009; Oresund Institute, 2012; Øresundsregionen, 2012).

5) 일상생활과 문화적 장벽의 해소

(1) 제도적 규제의 간소화

북유럽의 스칸디나비아 인접국인 덴마크와 스웨덴은 같은 게르만족으로 민족적 동질성을 가진 나라들이다. 양국은 역사적, 문화적, 지리적 유사성도 있어, 연계와 협력에 다소 유리한 조건을 갖추고 있었다. 반면 두 나라는 과거에 해협을 둘러싼 반목으로 인한 분쟁, 지배와 피지배의 역사도 일부 남아 있는 것이 사실이었다.

1658년 전쟁으로 덴마크가 과거 왕국의 영토 약 30%을 스웨덴에 잃었으며, 특히 덴마크 사람들은 스웨덴 사람들을 별로 좋아하지 않았다. 외레순드 지역은 통합 이전에는 나라 사이의 오랜 역사적 간극만큼이나 정서와 문화적 차이 역시 컸던 것이다. 그렇지만 현재는 역사적, 문화적, 언어적 유사성, 지리적 근접성을 바탕으로 공유와 협력의 새 역사를 만들어가고 있다.

근대 이후의 코펜하겐과 말뫼는 한 국가에 속한 해항도시였기 때문에 외레순드는 경제 이외의 생활문화와 정서적인 차원의 조정도 중요하였다. 특히 두 나라의 비슷한 언어와 문화는 교류를 증진시키는 원인으로 볼 수도 있으나, 덴마크와 스웨덴은 현대에 들어와 상이한 경제 및 국가발전의 모습을 보이고 있었고, 그 내용도 다른 만큼 각자의 이해와 관심을 조율하는 것이 중요하였다. 비단 초국경 협력의 인프라에 있어 다리나 도로와 같은 하드웨어는 통합에 필요조건이지, 충분조건은 아니었기 때문이다. 통합을 실질적으로 공고화하기 위해서는 소프트웨어적 인프라가 필요하다. 특히 시민의 입장에서는 일상생활과 문화의 차이해소가 체감 상으로 가장 중요했다.

그러면 역동적인 북유럽의 두 해항도시 간 네트워킹을 성공시킨 결정적 원인으로서 소소한 일상적 장벽들의 해소가 대부분 가능했던 요인은 무엇인가? 그것은 무엇보다 외레순드 위원회와 교육체계의 통합을 통한 오랜 시간의 학습과 조정의 성과로 보여진다. 통합이 이루어지기 약 10여 년 이전부터 활동하고 있었던 위원회는 양국의 핵심정치인은 물론 사무국 직원도 두 도시에서 파견된 사람들이었다.

지금까지 이들 구성원들은 통합의 정책적 이상을 실현하기 위해 내부의 학제적 학습과 조정 등을 통해 성공적인 정책활동을 수행해 왔다. 예컨대, 도시들의 여건을 고려하여 시민의 일상생활에서 불편함을 찾아내고, 필요하다면 제도와 정책적 조치를 시의성 높게 추진하였다.

원래 양 지역은 서로 저촉되거나 경쟁적이던 기존 33개 정도의 법률이 있었다. 외레순드 위원회는 시민의 입장에서 보다 편리한 방안을 강구하고, 지속적인 제도개선을 도모하여 현재 이를 단 7개의 법률로 축소, 간소화시켰다(Oresund Institute, 2012). 이렇듯 서로 다른 국가의 도시들이 시민을 위해 비교적 단기간에 제도적 규제를 혁신적으로 간소화시킨 점은 세계적으로도 그 사례를 찾아보기가 힘들다.

(2) 언어와 문화적 소통

외레순드 위원회와 통합기관에서 사용하는 주 언어는 영어이다. 위원회에서 공식문서를 영어를 주로 쓰는 이유는 각종 서류를 유럽연합에 제출해야 하기 때문이다. 그러나 직원은 덴마크인과 스웨덴인이 절반으로 되어, 서로의 언어를 사용할 정도로 불편함이 크게 없다. 덴마크어와 스웨덴어는 모두 게르만어 계열로 독일어와 유사하기 때문에 서로의 언어를 단기간에 익히게 된다고 한다.

이와 함께 특징적인 사항으로 대학을 중심으로 한 각급 학 · 연 · 산

네트워크는 교육과 연구용 언어로서 처음에 영어를 사용하는 것을 고려하기도 했으나, 현재 각급 교육기관이 위치한 그 국가의 언어를 사용하도록 하고 있다(Øresund University, 2005). 각급 교육현장에서부터 영어보다 상대의 언어를 배우는 것이 서로의 소통에 가장 완벽한 방법이고, 이것이 장차 외레순드를 진정한 하나의 생활 및 문화통합 지역으로 만드는 길이라고 판단한 것이다.

또한 문화적 장벽을 해소하는 데 있어서 교육의 역할이 빠질 수 없는데, 이런 점에서 주목되는 것은 외레순드 대학(Oresund University)이다. 이는 기존 코펜하겐과 말뫼의 14개 대학을 한데로 묶어 네트워크로 연결한 '세계 최대의 초국경 대학컨소시엄(Cross-Border Universities Consortium)'으로 볼 수 있다. 이미 1990년도부터 이 문제가 논의되어 1996년에 각 대학들의 연계와 통합이 착수되었으며, 2000년 이후 초국경 컨소시엄 구성과 운영이 완료되었다.

현재는 약 165,000여 명의 학생과 약 12,000여 명의 전문가 및 연구자, 약 10,000여 명의 대학원생 및 유학생을 거느리고 있다. 국제자매결연 대학은 800개가 넘고, 노벨상 수상자 8명, SCI급의 과학연구업적 유럽 5위권의 위상을 갖고 있다. 외레순드 대학은 코펜하겐과 룬트(Lund)에 각각 사무국을 두고 있으며, 전 지역에서 학생들이 공부할 수 있게 하고, 대학과 교직원 사이의 월경협력을 촉진하는 데 운영목표를 두고 있다. 예를 들어 사회과학의 정치학이나 경제학에 관한 기본강좌는 한 해에는 코펜하겐 지역 대학들에서 개설하고, 그 다음 해에는 말뫼 지역 대학들에서 개설하여 서로 다른 국적의 학생들에게 균등한 수강기회를 제공하고 있다.

최근 외레순드 대학은 유럽최고의 고등교육 및 지식확산기관으로서의 비전을 갖고서, 세계 최고의 사이언스리전 창설, 월경통합의 인적자본 양산과 문화적 촉진을 활동목표로 하고 있다. 즉 기존 14개 대학이 공통의 비전을 갖고 공동으로 교육 및 연구할 수 있는 월경 네트워킹을 만들어, 문화와 언어장벽을 선도적으로 허물어 나가고 있다. 이러한 추세는 지금도 외레순드 지역사회의 전체 부문으로 확산, 전파되고 있다(Øresund University, 2005; Garlick, Kresl & Vaessen, 2006).

유럽연합의 에라스무스 교육프로그램(Erasmus-Program)

유럽에서 초국경적 연합과 월경개발을 체계적으로 뒷받침하는 교육시스템으로서 최근까지 괄목할만한 성공을 거두고 있는 것은 유럽연합(EU)의 에라스무스 교육프로그램(Erasmus Programme)이다. 원래 에라스무스 교육프로그램은 유럽연합 회원국의 대학들 사이에 활발한 학생교환이 이루어 질 수 있도록, 교환학생으로 선발된 학생에게 교환활동에 소요되는 제반 비용을 유럽연합과 해당 소재 대학에서 장학금으로 지급하는 것이다. ERASMUS라는 명칭은 원래 대학생교류에 관한 유럽공동체법안(European Community Action Scheme for the Mobility of University Students)에서 따온 약칭이다. 이것은 중세시대 유럽의 철학자인 데시데리우스 에라스무스(Desiderius Erasmus)를 연상시키는데, 에라스무스도 세계주의적 정신의 소유자, 근대 자유주의의 선구자로 유럽 문화에서 자유주의 전통을 보편적으로 형성하는 데 기여했다. 최근 유럽에서 교육은 문화정체성을 크게 형성시키는 도구이자, 사회발전의 원동력이 되고 있다. 유럽연합 결성 이후, 에라스무스 교육프로그램은 그 명칭에서부터 국경을 초월한 보편적 인재교류 및 인재양성 프로그램으로서의 상징성을 부여하고자 한 그러한 보이지 않는 의도가 담겨져 있다. 실제 1990년대부터 시행된 에라스무스 문두스 장학프로그램(Erasmus Mundus Programme)의 장학금을 통해 길러진 수많은 유럽의 다국적 인재들은 현재 유럽연합 공동체의 유지와 안정에 보이지 않는 밑거름이 되고 있다. 특히 유럽본토와는 문화적 정서가 다르고 변방으로서의 의식이 남아 있던 동유럽 지역과 북유럽 지역에 대해서 초국경적 에라스무스 교육프로그램의 효과는 더욱 각별하다. 즉 이 교육을 수혜한 동유럽과 북유럽 차세대 인재들의 활약은 유럽연합 공동체에 대한 적극적 지지와 결속을 장기간 다져주는 것으로 알려져 있다. 따라서 이러한 초국경적 교육프로그램과 인재교환의 효과는 유럽공동체에서 예상외로 큰 것으로 나타나고 있다.

5. 외레순드 초국경 통합의 함의와 교훈

덴마크의 코펜하겐과 스웨덴의 말뫼는 지난 2001년부터 초국경 지역(Øresund) 형성을 합의하고, 현재까지 10년 넘도록 성공적으로 유지해오고 있다. 사전 논의와 준비기간까지 포함하면 그 역사가 20년이 넘는 양국과 도시들의 초국경 지역 통합의제는 그 진행과정에서 도시와 지역 사이의 산적된 여러 문제와 갈등도 있었으며, 적지 않은 문제점도 예상되었다. 그럼에도 불구하고 초국경 지역(Øresund)의 구축은 결국 양 도시와 시민들의 합의 하에 순조롭게 추진되었으며, 초기에 예상되었던 문제점도 이후 그리 심각하게 표출되지 않았던 고무적인 사건으로 평가되고 있다.

해항도시 초국경 네트워크와 새로운 월경지역의 형성에서 덴마크의 코펜하겐과 스웨덴의 말뫼 간의 외레순드 초국경 지역의 구축과정을 가장 큰 성공사례로 다루는 이유는 다음과 같은 초국경 지역의 전형적 특징이 나타나고 있기 때문이다. 먼저 상호 이해와 신뢰가 기반이 되고 기존에 성공적인 네트워크 경제가 있으며, 공통의 자원을 함께 조화롭게 이용하고 있다. 또한 규모의 경제를 통하여 일정수준의 성과를 달성하면서도 범위의 경제를 도모하여 다양한 거래비용을 줄

여나가고 있다. 그리고 초국경 통합을 통해서 개별 지역의 경쟁력을 강화하고 지역 간 경쟁을 제한하여 불필요한 경제적 갈등을 감소시키는 등 많은 효과를 거두고 있다.

현재 21세기에 접어들어서 동북아시아 지역도 유럽과 마찬가지로 심각한 경제위기를 맞았고, 이 지역과 비슷한 경험을 이어가고 있다. 이러한 위기를 극복하는 과정에서 신자유주의 정책의 과감한 도입으로 경제와 도시개발이 민간주도로 넘어갔으며, 이러한 경제회복 과정에서 고임금의 사회체제는 심각한 노동력 저하를 경험하게 되었다. 1980년대부터 저임금 경제 부문을 유지하기 위해서 외국인 노동자를 받아들이기 시작하였는데, 그 인구가 늘어감에 따라 다문화 사회가 도래하였다. 그러나 이러한 현상은 여러 가지 부작용을 낳고 있으며, 동북아시아의 한·중·일 해협을 사이에 둔 지역이나 도시 간 초국경 교류가 하나의 대안으로 제시되고 있다(우양호 외, 2010).

초국경 해협지역인 '외레순드(Øresund)'의 성공적인 구축과정, 운영체계와 특징은 미래 우리나라와 동북아시아의 주요 연안 및 해항도시의 초국경 교류와 협력에 나타날 향후의 쟁점에 대해 생각하도록 만든다. 즉 외레순드에서의 다방면적 성공들이 어떠한 함의와 시사를 하고 있는가는 이제 우리가 스스로 생각해야 할 중요한 숙제인 것이다.

1) 초국경 통합권의 정체성과 비전 도출

외레순드의 사례에 비추어 볼 때, 코펜하겐과 말뫼의 거의 동시적인 위기상황은 해협을 사이에 둔 서로의 통합을 고민하게 만들었다. 말뫼의 제조업 몰락과 실업증가, 코펜하겐의 인구집중 및 환경악화와 도심쇠퇴는 양 도시에게 지속 가능한 다심형 생태도시 클러스터의 활로를 모색하게 만들었다. 때마침 덴마크와 스웨덴의 국가적 거시지역 정책의 목표는 모든 국민들이 국토의 어느 지역에 거주하든지 상관없이 동일한 생활여건을 누리도록 하는 데 초점을 두고 있었다.

외레순드 통합의 비전과 전략은 이러한 주변상황들을 적극 참고하여 실천상의 큰 장애가 없이, 두 국가의 중앙정부는 물론 유럽연합 전체의 장기적이고 적극적인 재정지원을 이끌어 낸 것이 특징이었다. 외레순드의 코펜하겐과 말뫼는 생태적으로 지속가능하고 활력 있는 도시들로 변모하고 있으며, 실제 공통의 교육, 과학연구, 비즈니스 육성 프로젝트, 지역정체성 신장 등의 분야에서는 비교적 뛰어난 결과를 얻었다. 무엇보다도 고부가가치 산업들과 생태의료분야의 기술집적을 통한 메디콘밸리(Medicon Valley)로서의 성과는 괄목할 만하다. 이는 차별화 된 지역비전과 정체성, 그리고 추진전략과 실천계획을 일찌감치 도출했기 때문이었다.

반면, 우리나라가 속한 동북아시아에서 해항도시와 지역단위의 초국경 교류는 그 당위성이 오래 전부터 제시되어 왔다. 그러나 학문적 주장이나 선언적 수준에 비해 실제의 성과는 낮다. 그 이유는 초국경 교류와 통합의 배경과 이유가 구체적이지 못했고, 바다를 사이에 둔 광역권의 정체성과 비전이 불확실했기 때문이다. 따라서 우리는 가장 먼저 통합될 초국경 지역의 정체성과 성격을 명확히 규정하고, 확실하고 구체적인 통합의 비전을 마련하는 것이 중요하다.

특히 우리나라와 중국, 일본의 연안도시나 비수도 지역은 유사하게도 수도권 집중화라는 어려운 환경 속에서 이들과 다른 정체성과 경제적 비전까지 제시해야 하는 이중과제를 안고 있다. 그러므로 한·일과 한·중 해협만의 독특성과 차별성을 갖출 수 있는 비교 우위적 자원을 발굴하여 초국경 지역의 정체성과 비전의 공동수립을 완성해야 한다. 이는 교류의 시작이 일회성이거나 단기적인 배경에서 비롯되게 만들지도 않고, 무조건적으로 협력사업의 규모를 늘리고 그 범위를 넓힐 필요도 없게 만든다.

2) 초국경 통합에 대한 민주적 합의의 도출

외레순드의 초국경 통합은 당시 기존의 유럽연합 내에서도 다른 나라의 두 도시를 개적(個的)주체에서 관계주체를 중심(重心)으로 옮기는 '초국경 지역 월경제휴 현실화'로의 불확실한 도전이었다. 이는 공공사업으로서의 스케일의 크기에 초점을 두었기보다는 오히려 근대국민국가의 국경을 초월한 지역발전의 일대 모험과 실험의 장으로서의 성격이 짙었기 때문이다.

그러나 외레순드의 도시네트워크는 지금까지 국가 간의 뚜렷한 국경을 기준으로 교류가 이루어지던 것과는 대조적으로 도시정부들에 의해서 능동적으로 추진되었으며, 도시정부의 적극적인 리더십과 외부의 협력이 특히 돋보인다. 이른바 합의의 민주성 확보를 통해 도시 전체에 활력을 부여하면서 다양한 주체들의 참여를 유인하여 통합의 역동성을 강화시킨 점은 도시발전에 있어서도 핵심적 요소가 된 것으로 보인다.

예를 들어 외레순드에서 스웨덴 쪽의 말뫼는 최초 도시재생프로젝트인 〈BO01〉계획을 통해서 공공부문과 정치인, 시민, 민간업체들이 가이드라인과 실천이 협의되었다. 코펜하겐도 도심쇠퇴와 환경악화 문제를 공식적으로 의회 및 시민들과 소통, 협의하였다. 그 이후에 제시된 외레순드 지역의 통합계획은 양 도시에서 시민들의 지지 하에 지방의회에서 공식적으로 결정되었으며, 이는 다시 시의적으로 광역정부, 중앙정부, 나아가 유럽연합 전체의 지역발전 정책과 그 취지가 맞물리도록 조정되었다. 이는 통합의 의사결정과 합의과정이 양 도시의 내부에서 출발하여 순차적으로 인접지역으로 확대되고 다시 광역정부, 중앙정부 합의로 확대된 특징을 보여주고 있다. 외레순드 네트워킹을 구체적으로 실현할 수 있는 기획과 전략 수립에 있어서도 양 도시의 행정기관 외에 정치인, 시민사회, 대학 및 민간기업의 참여와 의견개진이 폭넓게 이루어졌다.

이런 점에서 향후 우리나라와 동북아시아 초국경 교류 및 네트워킹은 일단 도시내부의 민주적 합의를 우선적 전제로 추진되어야 할 것이다. 주로 정치·행정적 배경 하에 즉흥적으로 제안, 추진하거나 충분한 사전검토 없이 소수의 단독판단으로 이루어져서는 곤란할 것이다. 다른 나라 도시와의 국제적 교류 및 네트워크 활동자체가 당연히 시민사회 및 기업의 참여를 전제로 하지만, 최초 기획과 추진활동에서부터 이들의 적극적 관심과 동참을 이끌어 낼 수 있는 계기로 삼아야 한다는 것이다.

외레순드 사례에서 보듯, 다양한 도시내부 행위자들의 참여와 합의는 교류 및 네트워크의 효과를 크게 높일 수 있을 뿐만 아니라 그 과정 자체가 도시의 역동성을 강화하는 데 큰 기여를 하게 된다. 뿐만 아니라, 정부부문 이외의 시민사회와 기업의 관심이 촉발될 수 있도록 다양한 방식이 동원될 수 있고, 이들을 통해 장기적으로 초국경 지역에서의 다면적인 제도개선과 기여의 영역을 확보해 나갈 수 있다.

3) 초국경 교류의 범위와 상생방안 도출

외레순드의 경우, 초국경 지역은 도시기능의 상호보완성(complementarity), 도시인구의 이동가능성(transferability), 지역개발의 개재기회(intervening opportunity) 등에서 협력적 네트워크를 형성하는데 유리한 여건을 보유하고 있었다. 이런 상황에서 다리를 중심으로 한 각종 물리적 인프라가 연결되면서 기하급수적으로 통합의 효과가 커지게 되었다.

그러나 이 사례에서 우리는 단순히 초국경 교류를 위한 하드웨어적인 사실에 주목하자는 것이 아니라, 지역이 국가를 초월하여 상생방법을 미리 공유했었다는 사실에 더 주목해야 한다. 즉 다리로 인한 단순한 물리적 거리와 시간의 단축은 전체 내용의 일부분에 지나지 않는다. 외레순드의 핵심도시인 코펜하겐과 말뫼는 다리의 연결과 통합 이전에 이미 산업과 경제분야를 중심으로 한 도시 간 기능과 역할의 배분문제를 사전에 해결한 점이 특징이다.

원래 말뫼는 제조업 중심도시였고 코펜하겐은 고부가가치 산업도시로서 2차 산업은 수입에 의존하였다. 인구와 산업구조에서 두 도시가 그리 유사하지는 않았으나, 말뫼 지역에서 조선과 자동차 중심의 제조업을 사양산업으로 완전히 포기함에 따라 상생방안이 탄력을 받았다. 즉 말뫼에서 고부가가치 첨단산업으로 주력산업을 개편함에 따라 기존의 코펜하겐 성장동력과 맞물리게 되었다. 이들 도시는 서로 국경을 넘어 고급인력과 임금경쟁력이 순환하고 고실업과 고임금이 결합되었다. 그리고 현재 규모의 경제와 노동집적의 경제가 잘 나타나고 있으며, 업무와 주거가 분리된 기능적 보완관계가 유지되고 있다.

결국 이러한 점들이 미리 외레순드의 통합비전과 전략 속에서 확실히 나타났고, 사전에 충분히 계획된 것이었다는 점에서 긍정적인 주목을 받을 만하다. 그러므로 외레순드 사례의 과정에서는 별도의 두 가지 중요한 점들이 시사된다.

첫째, 우리나라 해항도시들의 초국경 교류와 네트워크의 구축은 그 방향과 내용이 도시발전의 지향점과 정확히 합치되는 방향으로 추진되어야 한다. 국경을 초월한 도시 간 네트워킹을 통해 도시들이 모색하려는 중장기적 발전방향과 전략적 이익이 부합해야 한다는 점을 분명히 해야 한다. 세계적으로 초국경 교류나 국제적 광역권이 만들어지는 근본적인 목적은 도시와 지역 간에 국경을 초월하여 생산적이고 실리적인 관계를 구축해서 상호 적정이익을 취한다는 데 있다. 어느 한 도시의 경제적 또는 전략적 의미는 시간의 흐름에 따라 늘 변화할 수 있는 것이다. 이러한 의미의 변화를 정확히 포착하고 도시발전의 전략적 내용과 합치시켜야 성장과 발전의 동력을 효과적으로 확보할 수 있다.

둘째, 초국경 교류나 통합을 하고자 하는 해항도시들에게는 그 범위와 기능배분을 서로 미리 정하고, 장기적인 상생방안을 명확히 하는 것이 중요한 문제가 된다. 그런데 우리나라와 중국, 일본의 해안지역에 있는 대도시들은 초국경 교류에 있어 각 나라의 수도권 지역보다는 불리한 상황에 있다. 만약 수도권이 아닌 지역이 국경을 초월한 교류를 하고자 한다면, 효율적 상생관계를 통해 기존보다 강력하고 효과적인 성장동력이 미리 준비되어야 한다. 서로의 시너지 효과나 이익을 담보할 수 있는 보완관계, 상생방안이 분명치 않으면 나중에 초국경 교류의 편익(fruit)에 대한 도시 간 입장차이와 갈등의 소지도 남겨두게 된다. 따라서 교류의 파급효과와 상생구조가 체계적으로 제시되면, 이후 외부환경의 변화에 따라 유연하게 대처해 나갈 수 있도록 해야 한다. 이를 위해 먼저 도시 간 인구분포와 이동, 산업구조, 가용자원, 생활실태, 미래수요 등 기본적인 정보체계의 구축은 당연한 선결과제가 된다.

4) 추진체계의 점검과 거버넌스의 활성화

소개된 사례에서는 추진체계의 핵심기구인 외레순드 위원회가 20년 동안 수행한 초국경 연계활동(cross-border activity)의 성과가 매우 큰 것으로 나타났다. 하지만 우리나라가 속한 동북아시아는 아직까지 상대국가에 대한 신뢰수준이 낮고 도시들은 중앙정부에 종속된 편이라, 초국경지역 협력을 위한 확실한 추진체계가 갖추어지지 못하고 있다. 외레순드 위원회는 실제 통합완성의 약 10년 이전부터 만들어졌고, 그 인적 구성과 활동의 성격을 감안할 때 우리나라와 인접 국가의 도시들의 초국경 교류에도 장기적 추진체계 및 역할모델로 적극 참고할 만하다.

특히 외레순드 위원회의 활동분야는 경제와 비즈니스 협력, 노동시장 교류, 교육과 의료협력, 각종 광역통계 작성 및 분석, 지역개발과 인프라의 건설, 통합의 문화와 정체성 형성, 시민동원, 유럽연합의 지원프로그램(Interreg)의 예산집행과 보고 등 다양하게 걸쳐 있었다. 위원회는 연례보고서, 회계, 예산, 규제 등을 재가하는 외레순드 최상위의 협력기관이지만, 동시에 두 도시와 초국경 지역을 대표하는 대사관(embassy)으로의 역할도 하고 있다. 즉 위원회는 월경협력을 촉진하고 양 국가와 도시들의 이해관계를 유럽연합본부 및 다른 국가들에 대변하고 이들과 상시 소통체계를 갖추고 있다. 이러한 맥락에서 정치 · 행정 · 경제의 최고 관리체로서 외레순드 위원회의 책무성은 나날이 높아지고 있다.

이와 함께 외레순드의 초국경 통합의 추진체계와 거버넌스 활동도 중요한 시사점을 던져 주었다. 일반적으로 초국경 협력문제에 관한 국가와 중앙정부의 의사결정이 줄어들고 도시와 지역의 자치권이 이

양된 상황에서는 다양한 이익단체들이 등장하게 되며, 이에 따른 거버넌스의 확산은 자칫 초국경적 협력이 세분화되고 파편화되는 부작용을 낳게 된다.

그러나 외레순드의 경우에 분권과 거버넌스의 확산은 많아진 행위자들 간의 협력에 장애요인이 되었기보다는 오히려 촉진요인으로 작용했다. 즉 정부 이외에 다양한 민간행위자들의 참여를 보장하는 한편, 참여자들의 관심을 '외레순드 초국경 메트로폴리스 구축의 비전'에 필요한 전략적 목표와 논의에만 집중시킴으로써, 다양한 주장들의 산만함과 민간단체의 상호 균열을 방지하였다.

이른바 외레순드의 협력네트워크에서는 각 참여 행위자들의 효율성과 책임성은 담보하되 제도적 장치와 규제는 약하게 조정하여, 다소 가벼운 제도화(light institutionalization)를 보여주고 있다. 초국경 협력체제에서 두 도시가 오직 정부와 행정을 중심으로 제도적 틀을 강화하는 것은 가급적 많은 외부행위자를 참여시키고 합의를 만드는 것에 방해가 되었기 때문이다. 외레순드 협력네트워크에서는 참여의 문호는 크게 만들되, 그 효율과 책임성은 경직된 제도화이기보다는 합리적인 인센티브와 계약시스템을 통해 철저하게 보장하는 것이 특징이었다. 역시 이런 점들은 제법 눈 여겨 봐야할 대목으로 보여진다.

5) 초국경 통합 비용부담의 문제 해결

외레순드는 비용부담 문제에 있어 도시와 광역정부의 재정자율성이 있었고, 공동투자원칙이 대부분 5:5로 사전에 명확히 정해졌으며, 유럽연합의 지원프로그램(Interreg)이 있어 성공이 가능하였다. 물론 우리나라의 지방과 도시가 처한 상황은 이것과는 무척 다르다. 하지만 도시의 초국경 교류에서 비용분담과 재정의 문제는 사전에 조율되어야 할 핵심쟁점 중의 하나이므로, 사례를 참조한다면 그 방향은 다음과 같은 점들에 기초해야 할 것이다.

첫째, 초국경 교류에서 미래의 비용과 편익(B/C)에 대한 분석과 판단이 최대한 정확하고 분명하게 전제되어야 한다. 즉 국민국가 체제에서 국경장벽을 초월한 도시 간 교류와 소통은 그 특성상 초기 정부의 주도적 역할에 따른 인력과 예산의 소요가 필연적이다. 이에 초국경 교류 및 네트워킹을 기획, 추진하기 전에 이를 통해 얻을 수 있는 유·무형의 편익과 경제·사회적 비용 사이의 과학적 비교가 필요하다. 이는 교류의 모든 직·간접비용과 낭비요인까지 밝혀주어 모든 사업의 공동투자원칙을 세우는 잣대가 된다.

둘째, 도시와 지방에 대한 높은 수준의 재정분권화가 필요하다. 외레순드는 초국경 개발프로젝트를 국비에만 크게 의존하지 않았다. 이렇게 할 경우 사업성이 낮거나 불필요한 세부사업을 대폭 줄일 수 있게 되어 예산절감 및 사업의 경제성을 크게 보완할 수 있게 된다. 이는 국가별로 사정이 다르고 중앙정부의 의지와도 상관이 있을 것이다. 그렇지만 지역과 도시의 입장에서는 대규모 초국경 권역 구상과 프로젝트의 사업성을 대폭 강화할 수 있는 보완책이 미리 마련되어야 한다. 거의 국비지원에 의존하는 현재 우리의 상황은 곧 국비확보가 지역발전이라는 등식을 만들어 여기에만 매진하게 만드는 결과를 낳고 있다.

셋째, 기존의 국제기구와 중앙정부를 도시 간 네트워킹을 효과적으로 활용해야 한다. 외레순드가 외교와 설득을 통해 유럽연합의 재정지원을 받아낸 것처럼, 아시아에서도 정규적인 국제회의가 보다 생산적인 계기가 될 수 있도록 충분히 준비하고 대안을 마련해 놓아야 할 것이다. 예를 들면, 동북아시아 도시들의 공동노력으로 G20회의,

APEC, ASEM과 같은 국제적 컨퍼런스에서 지역단위 초국경 외교의 기본구상을 제도와 재정지원을 위한 실천논의로 격상시켜 나가야 한다. 또한 주요 초광역 연합도시들은 장기적 관점에서 향후 역할과 위상을 고려, 국제기구본부를 유치하거나 설립하는 방안도 고려해야 할 것이다.

6) 인적자본 육성과 민간저변의 확대

일반적인 초국경 네트워크는 도시나 지역이 주도하고 기업과 민간이 참여하는 형태를 취하고 있다. 그러나 기업과 민간의 적극적인 관심과 참여부족으로 긴밀한 산 · 관 · 학 · 연의 연계가 미흡하여 협력사업들이 구체적인 결과를 도출하지 못한다든지, 지속성을 보이지 못하는 경우가 많다.

외레순드의 경우는 정치/행정, 기업, 교육이 함께 일구어 낸 합작품이지만, 무엇보다 인적자본(human capital) 육성과 민간기업의 대대적 참여가 초국경 통합성공의 무형적 자양분(nourishment)이었다. 정부는 단지 이들에 대한 기반시설 확보 및 행정지원 등의 외양적 방식으로 지역발전에 기여하였다.

특히 외레순드의 코펜하겐과 스코네 광역정부 및 도시들은 개별 기업체와 협의하여, 기반시설과 제도적인 면에서 개별기업의 상황과 필요에 맞는 맞춤형 지원서비스를 제공하기 위해 노력하였다. 이러한 도시와 광역기반의 조화된 행정서비스가 이들 지역에 많은 기업체가 입주하게 만들고, 다시 노동-소득-인구의 선순환 구조를 창조하였다.

외레순드의 민간 지식기반 산업클러스터 모델은 지역적 산업연계를 넘어 교육, 문화, 연구에 관련된 경제 · 사회적 핵심역량을 초국경적으로 집약하여 글로벌 수준의 경쟁력 확보를 목표로 추진되었다.

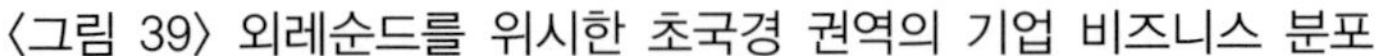
〈그림 39〉 외레순드를 위시한 초국경 권역의 기업 비즈니스 분포

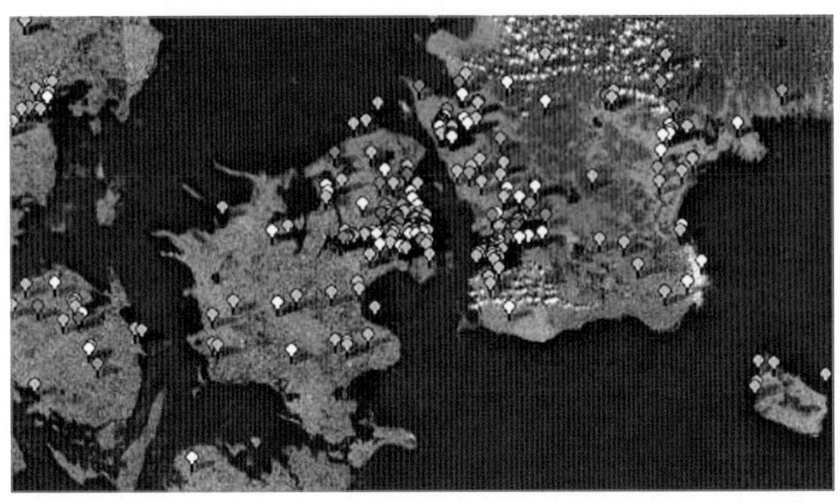

출처: Oresund Institute(2012). http://www.oresundsinstituttet.org(CC-BY)

여기에는 고등교육과 R&D 분야가 먼저 앞장서서, 대학과 연구기관이 기업활동과 제휴해 소프트인프라 기능통합의 근간이 되어 주었다. 외레순드는 초국경 대학연합과 우산조직으로서의 사이언스리전(OSR), 민간차원의 실무자그룹(working group)이 인적자본과 민간저변 확대의 핵심이었다.

이를 토대로 협력하는 외레순드 공동의 지역혁신을 위한 목표를 설정하고, 다시 이에 근거하여 단위사업을 추진함에 따라, 기업유치의 효율성, 사업추진의 효율성 등으로 지역의 상생발전을 이루는 성공사례를 만들어 내었다. 그 결과 지금도 외레순드는 글로벌 경쟁력을 갖춘 첨단 바이오 클러스터로 성장하고 있고, 활발한 외국인 직접투자(FDI)가 유치되고 있다. 특히 외국인 직접투자는 외레순드 연안에 집중되고 있으나, 업종별 특화와 지구별 클러스터링을 통하여 전국적으로도 지역균형 발전의 효과를 도모하고 있다.

따라서 우리의 경우에도 이러한 민간저변의 작동메커니즘을 이해하는 것은 성공적인 연계협력을 위한 토대가 될 수 있다. 즉 우리도 초국경 사업의 추진과정에서는 시민과 기업부문의 합의도출시스템을 구축하고, 민간대응단체의 상호설립(match up)이 필요하다. 나아가 교육과 산업의 선도적 커뮤니티 형성을 통해 초국경 지역의 공동자원과 인력, 기업, 언어, 문화를 동시에 활용할 수 있는 매력을 갖추어야 한다.

7) 지역격차와 사회적 갈등의 방지

외레순드의 경제순환 논리는 신고전파 이론(neoclassical growth theory)에 따른 지역성장 전략으로 볼 수도 있다. 신고전파 이론은 경제성장의 가장 중요한 요인으로써 자본장비의 증가가 제일 중요하다는 종래의 이론을 기술변화가 가장 중요함을 주장한다. 이는 1970년대까지 경제성장의 원천을 규명하기 위한 이론적 · 실증적 토대가 되었다. 집적의 이론과 신고전파의 이론은 모두 선순환 논리와 같은 맥락이다.

그렇다 하더라도 덴마크 내에서 코펜하겐 광역대도시권과 다른 지방권역과의 갈등문제가 제기될 소지도 있었다. 국가 내에서도 지역별 경제성장의 차이는 광역화 등의 인위적 통합에 의해 결정될 수 있기 때문이다. 게다가 근래 유럽에서 지역 간의 차이와 갈등의 발생은 지역소득의 차이와 특정 지역이 예산지원 및 보조금 수혜에 의하여 크게 발생하고 있었다. 그리고 특히 덴마크에서는 스웨덴의 저가 노동력 유입으로 국내 노동자의 실업률이 오르고 중산층이 붕괴하며, 이민정서가 확산되면서 지역갈등과 사회적 비용이 발생할 가능성도 있었다.

이 점에 대해 외레순드 사례에서 대응한 방식은 크게 두 가지인데,

하나는 외레순드를 위시한 덴마크와 스웨덴의 지역별 클러스터링 확산 전략과 다른 하나는 지역사회의 갈등과 위험해소를 위한 공론의 장을 형성한 전략이다. 먼저 외레순드 권역에서 출발된 특화산업과 경제효과를 덴마크와 스웨덴 전역으로 확산시키기 위한 정책인 하위 클러스터링(sub-regional cluster) 전략은 외레순드의 가장 우수한 성과로 꼽힌다.

이것은 지역으로는 덴마크와 스웨덴 전역을 특화된 소지역으로 나누고, 부문으로는 민·관·학·연·산이 통합된 나선형 구조를 지향한다. 양 국가별 주요 클러스터는 메디콘밸리(Medicon Valley cluster), 외레순드 식품아카데미(Oresund Food cluster), 외레순드 IT(Oresund IT cluster), 외레순드 환경(Oresund Environment cluster), 외레순드 로지스틱스(Oresund Logistics), 디지넷 외레순드(Diginet Oresund), 나노 외레순드(Nano Oresund), 휴머니오라 외레순드(Humaniora Oresund) 등이 있다. 이를 토대로 외레순드 뿐만 아니라 양국 공동의 지역혁신을 위한 목표를 재설정하고, 다시 이에 근거하여 단위사업을 추진함에 따라, 기업유치의 효율성, 사업추진의 효율성 등으로 지역의 상생발전을 이루는 성공사례를 만들고 있다. 그 결과 지금도 외레순드는 글로벌 경쟁력을 갖춘 첨단 바이오 클러스터로 성장하고 있고, 양 국가에서는 전국적으로 활발한 투자가 고르게 되고 있다.

외레순드로 인한 지역격차와 사회적 갈등예방책의 다른 하나는 지역사회의 갈등과 위험해소를 위한 공론의 장과 제도적 장치를 선제적으로 마련한 것이다. 외레순드 지역의 협력네트워크에는 코펜하겐과 말뫼 이외에 다른 지방도시와 중앙정부가 깊이 관여하고 있다. 이것은 지역 간 균형발전과 갈등예방에 중요한 기제로 작용한다.

먼저 정치적으로 최고 의사결정기관인 외레순드 위원회에는 총 36

명 위원 중에 덴마크와 스웨덴의 중앙정치인과 여러 지방의원 대표가 당연직으로 각각 18명씩 참여하고 있으며, 약 1주일의 회기로 1년에 1회 정도 전체 외레순드 부위원회 위원들과 정기회의를 별도로 갖는다. 여기에서는 주로 외레순드와 지역격차의 안건이 다루어진다. 이들 구성원은 모두 위원회가 최상위의 협력기관이지만, 양국의 국가적 전체이익도 서로 생각하는 대사관(embassy)으로의 역할과 자부심이 더 강하다.

그리고 외레순드 네트워크에는 양국의 중앙정부간 최우선협력체인 외레순드디렉트(Öresunddirekt), 엘시노르와 헬싱보리 간의 주요도시 협의회도 있어 주요 의사결정에 지역안배의 영향력을 행사하도록 하고 있다. 즉 외레순드는 경제현안에서 공론의 장과 관련제도의 재정비를 함께 논의, 의결하고 있다. 이런 점은 초국경 협력을 시도하는 미래 동아시아의 해항도시들이 확실히 배워두어야 할 부분이다.

8) 시민의 생활과 문화적 소통의 개선

외레순드 사례에서는 초국경 지역 사이에 필요한 사안이 발생하면 탄력적인 제도개선으로 대응하여, 두 지역에 사는 주민들이 생업과 생활과정에서 불편함이 없도록 최대한 노력하고 있다. 특히 위원회를 중심으로 지속적으로 증가하는 외레순드의 규모와 현안들에 대해 대의적 책임성을 갖고서 문제를 시의적으로 즉각 해결하고 있다. 초국경 지역에서만큼은 서로 다른 규제법들이 특별히 폐지되고 극소수 밖에 남겨 놓지 않았다는 것은 규제와 제도적 장벽에서 시민편의와 생활중심으로의 장벽해소를 시사한다.

이러한 장벽해소의 이슈에는 외레순드에 포함된 스웨덴 초국경 지역과 덴마크 초국경 지역 사이의 취업자격과 소득, 주택과 부동산 취득에서부터 교육과정과 학력인증, 레저와 소비활동, 노조가입과 언어 문제에 이르기까지 다양하였다. 특히 외레순드 시민들은 자신에게 조금이라도 이익이 되는 부분이 있으면 둘 중의 한 나라의 제도를 그 부분만 선택할 수 있는 초국경적 특권(privilege)이 있다. 이것은 외레순드로 점점 더 많은 사람들이 모여들도록 만드는 가장 매력적인 부분으로 인식되고 있다.

세계 여러 선진국 중에서도 가장 최상의 사회복지제도를 자랑하는 북유럽 국가 중에서 덴마크와 스웨덴은 유난히 세금이 높기 때문이다. 대부분의 부과세가 약 25% 수준이고 소득세가 대략 26%에서 59% 수준까지에 넓게 걸쳐 있다. 자영업자의 경우, 부가가치세를 포함하면 세금이 최대 71% 수준이나 되는 경우도 있다. 가령 덴마크와 스웨덴에서 100원을 번다고 하면, 세금으로 나가는 돈이 최소 26원에서 많게는 71원까지 된다는 이야기인데, 개인적으로 절세를 할 수 있고 물건을 싸게 구입할 있다는 것만으로도 이 지역은 외부인들에게 충분한 매력을 가진다고 한다.

다만 내국세, 실업급여, 사회보장, 법률구조 등에서는 중앙정부와의 협상과 개선이 현재 진행형이지만, 이러한 모든 점들은 이른바 시민의 일상 생활적인 초국경 협력이란 관점에서 공동의 장벽해소 노력이 만든 훌륭한 성과인 것이다. 또한 초국경 대학연합과 교육부문이 공통의 비전을 갖고 각급 학 · 연 · 산 네트워크를 구축하여 언어와 문화의 장벽을 먼저 허물고, 이를 전체 부문으로 확산해 나간 것은 향후 동북아시아 주요 국가 및 우리나라의 많은 연안도시와 지방정부간 초국경 교류 추진에 있어서도 벤치마킹이 충분히 가능한 부분이라고 하겠다.

제 5 장

페마른 벨트와 초광역 네트워크

제 5 장
페마른 벨트와 초광역 네트워크

1. 페마른 벨트와 초국경 지역의 확장

북유럽 해항도시인 덴마크 코펜하겐과 스웨덴 말뫼 사이에 형성된 외레순드(Oresund)는 세계적인 초국경 지역의 성공모델로 인정받고 있으며, 2010년 이후에도 현재까지 지속적인 발전과 확대를 거듭하고 있다. 특히 덴마크와 코펜하겐은 외레순드 초국경 다리의 구축을 통해서 10년이 넘는 세월동안 경제구조와 사회 · 문화적으로 많은 이득을 보았으며, 이러한 성공경험을 토대로 하여 유럽연합 내에서도 소위 '초국경 교량의 나라', '월경네트워크와 연결망의 중심도시'로서 그 이미지를 점점 굳혀가고 있다.

그리고 바로 지금 덴마크 정부와 해항도시 코펜하겐은 새로운 파트너로서 유럽연합에서 가장 큰 국가이자 경제대국인 독일과 초국경 협력을 진행하고 있으며, 독일의 거점 해항도시 함부르크, 뤼베크 등과의 초국경 연계 및 경제교류를 시도하고 있다. 이른바 '페마른 초국경 지역 벨트(Fehmarn Belt Region, Femern Bælt Regionen)'라는 이름으로 유럽연합은 지금 초국경 네트워크의 새로운 미래를 개척하고 있는 것이다.

구체적으로 덴마크 정부와 코펜하겐은 외레순드 대교의 완성과 성공적인 운영을 바탕으로 지난 2004년에 초국경 페마른 벨트를 위한 덴마크와 독일 사이의 2차 교량 건설을 추진하였다. 소위 미래의 페마른 벨트(Fehmarn Belt)의 구축과 그 발전에 관한 실무적 구상은 이미 2000년대 이전부터 있어 왔으며, 지속적인 논의와 협상이 전개되었다. 그리고 이는 덴마크와 독일의 발트해 접경지역 해협을 근간으로 하여, 기존의 외레순드 초국경 지역 벨트와 함께 새로운 페마른 벨트로의 확장을 도모하기 시작하였다. 이를 통해 지금 해당 도시들과 국가들은 미래 북유럽 초국경 통합지역의 지속적 확대와 발전을 상징적으로 표현하고 있다(Dosenrode-Lynge & Halkier. 2004; Cattan, 2007; Bellin & Hilpert, 2013).

다만 페마른 초국경 지역 벨트는 대략 1990년대 후반부터 논의를 시작하여 2021년 마무리까지의 초장기적 구상으로 프로젝트가 확정되었다. 2014년 기준으로 이미 계획에서 실천으로 옮겨졌으나, 그 집행상황은 2021년 완료까지 여전히 현재진행형이다. 페마른 벨트는 기존의 외레순드와 같이 외형적으로 아직은 초국경 벨트 인프라가 완공되고, 행정적으로도 초국경 권역이 완성되지 못한 관계로 현지 전문가 및 지역학자들 사이에는 많은 논의와 담론이 진행 중에 있는 것으로 알려졌다(Griesbach, 2007; Rokicki, 2009; Matthiessen & Worm, 2011; Merrow, 2011; Walsh, 2012a; Walsh & Allin, 2012).

따라서 여기서는 2000년대 이후부터 2013년 시기까지 나온 최근의 상황을 기준으로 현재까지 진행된 내용은 다음과 같이 소개될 수 있으며, 그에 대한 구체적인 논의와 설명은 다음과 같다.

1) 페마른 대교의 건설 구상

먼저 초국경 페마른 벨트 구상에서 가장 먼저 제안된 페마른 대교(Fehmarn Bælt-forbindelsen) 연결 프로젝트는 지리적으로 크게 유럽

〈그림 40〉 페마른 벨트의 사장교 건설 조감도(2008년 최초 원안)

출처: Fehmarnbelt Fixed Link(www.femern.com), Fermern A/S website(CC-BY).

연합 지역에서 유럽의 본토라고 할 수 있는 독일 북부지역과 덴마크가 위치하고 있는 스칸디나비아 반도를 연결하는 대공사를 골자로 하는 계획이었다.

최초부터 다리가 놓여질 해협의 길이는 약 18~19km 정도였으며, 만약 페마른 지역에 다리가 연결이 된다면 독일의 함부르크 및 뤼베크(유럽 본토)와 덴마크 코펜하겐(북부 유럽) 사이에서는 교통의 혁명이 일어나게 된다고 알려졌다(Maskell & Tornqvist, 1999; Trafikministerie, 2004; LLC Books, 2010). 즉 현재는 함부르크와 코펜하겐 사이에서 육상과 배를 복합적으로 이용하여 발트해를 건너는 총 5시간 정도 걸리는 거리를 육상으로만 약 3시간 이내 정도에 충분히 주파할 수 있다고 예측되었다.

이 지역에서는 사람뿐만 아니라 자동차와 열차도 모두 해상운송수단인 페리(ferry)선 만을 통해서 발트해를 건너야 했었다. 이에 2000년도 중반에 제안된 페마른 대교의 건설은 스칸디나비아와 유럽 본토 사이의 관광 및 각종 교역이 크게 늘어나게 할 것으로 주위로부터 많은 기대를 모았다(Danish Traffic Ministry, 2013; Ramboll, 2013).

2) 페마른 해저터널의 건설 계획

최초에 페마른 대교의 설계는 덴마크 정부 국유 건설회사(Sund & Bælt Holding A/S)의 2008년 원안에 의해서 확정되었으며, 덴마크가 전체 공사비 약 56억 유로(약 8조 9000억 원) 중에서 약 48억 유로를 부담하고, 2011년경에 착공하여 2018년경에 완공할 예정이었다(Trafikministerie, 2004; LLC Books, 2010). 초국경 건설의 지역과 공법으로는 독일의 페마른 섬과 덴마크 롤란드 섬을 잇는 사장교(cable-supported bridge, cable stay bridge)의 방식을 채택하였다. 그리고 이는 2005년 덴마크와 독일의 양자 교통장관들의 전격적인 합의로 2007년까지 조금씩 진행이 되고 있었으며, 2008년에 이르러서는 거의 다리공사의 착공절차만을 남겨두게 되었다(Danish Traffic Ministry, 2013).

그러나 얼마 지나지 않아, 최초 사장교 형태의 다리설계안에서 환경 및 경제성에 걸친 몇 가지 문제점이 발견되어 2011년 양국의 협의에 의한 최종 수정안(Fehmarn Belt Fixed Link: Tunnel Solution)이 다시 나왔다. 이 수정안에서는 다리(사장교)가 아닌 침매(沈埋)공법 방식을 이용한 해저터널(Undersea tunnel) 방식을 택하는 것이 주요 골자였다. 즉 이것은 독일 페마른섬의 푸트가르덴(Puttgarden)과 덴마크의 뢰드비 항구(Rodbyhavn)를 육로로 연결하려는 페마른 벨트 해저터널(Fehmarn Belt Tunnel)의 건설이었다. 이 수정안은 2011년 말 곧바로 양국의 동의로 인해 페마른 벨트건설의 새로운 수정계획으로 최종 확정이 되었다(Danish Traffic Ministry, 2013; Fehmarnbelt-Portal des Fehmarnbelt Komitees, 2013; Finn Mølsted Rasmussen, 2013; Ramboll, 2013).

지난 2011년에 협의된 덴마크와 독일 양국 정부의 수정계획에 따르면, 페마른 해저터널은 육지에서 만든 약 200m 정도의 콘크리트 터널 함체(函體)를 물 속에 투하해 해저바닥에서 바로 연결하는 침매공법으로 건설되어지며, 2014년 착공해 2020년에 완공 예정으로 계획이 되어졌다. 이 터널은 자동차와 열차가 각각 다른 선로로 왕복운행 할 수 있는 복합식 터널 구조로 만들어지는데, 해저터널구간은 각각 왕복 2차선 열차선로(twin-track rail connection)와 왕복 4차선 자동차도로(4-lane motorway)로 구성이 된다.

현재 최종 해저터널 계획과 설계를 맡은 덴마크 국유건설회사

〈그림 41〉 페마른 벨트 해저터널 구간의 교통수단과 설계

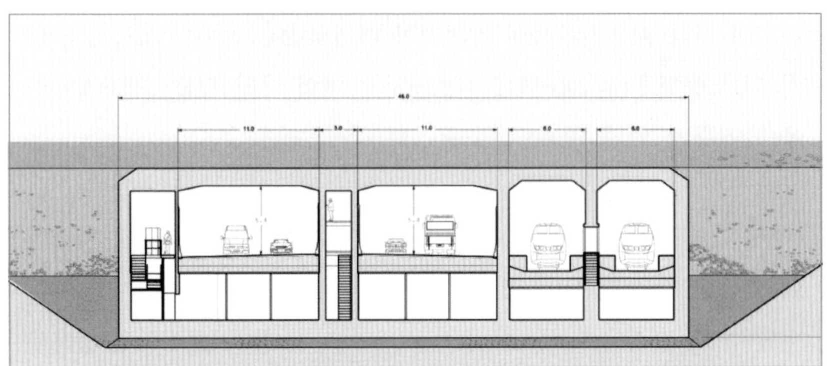

출처: Fehmarnbelt Fixed Link Design
(www.femern.com, www.fehmarnbeltdays.com: CC-BY).

(Femern A/S)에 의하면, 향후 2021년 하반기에는 늦어도 터널이 일반인들에게 완전 개통될 예정에 있다고 한다(Fehmarnbelt Fixed Link, 2013; Pries & Sezgin, 2013; Zusammenarbeit uber den Fehmarnbelt, 2013).

새로운 페마른 벨트 해저터널(Fehmarn Belt Fixed Link)의 수정된 건설계획은 최초에 기존의 원안이었던 2008년 페마른 벨트 사장교 건설계획에 비해 경제적, 사회적, 환경적 측면에서 많은 장점을 가진다고 한다. 현재 덴마크 해저터널 설계기업(Femern Sund & Bælt Holding A/S, Fehmarn A/S)의 계획에 의하면, 일단 사장교 형태에 비해 해저터널은 페마른 해협에 건설되는 과정에서 여러 가지 이점을 가진다.

우선 공사비용을 놓고 볼 때, 그 물리적 길이가 혁신적으로 단축되는 동시에 침매공법으로 인해 사장교보다 시간과 비용 면에서 약간은 더 효율적일 것으로 예측되고 있다. 뿐만 아니라 사장교에 비해 해저터널은 자연 뿐만 아니라 기존 발트해를 오가는 수많은 배와 비행기의 항로를 전혀 방해하지 않는 방식이기도 하다. 즉 해저터널이 완공

된 이후에는 사장교의 다리 교각이 해협에서 기존의 오고가는 여러 종류의 선박들과 충돌할 수 있는 잠재적 위험을 완전히 없애면서, 그 운영과 유지가 상대적으로 안정적이라고 한다(Fehmarnbelt Fixed Link, 2013; Pries & Sezgin, 2013; Zusammenarbeit uber den Fehmarnbelt, 2013).

그리고 해저터널은 사장교와 달리 왕복하는 각종 교통수단들이 자연적 기상상황인 눈, 비, 바람, 안개, 어둠 등의 영향을 전혀 받지 않는다는 이점이 역시 크다고 한다. 페마른 해협이 포함된 발트해와 유럽 북부지역은 특히 바람과 안개의 영향을 많이 받는 것으로 알려져 있다. 무엇보다 해저터널은 사장교에 비해 매년 유럽지역에서 이 해협을 자주 오가는 약 9000만~1억 마리 정도에 달하는 철새들의 생태적 이동을 전혀 방해하지 않는 등 매우 친환경적인 방식으로 결론이 내려졌다(Danish Traffic Ministry, 2013; Fehmarnbelt-Portal des Fehmarnbelt Komitees, 2013).

반면에 기존 페마른 사장교 방식의 경우에서 다수 환경전문가들은 약 280m에 달하는 주탑의 높이와 약 65m에 달하는 복층다리 상판의 높이가 설계 당시부터 바다를 오고가는 각종 조류와 포유동물들에게 잠재적 위협이 되고 있었다는 점을 중요하게 지적하였다. 교량이 주변 생태계 및 자연의 미적경관을 훼손하거나 기존 구조물의 경관을 훼손하는 경우, 그 대안으로 침매터널을 적용하는 사례가 덴마크, 스웨덴, 미국, 호주, 일본 등 세계적인 경우들로 이미 여러 차례 있어 왔기 때문이다(Walsh & Allin, 2012; Pries & Sezgin, 2013; Zusammenarbeit uber den Fehmarnbelt, 2013).

게다가 2000년대 이후부터 최근까지 유럽연합에서 이루어지는 모든 개발의 이슈에서는 '지속 가능한 개발', '인간과 자연의 공존'의 슬로건이 포함되어 있으며, 모든 계획의 설계와 추진과정에는 환경보전

〈그림 42〉 페마른 벨트 해저터널의 건설 조감도(2011년 최종 수정안)

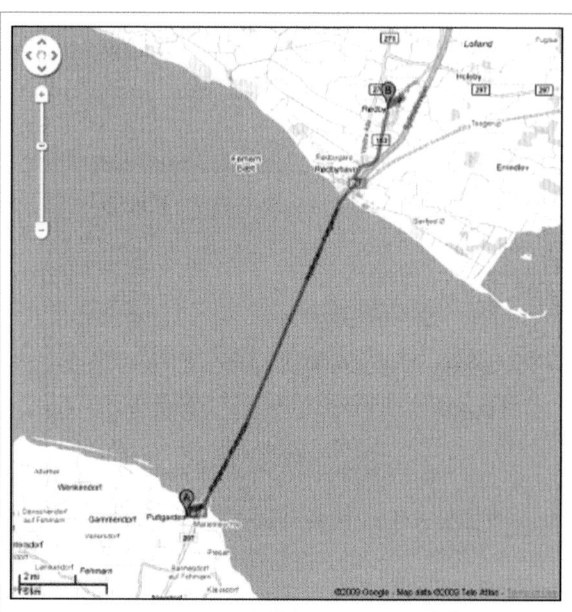

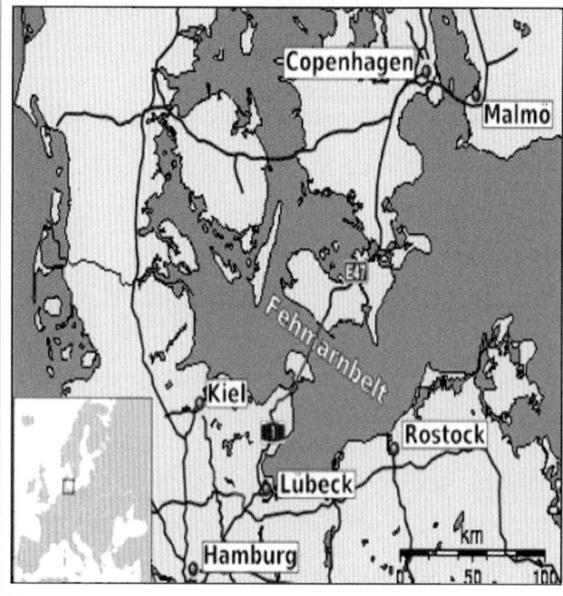

출처: Fehmarnbelt Fixed Link(www.femern.com), Fermern A/S website (CC-BY).

의 의무와 함께 생태계와 인공물의 조화를 규범적으로 강조하고 있기 때문이기도 하다(Dosenrode-Lynge & Halkier. 2004; Cattan, 2007; Bellin & Hilpert, 2013). 그리고 이 모든 것들은 유럽연합(EU)의 〈지역개발 및 환경규정〉에 따라 2006년부터 이슈화되었으며, 2008년 덴마크와 독일 사이의 교통장관 회담 및 환경영향평가(EIA: Environment Impact Assessment)를 거친 후에 최종적으로 페마른 벨트 연결사업에 대하여 그 수정이 이행, 확정되었다(Danish Traffic Ministry, 2013; Fehmarnbelt-Portal des Fehmarnbelt Komitees, 2013; Finn Mølsted Rasmussen, 2013).

2. 페마른 벨트의 지리적 거점과 개발

독일과 덴마크 사이에 위치하고 있는 페마른 벨트 접경지역을 지리적으로 살펴보면, 가히 21세기에서도 초국경 통합에 쉬운 길은 없다는 것이 다시 정설로 확인되고 있다. 덴마크와 독일은 발트해 해협을 사이에 두고 있으나, 그 지리적 간극이 결코 가까운 것은 아니다. 구체적으로 페마른 벨트 구축의 지리적 거점은 덴마크 코펜하겐을 출발하여 뢰드비 항구(Rodbyhavn)를 거쳐 독일 페마른 섬의 푸트가르덴(Puttgarden)에 이르고, 이는 다시 독일본토의 뤼베크와 함부르크로 연결이 된다.

이 페마른 접경지역의 발트해는 면적이 약 43만km^2이고. 평균 수심은 55m이며, 가장 깊은 곳은 463m에 이른다. 발트해의 옛 이름은 호박(琥珀)의 산지로서 알려진 마레수에비쿰(Mare Suevicum), 독일어로는 오스트제(Ostsee: 동쪽 바다)인데, 스칸디나비아 반도와 유틀란트 반도에 의하여 북해와 갈라져 있으나, 두 반도 사이의 스카게라크 해협과 카테가트 해협으로 외양(外洋)과 통한다. 현재 발트해는 스웨덴과 덴마크, 독일, 폴란드, 러시아, 핀란드 등의 국가들에 둘러싸여 있다.

독일 슐레스비히홀슈타인 주 연안과 덴마크 섬들 사이에 있는 만(灣)을 킬 만(Bay of Kiel)으로 부르는데, 동쪽으로는 메클렌부르크만(Bay of Mecklenburg), 북서쪽으로는 소벨트 해협(Little Belt), 북쪽으로는 대벨트 해협(Great Belt)과 연결된다. 2개의 벨트해협을 지나 발트해를 드나드는 선박은 반드시 이 만으로 들어서게 된다. 즉 모든 배들은 발트해를 통과하여 페마른 벨트(Fehmarn Belt)를 지나서 메클렌부르크 만에 들어서게 되는 것이다.

구조적으로 발트해는 연안에는 섬들이 많아 다도해를 이루고 있는데, 북해(北海)의 연장에 해당하는 천해(淺海)이며, 덴마크 동부의 여러 해협 및 카테가트 해협으로 북해와 통하는 반면에 인공의 킬 운하로 연결된다. 또한 러시아의 운하와 발트해 운하로 인해 예로부터 여러 방면으로 배가 통항(通航)하게 되었다. 북쪽에는 보트니아만이 만입(灣入)해 있고, 동쪽에는 핀란드만과 리가만 등이 위치하고 있다. 여기서는 페마른 초국경 벨트의 새로운 지리적 거점으로서 발트해 연안에 위치한 독일의 페마른 섬과 뤼베크, 함부르크의 최근 상황을 중점적으로 살펴보고자 한다.

1) 페마른 섬과 푸트가르덴의 개발

우선 페마른 벨트에서 지형적 핵심이 되는 발트해의 페마른 섬은 그 면적이 약 185km^{3}로 발트해(Baltic Sea) 남부에 위치하고 있다. 위치적으로 페마른 섬의 수도(水道: 가장 좁은 해협의 너비 약 1.6km)는 남쪽으로 독일의 본토와, 페마른 벨트의 연결 예정지역(해협의 너비

〈그림 43〉 유럽 페마른 접경지역의 발트해 연안지형

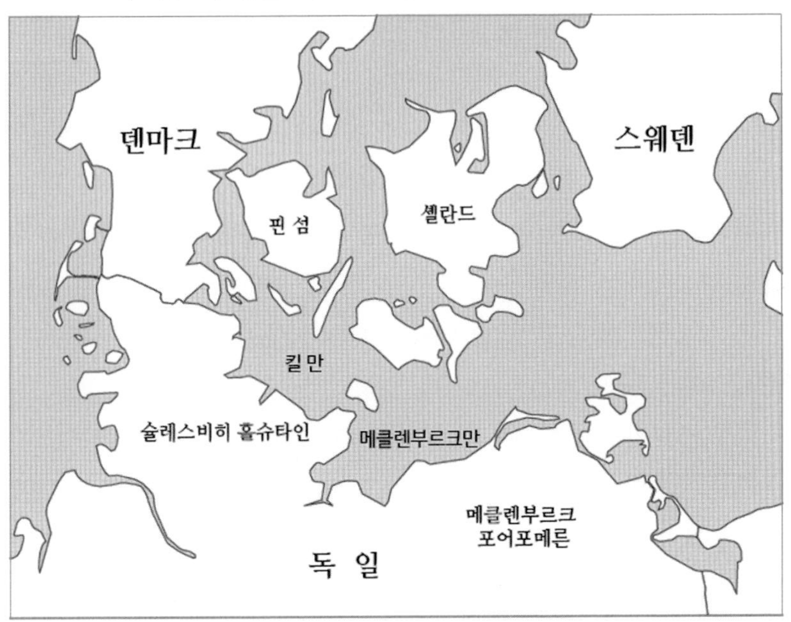

약 18km)은 북쪽으로 덴마크의 롤란드 섬과 각기 마주보고 있다.

행정적으로 페마른 섬은 독일 최북단의 슐레스비히 홀슈타인(Land Schleswig-Holstein) 주(州)에 딸린 섬이며, 현재 거주민은 약 13,000여 명 정도이다(Fehmarn Belt Fixed Link, 2013). 독일 북부와 덴마크 남부의 광역권을 지리적으로 잇는 페마른 섬은 해협을 사이에 낀 양국의 접경지역으로 문화적으로 다소 동질적이면서도, 다른 한편으로는 경계(border)로 인한 상이성이 부각되는 그러한 혼성적인 지역으로서 매력을 갖추고 있다(Matthiessen & Worm, 2011; Merrow, 2011).

전통적으로 페마른 섬은 독일 국민들에게 해양스포츠와 해양관광, 레크리에이션 및 휴양 지역으로 유명하다. 현재 페마른 섬은 친환경

지역구축을 표방하면서 바람이 많이 부는 지리적 특성을 이용한 신재생 에너지 자원으로서 해상풍력 발전과 섬 관광개발, 그리고 양자의 연계와 지역경제의 파급효과 확대에 주력하고 있다. 그리고 페마른 섬 지역 전체는 2021년까지 공사가 진행되고 있는 해저터널 건설의 가장 핵심적인 구간이며, 육상과 해저터널 교통구간의 교차점으로 계획되어 있는 푸트가르덴 항구는 현재 페리 운항의 작은 기점이자 경제적 규모로서는 북유럽에서도 비교적 미미한 지역이다(Copenhagen Economics and Prognos, 2006; Vieregg-Rossler GmbH, 2008; Fehmarnbelt-Portal des Fehmarnbelt Komitees, 2013).

다만 푸트가르덴 항구는 현재 소액의 배 운항 수입과 관광사업으로 살아가는 지역이지만, 미래 초국경 중간교통로의 거점지역으로 계획됨으로써 현재 개발이 한창 진행되고 있다. 그리고 앞으로는 페마른 벨트의 해저터널 구간의 결절점이 됨으로써, 막대한 액수의 육상교통 요금을 현지에서 징수할 수 있게 되었다. 게다가 유럽 전역의 관광객과 외부 인구유입의 증가로 인한 각종 부가가치의 상승효과를 기대하고 있기도 하다(Walsh, 2012a; Walsh & Allin, 2012; Pries & Sezgin, 2013). 이로써 페마른 섬과 푸트가르덴은 전통적인 발트해 해상교통의 거점에서 벗어나, 향후 2021년 해저터널의 완공과 함께 지역인구와 경제적 측면에서 다시 한번의 재도약을 꿈꾸고 있다.

2) 뤼베크와 신한자의 부활

독일의 북부의 대표적인 해항도시 뤼베크(Lubeck)는 페마른 섬과 같이 슐레스비히 홀슈타인(Land Schleswig-Holstein) 주에 있는 발트해에 면한 해항도시이다. 현재 인구는 약 22만여 명 정도이며, 페마른 벨트의 기착 예정지인 함부르크에서 북동쪽으로 약 65km 지점에 있으며, 발트해로 흘러 들어가는 트라베 강의 연변에 위치한 유서 깊은 도시이다. 역사적으로 뤼베크는 1143년에 처음 도시가 건설되어, 1158년 사자공 하인리히(Heinrich der Loewe)에 의해 도시권이 주어졌다. 중세시대에는 한자동맹의 초기 중심지(Hanseatic City of Lubeck)이기도 했으며, 한자동맹의 여왕(Queen of the Hanse)이라는 별칭을 얻으며 16세기까지 북유럽무역의 중심지로 자리 매김을 했다.

참고로 한자동맹은 13세기부터 약 200년 동안 북유럽과 발트해의 상업활동을 독점했던 당시 북유럽 최강의 경제 · 정치 세력이었으며 뤼베크는 그 중심이었다. 뤼베크는 서기 약 1400년경에 도시로서 최고의 전성기를 맞이하였으며, 200개가 넘는 발트해 연안도시가 가입한 한자도시동맹의 맹주 역할을 했다(정문수 · 정진성, 2007; 정문수, 2009).

그러나 17세기 이후 북유럽 무역의 패권을 쥐고 있던 한자동맹이 쇠퇴하면서 뤼베크의 전성기도 막을 내렸다. 1937년까지 뤼베크는 자유시였으나, 1938년 히틀러에 의해 자유도시로서의 면모를 잃고 슈레스비히-홀스타인 주의 한 도시로 격하되었다. 제2차 세계대전 시기의 불가피했던 피해에도 불구하고, 뤼베크는 과거 다양하고 화려한 문화유산의 보존과 지속적인 복구를 통해서 오늘날에 이르고 있다.

지금의 뤼베크는 단순히 역사가 오랜 해항도시가 아니라 인간이 거주하는 도시공간으로서 건축물의 공간구성, 구조와 기능이 특정 시대의 문화적 특성을 잘 보여주고 있다. 그리고 전쟁과 개발로 인해 크게 파괴되지 않고 과거 한자동맹시대의 도시구조와 건축물을 거의 원형 그대로 보존하고 있는 역사도시로서 1987년 유네스코 세계문화유산으로 지정되기도 하였다(Fehmarnbelt-Portal des Fehmarnbelt Komitees, 2013; Wikipedia, 2013).

뤼베크가 페마른의 지리적 거점으로 중요한 사실은 1980년에 이르러 과거 발트해의 한자동맹이 현재 신한자(Die Neue Hanse)의 이름으로 부활하였으며, 뤼베크는 신한자의 의장도시를 맡고 있다는 점이다. 정확히 말하자면 1669년 마지막으로 개최되었던 한자총회가 1980년에 다시 개최되었으며, 지금까지 한자도시들은 매년 총회를 개최하고 있다. 중세 전성기에 약 208개 도시가 구 한자에 속했던 것처럼 현대 발트해의 신한자 해항도시 네트워크는 2000년대 이후 이미 16개국의 200개의 과거 한자도시들이 다시 동맹한 거대한 조직이 되었다(정문수·정진성, 2007; 정문수, 2009). 이는 뤼베크가 북유럽의 무역을 지배하던 한자동맹시대가 절정에 달했을 때와 같이 완전히 재생한 해항도시 네트워크의 역사적 측면을 현재에 이르러 잘 보여주고 있다.

과거 한자의 여왕이라는 위치에서 다시 신한자의 중심도시로서 부활한 뤼베크의 이러한 상황은 미래에 새로운 페마른 벨트의 구축과 발전과도 이념적으로 매우 밀접한 연관을 맺고 있다. 특히 지금 신한자의 제도적 실천기구가 되고 있는 발트해 도시연합(Union of the Baltic Cities)은 발트해 연안지역과 해항도시들의 적극적인 네트워킹과 협력관계를 특히 강조하고 있다(Alexandersson, 1982; Baltic Development Forum, 2013). 즉 이 연합은 과거 한자도시들 간의 공동의 역사, 공동의 역할, 공동의 운명을 특히 강조하면서 발트해 지역 내에서의 도시 간 사람, 상품, 자본의 자유로운 이동과 민주주의, 자유와 인권, 안정적인 정치와 경제시스템을 가진 지역으로의 동질성 추구에 목적을 두고 창립되었다. 그리고 이것은 발트해를 근간으로 하는 미래 페마른 초국경 벨트의 목적 및 취지와 본질적으로 동일하며, 향후 신한자는 이러한 페마른 초국경 권역 구축으로 수반되는 발트해 지역의 새로운 변화에 발맞춰 나가는 동반자로서의 역할을 할 것으로 기대되고 있다.

3) 함부르크와 하펜시티의 재생

다른 한편으로 페마른 해저터널의 일차적인 종착지로서 계획되어 있는 함부르크(Hamburg)도 도시 자체의 의미가 매우 크다고 할 수 있다. 함부르크의 정식명칭은 함부르크 자유 한자 시(Freie und Hansestadt Hamburg)이다. 함부르크는 현재 독일 최대의 해항도시이자 인구로는 2번째로 큰 도시이다. 독일의 함부르크는 그 도시규모 면에서 유럽에서 네덜란드의 로테르담(Rotterdam)에 이은 두 번째로 큰 현대적 항만도시이기도 하다. 독일 정부는 함부르크 자체가 원래부터 지리적으로 중요한 것으로 보고, 다른 대도시인 베를린이나 브레멘처럼 독일의 한 주(州)로 그 행정적 지위를 높게 취급하고 있다. 따라서 함부르크는 그 오래된 도시역사와 많은 인구, 산업적 중요성과 교역의 다양성 등에 의해서 유럽에서도 중요한 거점 해항도시의 성격으로 다루어질 수 있다.

함부르크는 전통적으로 상업에 종사하는 인구가 독일에서 제일 많은 지역이고, 항구와 관련된 조선소, 정유소, 수입원료의 가공처리 공장 등이 많이 있다. 한자동맹(Die Hanse) 중심지역이었던 함부르크는 19세기까지만 하더라도 최첨단을 걷는 항구도시로서 관세자유지역으로 번성했었다. 그러나 제2차 세계대전 이후 항구의 물류, 선박시설들이 대부분 파괴되었으며, 이후 1960년대 현대화된 항구로 재건을 실시하면서 1990년대까지 그 명맥을 이어왔다(Hamburg, 2013; Port of Hamburg, 2013).

함부르크는 현재 도시 전체 면적의 약 28%가 경관보호지역으로 '숲 속의 도시'라고도 하며, 문화적으로는 대부분의 언론사 본사가 함부르크에 위치하여 '독일 언론의 1번지'라고도 불린다. 현재 오래된 오페라, 뮤지컬, 박물관 등의 문화시설을 기반으로 다수의 유명 국제행사가 개최되기도 하였다. 국제적으로는 우리나라 영사관을 포함하여 전 세계에 걸쳐 104개의 영사관이 현재 함부르크에 자리잡고 있어, 세계적으로 미국의 뉴욕, 아시아의 홍콩 다음으로 많은 현대 국제교류의 장소이자 다국적 문화교섭의 무대이기도 하다.

함부르크는 국가적으로 대입을 시킬 경우, 우리나라 제2의 도시 부산과 매우 유사한 도시의 규모와 위치를 점하고 있다. 내륙의 수도권과 떨어져 있으면서도, 항구를 기반으로 하여 장기간 비슷한 도시발전의 양태를 보이고 있는 것이다. 게다가 독일 동부를 거쳐 북해로 진입하는 엘베 강 하류에 자리 잡고 있는 함부르크와 낙동강을 거쳐 남해바다와 태평양으로 진입하는 부산은 지정학적 입지 측면에서 매우 유사하다.

이러한 유사성은 초국경 교류와 통합의 측면에서도 역시 우리에게 많은 시사점과 교훈을 줄 수 있다. 예컨대, 함부르크가 중요한 국제적 문화도시로서 굳건한 토대를 닦을 수 있었던 것은 항구 및 수변도시가 지닌 다양하고 연성적인 입지요인 때문이다. 함부르크는 독일에서 해항도시의 형성 및 발달과정에서 쌓아온 다채로운 면모를 지니고 있을 뿐만 아니라, 현대의 지속 가능한 해항도시로서 존립하기 위해 그 기반이 과연 무엇이어야 하는가를 보여주고 있다.

최근 함부르크는 페마른 벨트 구축 이전에 자체적으로 이전의 도심과 항만지역을 결합하고 활성화시켜 이른바 국제적인 수변도시(waterfront city)로 변모하려 노력하고 있으며, 이를 위해 항구 중심 도시재개발의 공공 프로젝트인 하펜시티 마스터플랜(Hafen City Masterplan)을 추진하고 있다.

하펜시티 마스터플랜은 1997년부터 2022년경까지 약 25년 동안 함부르크 도시면적의 약 40%를 증가시키고, 약 12,000명의 주거인구를 수용하며 약 40,000개의 일자리를 확보하는 것을 정량적 목표로 하고 있다. 그리고 이러한 개념의 수변도시 재생계획(The Masterplan Concept of the Hafen City)을 통해 앞으로 함부르크에서는 거주, 상업, 관광, 문화시설 등이 혼합된 항구와 수변의 지속가능한 재개발이 이루어 질 것으로 예상하고 있다(Hamburg, 2013; Port of Hamburg, 2013).

여기서 가장 중요하게 착안할 점은 함부르크 하펜시티 마스터플랜과 페마른 초국경 벨트 구축의 완성이 공교롭게도 그 시기가 서로 비슷하게 계획되어 있다는 것이다. 즉 해항도시 함부르크의 미래를 좌우할 내·외부의 두 가지 메가 프로젝트는 각각 그 완료시기가 2021년~2022년경으로 비슷하여 서로 긍정적인 시너지 효과를 낼 것으로 현지의 많은 학자와 전문가들은 기대하고 있다(Matthiessen & Worm, 2011; Fehmarnbelt-Portal des Fehmarnbelt Komitees, 2013). 즉 함부르크 도시의 내적으로는 사람과 문화 중심의 하펜시티가 완성되고, 외적으로는 페마른 초국경 교통망을 이용하여 21세기 유럽에서 가장 발전된 국제도시이자, 세계로 열린 유럽 최고의 해항도시로 제2의 도약을 꿈꾸고 있는 것이다.

함부르크에서 계획된 이러한 페마른과 하펜시티의 연계는 오랜 역사와 문화적 전통, 입지적 여건 등에서 비롯된 것이기는 하다. 그렇지만 근자에 들어와서 서로 다른 이해관계를 가진 지역사회 집단의 참여와 협력을 통해 새로운 도시재생과 발전을 일구어 낸 점에서도 그 원인을 찾아볼 수 있다. 따라서 현재 지역사회 각계의 참여와 협력으로 만들어지고 있는 함부르크의 도시재생과 초국경 연계활동은 앞으로 우리에게 많은 시사점을 주고 있다.

4) 지리적 시너지 효과

페마른 초국경 벨트의 형성취지와 그 당위성은 지리적 측면을 먼저 놓고서 결과론으로 설명하자면 비교적 간단해 진다. 먼저 국가적 차원에서 미래에 덴마크와 함께 페마른 벨트를 구성할 독일은 주위에 가장 많은 이웃국가를 가진 큰 나라이고, 도시적 차원에서 코펜하겐과 함부르크, 뤼베크 등은 남/서유럽과 북유럽을 광역적으로 연결하는 거점도시이다.

특히 페마른 벨트가 확장될 독일은 페마른 섬을 기점으로 북으로는 덴마크와 소통하고 있고 서쪽으로는 네덜란드, 벨기에, 룩셈부르크, 프랑스가 위치하고 있으며, 남쪽에는 스위스, 오스트리아를 끼고, 동쪽으로는 폴란드, 체코와 국경을 접하고 있다. 유럽전역의 지도를 펼쳐 놓고 보면, 독일은 유럽연합의 심장부 가운데에 정확하게 위치하고 있다는 것을 눈으로 쉽게 알 수 있다. 이러한 사실은 앞으로 북유럽에 다소 치우친 외레순드 초국경 지역과는 또 다른 페마른 초국경 벨트만의 잠재력과 위상을 우리에게 시각적으로 보여준다.

유럽연합 지역에서 총 9개에 달하는 이웃나라에 둘러싸인 독일과 그 거점지역을 통하여 만들어지는 페마른 초국경 벨트는 유럽인들에게 분명 이전의 외레순드 초국경 지역과는 또 다르게 다가올 수 있다. 단순하게는 소위 유럽 전역에 대한 엄청난 교통과 경제적 파급효과를 가져올 것으로 현지 전문가들은 기대하고 있다. 유럽연합 회원국에서도 가장 최강대국인 독일은 유럽의 동유럽과 서유럽을, 그리고 북으로 스칸디나비아 반도 국가와 남쪽 지중해 연안 국가를 연결하는 유럽의 정치적, 경제적, 문화적 중심점이 되고 있기 때문이다.

그리고 북유럽 지역에서 외레순드 링크를 중심으로 노르웨이와 덴

〈그림 44〉 페마른 초국경 벨트의 구축 이전과 이후의 북유럽 축선 변화

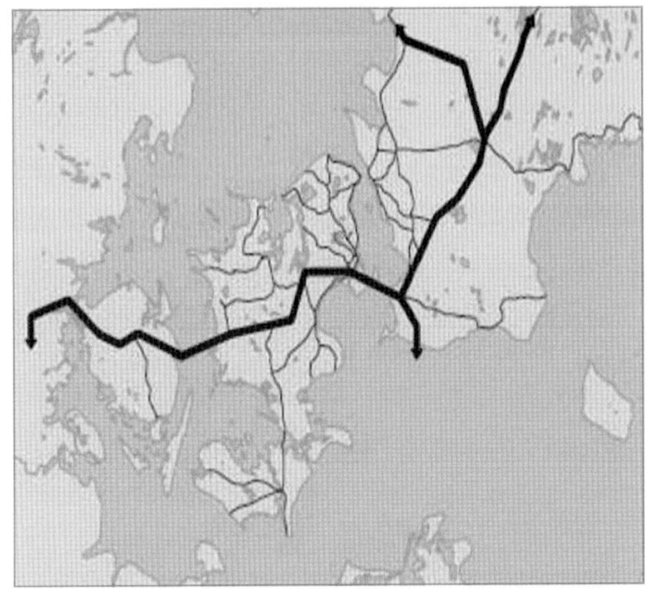

구축 이전

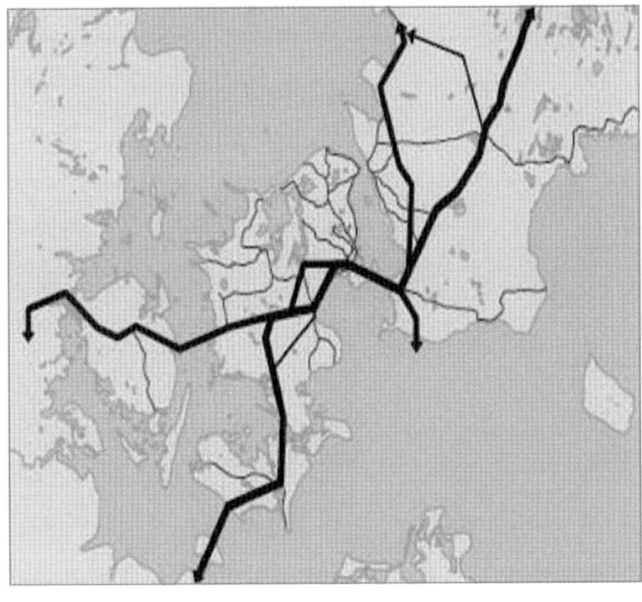

구축 이후

마크, 스웨덴을 횡적(-)으로만 이어주던 축선에서 이제 페마른 초국경 벨트가 가세함으로 인해 균형적인 십자(+) 형태로 그 축선이 발전되는 양상을 보여주고 있다. 이것은 유럽연합 전체에 걸친 초국경 지역의 모양을 균형감 있게 잡아주는 역할을 하고 있다. 또한 이를 기반으로 월경한 인구와 문화의 이동을 도모하고, 궁극적으로 국경을 초월한 하나의 단일공동체 문화권 형성이라는 유럽의 원대한 목표를 실현하려 시도하고 있다. 이런 이유로 페마른 초국경 벨트는 지금도 전폭적인 발트해 주변국과 유럽연합의 지원 하에 한 걸음씩 현실로 나아가고 있다.

3. 페마른 벨트의 미래수요와 기대효과

1) 수요예측과 비용부담

유럽의 발트해를 종단하는 페마른 벨트와 초국경 지역의 구축동기는 최초부터 엄청난 교통 및 이동상의 단축효과와 사회·경제적 파급효과 때문이었다. 이것은 곧 덴마크와 독일 사이에서 진행이 되어 온 페마른 벨트 해저터널 건설 비용분담 문제와 그 해결과정에서도 잘 나타나고 있다. 특히 핵심인프라인 해저터널의 건설에서 나타난 아주 특이한 점은 지금의 추정치로 약 50억 유로 정도(한화로 약 7조원 정도)에 달하는 막대한 총 공사비를 덴마크 정부가 거의 전액 부담하기로 했다는 점이다.

그 이유는 현재 유럽에서 덴마크의 대 독일교역은 무려 약 25%나 차지하는 반면, 독일에게 덴마크의 교역은 불과 약 1.5% 정도의 수준이었기 때문이다. 덴마크는 전통적으로 대외무역 의존도가 높은 개방 경제 체제이고, 대외교역이 국내 GDP의 약 3/4이나 차지한다. 그렇지만 실상 독일은 약 16배 이상의 경제적 교역격차로 인해 덴마크에 비해 초국경 통합의 명분과 부담에서 상대적으로 아쉬움이 크게 없는 상황에 있었던 것이다.

이러한 각각의 상황에서 과거 양국과 도시들은 1990년대 중반부터 2008년까지 약 15년 동안 공사비 분담 문제로 장기간의 협상과 실랑이를 벌였다(Pries & Sezgin, 2013; Zusammenarbeit uber den Fehmarnbelt, 2013). 여기에는 페마른 벨트를 구축할 경우에 장기적으로 예상되는 경제적 파급효과, 지역발전의 효과의 상호 인식차이가 전제되고 있었기 때문이다.

그러나 스웨덴 쪽과 만든 외레순드 초국경 지역의 대성공으로 많은 재미를 본 덴마크 정부와 해당 인접도시들의 의회(council)는 새 파트너인 독일에 비해 상대적으로 조급한 위치에 처해 있던 것이 사실이었다. 즉 독일 국민들과는 달리 스웨덴 말뫼와의 초국경 외레순드 지역의 구축으로 이미 그 실익(fruit)을 몸소 체감한 것은 바로 덴마크 국민과 코펜하겐 지역에 사는 시민들이었던 것이다. 이에 최근 덴마크 남부 롤란드 섬(Lolland)과 독일 북부 페마른 섬(Fehmarn) 사이에 약 18km의 기나긴 구간을 연결하는 해저터널 공사를 덴마크 정부와 코펜하겐 의회는 대다수의 만장일치로 승인, 의결하게 되었다(Matthiessen & Worm, 2011; Danish Traffic Ministry, 2013).

산술적으로 총 50억 유로에 이르는 막대한 페마른 해저터널 공사비는 2013년 기준 덴마크 연간 국가 총 재정규모인 약 700억 유로의 7% 가량을 차지한다. 하지만 이것은 2014년 착공부터 2021년 완공까지 약 9년여 사이에 걸쳐 순차적으로 지출을 하도록 되어 있다. 해저터널

공사비의 연차별 분할지출은 덴마크 정부에게 재정지출 부담을 연간 1% 미만으로 크게 감소시키게 하였으므로, 결국 국가적으로 당장 큰 부담을 떠안게 된 것은 아니었다.

또한 이보다 더 근본적인 이유는 덴마크 정부가 2000년 이후부터 줄곧 흑자재정을 유지하고 있었으며, 유럽연합의 도시재정 및 국가경쟁력 순위에서도 항상 최상위에 랭크되어 있기 때문이었다. 무엇보다도 덴마크 정부와 코펜하겐의 지역여론이 최근 스웨덴과의 외레순드 초국경 지역의 성공과 실익을 선명하게 기억하고 있는 이유도 분명 있었다.

외부적으로는 이러한 비용부담의 명분에 있어서 덴마크가 막대한 비용이 들어가는 페마른 벨트 해저터널 공사를 시작하면, 독일도 자국의 기간 운송망과 더불어 남부 유럽을 연결할 광역도로 및 광역철도 추가 건설비는 부담하겠다며 덴마크 측에 우호적인 성의를 표시하기도 하였다. 독일 내에서도 외레순드 지역의 성공을 익히 잘 알고 있었기에 사회적 반대는 드러나지 않았다.

그리고 현재 유럽연합(EU)의 창립회원국이자 가장 큰 경제대국인 독일은 유럽연합 공동기금에도 가장 많은 부담을 하고 있는 나라이다. 최근 그 분담금 규모는 매년 약 260억 유로의 수준으로 유럽연합 전체 공동예산의 약 20%를 차지하고 있다(BMVBS, 2013). 그러므로 페마른 벨트 해저터널의 건설비용 문제에서 독일 정부는 이러한 유리한 명분도 가지고 있었기 때문에 덴마크 정부와 협상은 의외로 쉽게 막을 내리게 되었다.

전반적인 페마른 해저터널 건설협상의 진행과정에서 상대적으로 느긋한 입장인 독일에 비해서, 덴마크는 벨트연결의 핵심인 이 인프라 공사가 자국이나 수도인 코펜하겐뿐만 아니라 북유럽 전체의 주요

〈그림 45〉 페마른 초국경 벨트에 대한 1차 투자(2007-2013) 프로그램 관할지역

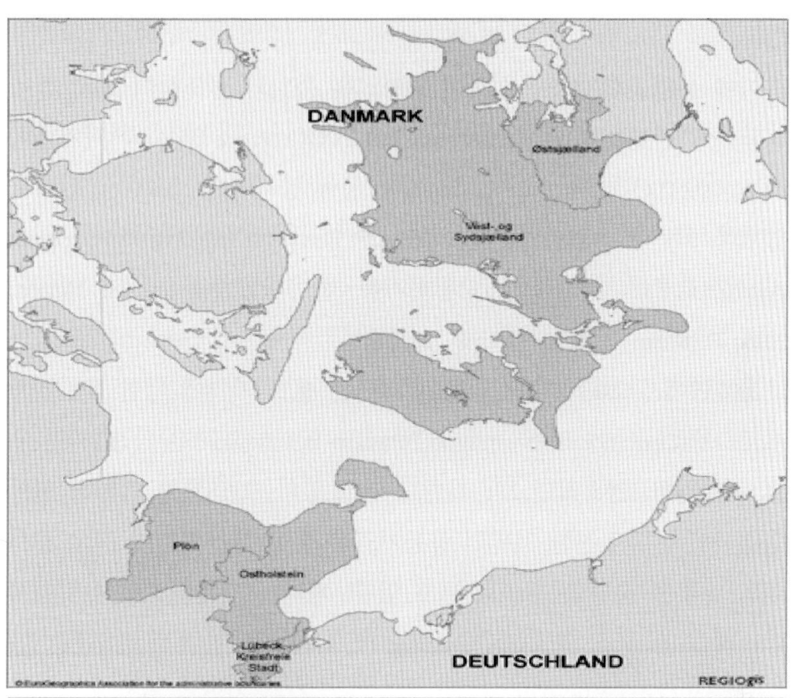

출처: 유럽위원회 지역발전기금(http://ec.europa.eu/regional_policy: CC-BY)

도시와 나라들에 막대한 영향을 미치는 중대한 사업이라고 판단하고 있다.

이에 유럽연합(EU)에 대하여 덴마크는 독일과 공조하여 초국경 네트워크에 관한 인터레그(Interreg) 프로그램(Interreg IV-A)과 지역협력 프로그램(TCO: Territorial Cooperation) 등에 공사지원 보조금을 신청하였으며, 최근에 유럽지역발전기금(ERDF: European Regional Development Fund)으로부터 적극적인 지원허가를 받아내었다(Bellin & Hilpert, 2013; Fehmarn Belt Fixed Link, 2013).

2007년에서 2013년까지 집행된 페마른 벨트 지역에 대한 1차 투자 프로그램(Operational Programme Fehmarn Belt Region)은 약 3,150만 유로 수준이며, 연속적인 2차 지원도 되고 있다. 그러므로 페마른 벨트 연결사업은 유럽연합 차원의 공동기금을 통한 재정지원이 전체 공사비의 일부를 충당할 것으로 보고 있다. 게다가 기본적으로 유럽에서 인터레그(Interreg) 프로그램(Interreg IV-A)과 지역협력 프로그램(TCO: Territorial Cooperation)의 지원을 받는다는 것은 지역의 위상에 긍정적인 외부효과도 가져오는데, 그것은 유럽에서 “무엇인가 크게 도움이 되거나 이루어지는 지역”이라는 긍정적인 이미지의 형성효과라고 볼 수 있다.

그리고 덴마크는 추가적으로 부족한 페마른 벨트 공사비에 대해 이러한 무형적 자산을 바탕으로 민간자본 등을 추가적으로 유치하고, 개통 이후에도 터널 이용자들에게 징수할 통행료와 각종 요금으로 이를 다시 장기 충당할 계획에 있다(Fehmarnbelt Fixed Link, 2013; Pries & Sezgin, 2013). 이미 스웨덴 말뫼와의 2000년 외레순드 대교의 개통과 이후 10년이 넘는 운영경험을 가지고 있는 덴마크와 코펜하겐 도시정부로서는 현재 이것이 충분한 재정충당 요인이 될 것으로 추산하고 있다.

2014년 기준으로, 지난 2000년에 개통된 기존 외레순드 대교의 경우 약 30년의 다리 건설비용 회수계획이 이미 15년 정도에 끝이 나는 그러한 성공적인 조기달성을 눈앞에 두고 있었기 때문이다. 결과적으로 기존의 외레순드 대교의 성공경험에 의하면 공적 재정투입의 회수기간이 절반 정도 단축되고 있어, 스웨덴보다 더 많은 인구를 가진 독일과 연결하는 페마른 해저터널의 경우도 덴마크와 코펜하겐 정부는 그 이상의 비용회수 효과를 내심 기대하고 있는 것이다.

2) 사회 · 경제적 기대효과

앞으로 덴마크와 독일을 잇는 페마른 해저터널 공사로 인해 생기는 각종 사회 · 경제적 기대효과는 단기적으로만 판단해도 일단 매우 큰 것으로 예상되고 있다. 먼저 독일을 중심으로 한 유럽의 남쪽 대륙과 스칸디나비아 반도 전체가 완전히 육로만으로 연결되는 소위 광역복합교통망의 구축이 크게 기대되고 있다.

2011년에 페마른 벨트 구축계획의 확정 이후, 이미 볼프강 티펜제(Tiefensee) 당시 독일 교통장관은 페마른 해저터널의 구축은 독일과 덴마크 국민 사이를 이어줄 뿐 아니라 환(環) 유럽 교통인프라 구축에도 매우 중요한 의미가 있음을 밝혔다(Zusammenarbeit uber den Fehmarnbelt, 2013). 즉 이러한 유럽 본토 광역교통망의 구축은 페마른 해저터널의 건설비를 조금만 부담하는 독일 쪽의 편익이 오히려 훨씬 더 큰 것으로 추산되고 있다.

다만 아직 해저터널이 착공 중인 관계로 보다 구체적인 사회 · 경제적 편익예측 수치는 2014년 이후 정도에 나올 전망이다. 같은 맥락에서 현재 유럽연합 차원에서 페마른 벨트의 향후 구축으로 인한 사회·경제적 기대효과는 소위 '범유럽 통합공간체계 전망 네트워크 프로젝트(ESPON)'와 '광역교통 네트워크 프로젝트(TEN-T)'를 통해 추산이 되고 있다.

먼저 범유럽 통합공간체계 전망 네트워크 프로젝트(ESPON: European Spatial Planning Observation Network)는 유럽의 공간개발 관련 학문적 네트워크 형성과 유럽연합 차원의 공간개발 정책지원체계를 형성하기 위하여 1999년부터 추진되고 있는 프로젝트이다. 이 프로젝트의 목적은 유럽지역의 공간적 변화와 불균형을 실증적으로 파악하고 유럽연합 및 회원국 차원에서 추진 중인 공간개발 효과를 전망함으로써, 지역연구 및 공간개발 정책 관련 의사결정을 지원하고 유럽연합 지역정책 사이의 연계성을 향상시키는 것이다.

현재 ESPON은 유럽연합 구조기금(EU Structural Fund)과 유럽연합 소속국가들의 지원을 통해 1750만 유로(Euro)의 재원을 확보하여 33개 세부 연구프로젝트를 수행하였다. 이는 유럽연합의 통합공간체계 구축사업 평가 및 정책대안 제시를 위한 시나리오 예측 프로젝트로서 사회·문화적 전반과 경제적 측면에서 관련 다학문적 지표들이 유기적으로 연계되고, 시나리오 산출 등에 의해 다양한 정책대안 제시가 가능한 복합적이고 체계적인 공간체계 계획이다.

현재 유럽연합의 ESPON 프로젝트는 7년 단위로 계획되어 2013년을 기준으로 제1차 ESPON 2006 프로젝트(2000~2006)와 제2차 ESPON 2013 프로젝트(2007~2013)가 완료되었다. 이러한 가운데 페마른 벨트와 해저터널 구축계획은 제2차 ESPON 2013의 추진내용과 깊이 연동되어 있다. 여기에 따르면 2030년 미래의 유럽(Scenarios on the Territorial Future of Europe)은 대부분의 지역에서 특화개발과 다핵화가 촉진되고 유럽 중앙지역 외부에도 몇몇의 지역적 경제통합거점이 형성되며, 페마른 벨트는 점진적이긴 하나 발트해 연안에서부터 전 유럽에 걸친 균형적 지역개발과 통합이 이루어지게 할 것으로 전망하고 있다.

이러한 ESPON 프로젝트와는 다르게 장기적으로 페마른 지역의 연결계획을 토대로 동시에 추진되고 있는 유럽연합의 광역교통 네트워크 프로젝트(TEN-T: Trans-European Transport Network)는 소위 유럽 전 대륙을 연결하는 육상교통축의 개발이다. 이 프로젝트는 독일을 중심으로 모든 유럽연합 회원국들의 항공, 철도, 도로, 해상의 모든 수송수단들을 포괄하면서 미래의 물류 및 수송 지능시스템까지를 다루고 있는 광범위 계획으로, 주목되는 것은 2021년까지 페마른 해저터널 건설과 운영을 위한 가이드 라인의 일부까지를 구체적으로 제시하고 있다는 점이 특징적이다(Fehmarnbelt-Portal des Fehmarnbelt Komitees, 2013; BMVBS, 2013).

1996년 유럽위원회에서 결의된 〈TEN-T 2010〉 계획에서는 2001년부터 2010년까지 10년 동안 총 4천억 유로를 투자하여 14개 우선사업 및 세부사업을 추진하도록 정하였으나, 회원국들의 초기 투자가 미흡하여 계획 시행에 난항을 겪었다. 그러나 유럽연합은 2007년 기존의 〈TEN-T 2010〉 계획에 대한 재수정 결의를 통해 최대 공동재정지원 비율의 20%를 상향조정하고, 2020년으로 목표연도를 다시 수정하였다.

동시에 이 과정에서 페마른 벨트 해저터널이 직접적으로 관련된 해상고속도로(sea motorways) 개념을 사업에 전격적으로 도입하였다. 특히 수정된 〈TEN-T 2020〉 계획에서는 유럽 주변지역(북유럽과 동유럽)이 유럽 중앙지역 수준의 교통망 접근성을 확보할 수 있도록 추진 중이며, TEN-T는 유럽연합이 계획하는 중장기적 범유럽 통합구상의 가장 핵심적인 메가 프로젝트로 자리 매김하고 있다.

〈그림 46〉 페마른 벨트와 발트해 연안의 통합공간체계 네트워크

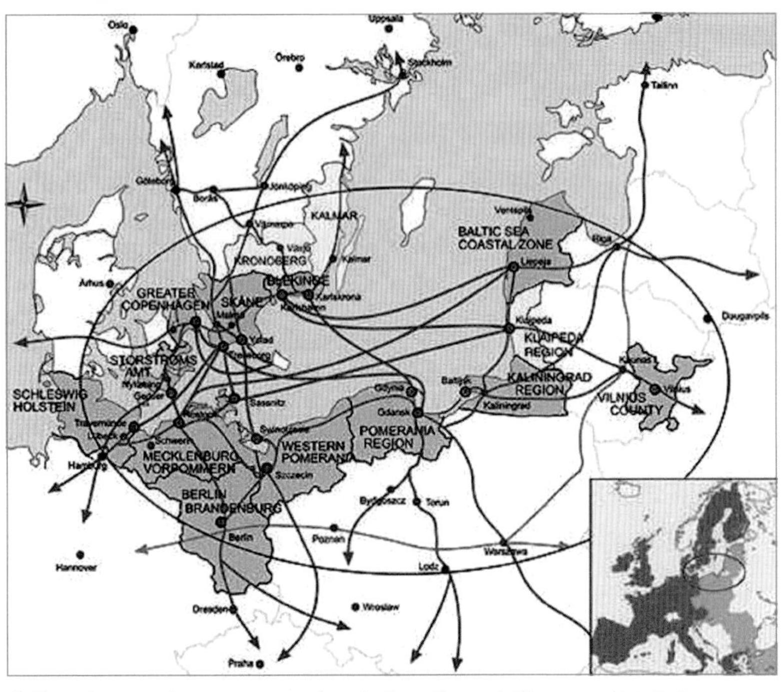

출처: Baltic Development Forum.(2013). http://www.bdforum.org(CC-BY).

보다 거시적으로 유럽연합의 광역교통(TEN-T) 프로젝트에서는 회원국 사이의 국경(border)을 넘어 페마른 벨트와 같은 유럽 전체의 광역교통 연결인프라에 대한 투자를 가속화함으로서 유럽경제를 재빨리 부흥시키는 것을 목적으로 하고 있으며, 이를 위해 유럽위원회의 유럽경제회복계획(European economic recovery plan)을 복합적으로 연동시키고 있다. 이로써 페마른 초국경 지역을 기점으로 남유럽과 북유럽 전체 지역의 여객운송과 물류비가 대폭 절감되고 제조업의 서비스업의 가격경쟁력이 커지며, 절대 운송시간이 단축되는 등의 수많은 경제적 상승효과가 생기게 될 것으로 전망하고 있다(Trafikministerie,

2004; Copenhagen Economics and Prognos, 2006; Vieregg-Rossler GmbH, 2008). 즉 현대사회에서 자본주의의 생명은 생산성이고, 이것은 분업에 의하며 분업은 시장의 규모에 따르는데, 시장규모를 결정하는 요인은 바로 교통이라는 아담 스미스(Adam Smith)의 유명한 말을 충실히 되새기는 것으로 볼 수 있다.

지금 페마른 벨트가 포함된 범유럽 교통연결망(TEN-T)은 연간 프로그램(annual programme)과 다년 프로그램(multi-Annual Programme)을 통해 유럽연합 회원국의 공동기금으로 자금을 조달하고 있다. 유럽연합 차원의 TEN-T 프로젝트를 통해 2014년까지 집행되거나 책정된 예산은 장기적으로 약 70억 유로(약 10조원 이상) 수준이며, 페마른 초국경 벨트의 육상광역복합교통망 구축은 이러한 계획의 우선지원 순위에 포함되어 있는 상황이다(Danish Traffic Ministry, 2013). 페마른 초국경 벨트의 교통인프라가 TEN-T 프로젝트에서 이른바 'Priority Project 20(Railway axis Fehmarn belt)'의 이름으로 우선적인 기금지원이 되는 이유는 크게 네 가지 장점으로 설명이 된다.

먼저 첫째, 페마른 해저터널은 기존의 북유럽의 전 지역을 망라하는 외레순드 육상교통망(Oresund fixed link) 및 북유럽 삼각육상 교통망(Nordic Triangle road and rail links)과 광역적으로 연계될 계획으로 있어, 그 시너지 효과가 유럽에서 현존하는 계획 중에서 가장 크다. 둘째, 발트해 지역에서 해운과 항공에만 의존하던 기존의 교통패턴에 대해 안전하고 정시성이 확보되는 새로운 교통수단의 도입과 자연재해의 영향을 최소화하여 상시 운행이 가능한 신 교통체계를 구축했다는 점이 높게 평가되었다. 셋째, 페마른 벨트는 교통망을 통하여 북유럽에 대한 유럽본토의 접근성을 강화하고 지역경제를 균형감 있게 성장시키며, 발트해 연안 지역사회의 응집력을 강화시킬 것으로 기대되고 있기 때문이다. 넷째, 이는 자유롭게 이동할 수 있는 모든 유럽연합 시민들의 권리를 지지하는 동시에 가장 중요한 개념인 지속 가능한 개발(sustainable development)을 촉진함으로써 환경보호에도 상응한다(Fehmarnbelt-Portal des Fehmarnbelt Komitees, 2013; Finn Mølsted Rasmussen, 2013).

한편으로 이러한 유럽연합의 전폭적인 지원 하에, 조금 더 세부적으로는 이 해저터널로 인해 독일과 덴마크 양국의 대표적인 도시인 코펜하겐과 뤼베크, 함부르크 사이의 해양교통망 개선효과도 막대한 것으로 추정되고 있다. 특히 발트해 전역에서 기존 해상교통수단인 페리(ferry) 운항 비용이 줄어들 뿐 아니라, 인구와 물자 면에서 코펜하겐과 뤼베크 두 연안지역, 해항도시 간의 이동시간을 약 50분 이내 정도로 기존보다 크게 단축할 것으로 예상되고 있다.

지금은 대략적으로 하루에 6,200대 정도의 차량이 배를 이용하여 건너고 있는데, 미래 해저터널의 교통량은 대략 7,700대 이상의 차량과 3,800명 이상의 열차승객을 수송할 것으로 예상하고 있다. 그리고 이러한 교통혁신의 사회·경제적 편익은 독일 쪽보다 해저터널 건설비를 대부분 부담하는 덴마크 쪽이 상대적 규모의 경제를 누리는 효과에 힘입어 훨씬 더 큰 것으로 잠정 추산되고 있다(Copenhagen Economics and Prognos, 2006; Vieregg-Rossler GmbH, 2008).

최근 페마른 벨트에서 사람과 물자의 이동에 대한 이니셔티브가 적용된 비용-편익(B/C) 분석의 잠정 결과는 전문가들에 의해 정해진 매우 보수적인 가정과 시나리오 상에서도 실제로 적용했을 때에도 역시 그 순현재가치(net present value)가 높은 것으로 나타나고 있다(Walsh & Allin, 2012; Pries & Sezgin, 2013). 그 이유로서는 페마른 벨트의 구축완료로 나타나는 이러한 발트해 연안에 위치한 주요 항구와 해항도

〈그림 47〉 페마른 벨트 지역의 초국경 육상광역복합교통망 구축 계획

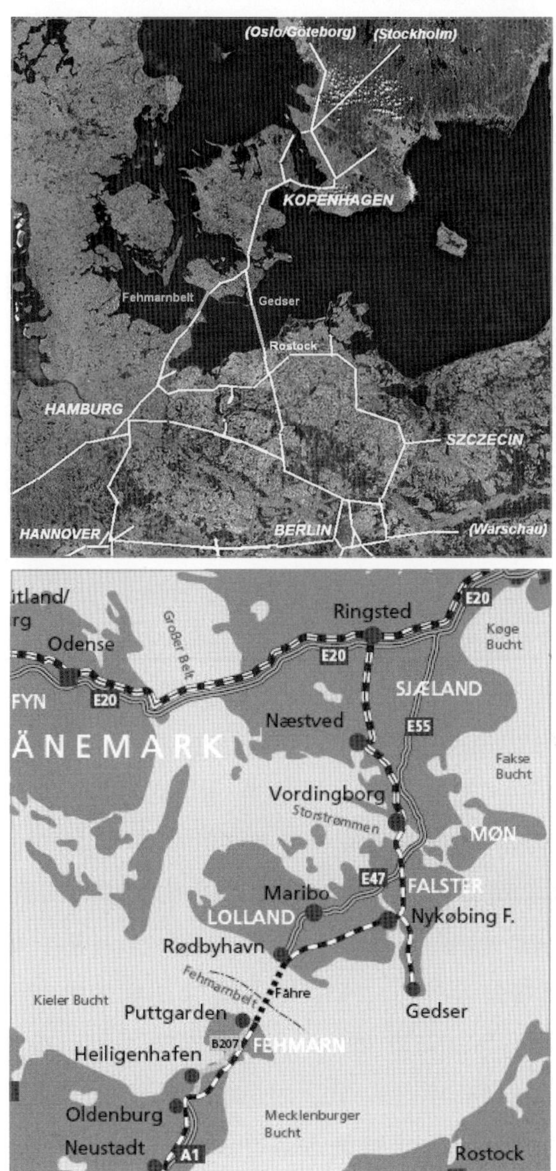

출처: Fehmarnbelt und Umgebung(http://tychsen.homepage.t-online.de: CC-BY)

시로의 전체적인 접근성 향상은 미래에 추가적인 물동량 상승분을 충분히 수용할 수 있게 하고, 유럽연합의 광역교통 네트워크상에서 중요한 인프라시설의 결절점(node) 역할을 할 것으로 예상되고 있기 때문이다. 또한 사람들로 하여금 유럽연합 각 지역에의 접근성을 향상시키고 현재 포화지경에 이른 해상교통과 연안지역 인프라시설의 혼잡도를 경감시키게 할 것으로 내다보고 있다.

물론 페마른 벨트 해저터널이 건설되면 바다 사이를 차량으로 10분 정도만에 빨리 이동할 수 있기 때문에, 기존 발트해 인근의 수많은 페리 운항기업들은 큰 타격을 받는다는 다소 어두운 단면도 있기는 하다. 이러한 해상 운송망의 쇠퇴와 관련기업 및 운송업자들의 반발은 일정기간 동안 페마른 벨트 해저터널 공사진행의 보이지 않는 장애가 되기도 하였다(Finn Mølsted Rasmussen, 2013; Citizens Action Committee Against the Fehmarn Belt Fixed Link, 2013). 하지만 덴마크와 독일의 중앙정부와 발트해 연안도시에 사는 대부분의 시민들은 아주 먼 미래를 바라보자면, 기존 해상의 배보다 터널교통으로 인해 생기는 새로운 사회 전반적인 편익을 훨씬 더 크게 받아들이고 있다.

규범적으로는 지역전문가들에 의해 공통적으로 수도권과 내륙에 비해 뒤떨어진 덴마크 남부와 독일 북부의 지역적 불균형을 해저터널로 인해 크게 해소할 수 있는 기회로 여겨지고 있다. 또한 페마른 벨트 해저터널로 인해 덴마크의 국민과 코펜하겐 시민은 독일의 값싼 제품과 물건들의 유입이 크게 늘어나, 유럽 전체 지역 중에서도 매우 높은 수준에 있는 자국의 물가가 크게 안정될 것으로 기대하고 있다. 독일 북부지역에서는 어느 정도 기술과 인력상의 약점이 있는 일부 첨단과 바이오 산업들에 대한 보완적 효과를 역시 기대하고 있다.

부수적으로는 대략 10년 정도의 장기간이 소요되는 페마른 벨트 해저터널의 건설과정에서 덴마크는 터널공사에 필요한 많은 인부와 콘크리트, 건설자재 등을 대거 생산하는 다수의 공적 일자리를 창출하여 페마른 섬의 푸트가르덴(Puttgarden)과 인접한 뢰드비(Rodbyhavn) 등의 거점 해항도시와 연안전체의 지역경제 발전에도 긍정적인 영향을 미칠 것으로 기대하고 있다. 지금 유럽에서 가장 큰 인프라 사업인 페마른 해저터널 공사에 의해 향후 국토발전과 지역개발의 정책적 무게중심은 이 지역으로 이동하는 것이 필연적이기 때문이다.

4. 페마른 벨트의 네트워크 활동과 성과

1) 민간주도의 협력적 네트워크

작게는 코펜하겐과 함부르크, 크게는 덴마크와 독일, 궁극적으로는 북유럽과 남유럽을 육로로 연결하는 또 다른 하나의 거대한 역사로서의 페마른 벨트 초국경 지역 구축(A Fixed Fehmarn belt Connection)은 분명 중요한 역사적 사건이자 시도이다. 그리고 이는 기존 외레순드 지역과 지리적, 경제적으로 연계(store belt link)를 하되, 외레순드의 성공효과와는 분명 다른 효과를 새로이 창출할 것으로 기대되고 있다. 물론 매우 정확한 사회적, 경제적 기대효과는 아직 산출되지 않고 있으나, 현재 유럽연합의 주변 국가와 발트해 연안도시들은 페마른 벨트 해저터널의 구축을 예의 주시하고 여기에 깊은 관심을 가지고 있는 것만은 분명해 보인다.

그리고 페마른 벨트 초국경 지역은 기존의 외레순드 지역의 인프라와 연계하여 조만간 여기에 관한 구체적인 각종 사회 · 경제적인 예상

〈그림 48〉 외레순드와 페마른 벨트를 연계한 초국경 연합지역의 형성

출처: Fehmarnbelt Fixed Link(www.femern.com: CC-BY).

효과가 나올 것으로 기대하고 있다. 즉 초국경 도시와 국가의 공동투자를 통해 더 많은 성과와 산출량을 창출할 수 있는 외부경제의 논리로서 일단 잠정적으로 규모의 경제(economies of scale), 집적의 경제(agglomeration economy), 네트워크의 경제(economies of network) 등의 효과 확보가 가능할 것으로 내다보고 있다(Flyvbjerg, et. al, 2003; O'Dowd, et. al, 2003; Leibenath, et. al, 2010; Sassen, 2011). 최근 유럽의 학자들은 미래에 완성될 페마른 벨트 초국경 지역에서의 인구와 물자의 이동, 교통의 혁신으로 인한 제도와 언어, 문화의 혼종성에 대해서 연구를 이미 시작하고 있는 것으로 파악된다.

최근 페마른 벨트 초국경 지역 구축의 진행과정을 살펴보면, 여러 가지로 이전에 나타난 외레순드의 성공과정과 그 절차를 많이 참고하고 있는 듯하다. 특히 덴마크와 독일 양국의 중앙정부와 함께 코펜하겐, 함부르크, 뤼베크 등에 걸친 주요 해항도시 차원에서 각각 만들어지고 있는 여러 초국경 컨소시엄과 월경한 민간단체들의 활발한 움직임은 크게 주목할 만하다. 이러한 월경단체들의 조직과 활동은 덴마크와 독일의 국경해협에서 점차 현실화되고 있는 페마른 벨트 초국경 지역 구축의 논리적 근간이 되어줌과 동시에 상호 문화적 소통과 정서적 이해의 실천적 측면에서도 무척이나 중요한 자양분이 되고 있다.

예를 들면, 지금 페마른 벨트의 건설과 인프라 구축을 정책적으로 주도하고 있는 중앙정부 기구인 덴마크 교통부(Danish Traffic Ministry)와 독일의 교통부(Federal Ministry of Transport) 외에도 민 · 관 · 학 · 연의 월경연합체인 발틱해 발전포럼(Baltic Development Forum), 양국의 페마른 벨트 위원회(Fehmarnbelt Committee, Fehmarnbelt Komitees) 등이 초국경 통합의 과정과 미래에 대한 지속적인 연구와 아이디어를 제공하고 있다(Baltic Development Forum, 2013).

또한 순수 민간차원에서는 페마른 벨트 비즈니스협회(FBBC: Fehmarn-Belt Business Council), 페마른 개발공사(Femern A/S)와 예하 지원단체, 페마른 벨트 개발 주식회사(Femern Belt Development), 기타 민간투자회사(IHK zu Lubeck, STRING), 페마른 지역의 기업설립 자문회사(KPMG's Fehmarn Group), 페마른 벨트 시민추진위원회(Citizens Action Committee for Fehmarn Belt) 등이 만들어졌다. 이들을 외부에서 지원하는 기관은 유럽연합의 인터레그(Interreg IV-A)과 지역발전위원회(TCO), 발트해초국경연합(TransBaltic) 등이 있다. 따라서 이상 거명된 기관 및 단체들은 공동의 정례회의, 보고서 및 회보발간, 공동세미나, 전문가포럼, 홍보 및 마케팅 등에 걸쳐 현재 활발하게 각각의 초국경 네트워크 사업활동을 기획하거나 그 전개를 시작하고 있다.

초국경 컨소시엄 민간단체가 먼저 적극적으로 활동을 하는 이러한 현상은 우선 페마른 벨트 구축과정에서 기존에 알지 못했던 새로운 월경교류 상의 문제나 통합에 대한 갈등이 생겼을 때, 이를 조속히 해결할 수 있도록 각 단체들의 의무와 책임을 분명히 해야 한다는 의식에 기초하고 있다. 그 이유는 유럽연합 회원국 사이에 나타난 국경의 붕괴로 인해서 서로가 타자라는 의식이 점차 사라지고 있으며, 세계화와 경제협력, 환경보전 및 기후변화 문제 등 국경을 초월해서 해결해야 할 과제들이 속속 등장하고 있기 때문이다(Copenhagen Economics and Prognos, 2006; Vieregg-Rossler GmbH, 2008; Pries & Sezgin, 2013; Zusammenarbeit uber den Fehmarnbelt, 2013).

특히 초국경 네트워크 활동을 민간부문이 주도하는 이유는 페마른 벨트 구축과 관련된 월경협력에 대하여 앞으로 많은 재정지원과 프로그램이 집행되더라도 덴마크와 독일의 시민들이 원하는 수준에 미달할 경우에 미리 그 부작용을 대비하려는 목적도 있다. 지난 2000년 이후 약 20년 이상에 걸쳐서 장기적으로 진행되고 있는 페마른 초국경 네트워크 프로젝트는 오히려 접경지역 사람들의 의식기저에서부터 초국경 통합문제에 대해 먼저 무뎌지기 시작하는 그러한 타성(habitual routine)과 매너리즘(mannerism)이 언제든지 생길 위험을 안고 있기 때문이다(Rokicki, 2009; Matthiessen & Worm, 2011).

다른 관점에서 보면 페마른 접경지역에서 이러한 초국경 민간단체를 조직하는 동기는 국가의 다름을 떠나 시민의 일상생활에 직접적인 영향을 행사하는 탈경계성(Trans-boundaries)의 의미를 재조명해야 할 필요성 때문도 있다. 쉽게 말해 페마른 벨트가 물리적으로 완성됨으로 인해 계속 진행될 외형적인 초국경 교류증대가 결코 쉽게 내적인 월경공동체 의식으로 접목되지는 않을 것이라는 중대한 이유도 있다(Citizens Action Committee Against the Fehmarn Belt Fixed Link, 2013). 덴마크와 독일의 국경을 허문 미래의 페마른 벨트 지역에서 덴마크와 독일사람들은 각각 상대방에 대한 사회적 · 심리적 장벽이 제거될 때만이 비로소 진정한 초국경적 공동체가 완성될 수 있음을 이전 외레순드의 성공교훈을 통해 익히 잘 알고 있는 것이다.

2) 국가주도의 외부지원 네트워크

지금 현재 외레순드와 페마른 지역에서 선도적으로 실험되고 있는 월경협력과 초국경 통합의 시도는 특히 유사한 문화적 · 경제적 배경이 존재하고 상호보완 가능한 기능을 지니며, 유럽대륙 전체와의 좋은 교통연계를 기반으로 새로운 소규모 광역권역의 형태로 구체화되고 있다(Copenhagen Economics and Prognos, 2006; Vieregg-Rossler GmbH, 2008). 이런 면에서 유럽연합 내에서도 새로 형성되는 초국경 지역은 다소 양가적(ambivalent) 속성을 지닌다(Walsh & Allin, 2012; Pries & Sezgin, 2013). 즉 국경과 수도를 기준으로 본다면 이러한 초국경 지역은 나라 안에서 변방에 해당되지만, 국경이 사라진 새로운 초국경 벨트지역에서는 풍부한 잠재력과 미래 협력의 가능성을 보유한 중심지역으로 재평가되고 있는 것이다.

다만 해항도시 간 자발적인 동기와 배경으로 시작된 외레순드 사례와는 달리 페마른 초국경 벨트의 사례에서는 여전히 월경지역 네트워크 형성에 국가와 중앙정부의 존재가 상당히 중요할 수도 있다는 점을 확인시켜 준다. 즉 외레순드의 구축에서는 덴마크와 스웨덴의 해항도시가 자발적으로 국가에 먼저 건의하고 많은 지원을 요청하는 상향적 방식(bottom-up)이었던데 반해, 페마른 벨트의 구축은 덴마크와 독일 중앙정부(교통부)의 협상이 먼저 시작되고 도시 차원으로 구체화된 다소 하향적(top-down) 방식의 성격이 많이 짙다.

이것은 페마른 벨트 연안지역에 산재한 해항도시들의 정치력과 행·재정적 역량이 다소 부족하기 때문일 수도 있고, 인프라 연결의 특성상 유럽연합 설립 이후로는 최대 규모의 초국경 해저터널이라는 이유도 분명 있을 것이다. 그러나 근래까지 진행된 페마른 초국경 벨트의 추진과정만을 놓고 보자면, 나라간 국경이 빠르게 허물어지고 있는 유럽 내에서도 결과론적으로 국가와 중앙의 역할과 정체성은 여전히 중요하게 남아 있는 것으로 보아야 한다. 즉 현대 유럽에서 초국경 네트워크의 규모와 성격, 유형에 따라 지역과 도시가 주도하는 케이스가 있고, 중앙과 국가 주도적인 케이스도 나타날 수 있음을 이 사례를 통해서 다시 발견할 수 있다.

근자에 물리적 인프라 건설의 추진과정에서 나타난 덴마크와 독일 양 국가의 주도적 역할에도 불구하고, 지금 페마른 지역에서 주창되어 나타나고 있는 새로운 월경적 지역정체성의 구현은 앞으로 덴마크와 독일 해협 접경지역의 발전뿐만 아니라 발트해 광역권의 발전과 진정한 유럽통합에서도 중요한 역할을 할 것으로 기대되고 있다.

최근에 만들어진 페마른 벨트 공식 엠블럼에서 보듯이, 상호 언어와 문화의 존중을 바탕으로 동일한 정체성을 강조한 상징적 표현에서도 잘 나타나고 있다. 이것은 유럽연합 전체의 공통적 인식과 전폭적인 지원을 이끌어 내고 있다(Baltic Development Forum, 2013). 앞으로 우리는 페마른 벨트 초국경 지역의 구축과 독일과 덴마크의 협력을 활성화시키기 위한 유럽연합(EU) 차원의 지원과 노력을 함께 주목해야 하는 이유가 바로 여기에 있다.

〈그림 49〉 페마른 초국경 벨트의 엠블럼(Fehmarnbelt Emblem)과 유관기관

출처: Baltic Development Forum; European Commission(http://ec.europa.eu: CC-BY)

5. 페마른 초광역 네트워크의 담론과제

1) 유럽연합의 네트워크 논리

지금 세계적으로 산재된 초국경 네트워크와 월경지역은 이제 국내의 도시를 넘어 다른 국가의 도시 및 지방과 협력함으로써 지방경제의 다원화를 추구할 수 있는 기회를 제공하고 있다. 20세기 이후, 세계화 및 도시화라는 메가트렌드의 변화와 더불어 국경(border)이라는 경계와 보호막이 의미가 옅어지는 상황에서 외부충격이 미치는 영향을 완화시키기 위해서는 도시와 지방차원에서의 다변화 노력도 필요한데, 국민국가의 단절적 개념을 넘어선 월경협력과 초국경 교류는 새로운 대안으로 자리잡고 있는 것이다.

유럽 각 지역에서 이러한 해항도시를 근간으로 한 초국경 네트워크와 월경지역의 형성은 국민국가가 지배해 온, 소위 전통적 국제관계에서와는 전혀 다른 새로운 공간조직의 논리를 담고 있다. 유럽에서 지금 계속 새로이 만들어지고 있는 초국경 네트워크와 지역은 그곳을 과거의 단순한 통과지점에서 월경적 교류공간으로 변모시켜 나가고 있으며, 이제 유럽연합(EU)의 개념도 근대 이후 국민국가적 집합개념(United States of Europe)에서 초국경 네트워크와 월경지역의 집합개념(Europe of Regions)으로 변모하고 있는 것이다.

이미 1980년대 통합된 유럽에서 초국경 교류와 월경지역이 선도적으로 발전하는 것은 어찌 보면 극히 당연한 일이다. 새로운 월경지역의 통합이란 것이 국경이 없어질 때 완성된다고 보면 변경지역 간의 통합이야말로 국경을 지우는 데 가장 좋은 방법이기 때문이다. 국제관계의 공간적 변용과 창조를 나타내는 국제적 차원의 이러한 신지역주의(new regionalism)는 국경을 넘어 상호작용할 때 형성되며, 여러 행위자들의 횡국가적 교류에 기초한다. 여기서 국경은 장애물이기보다는 활용의 대상이며 국경을 주위로 비록 경계는 모호하지만 충분히 인지할 수 있는 새로운 교류공간인 횡국가 지역이 형성된다. 유럽의 경우 유럽통합을 실질화하기 위해 월경협력과 지역 간 국제네트워킹을 장려한다는 점에서 이러한 신지역주의의 태동 및 확산과 밀접히 연관된다.

최근에 나타나고 있는 초국경 지역의 협력사례들은 여러 모로 그 나라와 지역의 발전을 앞당기고 있는 것을 우리에게 증명해 주고 있다. 국경을 사이에 둔 접경지역은 국가가 서로 달라도 동일한 생활권을 유지하고 발전할 수 있다. 이들 지역은 국가 제도의 출현 이전부터 동일한 생활권을 유지해온 탓에 상호 교류와 협력을 위한 유전자(DNA)가 내포되어 있다고 생각될 만큼 협력적인 관계를 유지하고 발전하고 있다.

그러한 가운데 1990년대에 유럽연합이 탄생하기 이전부터 이미 유럽은 경계(borders and boundaries)가 고정적인 것이라는 사고방식에서 벗어나 경계의 가변적인 성격에 초점을 맞추고 있었다. 그리고 유럽에서는 오래 전부터 초국경 현상과 월경협력의 이슈가 학문연구의 중요한 대상의 하나로 취급되어 왔다. 현재 유럽에서 외레순드나 페마른 벨트와 같은 성공적인 초국경 지역들은 점차 모든 물질적 · 상징적 대상물이 혼합되어지는 곳이자, 모호하고 혼종성을 가진 역동적인 지역으로 그 이미지를 굳혀가고 있다(Walsh, 2012a; Walsh & Allin, 2012; Zusammenarbeit uber den Fehmarnbelt, 2013).

2) 페마른과 외레순드의 연계

우선 덴마크 코펜하겐과 스웨덴 말뫼 사이에 만들어진 외레순드 초국경 지역은 지금 이 시간에도 거대한 유럽, 하나의 유럽으로 나아가는 도상에서 가장 앞선 주자로 달리고 있다. 현재 외레순드 지역에서 코펜하겐과 말뫼 시민들은 굳이 자신들의 국적이나 연고를 들먹이지 않고, 자기들 스스로를 '외레순드 사람'이라고 할 만큼 초국경 통합의 무형적 효과와 의식의 체계는 매우 견고하다고 알려져 있다(한국해양대학교 · KBS부산, 2010). 나아가 이러한 현상은 현지의 많은 학자들에 의해 외레순드 권역과 육로로 직접 연결되는 미래의 페마른 초국경 벨트 권역에서도 역시 예외가 아닐 것으로 점쳐지고 있다. 멀지 않은 미래에 유럽에는 이른바 '페마른 사람'이라고 자처하는 시민들이 나타날지도 모르는 일이다.

또한 지금 외레순드 초국경 지역의 성공을 발판으로 진행되고 있는 페마른 벨트 해저터널건설과 이로 인한 독일 등으로의 인근 초국경 지역에 대한 물리적 확장은 그 사회 · 경제적 효과가 엄청날 것으로 기대되고 있다. 외레순드의 경험에 근거해서 착수된 페마른 벨트는 역내의 성장만을 주도하는 것이 아니라 유럽 전체의 성장을 주도할 수 있다는 확신에 의해 실행되었기 때문이다. 한마디로 북유럽 해항도시 네트워크의 차원에서는 함부르크~코펜하겐~말뫼의 초국적 거점도시 벨트가 생기는 것이고, 국가적으로는 유럽연합(EU) 내의 경제대국들인 독일~덴마크~스웨덴 사이의 초국경 권역이 국지적으로 새롭게 재탄생 하는 것이다.

특히 바다로 단절되어 있는 국경을 통과한 외레순드 대교와 페마른 해저터널의 연결은 지금 전 세계적으로 해협을 사이에 둔 도시와 지역의 초국경 교류를 위한 인프라 연결사업에 매우 좋은 본보기가 되고 있다. 외레순드와 페마른 지역에서 나타난 초국경 인프라의 연결은 단지 국경의 파괴라는 새로운 협력적 공공사업으로서의 스케일의 크기도 주목이 된다. 하지만 이보다는 오히려 국민국가의 경계를 초월한 지역발전과 혁신의 일대 실험으로서 그 진정한 가치를 세계적으로 주목받고 있는 것이다(Matthiessen & Worm, 2011; Merrow, 2011; Pries & Sezgin, 2013). 현대사회에서 교통혁신에 의한 공간적 통합은 경제적 통합을 이루고, 이것은 다시 사회·문화적 통합을 이룬다는 공식은 유럽에서 여전히 강력하고 유효한 명제인 것으로 보여진다.

〈그림 50〉 외레순드와 페마른 벨트(독일~덴마크~스웨덴)의 연계 구상

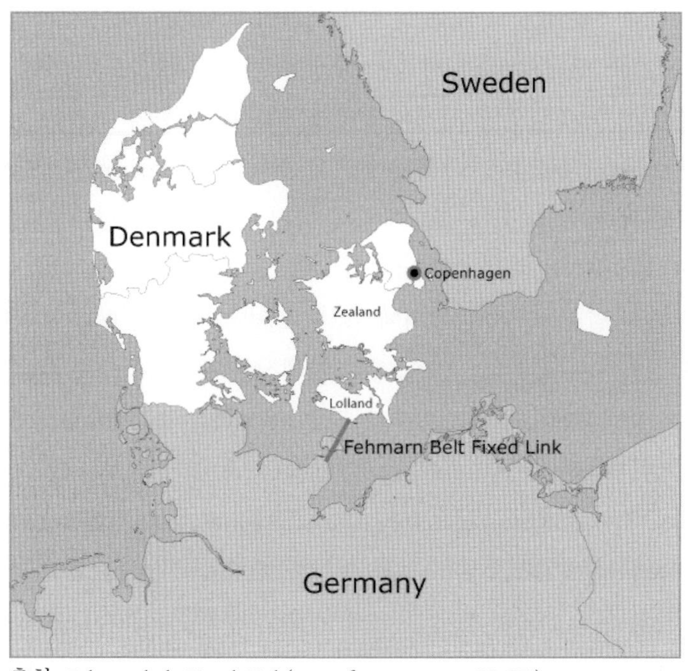

출처: Fehmarnbelt Fixed Link(www.femern.com, CC-BY).

더욱이 지금 유럽연합의 각종 초국경 도시 네트워크 구축은 그 추진의 방향을 사람들의 삶의 질을 담보할 수 있는 거주, 교통, 환경, 여가 등 제 조건을 쾌적하게 유지하는 동시에 사회통합을 새롭게 제고시키고, 세계화 시대를 맞이하여 점점 더 격화되는 지역단위 경쟁에서 생존할 수 있는 활력 있는 경제기반을 굳건히 갖추는 데 있다고 보고 있다(Walsh, 2012a; Walsh & Allin, 2012; Zusammenarbeit uber den Fehmarnbelt, 2013). 이것은 그동안 동아시아 지역과 우리가 국가와 경계의 틀에 갇혀 외부와의 네트워크 행위에서 중요하게 의식하지 못했던 점이다.

국가보다는 지역이, 수도보다는 지방도시가 상대적으로 낮게 규정되는 오늘날 현대사회에서 외레순드의 성공사례와 페마른 벨트의 시작은 우리에게 정말로 많은 교훈과 시사점을 던져주고 있다. 즉 외레순드는 안으로는 다리를 만들어 다심형 지역의 결속을 높이는 동시에, 밖으로는 유럽연합 전체의 균형적 권역을 만들어 나가는 공동체적인 비전을 지향했다. 이것은 앞으로 더욱 구체화될 페마른 벨트 구축의 취지와 그 비전에서도 예외가 아닌 것으로 나타난다.

그리고 지금의 유럽 주요 국가와 해항도시는 일단 물리적인 인프라(다리나 터널)를 만드는 행위에서부터 출발하되 국가를 초월하여 의식과 문화까지 공유하는 초국경적 정체성(cross-border identity) 혹은 월경지역 정체성(trans-boundary regional identity)을 궁극적으로 모색하고 있는 것이다(Johnson & Turner, 1997; Flyvbjerg, et. al, 2003; Griesbach, 2007; Rokicki, 2009; Matthiessen & Worm, 2011; Merrow, 2011; Walsh, 2012b).

오늘날 전 세계적으로 국경을 초월한 도시들의 상호교류와 경제권역(economic blocks)의 형성은 이제 '선택의 문제'가 아니라 국가 및 지역발전을 위한 '당위이자 좋은 해법'의 하나로 등장하고 있다. 특히 국경을 초월한 도시 간 교류 및 네트워크 구축 활동은 도시 스스로의 경쟁력을 확보하고 비전을 달성하기 위한 미래전략의 일환으로 추진되고 있다. 이러한 전략적 사고의 바탕에는 과거의 국가차원이 아닌 지역과 도시차원에서 미래를 적극적으로 준비하고 기획한다는 의미를 함축하고 있다. 미래에 대한 초국경 방식의 대응은 그 성과가 도시 내부에 한정되는 것이 아니며, 전체 국가사회의 발전, 시민의 질적 고양 등과 같은 보다 차원 높은 가치의 실현과도 깊은 관련이 있기 때문이다.

또한 기존의 국민국가 체계를 바탕으로 하는 중심과 주변부 공간의 설명구조는 지금 우리가 살아가고 있는 해항도시와 미래의 동아시아 지역에서 필연적으로 발생할 초국경적 공간의 발전과정을 설명할 수 없다는 점이 중요하다(우양호, 2012; 우양호 · 홍미영, 2012). 앞으로는 국가와 육지 중심의 논의에서 탈피하여, 해양아시아의 주요 도시와 지역들이 저마다 가진 자산과 역량을 토대로 다양한 방식으로 이를 조절해 나가는 모습을 파악할 필요가 있다.

만약 우리나라와 일본을 잇는 한 · 일 해저터널 프로젝트, 우리나라의 인천과 중국 산동반도의 엔타이를 잇는 해저터널을 앞으로 본격적으로 논의하거나 건설을 추진하게 된다면, 유럽지역의 외레순드 대교와 페마른 벨트 초국경 통합의 성공사례는 분명 훌륭한 본보기가 될 것이다. 과거의 유럽연합과 같이 지금 동북아시아에서도 나타나기 시작한 국경붕괴, 국민국가의 역할축소는 앞으로 도시와 지역을 교류의 중심역할로 만들 가능성이 높기 때문이다(우양호 · 이정석, 2010; 우양호, 2012).

그런 점에서 우리는 미래에 해항도시 초국경 교류와 네트워크에 관한 추진사례를 세계적으로 더 많이 발굴하고, 이를 활성화시키기 위한 다양한 원인들에 대한 규명이 이루어져야 하며, 초국경 네트워크와 월경교류의 확대에 필요한 발전적 단초를 제공받기 위한 노력도 장기적으로 허락되어야 한다.

제 6 장

말라카 · 싱가포르 해협과 접경성장지대

제 6 장
말라카 · 싱가포르 해협과 접경성장지대

1. 동남아시아의 상황과 초국경 협력

1) 동남아시아와 시대적 상황

21세기에 접어든 지금, 세계 각 지역에서는 접경지역 간의 경제개발협력이 활발히 이루어지고 있다. 유럽연합 등 선진국을 위시한 세계 각 지역은 스스로의 경쟁력 향상 및 영향력 확대를 위하여 초국경 협력과 월경개발에 대한 논의를 활발히 진행하고 있다. 특히 이러한 개발과 협력은 아직까지 지역발전이 제대로 이루어지지 않은 중남미와 아프리카를 중심으로 하고 있으며, 여러 개의 소규모 발전도상국가 및 연안, 도서지역들이 산재한 동남아시아의 경우도 예외가 아니다.

특히 동남아시아 지역은 근대 국민국가의 경계가 형성된 이후, 약 50년 이전부터 월경적 지역연합과 국제적 결속의 필요성이 제기되어 왔다. 예를 들어 동남아시아 권역에서 만들어진 초국경 국가연합체인 동남아시아국가연합(ASEAN: Association of Southeast Asian Nations), 즉 아세안은 1967년에 설립된 동남아시아의 정치, 경제, 문화적 월경공동체이다.

국제정치의 역사적인 배경을 보면, 1980년대 후반 미국과 소련 사이의 냉전체제가 종식되면서 동남아시아 여러 나라들은 지역 내에서 정치적 독자성을 추구하기 시작했는데, 그 결과 1990년대 들어서서 지역 내 교역과 안보에 관한 주도권을 행사할 수 있게 되었다. 그리고 당시 아세안 회원국들의 상황은 대부분 국내정치 중시형으로서, 자국의 경제적 자립과 산업시스템의 복원에 몰두했던 상황이었다.

게다가 세계적인 경기변동과 선진국의 보호무역주의 강화, 경제개발의 후진성 등으로 당시 동남아시아 지역은 대부분 경제적 궁핍에 처해 있어 상호협력의 필요성을 절감하고 있는 형편이라는 점도 중요한 상황적 이유 중의 하나였다. 이에 1990년대 시기의 동남아시아는 강대국의 지역적 헤게모니 쟁탈전을 견제하여 중립을 보장받고, 자국 내 경제적 고충을 해결하며, 나아가 전체 동아시아 지역과의 폭넓은 협력을 통하여 발전을 도모한다는 새로운 거시적 목표를 설정하였다.

2013년 기준으로 동남아시아국가연합(ASEAN)의 회원국은 미얀마, 라오스, 태국, 캄보디아, 베트남, 필리핀, 말레이시아, 브루나이, 싱가포르, 인도네시아 등이며, 준회원국으로 파푸아뉴기니, 동티모르가 있다. 물론 역사와 문화적으로 동남아시아의 범위설정에 있어, 학계에서는 이러한 국민국가 이후의 국제정치와 외교적 경계가 중심이 되는 공동화 현상에 대해 반대하는 경향도 있다.

그럼에도 불구하고 실제적으로 지금의 아세안은 10개의 회원국과 2개의 준회원국을 가진 인구 6억 명 이상의 거대한 초국경 국가연합체로서, 2015년 정도까지 유럽연합(EU)과 맞먹는 정치·경제적 통합체를 지향하고 있다. 초기에는 다소 느슨한 초국적 결합체로 존재했으나, 베트남 전쟁과 냉전체제의 종식 이후 동남아시아 지역에서 국제적 헤게모니와 힘의 균형이 변화하였고, 1970년대 중반부터 회원국들이 괄목할 만한 경제성장을 이루면서부터 그 결속력이 더욱 강화되었다. 여기서 가장 중요한 점은 이러한 국민국가적 결속력이 바탕이 되어, 다시 또 다른 지역적 월경결속의 진행을 가능케 하는 동인(motivation)이 되고 있다는 것이다.

2) 동남아시아 초국경 지역의 출현

현대 동남아시아의 다소 복잡한 시대적 배경과 상황 하에서, 최근 싱가포르를 중심으로 하여 말레이시아의 조호르(Johor) 주와 인도네시아 리아우 제도(Kepulauan Riau)에 걸쳐 구축된 접경된 성장삼각지대(Growth Triangle)의 출현을 우리는 동남아시아의 새로운 월경지역 협력모델로서 주목할 필요가 있다.

이것은 동남아시아 연안의 접경지역에서 자연스럽게 나타난 소규모 협력 이니셔티브로서, 국가 최고지도자들의 정치적 제안과 수용을 통해 다소 소박하게 출발을 하였다. 그리고 싱가포르와 조호르, 리아우 사이에 형성된 접경된 성장삼각지대(Singapore-Johor-Riau Growth Triangle)가 가진 초기 목적은 각기 서로 다른 접경지역에 산재되어 있는 인구, 자원, 기술, 자본 등의 상호보완성을 이용 · 결합해 보기 위해 형성이 되었다(Perry, 1991; Lee, 1991; Parsonage, 1992; Weatherbee, 1995).

그리고 그로부터 약 20년이 지난 지금 현재, 이 접경지역은 글로벌 경쟁력 강화와 수출확대 등의 시너지 효과를 획기적으로 높이고 있다. 즉 지금 인접지역 해항도시와 지방정부들이 주체가 되어 민간의 시장메커니즘을 토대로 한 초국경적 경제협력지대를 운영하고 있는데, 많은 전문가들로부터 최소한 동남아시아에서는 가장 성공적인 협력모델로 평가되고 있다. 이들 해항도시와 연안지역은 경제와 산업중심의 지역특성을 살려 다방면에서 국경을 넘은 교류와 협력을 하면서도, 접경지역의 경쟁력을 키워 각각 그 나라의 수도권과 선의의 경쟁을 펼치는 동시에 지역경제도 획기적으로 발전시켜 오고 있다(Wadley & Parasati, 2000; Hall, 2003; Sparke, et. al, 2004).

따라서 여기서는 동남아시아 지역에서의 초국경 성장삼각지대의 형성사례에 대해 살펴봄으로써, 그 배경과 과정, 특성, 운영논리를 이해하는 동시에, 동아시아에서 함께 살아가는 우리나라 연안지역과 해항도시들의 미래에 어떠한 시사점을 주는가를 동시에 생각해 본다.

2. 접경성장지대의 지리와 도시 개관

1) 지역의 지리적 개관

동남아시아 지역의 접경된 성장삼각지대는 싱가포르를 중심으로 말레이시아의 남부 조호르 주와 인도네시아의 리아우 제도(바탐섬, 빈탐섬 등)를 연결하는 초국경 경제협력지대를 일컫는 말로, 이들 지역에는 1990년대 이후 국경을 넘어선 광역경제권과 월경네트워크가 형성되어 있다. 즉 학술적으로는 싱가포르(SI), 조호르(JO), 리아우(RI) 각 접경지역의 이니셜을 조합하여 일명 '시조리(SIJORI) 성장삼각지대'라고 한다(Parsonage, 1992; Weatherbee, 1995; War, Peachey & Perry, 1999; Wadley & Parasati, 2000). 또한 이 접경된 성장삼각지대는 현재 국제적으로 여러 정부의 공식문건과 외교문서, 그리고 공공개발계획 등에서는 IMS-GT(Indonesia-Malaysia-Singapore Growth Triangle)라는 공식명칭이 부여되어 있다(Yeoh, Koh & Cai, 2004).

지리적으로 남지나해와 말라카 해협에 사이에 인접해 있는 싱가포르 · 말레이시아 · 인도네시아는 근래 동남아시아에서도 국경을 넘어선 초광역 경제권역이 형성된 대표적인 곳이다. 이것은 도시국가로 알려진 싱가포르(Singapore)와 인접해 있는 말레이시아의 남부 지역인 조호르(Johor)주, 인도네시아의 리아우(Riau)주가 주요 거점이 된다. 즉 싱가포르를 중심으로 보면 북쪽에는 조호르 해협이 있고 남쪽에는 싱가포르 해협이 있는데, 중간에 해항도시이자 도서국가인 싱가포르가 끼어있는 형국이다.

〈그림 51〉 동남아시아 접경성장지대의 지리적 위치

하지만 공식적으로 접경된 성장삼각지대(IMS-GT)의 총 인구는 약 900만 이상, 면적은 약 6,594km^{2}에 달하는 거대한 초국경 월경경제권이다. 그리고 이 지역은 동남아시아에서 세계 주요 항로 중의 하나인 말라카 해협과 직접 맞닿아 있기 때문에, 역사적으로도 매우 다양한 인종 및 종교, 문화적 분포를 보여준다(Debrah, McGovern & Budhwar, 2000).

특히 성장삼각지역의 한 축인 인도네시아는 동남아시아 해역에 널리 퍼져 있는 크고 작은 섬들로 이루어진 세계 최대의 도서국가로서, 말레이 제도(諸島)에서 필리핀을 제외한 대부분의 권역을 차지한다. 즉 싱가포르-조호르-리아우 성장삼각지대는 환태평양 지역과 동·서 교통의 요지에 위치하고 있기 때문에, 과거에 역사적으로나 오늘날 각 방면에서 문화적·민족적인 교류와 이동이 가장 두드러지게 나타나고 있는 지역이기도 하다.

2) 해항도시국가 싱가포르

먼저 동아시아 대표적인 해항도시이자 해양국가인 싱가포르는 세계적인 항만 및 무역도시이자 소비도시, 관광도시, 식민도시, 혼합도시, 금융도시 등의 다양한 별칭으로 일컬어진다. 오늘날 싱가포르는 곧 아시아 해항도시와 해항국가의 상징으로 여겨지고 있으며, 이와 같은 해항도시 국가로서의 성립과 번영의 비결은 곧 경제와 문화적 다양성에서 비롯된다.

싱가포르는 제주도 면적의 1/3 크기밖에 되지 않지만 1인당 국민소득이 우리나라의 2배가 넘는 자본이 충족된 경제강소국(經濟强小國)이다. 싱가포르의 다민족은 중국계가 약 74%, 말레이계가 약 13%, 인

〈그림 52〉 싱가포르와 말레이시아간 해협과 주요 지형

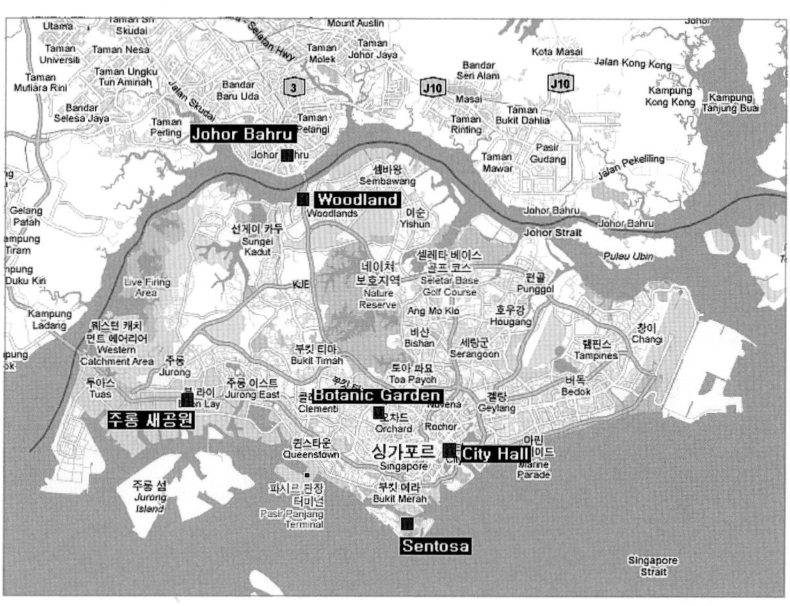

출처: http://ko.wikipedia.org/wiki(CC-BY)

도계가 약 10%, 기타 약 3% 정도로 구성이 되어 있다. 물론 다민족 국가이므로 내부적 갈등도 없지는 않을 것이지만, 종교적으로 기독교, 불교, 이슬람교, 힌두교를 녹여내고, 각 인종과 문화를 포용하는 국제적 관용이 있는 곳이기도 하다(Huff, 1995; Murray & Perera, 1995; Sim, 2003).

싱가포르는 일찍부터 좁은 국토에 부존자원이 거의 전무한 여건을 극복하기 위해 정부주도로 대외 개방형 경제를 추구함으로써 세계적인 비즈니스 중심지로 발전하였다. 먼저 싱가포르는 1960년대 초부터 노동집약 수출산업 육성하여 섬유산업, 신발산업 등으로 빈곤과 실업률 해소에 주력하였으며 1960년대 후반부터는 외국인 투자 촉진 정책

을 펼쳐 다국적 기업을 유치하기 시작하였다. 1970년대와 1980년대 시기에는 자본집약산업인 금융분야 투자유치와 반도체, 전자, 기계산업으로 경제적 발전의 새 방향을 찾아가게 된다. 즉 1970년대까지 싱가포르는 주로 역외자본과 외자를 이용한 수출주도형 공업화를 추진하여 높은 경제성장을 이룩하였으나, 1980년대 들어 그 제조업 중심의 경쟁력이 점차 약화됨에 따라 전자, 기계, 제약 등에 걸친 고부가가치 산업으로의 구조조정을 전격적으로 빠르게 추진하였다(Yeoh, Koh & Cai, 2004; Sassen, 2011).

비교적 소규모 해항도시이자 그 경계자체가 국가이기도 한 싱가포르는 상당기간 우리나라 최대의 해항도시인 부산과 비슷한 경제성장의 패턴을 보였으나, 1990년대 이후부터는 지식기반, 고부가가치 메디컬, 교육, R&D 등에 싱가포르가 주력함으로써 그 성장의 양상이 부산과는 엇갈리게 되었다. 그리고 2000년대 이후에 싱가포르는 글로벌 비즈니스의 중심지 및 신규 경제 클러스터 구축 정책으로 경제선진국의 반열에 오르게 되었다.

싱가포르는 중개무역항이라는 입지조건을 활용하기 위해 무역자유화에 나서는 한편, 지속적인 투자환경 개선과 인센티브 제공을 통해 외국자본을 적극 유치한 것이다. 또한 제조업과 금융, 물류, 통신 등 제반 서비스가 통합된 국제적 비즈니스 도시가 될 수 있도록, 제조업과 서비스업의 공동발전전략(two track)을 추진하였다. 이러한 이유들로 인해 싱가포르는 20세기 이후 세계에서 가장 빨리 성장한 해항도시이자, 독립국가가 되었다.

최근 아시아 외환위기와 글로벌 금융위기 이후, 싱가포르는 장기적인 성장을 위해 지식기반 위주의 경제구조를 추구하며 정부가 적극적으로 미래산업 개척전략을 마련하고 있다. 특히 연구개발(R&D), 교육,

의료분야에서의 세계적 허브(Hub)화 전략을 중점적으로 추진하고 있으며 복합리조트 건설을 통한 관광산업 육성에도 노력하고 있다.

최근 세계은행(WB)과 세계경제포럼(WEF) 등에서 조사한 결과에 따르면, 완전개방체제인 싱가포르는 기업들이 비즈니스하기 좋은 국가, 국가경쟁력, 경제자유도 등에서 최근 몇 년동안 최상위권을 유지하고 있다. 싱가포르는 세계 최대의 컨테이너항만으로 연안 3,000만 TEU 이상의 컨테이너를 처리한다. 이는 우리나라 최대 항만인 부산항의 약 3배에 달하는 규모이다.

게다가 세계 물류 환적량의 약 1/4 이상을 담당하고 있으며, 무역액이 국내총생산(GDP)의 3.6배로 약 40% 이상이 중개무역이다. 이에 수입품목은 수출품목과 거의 일치하며, 주류 등 일부 품목을 제외하고는 파격적으로 수출 · 입 품목 전부가 무관세(customs free)이다. 이 외에도 싱가포르는 인구의 2배가 넘는 연간 1,000만여 명 이상의 관광객이 방문하는 세계적 관광지이고, 뉴욕, 런던에 이은 세계 3대 원유거래시장이며, 근래 외환거래 및 자산운용분야에서도 두각을 나타내면서 국제적 금융중심지로도 인정받고 있다.

2000년 이후 싱가포르는 말레이반도 남단의 도시국가라는 이점을 최대한 활용하여 산업구조를 적절하게 변화시켰으며, 초국경 투자기업의 집적거점으로서 경제성장 방향을 수정하였다. 특히 인접한 말레이시아와 조호르 해협을 건너 초국경 육상교통망을 연결하고 활발한 투자와 왕래를 하고 있다.

그리고 현재 싱가포르는 접경된 성장삼각지대를 넘어 중국 · 인도차이나 반도 등지에까지 다양한 해외개발사업을 추진 중에 있다. 앞으로도 싱가포르에는 각종 첨단 · 지식산업의 집적이 진행되고, 인구도 지속적으로 증가할 것으로 예측되기 때문이다.

결론적으로 싱가포르는 지금도 여전히 접경된 성장삼각지대에서 가장 주도적이고 중추적 역할을 하면서도, 동시에 여기에 불가피하게 의존하고 있기도 하다. 물론 그러한 것은 해항도시 자체가 국가라는 물리적 협소함 때문에 국가 내에서 미래 경제성장과 발전의 완결성을 기대하기 어려운 실정에 있는 이유 때문이다.

〈그림 53〉 싱가포르와 말레이시아간 해협과 육상연결교통망

출처: http://ko.wikipedia.org/wiki(CC-BY)

3) 말레이시아 조호르 연안지역

조호르는 싱가포르 북쪽에 근접한 말레이시아의 최남단 지역이다. 조호르(Johor)는 말레이 현지어로 '보석'이라는 뜻으로, 예로부터 자연환경과 자원적 측면에서 아주 풍요로운 곳이었다. 말레이시아에서 차지하는 조호르 전체 지역의 면적은 약 18,987km^{2}이고, 연안지역의 거주인구는 대략 300만여 명이다. 말라카 해협과 남지나해를 따라 400km 가량 뻗은 해안선이 싱가포르 공화국의 북쪽 국경과 이웃하며, 연안 앞 바다에는 작은 섬들이 있다.

이 지역의 초국경 개발의 핵심거점은 주도(州都)인 조호르바루(Johor Baru City)를 비롯하여, 탄중 펠레파스 항만(Tanjung Pelepas Port), 누사야야(Nusajaya) 신도시, 세나이(Senai) 국제공항, 조호르 항만(Johor Port) 등 5개 지역을 포함하는 조호르 남부의 이스칸다르(Iskandar) 지역이다. 이스칸다르 접경지역의 면적은 약 2,217km^2 일대이며, 여기에만 국한을 해도 인접한 싱가포르 국토의 약 3배 면적에 달한다(Van-Grunsven, 1995; Bunnell, 2004).

특히 조호르바루(Johor Bahru)는 말레이 반도 최남단에 위치한 말레이시아 조호르의 주도(州都)이자, 유라시아 대륙의 최남단의 도시이기도 하다. 현재 조호르바루는 싱가포르와 지리적으로 인접해있을 뿐더러, 물가가 싱가포르에 비해 저렴한 편이라 싱가포르 사람들이 주말을 이용하여 이곳에 많이 방문한다.

이러한 이유로 조호르 해협을 사이에 두고서 싱가포르와 조호르-싱가포르 코즈웨이(causeway)로 연결되어 있지만, 교통체증이 심했기 때문에 조호르바루 서쪽 탄중쿠팡(Tanjung Kupang)에서도 싱가포르 서부를 연결하는 다리인 말레이시아와 싱가포르 보조적 교량이 1998

년에 완성되었다. 그래서 싱가포르와 직접 맞닿아 있는 조호르바루 지역은 말레이시아 영토이지만, 말레이시아의 언어보다 싱가포르 영어가 더 많이 통용되는 곳이기도 하다(이재기, 2004).

조호르 주 남쪽 지역의 연안항만은 수심이 얕기 때문에 큰 화물선박이 다니기에는 제한이 있다. 그래서 대외무역은 대부분 싱가포르 쪽의 대규모 항만시설에 의존을 해야만 한다. 이런 이유로 조호르는 행정적으로는 말레이시아에 속하지만 지금 현재 실질적으로는 싱가포르의 배후지 역할을 하고 있으며, 오히려 북쪽 자국의 파항주 지역과 경제적으로 거리를 더 멀게 느끼고 있다. 말레이시아의 조호르 주는 1990년대 초반까지만 해도 투자자가 없어 대다수 토지들이 불모지였거나 허허벌판이었지만, 1990년 후반부터는 곳곳에 초국경 산업단지가 조성되면서 글로벌 공업지역으로 빠르게 변모하고 있다(Wadley & Parasati, 2000; Hall, 2003).

이런 이유로 지금 조호르 지역에 지정된 이스칸다르(Iskandar) 경제특구에서는 서비스 및 지식기반산업을 중심으로 초국적 개발이 이루어지고 있다. 조호르 주정부는 항만, 도로, 공항, 전기 등 하드웨어적인 산업단지를 공급하고 행정서비스 및 투자관련 제도 등의 소프트웨어를 재정비하고 있다. 여기에는 물론 말레이시아 산업진흥청(MIDA: Malaysian Investment Development Authority)에 의한 싱가포르의 기술력과 금융인프라를 적극적으로 유치하기 위한 국가적 노력도 있었다.

지금은 인접 싱가포르 공항을 통한 외국인 관광객의 흡수와 유치노력도 활발하다(Van-Grunsven, 1995; Bunnell, 2004). 2010년 이후 최근에 이스칸다르에 대한 중점적인 개발투자 부문은 사이버 시티 조성 등 ICT 첨단산업, 농업 및 할랄푸드(Halal Food) 중심의 식료가공산업, 공항 및 항만을 활용한 물류 관련 서비스, 수변 리조트, 테마 파크조

〈그림 54〉 말레이시아 조호르 남부지역과 초국경 개발의 주요 거점들

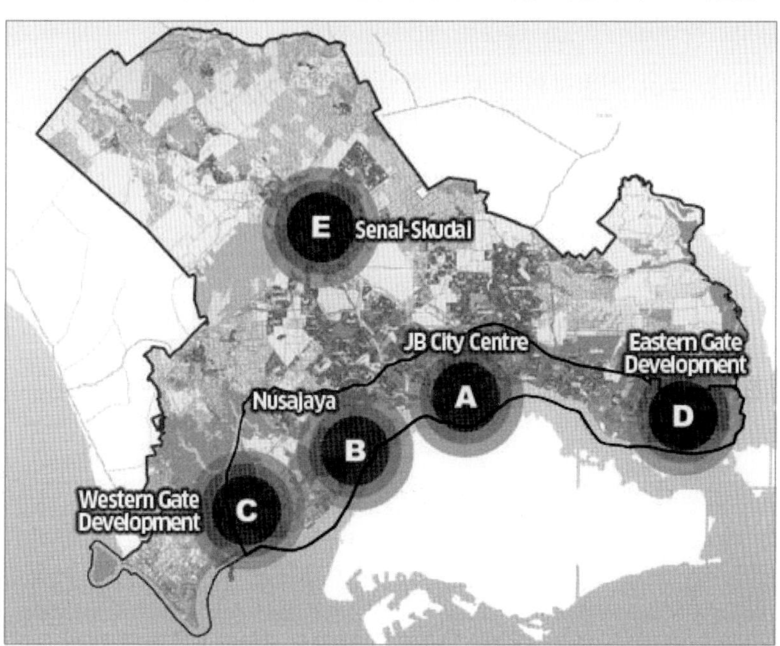

출처: http://ko.wikipedia.org/wiki(CC-BY)

성 등의 관광산업, 메디컬 파크와 메디컬 시티 조성, 국제학교, 연구센터 등의 교육산업, 이슬람 금융을 중심으로 하는 금융서비스, 지식창조 및 엔터테인먼트 산업 등으로 알려져 있다.

또한 현재 조호르에는 싱가포르뿐 아니라 일본과 유럽, 미국, 우리나라 등 전 세계 기업들이 진출해 있다. 즉 싱가포르를 포함한 다국적 기업들의 지속적 투자로 인해 1990년대 황무지에 가까웠던 조호르 주는 2010년 이후 곳곳에 산업공단이 조성되며 글로벌산업 지역으로 변모하였다. 말레이반도 남부 조호르 지역의 산업화는 거의 전부가 싱가포르 기업의 월경과 초국적 공장입지의 결과물인 것이다.

마찬가지로 싱가포르에서 나온 투자자본도 주로 싱가포르에 소재를 둔 글로벌 기업과 다국적 회사의 투자를 포함하므로, 실제 미국, 일본 등 주요 선진국의 투자는 훨씬 많은 것으로 추정된다(Sparke, et. al, 2004). 지금도 조호르 지역에서는 기반시설, 도로 및 지하철 건설, 인도네시아 리아우 도서지역들과의 고속보트셔틀(speed boat shuttle) 운항 등 다양한 인프라 구축을 통해 초국경 지역의 이동과 연계성을 강화하려는 노력이 계속 진행되고 있다.

4) 인도네시아 리아우의 바탐섬과 빈탄섬

바탐섬과 빈탄섬 등 인도네시아의 여러 섬들로 구성된 리아우(Riau) 주 역시 싱가포르와 월경경제권으로 통합돼 가파른 성장세를 보이고 있다. 현재 이곳은 1990년대 초반부터 접경된 성장삼각지대의 선포 이후, 인도네시아와 싱가포르의 공동개발로 성장하기 시작해서 지난 2007년에는 양국이 함께 리아우 특별경제구역으로 지정, 현재까지 초국적 개발이 진행되고 있다. 리아우 제도는 인도네시아에서 가장 많은 섬으로 이루어진 주(state) 정부이지만, 접경된 성장삼각지대에 우선적으로 포함된 곳은 바탐섬과 빈탄섬 두 지역이다.

먼저 바탐섬은 인도네시아 리아우 제도(Kepulauan Riau)에 속해 있는 섬이다. 행정구역 상으로는 리아우 제도 주에 속하며 지리적으로는 싱가포르 바로 남쪽에 위치하고 있다. 바탐섬은 리아우제도 가운데 싱가포르와 가장 가까운 20km 거리에 위치해 있다. 바탐섬이 포함된 리아우 제도에서는 인도네시아에서 천연자원이 가장 풍부한 지역이며, 다량의 석유와 천연가스, 천연고무, 팜유가 생산되고 있다.

인도네시아가 지난 1970년대 수출산업기지로 개발하기 시작한 바

〈그림 55〉 인도네시아 리아우 제도의 바탐섬과 빈탄섬 해역

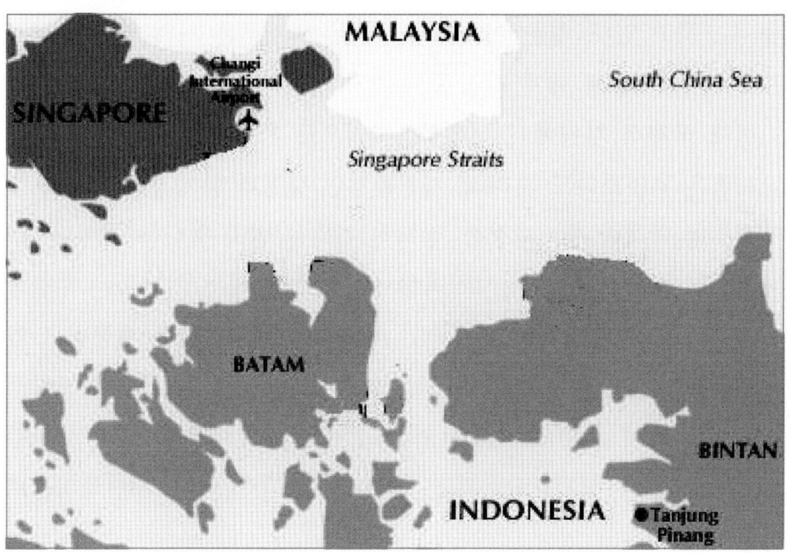

출처: http://ko.wikipedia.org/wiki(CC-BY)

탐섬은 1980년대 말에 개발가속화를 위해 외자유치와 선진기술이 절실했다. 인도네시아의 바탐섬은 1978년 이미 자유무역지역(free trade zone)으로 지정되었지만, 1989년 인도네시아 정부가 100% 수출을 조건으로 100% 외국인투자기업을 허용하고, 외국인 투자자가 공업용지를 매입할 수 있도록 허용한 후에야 외국인투자자들로부터 관심을 끌게 되었다.

현재 바탐섬의 대표적인 산업은 조선산업인데, 그 이유는 세계에서 가장 많은 선박이 오가는 말라카 해협과 싱가포르 바로 옆에 위치하고 있기 때문이다. 그리고 이 외에도 바탐섬의 대표적 경제특구인 바탐인도산업단지(Batamindo Industrial Park)에는 필립스, AT&T, 시바비전, 엡손, 파나소닉(마쓰시타), 산요, 슈나이더 등 전 세계의 다국적 기

업의 생산공장들이 입지하여, 첨단기술부문과 전자산업 및 통신산업을 주도하고 있다. 물론 여기에서 생산된 완제품은 거의 전량이 싱가포르 항만을 통해 세계 각지로 수출되고 있다(Ford & Lyons, 2006).

현재 국제적 차원에서 신흥성장지역으로 각광받고 있는 바탐섬의 잠재력은 무엇보다도 지리적, 자연환경인 장점과 함께 인도네시아 중앙정부의 막대한 행·재정적, 정책적 지원을 받고 있다는 점이다. 구체적으로 바탐섬 인근 접경지역에서 제조업을 하는 기업들은 수출·입 관세와 부가가치세가 면제되는 매력적인 투자환경을 제공받고 있다. 바탐섬 현지 진출하는 다국적 기업은 2000년 이후 해마다 폭발적으로 증가하여 최근 1000개가 넘은 숫자를 기록하였다. 바탐섬의 주요 투자국들은 싱가포르, 미국, 일본에서부터 중국과 유럽국가들로 점차 다양화되고 있다.

특히 바탐섬이 실질적으로 싱가포르를 위한 제조업과 인력기지로 급부상한 것은 2004년부터 발효된 싱가포르와 미국간 자유무역협정(FTA)이며, 섬 전체가 우리나라의 경제자유구역과 비슷한 특별경제구역(special economic zone)으로 지정되어 있다. 리아우 제도의 산업단지개발은 이러한 바탐섬의 산업단지와 자유경제지역을 시범모델로 하여 인근 다른 섬들에 대해서도 광범위하게 확대, 추진되고 있다(Mack, 2004; Bunnell, Muzaini & Sidaway, 2006; Ford & Lyons, 2006).

바탐섬 옆의 빈탄섬은 상대적으로 면적이 더 큰 지역으로, 이 섬도 역시 1990년대부터 싱가포르의 외자가 활발하게 유치되어 지금은 대규모 해양관광 리조트 단지로 변모했다. 약 20년 전만 해도 소규모 어촌과 밀림 숲 밖에 없던 빈탄섬은 지금 우리나라에서도 휴양지로 매우 유명한 섬이 되었다.

마양사리 리조트(Mayang Sari Beach Resort), 니르와나 리조트(Nirwana

Resort), 라군 리조트(Bintan Lagoon Resort) 등의 대형 해양관광리조트만 약 7곳이 빈탄섬에 들어서 있다. 해양관광 리조트 밀집지역은 지리적으로 인도네시아에 속하지만, 왕래하는 사람들은 대부분 싱가포르 시민과 전 세계의 다국적 관광객들이다. 즉 빈탄섬은 제조업의 바탐섬과 달리 해양관광산업을 축으로 하여 접경된 성장삼각지대의 일부를 구성하고 있다.

싱가포르 여객항에서 페리선(ferry)을 타면 각각 30분과 40분 정도밖에 소요되지 않은 곳이 바탐섬과 빈탄섬이기 때문에, 이들 각각의 산업과 관광을 주제로 하여 차별화 된 개발이 이루어지고 있는 것이다. 따라서 현재 바탐섬과 빈탄섬을 거점으로 한 리아우 제도는 싱가포르와의 항공·해상교통과 물류·통신 네트워크가 잘 구축되고 관광·레저·부동산·서비스업이 활발해 인도네시아에서도 가장 살기 좋은 곳으로 각광받고 있다.

3. 접경성장지대의 월경실태와 이동경로

1) 접경지대와 회랑의 형성

동남아시아에서 싱가포르-조호르-리아우 사이의 접견된 성장삼각지대는 해안선을 따라 띠 모양의 지리적 형태를 갖춘 회랑(corridor)지역으로서, 다양한 연안과 해항도시, 섬들이 상호 연계되어 동질적이고 발전적인 특성이 가미된 광역적 월경삼각벨트이다. 여기에서는 싱가포르↔말레이시아↔인도네시아 사이의 사람과 물자에 걸친 월경이동이 매일 활발하게 이루어지고 있다. 왜냐하면, 싱가포르가 서비스·

정보 · 금융 등의 중추적 경제기능을 분담하고, 상대적으로 저숙련, 저임금 생산활동을 말레이시아나 인도네시아 연안 및 섬으로 배치함으로써 새로운 거대도시권역을 형성시키고 있는 상황에 있기 때문이다.

특히 초국경 권역이나 접경지대에서 나타나는 회랑(corridor)은 교통로, 지형적 특징 등을 따라 띠(band) 모양으로 발전을 유도하거나 발전된 지대로서, 발전의 방향을 축으로 설정하는 그러한 형태적 측면의 의미가 강하다. 이는 접경된 성장삼각지대의 권역에서 산업발전과 고도화의 계층성에 따라 기능적 권역이 차별적으로 형성되며, 이런 계층성 내에서의 상호작용에 의해 조직된 구조로서 회랑이 형성된다. 회랑의 형성에는 교통적 이용조건과 비용(transportation cost), 물리적 접근성(accessibility)이 중요한 요인으로 작용하며, 회랑을 따라 인구와 물자의 전반적인 접근성 수준이 높아지기 때문에 광범위한 초국경 시장이 형성된다는 특징이 있다(남영우, 2007).

이에 따라 현재 접경된 성장삼각지대가 네트워크형으로 나아가는 단계로 나타나고 있는 싱가포르와 조호르바루 지역과의 도시회랑(corridor city)은 전형적인 초광역 벨트체계 안에서 해협 사이에 구축된 교통로를 따라 형성되고 있다. 이 도시회랑 사이에서는 인구, 상품, 재화의 상호작용이 활발하여 상호연계성이 높은 지역들이 분포하는데, 접경된 성장삼각지대 해협에서는 주로 월경 교통로를 축으로 사람과 물자의 이동경로가 발달하고 있다. 여기에 대한 보다 구체적인 설명은 다음과 같다.

우선 싱가포르에서 말레이시아 조호르 국경을 넘어가는 길은 두 가지가 있는데, 모두 양쪽 지역사이에 놓여진 다리(bridge)를 통제하고 있다. 하나는 싱가포르 서쪽의 투아스 검문소(Tuas Checkpoint)이고, 다른 하나는 싱가포르 북쪽의 우드랜즈 검문소(Woodlands Checkpoint)

이다. 이들 육상통행로는 현재 매일 아침 말레이시아에서 싱가포르로 출 · 퇴근하는 인구로 번잡한 편인데, 말레이시아 정부통계에 따르면 2010년 이후부터 최근까지 월경이동을 하는 사람들은 하루 약 60만여 명 이상으로 추산되고 있다.

이들은 대부분 거주와 소비생활은 말레이시아에서 하고, 생산활동의 현장이나 직장은 싱가포르에 있는 사람들이다(Debrah, McGovern & Budhwar, 2000; Shamir, 2005). 조호르 지역에 거주하는 말레이시아 노동자들은 매일 싱가포르로 통근을 하고 싱가포르에서는 시영버스(공공버스)가 말레이시아에서 싱가포르 도심부의 터미널까지 운행하고 있다. 대중교통망의 확충 이후 싱가포르와 조호르 간 통근량이 급격

〈그림 56〉 접경된 성장삼각지대 해협에서 사람과 물자의 월경이동과 회랑지대

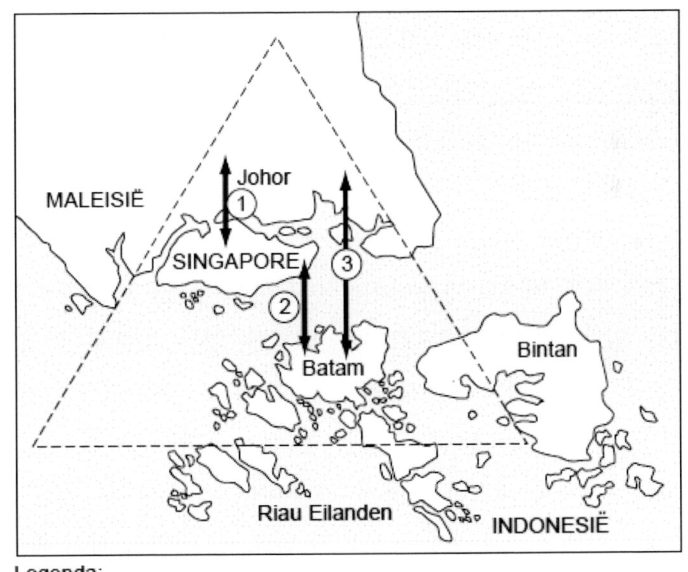

출처: War, Peachey & Perry(1999), Pries & Sezgin(2013) 등을 종합.

히 증가한 것은 어찌 보면 당연한 현상이다.

현재 이 지역에 접경한 성장삼각지대에서 싱가포르는 새롭게 출현하는 국제적인 대도시권으로 발돋움하였고, 내부적으로도 다핵도시(multiple nuclei city)형 구조를 띠게 되었다. 이것은 조호르 지역과의 상호보완성과 육상교통망 구축을 통한 접근성 제고를 달성한 덕분이며, 1990년 이후 동남아시아 지역에서 싱가포르가 좁은 공간을 극복하고 중심적 거점대도시로의 성장을 지속적으로 뒷받침하도록 만들어 주었다(Leibenath, et. al, 2010; Walsh & Allin, 2012; Pries & Sezgin, 2013).

2) 월경이동과 상황

조호르 지역으로부터 싱가포르를 오가는 통근자 유입은 해마다 증가하였으나, 2000년 이후 근래에 들어 싱가포르의 다수 기업들이 조호르 지역으로 입지를 직접 이동하면서 일시적으로 감소하기도 하였다. 그러나 최근 조호르 주정부는 월경시민들에게 종래의 여권 대신 스마트 신분증(I · D카드)을 사용하게 하고, 세관에서도 특별출입구를 설치함에 따라 버스나 오토바이를 이용하여 싱가포르에 간편하게 입국하고 있다. 특히 싱가포르 취업비자가 있는 조호르 지역주민은 출 · 입국 검사의 절차가 전혀 없고, 출 · 퇴근용 신분카드 하나를 이용하여 원스톱으로 간단하게 국경을 통과할 수 있다.

이제 이들에게 버스와 승용차, 오토바이를 이용하여 매일 국경을 통과하는 것은 스스로에게 큰 의미가 없고, 단지 양국 사이 좁은 해협 사이에 놓여진 다리를 건너간다는 개념만 남아 있을 뿐이다. 싱가포르는 원래 다민족 도시국가였기 때문에 말레이시아 조호르 사람들은 출근을 해서 일하면서도 의사소통에 큰 불편함이 없고, 주중의 일상에서도 서로 다른 나라와 지역으로 느끼지 않는다고 한다. 또한 싱가포르 도심의 시내와 조호르 지역 간 고속버스터미널이 설치되어 있으며, 이미 10년 넘게 상시적으로 운행하고 있어 양 국경지역의 시민과 여행객들이 이러한 것을 매우 편리하게 느끼고 있다(Wadley & Parasati, 2000; Hall, 2003; Pries & Sezgin, 2013).

지금 현재 이 지역에서는 비록 민족·문화·언어가 서로 다르기는 하지만 본래의 산업단지 개발에서 시작하여 관광 및 리조트개발로까지 시야가 확대되고 있으며, 싱가포르를 핵으로 하는 초국경 지역 단일체와 문화공동체 형태로 통합되어 가는 움직임이 나타나고 있다. 결국 근대 이후 국경으로 오랫동안 나뉘어 있었지만 근래에 산업과 자본을 매개한 노동력이 뒤섞이면서, 양 지역에는 이미 전통적인 국경의 의미가 의식적으로 사라져 버린 것이라 볼 수 있다. 그리고 이러한 인구이동과 시민의식의 변화양상은 최근 인도네시아의 리아우 제도의 도서지역으로도 점차 확산되고 있다.

4. 접경성장지대의 형성배경과 추진동인

1) 싱가포르의 성장한계와 위기극복

기존 아세안 회원국이었던 말레이시아와 인도네시아는 이미 오래전부터 자연자원이 풍부하고 문화적 동질성이 있는 말라카 해협을 중심으로 지역을 단일 경제권으로 묶는 개발계획을 거시적으로 구상해왔다. 그러나 그것이 현실로 실현되기에는 다소 무리가 있었다. 예를 들어, 오래된 아세안 회원국가들 사이에서조차 여전히 자국의 이익을 우선시하거나 종교와 문화적으로 소통을 가로막는 보이지 않는 장벽이 존재하고 있었다. 그러나 지금으로부터 약 20년 전에 등장한 시조리 성장삼각지대(The SIJORI Growth Triangle)는 싱가포르와 말레이시아의 조호르 연안주(Johor), 인도네시아의 리아우 제도(Riau Island) 사이의 국제적 경제 및 산업, 개발협력을 위한 전격적이고 획기적인 파트너십의 결과이다(Wadley & Parasati, 2000; Hall, 2003; Sparke, et. al, 2004). 이것은 동남아시아의 이미지를 국경을 넘어선 월경사회, 경제적 협력으로 지역 간 초국경적 연계성을 극대화한 지역으로 만들었다.

이렇듯 동남아시아에서 새로운 초국경 삼각지역이 형성된 배경으로는 각 지역과 국가의 시대적 상황이 크게 작용했다. 먼저 경제적으로 가장 발전된 싱가포르의 시대적 상황을 들 수 있다. 지금의 싱가포르는 세계 선진국 대열에 합류한 국가이자 일류 해항도시이지만, 그 이면에는 좁은 국토와 부존자원이 없다는 근본적인 한계가 있었다.

특히 아시아의 신흥도상국가로서 경제적으로 본격적인 발전을 시작하던 1980년대 후반에 들어 제조업과 수출 중심의 산업구조는 이러한 한계를 더욱 부각시키게 만들었다. 즉 싱가포르의 고도성장기에 불과 약 300만여 명에 불과한 적은 인구와 좁은 국토는 인력난과 더불어 임금과 생산비 상승, 산업용지의 부족 등 산업전반에서 여러 구조적 문제를 초래하였다.

원래부터 싱가포르 발전의 정치적 동인은 전통적으로 지정학적 위치를 최대로 활용한 완전개방형의 도시경쟁력 제고전략이었으며, 이것은 곧 정부와 총리가 월경한 성장삼각지대의 형성을 가장 먼저 구상하고 주도하는 촉매가 되었다. 보다 구체적으로 당시 싱가포르에서는 1959년부터 리콴유(李光耀), 고촉동(吳作東) 총리가 속했던 보수정

당인 인민행동당(PAP: People's Action Party)이 장기 집권하고 있었다. 야당으로 싱가포르노동자당, 싱가포르민주당, 싱가포르민주연합 등이 있었으나, 여당의 30년 이상 초장기 집권과 강력한 정권의 힘으로 그 존재감은 미미하였다.

싱가포르는 성문헌법을 가진 영국식 의회정부의 공화국으로 행정권은 내각에 있는 내각책임제로서 총리가 모든 정무를 주도하게 되며 대통령은 상징적인 존재로서 일부 거부권을 행사할 수 있다. 1990년 싱가포르 초대 총리인 리콴유의 결정으로 고촉동은 전체 내각 구성원의 투표를 통해 제2대 총리에 취임하였으며, 고촉동 총리는 이러한 리콴유의 과거 정치적 성공과 안정된 정치적 후계기반을 바탕으로 취임과 거의 동시에 인근 국가에 혁신적인 초국경 발전의 제안을 하게 된다. 비록 리콴유의 자리를 승계하기는 했으나, 새로운 시대에 다른 최고지도자로서 등장한 고촉동은 싱가포르의 미래 발전적 비전을 시민, 국민들에게 이전과는 확실히 다르게 제시해야만 했던 것이다.

해항도시이면서도 국가적 위상을 가진 싱가포르는 예전부터 실업문제를 해결하기 위해 비교적 엄격한 인구정책을 추구해 왔지만, 지속적인 경제성장이 이루어지면서 노동력 부족현상이 발생한 것이었다. 1980년대까지 외국인의 이민과 유입을 제한하여 고용확보를 도모하였던 정책도 다시 성장에 부메랑이 되어 돌아오게 되었다.

1980년대에 지속적 경제성장에 걸림돌이 속속 나타난 상황에서 싱가포르는 1989년에 이르러 인근 말레이시아와 인도네시아에 노동집약형 산업을 분산, 이전하기 위한 첫 구상을 밝힌다. 최고지도층은 이른바 싱가포르형 공업단지를 역외에 건설하기로 하고 말레이시아의 조호르 주, 인도네시아 리아우 제도의 바탐섬과 연계한 성장삼각지대 개발방안을 내놓은 것이다(Macleod & McGee, 1996; Kakazu, 1997).

이후 싱가포르는 전통적인 제조업종들을 인접 접경지역인 조호르와 리아우 지역으로 이전하는 대신에 새로운 정보통신(IT), 바이오, 의학, 화학 등 지식형 고부가가치산업 육성과 하이테크 기업 및 다국적 회사의 유치로 새로운 발전방향을 잡게 되었다. 지금의 싱가포르가 반도체와 정보기술, 생명과학, 석유화학, 조선, 물류, 금융, 관광, 전시·컨벤션 산업 등에 걸쳐 각종 2차, 3차 산업이 매우 고르게 발달한 것은 바로 이러한 이유 때문이다.

또한 싱가포르가 공용어로서 영어를 통용하고, 세계 물류의 허브로서 외국자본이 대거 몰리는 섬으로 발전한 이유도 바로 여기에 있다. 지금 싱가포르는 세계적인 항만(sea port), 공항(air port), 정보통신망(tele port) 등 해항도시의 주요 성장기제(3 port)로 갖춰진 양질의 인프라에 힘입어 중단 없는 발전을 거듭하고 있다.

2) 말레이시아 조호르의 전략적 개발

말레이시아는 싱가포르 토지면적의 약 500배에 달하는 광대한 땅을 가지고 있었으나, 1980년대만 해도 여전히 개발은 거의 되지 않은 상태였다. 그런 와중에 싱가포르와 인접한 조호르 지역에서는 1989년 접경된 성장삼각지대의 구축에 관한 제안과 발표 이후, 기존 싱가포르 내국에 있던 공장을 새로 옮겨오는 싱가포르 제조업체가 급증하게 되었다.

이러한 가운데, 조호르 지역에는 외부자본의 수혈과 인력의 유입, 기술의 이전이 급속도로 이루어지게 된다. 그리고 1991년부터 1995년에 이르는 짧은 기간 동안에 이 지역에서는 폭발적인 지역경제의 성장이 일어나게 된다. 게다가 조호르 지역의 주정부는 보다 적극적으로 모든 외국기업들에게 각종 인센티브를 제공하는 제도를 잇따라 도입하게 된다. 특히 싱가포르에서 육로로 출퇴근이 가능한 근접성을 적극 활용하여, 기업과 투자자들에게 월경출입과 국경에 대한 각종 통관절차를 대폭 간소화하였다. 이러한 상황은 이 지역에 대한 국가적 균형개발시책과도 매우 밀접한 연관이 있었다.

보다 구체적으로 살펴보면, 접경된 성장삼각지대의 구상이 싱가포르에서 먼저 발표된 직후에 때마침 말레이시아는 신경제 정책(New Economic Policy)을 수립, 추진하고 있었다. 이러한 가운데, 1990년대부터는 지역 간 격차를 해소하고 말레이 반도의 주변부로 산업지역을 확대하고자 공업단지 조성계획을 추진하였으며, 단지의 입지는 산업기반의 정비가 가능하고 싱가포르에 인접한 말레이시아 남부 조호르 지역을 가장 유망한 입지로 선정하였다. 즉 지리적으로 싱가포르와 연접한 말레이시아 남부 조호르 주를 서비스 및 지식기반산업을 중심으로 개발함으로써, 말레이시아 정부는 국토의 균형개발을 촉진하고자 하였다.

실제적으로는 당시 말레이시아 정부에서는 쿠알라룸푸르 수도권과 북부의 페낭섬에 집중한 공업지역을 다른 여러 주 지방으로 분산시키기 위하여 주경제개발공사(SEDC: State Economic Development Corporations)와 지역진흥청(RDA: Regional Development Authorities)을 새로 설립하고 전국에 공업단지를 분산하여 건설하였으며, 이후 집중적 지원을 받은 남부 조호르 지역은 신흥공업단지의 최대 거점 역할을 수행하게 되었다.

특히 이 시기에 생긴 조호르의 자유투자지역(FIZ: Free Investment Zone)은 현재 말레이시아 산업진흥청(MIDA: Malaysian Investment Development Authority) 및 대외무역개발공사(MATRADE: Malaysia External

Trade Development Corporation)와 연계하여 수출위주 기업에게 통관 절차, 면세수입, 수출절차 간소화의 혜택을 주는 최대의 대외산업 특구단지로 성장하게 되었다(Van-Grunsven, 1995; Bunnell, 2004).

또한 말레이시아 중앙정부와 조호르 주정부에서는 각각 도로와 철도, 전기, 상수도 등의 활발한 사회간접자본(SOC) 확충 및 공공건설공사(public construction)를 추진하여 지역경제 직접 파급효과가 가장 큰 것으로 알려진 건설경기를 적극적으로 부양하였다. 연이어 초기에 빠른 성장을 견인할 수 있는 핵심 프로젝트에 공적 재정(public finance)을 집중적으로 투자하여 파급효과를 유도하고, 개발을 총괄하는 고유기구인 조호르 내의 이스칸다르 특구지역진흥청(IRDA: Iskandar Region Development Authority)을 별도로 설립하여 국가 연방정부와 지역 주정부, 그리고 민간부문 사이의 긴밀한 네트워크와 상호협조를 도모하였다.

결과적으로 이러한 노력은 인근 싱가포르 이외에 글로벌 다국적 기업들의 외자유치에도 성공적인 성과를 이끌어 내는 보증서이자 촉매제가 되었다. 최근에는 제조업 외에도 싱가포르와의 동반적인 관광진흥정책에 따라 싱가포르 국민을 상대로 한 골프장과 리조트 등 관광·레저산업이 활기를 띠면서 조호르는 말레이시아 남부지역 전체의 경제발전을 크게 견인하고 있다.

3) 인도네시아 바탐섬의 자연조건

인도네시아 바탐섬의 경우에는 지리적으로 싱가포르와의 해협간격이 말레이시아보다 넓었고, 기존의 월경교류가 크게 없었던 이유로 초국경적 삼각지역의 형성에 가장 늦게 등장하였다. 그러나 말레이시아 조호르 지역보다 상대적으로 미개발 토지가 훨씬 많고, 인구도 비교적 많아 인건비와 생산비용이 가장 저렴하다는 매력이 있었다. 인건비와 지가(地價)가 무척이나 높은 싱가포르에게 인도네시아 바탐섬 및 리아우 제도는 시간이 지날수록 인근 말레이시아의 조호르 지역을 능가하는 가장 값싼 토지와 가장 낮은 저임금 노동인력의 대체공급지로 떠오르게 되었다.

이러한 이유로 고촉동 총리의 1989년 제안 직후인 1990년 초반, 싱가포르와 인도네시아간에 개발촉진을 위한 경제·투자보호협정이 체결되었고 산업파크 조성을 위한 합작벤처도 설립이 되었다. 이러한 정부간 협정은 인도네시아가 바탐섬의 경제개발에 필요한 싱가포르 기업의 투자자산을 보호하는 한편, 사회간접자본(SOC)의 건설과 민간투자·물류·금융·세제·출입국 등 분야의 수속을 간소화하고 이중과세를 없앤 것으로 외국기업 및 다국적 투자자들의 신뢰도를 높이는 방식을 택하였다.

현재 바탐섬 내부의 8개 공업단지와 빈탄섬 공업단지에서 생산된 경공업제품은 싱가포르를 통해 세계로 수출되고 있다. 특히 1991년부터 싱가포르와 인도네시아 정부는 바탐섬 인근의 빈탄섬에 대해서도 대규모 리조트 단지를 조성키로 합의한 것을 비롯하여 개발협정을 렘팡·가랑·카리뭉섬 등 리아우 제도 전역으로 확대하여 협력적 개발을 급속히 진전시켰다(Bunnell, Muzaini & Sidaway, 2006; Ford & Lyons, 2006).

산업유형의 관점에서 싱가포르 순수 내국기업들의 인도네시아에 대한 투자는 주로 농산물, 가축, 관광, 의류, 기타 생필품을 위주로 다시 싱가포르 내국시장에서의 소비를 목표로 생산되고 있다. 반대로 싱가포르 소재의 다국적 기업과 글로벌 회사들은 주로 이 지역에 첨단산업과 전자산업 분야로 투자하여 글로벌 해외시장을 목표로 생산활동을 하고 있다.

최근 싱가포르와 인도네시아간 체결된 향후 새로운 해수담수화 용수공급 계약으로 인해, 이 지역에 대한 역내시설 투자는 안정적으로 늘어나고 있으며, 인도네시아 쪽의 접경된 성장삼각지대는 바탐섬과 빈탐섬 뿐만 아니라 리아우 제도의 다른 섬들인 싱켑(Singkep)과 카레문(Karemun) 등으로 시설투자는 계속 확대되는 과정에 있다(Kakazu, 1997; Smith, 1997).

관광산업에 있어서도 1990년대부터 최근까지 싱가포르는 아름다운 자연환경과 천혜의 자원을 가진 리아우 제도 지역에 막대한 자본과 기술을 투입하여 리조트, 호텔, 골프장 등의 우수한 해양·레저 인프라를 구축하였다. 그리고 싱가포르의 기존 유명한 축제·쇼핑·요식산업과 연계한 새로운 초국적 관광벨트를 조성하여 세계적인 관광명소로 만들었다.

최근에 들어서 싱가포르는 인도네시아 중앙정부와 기존의 리아우 일부에 국한된 성장삼각지대를 다른 인근 지방으로 넓히는 문제에 대해 총리를 정점으로 하여 최고지도자들끼리 협상, 논의하고 있다. 접경된 성장삼각지대 안에서 각각의 중앙정치권과 기업인, 원주민들까지 지금껏 초국경 협력의 효과를 충분히 체감하고 있기 때문에, 싱가포르의 투자확대나 인도네시아의 반대급부 제공에 각각 거부감은 적은 편이다(Smith, 2005; Ford & Lyons, 2006).

이렇듯 접경된 성장삼각지대에서 이루어지는 산업활동과 협력의 외연확장 및 내용의 순차적 확대는 인접지역으로의 산업활동 유입을 활성화시켰을 뿐만 아니라, 두 나라에 산적한 정치적 숙제를 넘어서서 개발과 경제성장을 최우선 순위에 두게 함으로써 접경된 성장삼각지대의 발전이 아직도 지속되고 있는 상황을 유지하게 만들고 있다.

5. 접경성장지대의 운영성과와 과제

1) 경제적 발전과 통합의 성과

접경된 성장삼각지대 안에서 조호르 지역의 인력과 기술, 시설은 싱가포르 보다 상대적으로 약하지만, 인도네시아 리아우 지역보다는 질적으로 높은 수준에 있다. 반숙련 노동이 필요한 제조업이 많고, 싱가포르와 가장 가깝기 때문에 조호르의 위치는 특히 중요하다. 그렇지만 극단적으로 저렴한 인건비의 강점은 인도네시아가, 첨단기술과 부가가치의 강점은 싱가포르가 전적으로 가지고 있다. 경제와 산업을 위한 이러한 인력과 기반시설의 공간적 불일치(spatial mismatch) 상황은 역시 다른 관점에서 접경된 성장삼각지대 초국경 협력의 가장 중요한 동기이자 특징으로 간주된다.

그리고 이는 간단히 말해 산업과 경제공정을 두고서 인위적으로 나눈 초국적 월경분업현상(trans-border manufacturing network)으로도 해석할 수 있다. 이것은 최근 유럽연합 등에서 나타난 월경분업 현상과는 다른데, 근대 이후 유럽지역에서는 산업의 발전단계가 여러 지역간에 유사한 업종 및 품목을 특화함으로써 수평적 분업의 형태를 취하는 동시에 자연스레 월경적 지역통합이 이루어졌다.

이런 점에서 동남아시아에서의 초국경적 통합과 분업화는 유럽연합에서의 그것과는 일정한 차이점이 존재하고 있는 것도 사실이다. 같은 맥락에서 선진적 산업구조와 고도경제 중심의 유럽 초국경 네트워크 경우와 달리 동남아시아의 접경된 성장삼각지대는 비교적 저개발, 후진적 지역 간에 이루어진 초국경 분업과 통합의 전형을 보여주고 있다는 점에서도 어느 정도 색다른 의미를 둘 수 있다.

유럽지역과 동남아시아 지역의 초국경 네트워크 형성동기와 그 과정의 차이를 주장하는 또 다른 논거도 있다. 그것은 실상 동남아시아 성장삼각지대의 개념이 공식적으로 도입되기 훨씬 이전부터 나타나고 있는데, 말레이시아 조호르 지역과 싱가포르가 상당히 오랫동안 밀접한 정치 · 경제적 밀월관계를 가져왔다는 점이 증거가 된다는 것이다. 그리고 이것은 서로의 국경과 체제를 인정하면서도, 협력을 통해 함께 더불어 살아가려는 동아시아적 공동체 문화의 전형적인 특징을 보여주기도 한다.

일례로 1962년 이후부터 1990년까지 약 30년의 기간 동안 조호르 지역은 싱가포르에 대해 식수 및 산업용수를 국경을 넘어서 꾸준히 공급해 오고 있었다. 연간 강수량은 많지만 빗물저장이 되는 땅이 부족하여 만성적인 물 부족 국가로 손꼽히는 싱가포르는 말레이시아 연안으로부터 이미 엄청난 양의 생활용수 및 산업용수를 수입하고 있었다. 이 과정에서 싱가포르와 말레이시아 연안지역에서의 정부 간 협상경험과 물리적 이동의 편의성 구축은 이미 많은 진전이 되어 있었다. 또한 공업용지 및 노동력 부족에 따른 생산비용의 상승으로 인해 싱가포르 몇몇 기업들은 자연스레 조호르 지역으로 공장을 역외 이전하는 경우도 종종 있어, 민간부문에서의 월경에 대한 익숙함도 차곡차곡 쌓이고 있었다(Hall, 2003; Sparke, et. al, 2004).

이에 따라 1990년 이후에는 오히려 말레이시아 조호르 지역에서도 그간 저렴했던 인건비와 생산비용이 점차 상승하기 시작하였으며, 접경된 성장삼각지대 안에서는 인도네시아 바탐섬과 빈탄섬 등의 리아우 제도 지역이 이제 새롭게 저임금 노동인력의 대체 공급지로 떠오르게 되었다. 이것은 연이어 자연스레 세 지역이 하나의 경제단위로 통합되게 하는 보이지 않는 원동력이 되었던 것이다(Smith, 2005; Ford & Lyons, 2006; Leibenath, et. al, 2010; Walsh & Allin, 2012).

특히 이러한 경제요소들의 상호보완적 이동과 협력은 기존에 싱가포르에 존재했던 노동집약적 산업들을 국경과 해협을 넘어 주위 월경지역에 효과적으로 재배치함으로써, 주변 국가의 경제적 발전과 함께 싱가포르 산업구조를 지식집약적인 고도화 산업으로 전환시키는데 결정적인 역할을 했다. 또한 넓은 부지 확보가 용이한 조호르와 리아우에 공업단지, 관광단지를 건설한 것은 전 세계 선진국의 주요 다국적 기업들이나 막대한 글로벌 자본도 함께 유입되어 오도록 함으로써, 고용창출과 경제성장을 동시에 달성하게 하였다. 이것은 싱가포르, 인도네시아, 말레이시아가 공동경제권으로 묶이지 않았다면 기대할 수 없었던 경제발전의 효과를 누리게 만든 현상으로 평가된다.

2) 말레이시아 지역격차와 사회갈등의 해결

현재 동남아시아에서 시조리 성장삼각지대는 재화이동 뿐 아니라, 서비스와 노동력 이동의 자유, 규제 및 유인 등의 정책적인 조화가 이상적이라고 보여짐에도 불구하고 여전히 현실적인 우려와 숙제들도 남아 있다. 그것들은 여러 가지 측면에서 차차 현실로 나타나고 있는데, 우선 싱가포르가 접경된 성장삼각지대의 형성과 운영에 가장 적극적이었고 인도네시아도 어느 정도 정책적으로 지원을 하고 있지만, 말레이시아는 적극적인 월경개발과 지원행동에 대해서는 최근에 들어서 다소 조심스러운 접근법을 견지하고 있다는 점이다.

이는 국가적으로 말레이시아 경제체제에 있어서 조호르 지역이 차지하는 비중이 인도네시아에서 리아우가 차지하는 비중보다 훨씬 크고, 조호르와 다른 지역에서 인종적인 갈등과 함께 소득과 부(富)의 분배적 불평등의 문제가 새로운 사회적인 문제로 대두되었기 때문이다. 같은 맥락에서 싱가포르는 다국적기업의 동남아시아 집적거점으로서 향후 지속적인 경제성장이 기대되고 있으나, 시민의 소득수준 상승과 함께 나타날 급격한 생활수준과 삶의 질 변화는 싱가포르와 나머지 인접지역, 특히 조호르 지역과의 소득에 따른 생활수준 격차를 기존보다 더욱 심화시킬 것으로 예상되고 있다.

흔히 초국경 지역에서 경제적 순환논리는 솔로우와 스완(Solow-Swan) 경제성장모형에 의해 제시된 생산요소의 공간적 배분과 생산요소배분 및 기술변화간에 존재하는 상호관계에 근거하고 있다. 이는 곧 신고전파 이론(neoclassical growth theory)에 따른 지역성장 전략으로 볼 수도 있다. 신고전파 이론은 경제성장의 가장 중요한 요인으로써 자본장비의 증가가 제일 중요하다는 종래의 주장에서 기술변화가 가장 중요함을 주장한다. 집적의 이론과 신고전파의 이론은 모두 생산과 자본의 선순환 논리와 같은 맥락이고, 이것은 월경한 성장삼각지대 형성의 가장 중요한 경제적 논리였다(Perry, 1991; Parsonage, 1992; Weatherbee, 1995; Macleod & McGee, 1996).

그렇다 하더라도 선진국이 아닌 개발도상국가였던 말레이시아에서는 성장삼각지역에 포함된 지역과 다른 지방권역과의 갈등문제가 제기될 소지는 있었다. 국가 내에서도 지역별 경제성장의 차이는 초국경 성장삼각지대와 같은 역외권과의 인위적 통합에 의해 결정될 수 있기 때문이다. 물론 초국경 역외통합의 명분이 되었던 현대 경제학의 주요 논리들은 그 이후 개발의 이익을 지역별로 재분배하고 사회적 격차를 해소하는 문제까지에는 큰 관심과 대안이 없었다.

게다가 현실적으로 근래 말레이시아에서 수도권과 비수도권, 성장삼각 포함지역과 비포함 지역 간의 차이와 갈등의 발생은 날로 증가하고 있다. 이는 지역총생산(GRDP) 및 주민소득의 차이와 더불어, 특정 지역이 정부의 예산지원 및 보조금 등을 더 수혜 받는 정책적 편중에 의하여 자주 발생하고 있다. 그리고 특히 싱가포르에 대한 이민정서가 확산되면서 말레이시아에서는 지역갈등과 사회적 비용이 추가로 발생할 가능성도 남아 있다. 이러한 말레이시아 사회의 내부적 문제는 향후 접경된 성장삼각지대의 파트너들이 같이 고민하고, 공동으로 극복해야 할 중요한 과제 중의 하나로 보여진다.

3) 싱가포르를 제외한 상보적 관계의 강화

동남아시아에서 정치적으로 지금까지의 초국경 성장삼각지대의 구축과정은 그 환경의 우호성과 공동의 이해, 협력, 상호신뢰 등을 강조하고, 여기에 따른 단계적인 접근을 하고 있는 것이 특징적이다. 즉 제1단계로는 협력을 통한 문제제기와 해결방법 모색 단계에서 출발하여, 제2단계로 협력을 통한 문제해결을 위한 자원과 제도적 조건 검토하는 단계를 거쳤다. 그리고 제3단계에서는 실질적 협력을 위한 협의체 구성과 협력내용을 구체화시키는 과정을 거쳤다. 마지막으로 제4단계에서는 협력효과를 발생시키고 확산하는 단계로 볼 수 있는데, 현재 시조리 성장삼각지대는 제도적 정비와 시스템을 구축하고 실제적 운영이 상당기간 진행되었으므로 마지막 단계에 들어서 있는 것으로 보여진다.

그러나 다른 한편으로 현재 시행중인 제도의 양적 확대와 내실화된 체계의 정비도 필요하다. 1990년 이후부터 최근까지 동남아시아에서 시조리 성장삼각지대에 관한 인도네시아와 싱가포르, 말레이시아와 싱가포르 사이에는 IMS-GT계획을 제외하면 각각 두 가지 정도의 개별 월경협정이 존재하고 있다. 그런데 문제는 인도네시아와 말레이시아 사이의 개별 혹은 단독협정은 존재하지 않는다는 점이다. 오랫동안 자연환경과 부존자원, 경제상황과 생활수준이 서로 비슷했던 두 지역 간에는 무역과 투자관계도 당초의 생각보다 아직 긴밀하지 못하다.

조호르 연안과 리아우 제도만 놓고 보면, 경제수준과 자연자원, 저임금 노동의 유사성으로 인해 싱가포르의 자본과 기술을 유치하려고 최근까지 서로 적극적인 구애를 하고 있다. 즉 현존하는 성장삼각지대에서 싱가포르의 존재를 제외시킨다면, 말레이시아와 인도네시아 지역들은 서로 보완적인 관계라고 하기보다는 오히려 서로 경쟁적인 관계라고 볼 수도 있는 이유도 바로 이러한 점 때문이다.

환언하면, 싱가포르와 조호르 사이, 싱가포르와 리아우 간의 연계는 매우 강한 반면에 리아우와 조호르 간의 연계는 상대적으로 미약한 수준에 있다. 말레이시아 중앙정부나 인도네시아 중앙정부는 각각 자국의 연안과 섬 주변 접경지역이 싱가포르의 막대한 자본과 경제력을 등에 업고서 많은 개발이 되는 것을 희망하고 있기는 하다. 하지만 동시에 지역의 민주주의와 자치권이 미약한 개발도상국가의 특성상 중앙정부의 통제를 받아 개발을 진행하도록 방향을 설정하여, 말레이시아와 인도네시아의 상호교류는 다소의 어려움이 존재하는 것도 엄연한 사실이다.

게다가 역사적으로 인도네시아와 말레이시아는 같은 말레이계 민족이며 비슷한 문화와 종교, 언어를 배경으로 동질감을 지니면서도 미묘한 경쟁관계를 가진다. 근대 서구 식민세력이 동남아사어에 진입해 각자 영역을 두고 경계선을 마련하기 전까지, 양국은 스리위자야(Srivijaya) 등 숱한 왕국들의 동일한 통치영향권에 있었던 적이 많았다. 지금에 와서는 말레이시아가 동남아시아 역내에서 싱가포르 다음으로 많은 경제발전을 이룬 나라이고, 1인당 GDP도 1만불이 넘어 인도네시아와 3배 가량 차이가 난다.

또한 인도네시아와 주변국의 이주노동자를 200만 명 이상 받아들이고 있으며, 이들 중 절반 이상이 인도네시아 이주노동자이다. 양국의 국어가 소통에 아무런 지장이 없을 만큼 비슷해 인도네시아 사람들이 주로 말레이시아의 플랜테이션이나 가정에 들어가 일을 많이 한다. 이런 이유로 인도네시아 사람들은 말레이시아 중산층 이상의 사람들에 대한 막연한 부러움과 열등감을 동시에 갖고 있으며, 간혹 영토와 영해, 민속과 전통문화 등의 문제에서 지극히 정서적, 감정적 대립이 나타나기도 하였다.

확실히 현재 시점에서는 정치적 제안으로 시작된 성장삼각지대가 최초 정치적인 상황으로 만들어진 태생적 한계를 노정하고 있고, 다시 이것은 초국경 지대의 발전이 일정수준에서 억제될 수 있는 요인을 제공하고 있다. 그리고 현실적으로 그것은 불확실한 집적경제와 다소 빈약한 산업인프라의 불안함, 나아가 민족과 문화의 일부 충돌로까지 나타나고 있기도 하다.

그렇지만 공교롭게도 말레이시아 조호르와 인도네시아 리아우 쪽의 두 초국경 지역은 모두 싱가포르의 국제적 인프라와 다국적 글로벌 기업의 유치에 지역경제를 전적으로 의존하고 있어, 이들이 어느 날 갑자기 철수를 한다면 하루아침에 동시적 위기에 봉착할 가능성도 있다.

따라서 싱가포르에 비해 단기적으로 외국기업을 유치하고 이들의 부가가치 생산에 의존하고 있는 조호르와 리아우 지역은 접경된 성장삼각지대에서 지금보다 투자제도와 기업운영환경을 내실화하고, 두 지역 간 연계된 생산과 유통망을 시급히 확충할 필요가 있다. 결국 접경된 성장삼각지대의 장밋빛 미래는 싱가포르를 제외한 말레이시아 조호르 연안과 인도네시아 리아우 섬 지역 간의 보다 긴밀한 연대의 확립과도 밀접한 관련이 있는 것이다.

4) 외부지역과의 연계와 협력시스템의 확장

1990년대 이후 접경된 성장삼각지대의 작동과 운영을 통해 그동안 싱가포르는 축적된 산업 및 경영기술·기획·정보능력을 바탕으로 제품디자인과 마케팅을 위한 경영본부 역할을 했으며, 말레이시아 조호르와 인도네시아 리아우는 싱가포르가 부족한 저렴한 노동력과 공장부지, 자연환경 등 자원을 제공하며 서로의 목적을 어느 정도 달성했다.

이에 동남아시아에는 지금 초광역적 범위에서 지역 간의 상호보완성을 극대화하여 국가 경쟁력을 높이는 전략을 추진하면서 동시에 인접한 접경지역들과의 월경적, 초국적 협력을 활발하게 진행하고 있다. 거대한 경제력을 기반으로 다국적 기업·초국적 기업·도시·국가 등의 관계가 복잡하게 전개됨으로써 국경을 넘어 월경지역 개발사업이 진행되고 있는 것이다. 특히 해항도시이자 소규모 국가인 싱가포르는 최근 30년 동안 매우 급속한 경제성장을 달성함으로써, 거시적인 아세안자유무역지역(AFTA) 또는 동아시아경제협의체(EAEC)의 구상에 대응하여 다시금 장기성장전략의 변경이 필요한 단계에 진입한 상황이다.

이에 최근 싱가포르-말레이시아 조호르-인도네시아 리아우 성장삼각지대(IMS-GT)는 이 초국경 경제협력지역의 확대를 시도하고 있다. 이는 현재의 지역협력에 관한 협정들을 그대로 유지시키면서, 주요 역외국가들에게 다시 성장삼각지대에 대한 시장적 진입을 신규로 허용하는 것을 골자로 하고 있다. 이러한 성장삼각지대의 초광역 확대 협력사업에는 자연자원 및 공유자원의 활용 및 이용에 대한 사업 확대, 발전적 시너지 효과 극대화를 추진하는 사업으로의 유형화, 비선호시설 및 혐오시설의 분담 설치, 공공시설의 공동설치·운영, 관광개발 연계사업, 지역정보 네트워크 구축, 연구개발과 학술연구거점 구축 등의 다양한 사업들이 강구되고 있다.

물론 이러한 외연확장의 가장 핵심적인 외부조력자는 동남아시아 국가연합(ASEAN)과 아시아개발은행(ADB)이다. 이들은 저개발 지역의 경제변화를 촉진하기 위해 각 정부기관의 역량지원을 제공하고 기술 및 재정을 동원뿐만 아니라, 민간기업의 개발을 위한 투자환경까지 조성해주는 역할을 하고 있다. 이로 인해 현재까지 접경된 성장삼각지대는 소개한 사례지역 뿐만 아니라, 동남아시아 각 지역에서 국경을 초월하는 협력으로 긴밀한 경제활동이 이루어지는 그러한 보다 다양화된 모습으로 나타나고 있다.

단적인 예로, 지금 동남아시아 역내에서는 싱가포르, 말레이시아 조호르(Johor), 인도네시아 리아우(Riau)의 시조리 성장삼각지대(SIJORI Growth Triangle)를 기점으로 하여, 다른 여러 초국경 개발이 동시 다발적으로 진행되고 있다. 인도네시아, 말레이시아, 태국 접경지역 사이의 새로운 북부성장삼각지대(IMT-GT)의 출현, 필리핀, 말레이시아, 인도네시아, 브루나이 접경지역 사이의 BIMP 동아세안성장지대(BIMP EAGA: BIMP East ASEAN Growth Area) 등의 구상은 근래 10년 사이에 새롭게 논의되었거나 구체적인 실행계획의 추진을 이미 시작하고 있다.

그리고 이것은 기존 동아시아 전체의 여러 초국경 개발 프로젝트와 다시금 재연계를 시도하고 있다. 예컨대, 홍콩, 타이완, 중국 양안지역을 기점으로 한 남중국 성장삼각지대(South China Sub region), 대메콩강 성장지대(Greater Mekong Sub-region), 보하이(渤海)만 지대와 두만강 개발계획이 연계된 동북아시아경제지대(Bohai Sub region) 등이 그것이다. 물론 이것은 미래에 각 초국경 개발지역의 내실화가 이루어

〈그림 57〉 동아시아 초국경 성장삼각지대의 단계적 확대 구상

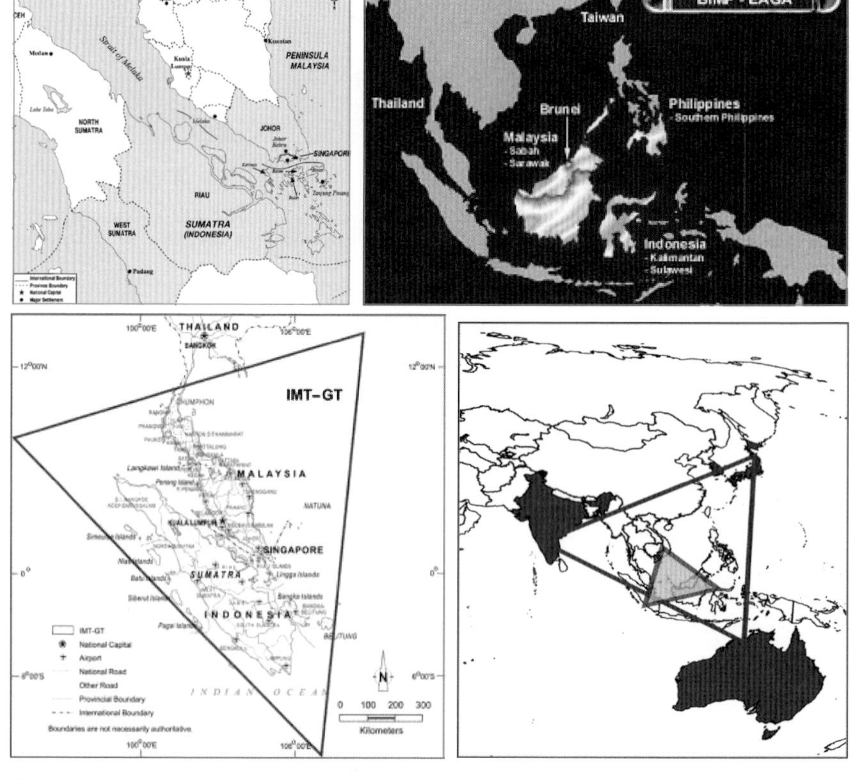

출처: http://ko.wikipedia.org/wiki(CC-BY-SA)

진 뒤에 동아시아 전체의 관점에서 장기적으로 추진될 과제로 여겨지고 있다.

이러한 동아시아 해항도시와 연안에서 출발한 초국경 성장삼각지대의 단계적 확대 구상은 잠정적이기는 하지만, 이미 동남아시아와 동북아시아, 중국, 인도, 호주 연안까지를 포괄하는 범위까지 장기적 비전이 제시되어 있다. 이러한 가운데, 미래 장기적 비전의 실천은 지금 21세기 많은 학자와 전문가들로 하여금 유럽연합(EU)과 아메리카(NAFTA)의 블록화에 대응한 세계적인 수준의 동아시아 초국경 블록화를 꿈꾸게 하고 있다. 나아가 이것은 근대 이후 동아시아에서 획정된 국민국가의 경계를 허물고, 미래 새로운 글로벌 월경공동체 사회로 나아가기 위한 이상을 제시하고 있기도 하다.

6. 동아시아 해역권의 시사점과 미래구상

1) 동아시아 접경지역의 성장삼각지대 구상

동남아시아 해항도시와 연안의 초국경 네트워크인 접경성장지대, 일명 '시조리(SIJORI) 성장삼각지대'는 궁극적으로 여기에 속한 시민들의 삶의 질 향상과 원활한 경제발전을 기본목적으로 하고 있으며, 성장삼각지대 접경지역 간 무역과 투자를 증가하는 것을 단기목표로 정하고 있다. 그리고 장기적으로 미래의 번영과 평화를 슬로건으로 하는 초국경 지대의 구축을 계획 중이다.

이와 더불어 현실적으로는 공공부문과 민간부문 사이의 협력, 도시정부와 주정부, 국가적 참여의 로드맵을 순차적으로 실현하고 있다.

이것은 동남아시아에서 보다 거시적인 2020년 ASEAN 경제공동체의 실현에도 크게 기여할 것으로 기대되고 있다. 서로의 이점을 살리기 위해 연안과 섬, 그리고 도시에서 시작된 작은 삼각형 모양의 월경네트워크는 이제 동남아시아 전체의 초국가적 이념과 영역으로 확대, 재생산되고 있는 것이다.

그런데, 확실히 앞에서 살펴본 동남아시아 지역의 초국경 네트워크는 유럽의 그것과는 다르다. 네트워크 시스템 상에서 우선되는 것은 대도시가 주는 다양성과 경제활력과 더불어 경쟁력 있는 산업클러스터이며, 이것들이 서로 결합된 경제의 국지화와 재생성 과정이 진행된다. 그리고 다시 이는 다른 지역의 동반 도시화에 의해 형성 및 유지가 계속되고 있다. 이런 점에서 접경된 성장삼각지대의 사례는 기존 유럽에서 나타난 해항도시 초국경 네트워크의 근본적 가정에 대한 몇 가지 흥미로운 변형을 보여준다는 점에서 의미가 남다르다.

특히 1990년대부터 지금까지 성장삼각지대의 형성과 운영이 보여준 그간의 성과는 이것이 동남아시아에 국한되지 않고 동아시아 전체 연안에 주는 시사점이 매우 크며, 향후에 이 지역의 시스템을 다른 지역에서 보다 적극적으로 도입하여 활용해야한다는 의견도 많다. 즉 동남아시아의 접경된 성장삼각지대를 기반으로 동북아시아의 우리나라와 일본, 중국, 호주, 인도까지를 포괄하는 거대한 초국경 성장삼각지대의 단계적 확대 구상도 최근 학자들로부터 제안되고 있다(존 나이스비트, 1996; 이재기, 2004). 그렇지만 우리에게는 우선 동북아시아 연안에서 접경된 성장삼각지대의 동남아시아 벤치마킹 모델을 도입하려는 제안이 현실적으로 받아들여지고 있다.

구체적으로 우리나라 부산, 중국 상해, 일본 후쿠오카 등의 3개 해항도시와 연계한 부샤후 협력체를 만들자는 구상(BuShaFu Plan)이 각

나라의 도시전문가 및 학계에서 제기된 바 있다. 즉 동남아시아와 같은 삼각형 모양으로 동북아시아에서 부산과 상해, 후쿠오카 사이에 새롭게 구상된 이른바 '부샤후 성장삼각지대(Busan-Shanghai-Fukuoka Growth Triangle)'는 부산의 생산 및 항만인프라 능력과 후쿠오카의 자본 및 기술력, 상해의 값싼 노동력이 합쳐지면 엄청난 경제적 시너지 효과를 낼 수 있다는 미래 초국경 지역통합의 구상이다.

이러한 구상은 동남아시아의 사례를 교훈 삼아 미래에 세 지역이 협력관계로 나아가야만 살아남을 수 있다고 판단하고, 아주 가깝게 위치한 거대한 시장권 속에서 각 도시가 독립적인 경제체제에 갇혀 있을 필요가 없다는 인식에 토대하고 있다. 크게는 우리나라와 중국 및 일본과의 삼각벨트 형성을 통한 학술·인적교류 확대와 세계화 시대에 걸맞은 새로운 동아시아적 가치형성을 위한 토대를 마련하는 데 목적을 두고 있다.

현재 부산과 일본의 후쿠오카는 2009년에 초광역 경제권 형성을 합의하였고, 중국의 상해에는 부산과 후쿠오카의 많은 기업들이 이미 진출해 있어, 장기적으로 부샤후 성장삼각지대 구축을 위한 실천적 자양분은 조금씩 축적이 이루어지고 있는 것으로 평가할 수 있다. 그리고 이것은 향후 언젠가 이루어질 한·중·일 사이의 국가간 자유무역협정(FTA)에 앞선 해항도시 단위의 선험적 모델이 될 가능성도 충분하다. 미래에 국경해협을 사이에 둔 성장삼각지대의 형성은 동북아시아에서도 유용한 초국경 네트워크 모델이 될 수 있다는 결론도 충분히 허락된다.

2) 동북아시아에 주는 현재적 시사점

최근 동남아시아 말라카와 싱가포르 해협에서 이루어진 사회간접

인프라 구축과 자본의 교류는 물론 싱가포르의 우수한 인재와 노하우를 조호르 지역과 리아우 제도의 풍부한 자원 및 값싼 노동력과 결합시키기 위한 여러 가지 실질적 시도들을 계속 실험하고 있다. 이에 동남아시아 초국경 성장삼각지대는 지역과 범위가 크고 복잡한 국가들 사이의 FTA(자유무역협정) 실현을 위한 경제협력의 중간단계에 적합한 모델로서, 앞으로 대표적인 해항도시인 우리나라 부산이나 인천 등이 일본 · 중국 연안도시와의 협력과 교류에 참고할 가치와 여러 함의를 가지고 있다.

첫째, 동남아시아 초국경 성장삼각지대의 사례는 월경한 국지경제권이 성공적으로 만들어지기 위해서는 대형 프로젝트보다는 작고 실질적인 사업에서 시작해 우선 경쟁관계를 벗어나고, 이후 점진적인 상호협력 강화를 통해 주변지역으로 그 효과를 확산시켜야 한다는 점을 제안하고 있다. 점차 증가하는 전 지구적 경쟁과 보호주의 환경정책 하에서 접경된 성장삼각지대는 그들 스스로 시너지 효과를 발생시키기 위한 사업으로 가장 먼저 비교우위를 통해 서로의 보완요소를 찾아낸 것에서 출발을 하였다. 유럽과 달리 동아시아에서는 아직 초국가적 개발기구 또는 포괄적 추진체계가 부재하였음에도 불구하고 동남아시아의 접경된 성장삼각지대는 각각 해항도시(싱가포르)와 연안지방(조호르), 섬(리아우) 지역차원의 필요성에 의해 초국경적 협력과 개발이 자발적으로 이루어졌다는 점에서 충분히 주목할 만하다.

둘째, 초국경 통합지역의 형성과정에서 공공 · 민간부문의 기능과 역할이 제각각 혼재되어 있을지라도, 궁극적으로는 민간부문이 주도적으로 경제성장을 위한 엔진기능을 담당해야 한다는 것을 성장삼각지대는 우리에게 중요하게 알려주고 있다. 즉 자본주의 세계에서 월경한 새로운 경제권역의 형성은 기존 민간부문의 투자협상 경험, 기업의 탄탄한 자본과 기술력이 뒷받침된다면, 정부와 정치권의 지원이 초기에 다소 적더라도 장기적으로 그것이 성공할 수 있음을 이 사례는 보여주고 있다. 물론 강력한 정치적 결단과 그 이행도 그 시작에는 중요한 매개체가 됨을 이 사례는 우리에게 동시에 말해주고 있기도 하다.

셋째, 월경한 국지경제권 형성과 외자유치를 위해서는 제도적 정비가 선행돼야 하며, 이러할 경우에는 중앙정치권의 결단과 제안이 있거나, 아니면 오히려 도시와 지방으로 중앙정부의 협상권한이 이양되는 모양새가 나타나야 함을 이 사례는 강력하게 시사해 주고 있다. 또한 동남아시아 초국경 성장삼각지대는 해협을 사이에 둔 상황에서 해항도시와 연안지방, 섬들 사이의 협상과 교류역량 이외에도 추가적으로 시의 적절한 국가적 뒷받침이 있어야 하며, 정부의 행정적 지원은 규제와 통제가 아니라 오로지 이익창출과 개발촉진을 위한 기반조성 역할에만 충실해야 함을 시사해 준다.

넷째, 인접지역과의 경제협력과 교류의 긴밀성을 높이려면 접경된 성장삼각지대의 사례에서 보듯이 수도권 집중체제 탈피와 출입국 간소화, 교통편 확충 및 고속화, 외국인과 관광객의 이동편의성 등이 필수적이라는 점도 지적할 수 있다. 지금 말레이시아의 조호르 남부는 싱가포르의 월경배후지라는 장점을 십분 활용하고 있다. 현재는 싱가포르에 직장이 있는 60만여 명 정도가 매일 월경을 하고 있으나, 가까운 미래에는 여행자들도 여권 대신 스마트 카드로 신속하게 국경간 출입국이 이루어질 계획이다. 특히 말레이시아 조호르 연안과 싱가포르간 산업투자와 물류의 해결을 위한 공유도로, 공유항만, 공용철도 등의 초국경 인프라 연결은 매우 빠른 속도로 강화되고 있다. 이는 역내 글로벌 투자와 세계자본을 유치하기 위한 중요한 전제조건도 된다는 점을 동남아시아의 접경된 성장삼각지대 사례에서 다시 한번 재확인시켜주고 있는 것이다.

다섯째, 동남아시아 초국경 성장삼각지대는 싱가포르, 말레이시아, 인도네시아 참여지역과 국가들의 선제적 독점은 인정되고 있지만, 궁극적으로 이곳은 '하나로서의 동남아시아'를 외치고 있다. 즉 이 곳에서 생기는 모든 외부경제의 효과는 동남아시아 여러 회원국들이 골고루 혜택을 볼 수 있고, 다시 이 성장삼각지대가 경제협력의 다른 형태로 들어가려는 새로운 참가지역이나 도시들을 차단하도록 구성되지도 않은 개방형 연결시스템(open network system)을 지향하고 있다. 그렇게 함으로써 접경된 성장삼각지대는 미래 동남아시아 전체 아세안 초국경 지역통합의 축소판(microcosm)이자, 촉매자의 역할(catalyst)임을 자처하고 있는 것이다.

바다를 사이에 둔 해항도시와 해역간 경제통합의 궁극적 목표는 경제적 이익이다. 그러나 언제까지 현재와 같은 좋은 상태가 유지될 수는 없다. 이에 성장삼각지대의 대외개방과 확장의 이슈는 앞으로 동아시아 전체 해항도시 간 초국경 연계에 큰 변수가 될 수도 있을 것으로 전망된다. 결국 이것은 역외지역을 포함하는 더 넓은 월경적 지역개발의 가능성과 함께 초국경적 투자논의와 실제 생산활동에서의 국지적 협력가능성을 열어두는 것으로, 미래 우리나라 및 동북아시아가 앞으로 새로운 성장삼각지대 형성을 논의, 실행할 경우에 긍정적인 참고를 할 만한 대목이다.

마지막으로 초국경적 해항도시 네트워크를 다루는 데 있어서 해항도시 사이의 월경연계가 가져올 사회환경적 결과는 중요하게 논의되어야 한다. 예컨대, 동북아시아의 해항도시는 최근 급격한 성장과 쇠퇴의 변화를 경험하고 있다. 동아시아 전체에서도 기존의 주요 해항도시들은 과거 유럽의 경우처럼 경제적 역성장이 이미 진행되었거나, 조만간 포화상태로 인한 인구감소를 경험할 것으로 예상이 된다. 또한 외국인 노동자와 결혼이민자의 증가로 인해 다문화 사회로의 이행 현상이 빠르게 심화되고 있다.

이에 미래의 해항도시 네트워크는 결국 생활의 정주성(settlement)과 환경적 우수성(livability)이 초국경 지역으로서의 경쟁력을 좌우할 것으로 예상되고 있다. 따라서 각 해항도시는 지역사회 차원에서 삶의 질과 인간생활의 유익함을 가지지 못한다면, 초국경적 네트워크 연계의 의미는 퇴색하게 된다.

따라서 이러한 사회환경적 변화들과 동아시아 해항도시의 연계가 어떻게 관련되는지 앞으로 학자와 전문가들은 보다 진지하게 응답을 해야 할 것이다. 미래에 새롭게 형성될 해항도시 초국경 네트워크의 이상은 사람들에게 최소한 국민국가 시절보다 더 나은 삶과 권리를 가져다 주는 것에 있기 때문이다.

제 7 장

한·일 해협과 월경공동체 협력

제 7 장
한 · 일 해협과 월경공동체 협력

1. 동북아시아 한 · 일 해협의 지역개관

1) 핵심 해항도시의 지역적 개관

지금 동북아시아 한 · 일 해협의 초국경 교류와 협력을 주도하는 부산과 후쿠오카는 공통적으로 동북아시아에서 대표적인 해항도시들이자, 그 성장배경과 특색이 상당부분 유사하다. 다만 도시규모와 역사적 성장의 주기가 차이를 보이고 있으므로, 미래에 공동의 협력은 일단 상호간 도시에 대한 이해와 교류의 합리적 방안을 찾는 데 도움을 받을 수 있을 것으로 보인다. 실제로 동북아시아 국가들은 오래 전부터 해항도시를 국익과 경제발전을 위한 전략적인 장소로 인식하고 개발시켜 왔으며, 도시별 교류와 소통이 가능하다는 가정 하에 상호 동질성을 높여가고 있기 때문이다.

이러한 필요성에서 동북아시아에 속한 우리나라와 일본의 대표적인 해항도시인 부산과 후쿠오카의 양자교류(bilateral interchange)를 사례로 여기서는 월경한 해항도시들 간의 국제적 협력의 수준과 월경교류의 실태를 한번 살펴보고자 한다. 또한 여기서는 부산과 후쿠오카의 양자교류를 사례로 월경한 도시 간의 국제교류 수준과 현황을 점검하고, 그 성공조건을 알아본다. 그리고 월경도시 간 국경을 초월한 협력(cross-border cooperation)을 설명할 수 있는 현실적인 요인을 새롭게 발견하는 계기도 마련하게 만든다.

무엇보다도 이는 해항도시 부산이나 일본의 후쿠오카 등과 여건이 비슷하고, 지속 가능한 발전을 위해 향후 국경을 초월한 교류와 협력이 필요한 동아시아 해항도시들에게는 이를 활성화시킬 수 있는 논리적 토대와 전략적 요소를 알려줄 수 있다. 나아가 미래에 국경을 초월한 교류와 협력이 장기적으로 필요한 동북아시아 지역의 여러 해항도시에게는 협력과 교류의 실천적 함의와 이론적 토대도 함께 마련해준다. 해항도시의 초국경 네트워크와 월경교류는 여러 가지의 긍정적인 측면이 내포되어 있는데, 동아시아와 동북아시아에서는 그 의미가 더욱 각별한 것이다.

(1) 해항도시 부산의 지역개관

우리나라의 경우 부산은 제2의 도시이자 가장 큰 항만을 가지고 있으며, 동남권 지역과 국가의 수출입경제를 주도하는 거점도시이다. 부산이라는 도시의 성장 현황을 인구적 요인 중심으로 살펴보면 다음과 같다.

도시성장의 측면에서 부산은 최근 성장기를 지난 쇠퇴기의 국면을 맞고 있는데, 과거 인구의 최대 수치는 1991년과 1995년으로 각각 385만 명, 390만 명이었다. 이후 2001년 378만 6천여 명에서 2003년 371만 1천여 명, 2005년 365만 8천여 명, 2006년 363만 5천여 명, 2007년 361만 5천여 명, 2009년 359만 5천여 명으로 계속 줄어들었다. 그리고 2012년 이후를 기준으로 부산시의 인구는 대략 340만여 명의 수준을 유지하여 도시성장의 전성기보다 약 40만 명 정도 감소된 상황이다.

(2) 해항도시 후쿠오카의 지역개관

후쿠오카는 일본 내에서 관서지역의 행정, 경제, 문화, 패션의 중심지로서 항공, 선박, 철도, 도로를 통해 일본 전역으로 연결되며, 육 · 해 · 공 광역교통의 거점으로 서일본광역교통망의 창구역할도 맡고 있어 인구와 물자의 이동이 활발하다. 후쿠오카를 찾은 방문객은 우리나라와 대만, 중국이 전체의 90%이상으로 매년 1,200만~1,700만 명 선을 유지하고 있다. 행정구역은 히가시구(약 28만), 하카타구(약 20만), 주오구(약 17만), 미나미구(약 24만), 조난구(약 13만), 사와라구(약 22만), 니시구(약 18만)이다(일본 후쿠오카시 정책조정과, 2012).

후쿠오카의 장점이라면 오사카(大阪), 도쿄(東京), 삿포로(札幌) 등 일본의 주요 도시까지의 거리와 우리나라의 서울, 부산, 중국의 상해, 북경, 대만의 타이베이 등 동아시아의 주요 도시까지의 거리가 거의 같은 범위에 있다는 것이다. 이러한 점 때문에 후쿠오카공항, 하카타항 등 국제항공과 선박노선이 많아 우리나라, 중국 등을 비롯한 아시아의 여러 나라들과의 교류에는 최고에 위치에 있다. 특히 우리나라에서는 인천의 항공편과 부산의 항공, 선박 모두를 이용할 수 있어 접근성이 매우 높은 편이다. 2013년 기준으로 후쿠오카현에는 약 2만여 명 이상의 한국인들이 체재하고 있는 것으로 알려져 있다. 그리고 현재 부산과 후쿠오카간에는 연간 약 100만여 명 이상의 이동인구가 추산되어지고 있다.

1972년 4월 기타큐슈시에 이어 규슈에서는 두 번째로 정령지정도시로 승격된 후쿠오카시는 기타큐슈시와 지역거점도시 자리를 두고 경쟁관계로 들어가게 되고, 이후 국가 및 정부계통의 출장기관과 기업의 규슈지사 등이 기타큐슈와 구마모토시 등지로부터 이전해 옴에 따라 후쿠오카 일극 집중현상이 강하게 나타났다. 후쿠오카 일극집중을 더욱 가속화시킨 최대의 요인은 후쿠오카를 축 내지 경로로 하는 교통망의 발달에서 비롯되었다.

이에 최근에는 후쿠오카 지방정부 역시 독자적으로 지역클러스터 육성을 추진하고 있는데, 일본 중앙정부(문부과학성) 차원의 지식클러스터 사업과 더불어 자체적으로 전통산업클러스터 구축과 콘텐츠 산업클러스터 구축을 추진하고 있다. 지역 내 산학연간 교류 활성화를 지원하기 위해 지자체, 지역 경제계, 대학이 협력하고 있다. 산업클러스터 사업의 목적은 궁극적 지역 자립적 발전을 지원하는 데 있으며, 중요한 산업적, 경제적 토대와 관련된다는 점에서 향후에 일정한 산업과 경제적 의미, 지역적 의미 등을 지닌다.

2) 해항도시 초국경 경제권의 추진논리

국제적 경제활동에서 있어서 국가보다는 대도시권의 중요성이 증대된 작금의 현상은 곧 국가에서 대도시권으로 명령/통제기능의 이동과 집중을 야기하였다. 즉 금융, 서비스, 문화, 창조산업 등이 특정 지역에 집중되도록 하였으며, 이는 국경과 지정학적 위치의 의미를 과거보다 약하게 만들고 있다. 특히 동북아시아의 우리나라, 일본, 중국 등에서도 명령통제기능, 서비스, 인구, 경제력, 교통인프라, 문화시설 등의 대도시권 집중으로 대도시권은 모든 경제활동의 기반으로서 중요성이 크게 증대되었다.

이러한 상황에 따라, 동북아시아에서 기존 산업구조의 고도화에 따른 대도시권의 서비스 연계기능의 결절점, 기업의 총괄거점으로서 개

〈그림 58〉 동북아시아 지역의 주요 경제권 분포 현황

별 도시들의 중요성도 크게 증대되었다. 그리고 글로벌 경제의 경쟁 단위로서 해항도시를 중심으로 한 거대도시권의 부상과 이들 간의 경쟁도 격화되고 있다. 경제적으로 거대도시권은 스스로의 경쟁력 확보를 위해 이제 자국의 기업보다는 글로벌 기업들과 국제네트워크 기업들을 유치하고, 이들의 이윤과 부가가치 창출환경 조성에 정책의 역점을 두고 있는 형편이다.

다른 한편으로 현재 동북아시아에서 글로벌화의 진전과 경쟁구도

의 변화로 인해 경제면에서 국가 간 경쟁체제는 이제 연안과 해양을 중심으로 한 대도시권간 경쟁체제로 변모하고 있다. 이는 곧 국경을 넘어서서 세계경제의 체제가 선순환 발전지역과 악순환 쇠퇴지역으로의 양극화 현상이 심화되고 있기 때문이다. 따라서 앞으로는 지역발전의 열쇠가 대내적으로는 대도시를 중심으로 광역경제권의 형성, 대외적으로는 글로벌 대도시권과의 네트워크 강화가 이슈가 될 것으로 보여진다.

이런 점에서 부산과 후쿠오카 두 해항도시의 광역경제권은 인구 약 2천 여만 명에 지역 내 총생산(GRDP) 약 6천억 달러 규모의 동북아시아 핵심 경제권으로 부각되고 있다. 한·일 해협 사이에서 두 해항도시가 국경을 초월해 경제와 문화 교류의 다양한 네트워크를 구축한 것은 동북아시아 주요 도시들 사이에서 실제적으로 진척된 최초의 사례라는 점에서, 이미 높은 기대와 평가를 받고 있다.

또한 부산과 후쿠오카 초국경 경제권은 "동북아시아의 문화, 경제를 리드하는 대도시권 네트워크의 한 축으로서의 글로벌 광역경제권 구축"을 핵심비전으로 지향하고 있다. 이를 위해 2009년에 이미 두 도시는 공동의 실천의제로 총 64개 과제를 설정하였으며, 54개 단기과제는 2013년까지, 9개 중기과제는 2014년부터 2023년까지, 정부건의 1개 과제는 지속적으로 추진 중에 있다.

우리나라와 일본을 대표하는 두 해항도시 사이의 초국경 네트워크는 지금까지 동북아시아 국가 간의 뚜렷한 국경을 기준으로 교류가 이루어지던 것과는 대조적인 현상이다. 이 현상은 서로 다른 국가의 도시정부와 민간인들에 의해서 역동적, 능동적으로 추진되고 있으며, 특히 도시에서 정부와 민간 오피니언 수장들의 적극적인 리더십이 돋보인다.

이러한 이유로 일단 한·일 해협을 사이에 둔 부산(동남권)과 후쿠오카(규슈권) 지역은 다른 지역에 비해서 상대적으로 보다 활발한 네트워크가 이루어지고 있다. 그리고 이것은 우리나라와 일본 사이의 해양권은 비슷한 정치적, 경제적, 사회적 특성들을 공유하고 있기 때문이라는 시각이 지배적이다. 지금 다수의 언론과 전문가들은 앞으로 한·일 두 해항도시 간의 연대가 보다 강화될 것으로 예측하고 있다.

2. 한·일 해협 초국경 경제권의 현황

1) 초국경 월경협력의 진행경과

먼저 우리나라와 일본의 해협을 사이에 둔 부산과 후쿠오카 두 도시 사이의 교류현황을 살펴보면 다음과 같다. 먼저 2012년 이후 기준으로 부산의 경우 세계적으로 국제협력(자매결연/우호협력 체결)을 하고 있는 도시는 총 21개 국가에 소재된 28개의 도시들이며, 특히 동아시아 지역에서는 중국, 일본, 대만, 베트남, 인도네시아, 캄보디아 등에 많은 교류도시를 가지고 있다. 그런데 부산의 전체 해외교류 도시들 중에서 시카고(미국), 중경(중국) 등의 2곳을 제외하면, 26곳 모두 각 국가의 연안의 주요 도시나 그 국가의 해항도시라는 점이 매우 특징적이다.

현재까지 부산은 소위 그 나라의 거점도시이자 국제적으로 유명한 해항도시, 항만도시들과 전략적이고 긴밀한 국제적 협력관계를 유지하고 있는 것이다. 이러한 배경에는 각 해항도시들이 가진 항만이나 무역항의 존재, 교역도시로서의 유사한 특성들이 반영되었고, 여러

〈표 3〉 해항도시 부산과 외국도시의 초국경 협력 현황

협력체결시기	협력도시	협력국가	협력유형
2010-12-02	중경시(Chongqing)	중국	우호협력
2007-07-23	천진시(Tianjin)	중국	우호협력
2000-05-17	심천시(Shenzhen)	중국	우호협력
1993-08-24	상하이시(Shanghai)	중국	자매결연
1976-10-11	시모노세키시(Shimonoseki)	일본	자매결연
2008-05-21	오사카시(Osaka)	일본	우호협력
1995-11-03	호치민시(Ho chi minh)	베트남	자매결연
1994-08-29	수라바야시(Surabaya)	인도네시아	자매결연
1966-06-30	까오슝시(Kaohsiung)	대만	자매결연
2006-11-13	두바이시(Dubai)	아랍에미리트	자매결연
1992-06-20	블라디보스톡시(Vladivostok)	러시아	자매결연
2008-06-11	상트페테르부르그시(St. Petersburg)	러시아	자매결연
1983-10-25	바르셀로나시(Barcelona)	스페인	자매결연
2002-06-04	이스탄불시(Istanbul)	터키	자매결연
2007-05-06	시카고시(Chicago)	미국	자매결연
1967-12-18	로스엔젤레스시(Los Angeles)	미국	자매결연
2000-09-19	몬트리올시(Montreal)	캐나다	자매결연
1995-01-17	티후아나시(Tijuana)	멕시코	자매결연
1985-09-23	리우데자네이루시(Rio de Janeiro)	브라질	자매결연
1999-01-27	발파라이소시(Valparaiso)	칠레	자매결연
2000-06-05	웨스턴케이프주(Western Cape)	남아공	자매결연
1996-04-22	오클랜드시(Auckland)	뉴질랜드	자매결연
1994-10-17	빅토리아주(Victoria)	호주	자매결연
2009-06-11	프놈펜시(Phnom Penh)	캄보디아왕국	자매결연
2009-11-19	뭄바이시(Mumbai)	인도공화국	자매결연
2010-03-08	데살로니키시(Thessaloniki)	그리스	자매결연
2011-04-26	카사블랑카시(Casablanca)	모로코	자매결연
1989-10-24 2007-02-02	후쿠오카시(Fukuoka)	일본	행정협정 자매결연

출처: 부산광역시 국제협력과, 부산국제자매도시위원회(2013).

방면의 교류와 소통의 필요성이 공감되었기 때문으로 풀이된다. 그리고 이 중에서도 후쿠오카는 지리적으로 가장 근접하고 부산과 유사한 해양·항만도시이자, 실천력 있는 행정협정 및 교류협의기구를 공동 구성한 특별한 관계에 있는 해항도시이다.

국제협력의 역사와 진행과정을 보다 구체적으로 살펴보면, 1960년대 중반부터 부산과 후쿠오카의 일부 민간단체 교류가 시작되었다는 주장이 있지만 공식적으로는 1989년 10월 24일에 양 도시가 〈행정교류에 관한 협의〉에 조인함으로서 시작되었다. 얼마 뒤 1990년 2월에는 당시 안상영 부산시장, 구와하라 게이치(桑原敬一) 후쿠오카 시장이 이전의 행정교류협정을 토대로 〈공무원상호파견협정〉을 체결하여 현재까지 매 2년마다 각 도시의 공무원 1명씩을 파견해오고 있다. 이는 다소 상징적인 의미의 교류라는 일각의 해석도 있지만, 초기부터 공무원이 상대 도시에서 일정기간 근무하며 공식적 교류의 기반을 다진 것으로 평가될 수 있다.

1999년에는 부산-후쿠오카간 〈행정협정도시체결 10주년 기념행사〉가 개최되었고, 2001년 11월에는 부산에서 〈부산-규슈의 경제협력〉, 〈부산-후쿠오카 비즈니스벨트 구축〉 등의 다양한 협의가 있었다. 부산과 후쿠오카는 교류의 기반구축을 위해 2002년을 기점으로 상호 여객선과 항공교통편을 다양화하였으며, 2003년부터는 청소년 스포츠 교류대회 등 시민체육, 문화교류를 시작하였다. 2006년에는 두 도시의 상공회의소를 주축으로 한 〈부산-후쿠오카 포럼〉이 구성되었는데, 이를 통해 2012년 현재까지 학술, 정치, 경제, 문화 방면의 상시적인 정기회의가 두 도시를 순회하며 개최되고 있다.

2007년 2월에는 후쿠오카의 야마사키 히로타로(山崎廣太郎) 시장이 부산을 방문하여 허남식 부산시장과 〈자매결연〉을 체결한 뒤에, 두 도시의 교류진척은 2008년부터 학계, 경제, 교육, 문화 등 여러 방면에서 구체적이면서도 급속하게 이루어지게 되었다. 예를 들면, 두 도시의 〈초국경 경제권 형성추진의 합의〉가 공식화되었고(2008년 3월), 〈대학 컨소시엄〉 조인 및 〈규슈지역과 한국남부 초국경 경제연계 모

〈그림 59〉 부산-후쿠오카의 문화, 교육, 청소년 교류

출처: http://ko.wikipedia.org/wiki(CC-BY)

델〉 수립(2008년 9월), 〈초국경 경제권 형성 공동선언〉과 〈경제협력협의회〉 창립(2008년 10월), 〈아시아 게이트웨이 2011 실행위원회〉 창립(2008년 10월) 등이 있다.

연이은 2009년에는 행정교류 20주년을 기념하는 〈부산-후쿠오카 우정의 해 선언〉 및 공동행사가 개최된 바 있으며, 2010년에는 〈초국경 경제권 형성촉진에 관한 공동연구와 마스터플랜〉을 수립한 바 있다. 특히 근래에 들어 양 도시의 〈경제협력사무소〉가 동시 개장되었고(2010년 8월), 이어 후쿠오카 경제인단 부산 방문으로 개최된 기업비즈니스포럼에서는 두 도시의 증권거래소에 기업의 〈주식교차상장〉이 가능토록 조치(2010년 9월~11월)된 점은 주목할만한 큰 성과였다.

문화관광분야에서도 두 도시는 〈우정의 뱃길사업〉을 공식 체결하였으며, 2011년 7월에 정부관계자와 기업인으로 구성된 〈문화 · 관광

교류협력단〉을 방문시켜 상설 네트워크를 공고히 구축하였다. 이후 경제협력사무소를 주축으로 국제수산물시장, 전시 · 컨벤션, 관광, 게임산업 등에서 원격화상회의 및 공동시장 구축에 관한 교류가 계속 이루어지고 있다.

민간의 소프트웨어 교류인 교육, 학계, 언론 부문에 있어서, 최근에는 부산-후쿠오카 지역소재 대학(부산 11개-후쿠오카/규슈 13개)의 초국경대학원 개설 및 인력/강의교환, 지역 언론기관(KNN-TNC, KBS 부산총국-후쿠오카NHK, 부산MBC- 규슈아사히방송(KBC), 부산일보-서일본신문)의 자매결연과 기자파견, 뉴스교환 등이 진행된 바 있다. 더불어 두 도시의 상공회의소, 조선통신사문화사업회를 중심으로 한 민간단체간 교류도 전방위로 확대되고 있다.

2) 초국경 경제권의 추진 현황

(1) 비전과 전략

한 · 일 해협을 사이에 두고 있는 부산과 후쿠오카의 초국경 경제권은 동북아시아의 문화, 경제를 리드하는 대도시권 네트워크의 한 축으로서 글로벌 광역경제권을 지향한다. 이를 위해 2009년에 부산광역시와 후쿠오카시는 부산 · 후쿠오카 초국경 경제권 구축과 상호협력을 촉진하기 위한 4대 기본방향과 9대 실천전략, 23개 협력사업, 64개 세부과제를 설정하고 이를 조인하였다. 동시에 2010년부터 점진적으로 이를 실천에 옮기기로 약속하고, 현재까지 적극적으로 실천해 오고 있다.

먼저 초국경 경제권 개발을 위한 4대 방향으로는 첫째, "미래지향적 비즈니스 협력 촉진"이 있다. 이를 위한 3대 전략은 기업 간 협력 환경조성, 미래형 산업의 육성, 상호 투자 촉진, 관광컨벤션의 교류 협

〈그림 60〉 초국경 경제권 구축을 위한 기본방향 및 전략

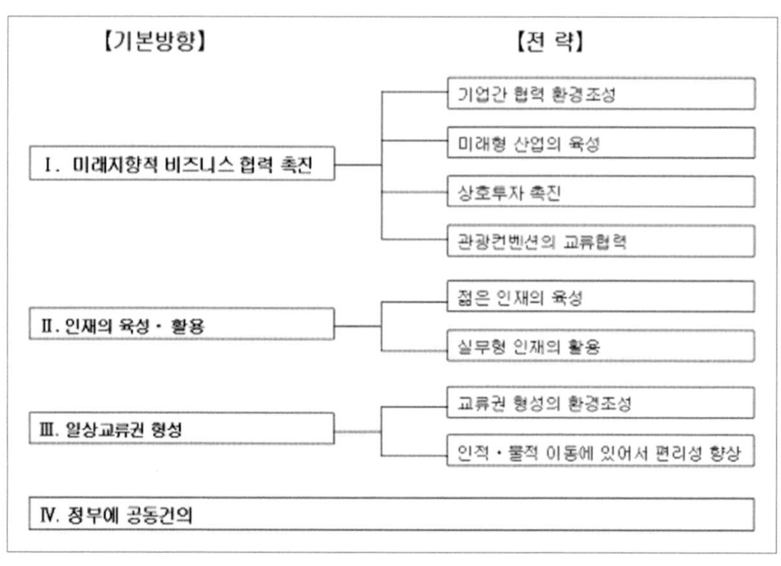

출처: 부산광역시(2009) 보도자료.

력 등이 있다. 구체적으로 기업들 상호간 협력환경 조성에 있어서는 경제협력사무소의 상호 설치, 중소기업간 교류 지원, 수산시장을 비롯한 시장간 교류, 부산-후쿠오카 공동브랜드 창설이 주요 방안으로 제시되고 있다. 미래형 산업의 육성에 있어서는 미래형 산업의 공동육성을 위한 시스템 조성, IT산업의 교류 촉진, 자동차 관련산업의 교류촉진, 환경 · 에너지산업의 연계체제 구축 등이 제시되었다. 상호투자 촉진으로는 기업유치에 관한 상호협력, 우리나라 기업의 상장에 관한 후쿠오카증권거래소에 대한 지원 등이 실천방안으로 나와 있다. 관광 · 컨벤션의 교류협력에 있어서는 양 도시로의 관광객 유치 촉진(부산 · 후쿠오카 아시아게이트웨이 2011 추진), 전시컨벤션 상호 개최협력이 실천과제로 확정 · 제안되었다.

둘째, "인재의 공동 육성·활용"의 방향으로 이를 실천하기 위해 젊은 인재의 육성, 실무형 인재의 활용을 제시하고 있다. 젊은 인재의 육성은 다시 상대국 문화와 언어 학습의 기회 확대, 청소년 교류 촉진, 대학생 교류 촉진 등이 있으며, 실무형 인재의 활용에 있어서는 두 도시 간 인턴십 인력의 수용 지원, 전문인재 매칭 협력이 실천적으로 제안되어 있다.

셋째, "일상 교류권의 형성"으로 이를 위한 하위전략으로서 교류권 형성의 환경 조성, 인적·물적 이동에 있어서 편리성 제고 방안을 제시하고 있다. 구체적으로는 교류권 형성의 환경조성을 위해 현재 〈우정의 해 기념사업〉의 계속적인 개최, 부산-후쿠오카 초국경 경제권 홍보체제의 강화를 제시하고 있으며, 인적 요소와 물적 자원의 이동에 있어서 편리성 향상을 위해서는 전자머니(e-money)의 이용 환경 조성, 양 도시를 연결하는 교통수단의 확충, 상대국 언어표기 확대 실천이 제안되어 있는 상황이다.

넷째, 국가의 지원을 이끌어 내기 위한 방편으로 "한·일 중앙정부에 대한 공동건의문 채택"을 하고 이를 위해 동시적인 행보를 추진하기로 하였다. 즉 부산-후쿠오카 초국경 경제권의 실현을 위해 두 해항도시의 자력만으로는 해결하기 어려운 문제에 대해서는 양 도시가 중심이 되어 양국 정부에 제도 및 자금 지원 등에 대해 건의해 나가기로 했다. 특히 한·일 해협을 사이에 둔 초국경 광역경제권 실현을 위해 국가와 중앙정부에 제도개선과 재정지원을 지속적으로 건의하기로 합의하였다.

동시에 먼저 단기적으로 주요 경제협력사업은 도시의 경제협력협의회를 중심으로 추진하되, 실무를 담당하기 위해 관련 단체 및 기관으로 구성된 협력사업추진위원회를 설치하기로 하였다. 그리고 상호

간에 경제협력사무소를 조속히 설치, 관계기관 및 기업의 연계 하에 협력사업을 추진하고, 이를 통해 실질적 상호협력 체계와 지역공동체를 구축해 나가며, 점진적으로는 우리나라 부·울·경 동남권과 일본 규슈까지 확대하기로 계획을 마련하였다. 2012년 이후에도 이러한 계획의 상당부분은 이미 실천되고 있는 상황이다.

(2) 현재적 성과와 의미

이미 오래 전부터 우리나라의 부산과 일본의 후쿠오카는 해항도시이면서 지역적으로 밀접한 연관을 맺고 있었다. 그리고 이 도시들이 동북아시아 국가 사이의 핵심적 가교위치에서 경제와 문화, 교역전략상 중요한 역할을 담당해 온 것은 주지의 사실이다. 그렇지만 현재 두 도시 간 '초국경 경제권(cross-border economic region)'에 대한 협력이 다분히 구호나 담론에만 머무르지 않고, 실제 현실에서 적극 실천된 점은 적어도 동아시아 지역에서는 최초로 평가된다. 학술적으로 그 의미를 논의해 보면 다음과 같다.

가. 해항도시 교류의 상향식 발전

부산-후쿠오카 초국경 경제권은 동북아시아 지역에서 해항도시 단위의 교류에 기초하여 초국경 지역의 공동발전과 협력을 이끌어냄과 동시에 장기적으로 국가외교상의 발전까지 이끌어낼 수 있다는 점에서 매우 의미 있는 시도로 볼 수 있다. 양 해항도시 간 초월적 교류와 협력을 통하여 공동발전을 모색하는 것은 동시에 국가차원에서 첨예한 대립이 되고 있는 문제(식민지역사, 한일감정, 독도문제 등)를 잠시 유보하고, 도시와 지역차원의 실용적인 경제교류를 통하여 동북아시아 지역에서 초국경 지역경제공동체의 형성을 위한 기초를 다진다는 공통된 인식에 기초하고 있기 때문이다.

이는 도시와 지역교류를 통하여 국가적인 협력관계 도모를 시도하는 '상향식 사고(bottom-up)'로의 혁신적 전환이라고 볼 수 있다. 즉 이 사례는 동북아시아 공동체라는 거대 담론에서 출발하여 구체적인 실상을 찾아가는 기존의 비효율적인 '연역법'이 아니다. 이것은 도시 간 실질적 연대를 통해 그 기반을 구축한 후 현실사례에서 실현되는 모습을 하나씩 확인하면서 공통분모를 찾아내는 '실천적 귀납법'으로 볼 수 있다.

나. 도시단위의 자발적 네트워크

빠른 속도로 진행되고 있는 두 도시 간 구체적인 실무논의와 다양한 협약체결은 과거의 국가주도방식이 아닌, 자치에 기반을 둔 두 해항도시(sea port city) 사이의 자발적 네트워크 발전이라는 점에서 더욱 주목된다. 부산-후쿠오카 초국경 경제권은 국가의 지원이나 장려가 거의 전무한 상태에서 오로지 스스로의 필요에 의해 출발하였다.

이는 국가수준의 지역 공동체의 건설뿐만 아니라 해항도시와 연안지방 스스로가 발전과 세계화의 흐름을 주도할 수 있는 방편이 될 수 있기 때문이었다. 즉 국가수준에서 합의가 어려운 쟁점을 피하면서도 경제적으로 밀접한 한·일 해협의 거점 해항도시 간 교류와 협력을 강화시켜 우선적인 기초를 마련한다면, 이는 국가적 외교관계를 활성화시키는 데도 중요한 역할을 할 수 있는 가능성을 보여주었다.

다. 새로운 글로벌 지역연계 모델

부산과 후쿠오카가 공동으로 추진하고 있는 초국경 경제권 협력은 동북아시아 경제권을 선도하는 '글로벌 초국경 경제권 형성'을 목표로 국경을 초월한 해항도시 간 시너지를 촉진하는 새로운 글로벌 지역연계 모델을 제시하고 있다는 점에서 의미가 있다. 부산-후쿠오카 초국경 경제권은 동북아시아의 문화, 경제, 국제관계를 리드하는 대도시권 네트워크의 한 축으로서의 글로벌 광역경제권을 지향한다. 이는 우리나라 정부에서 의욕적으로 추진하고 있는 광역경제권 형성과 미래선도산업 육성이라는 취지와도 잘 부합한다.

2013년 기준으로 우리나라의 광역경제권발전위원회에 따르면, 중앙정부는 전국을 수도권, 충청권, 호남권, 대구경북권, 동남권, 강원권, 제주권으로 구분하여 개발하고 있다. 이와 유사하게 일본의 광역지방계획협의회에 따르면, 일본의 중앙정부는 수도권(首都圈), 추부권(中部圈), 토호쿠권(東北圈), 긴기권(近畿圈), 규슈권(九州圈), 호쿠리쿠권(北陸圈) 등으로 광역적 개발을 추진하고 있다. 이렇듯 국가의 다름을 떠나 공통적으로 진행되고 있는 시대적인 지역발전 패러다임의 광역적 전환은 국경과 권역으로 나누어진 여러 지역이 공동의 노력으로 시너지 연계효과를 발휘할 것을 요구하고 있는 것이다.

라. 민간중심의 저변 확대

다른 과거의 몇몇 사례와는 달리 동북아시아에서 두 해항도시 간 국제적 협력의 민간저변이 급속히 확대되고 있다는 점도 성과적 의미가 크다. 단적인 예로 2009년 규슈지역 29개 시민단체대표가 부산을 찾아 '부산-후쿠오카 NGO 교류협정'을 체결한 점이 그것이다.

이미 초국경 경제권을 민간에서 후원하기 위한 시민교류 네트워크는 착실하게 구축되고 있으며, 이를 토대로 한일문화 체험 프로그램, 청소년 교류 확대, 광역시민교류센터 등으로 체계적인 교류를 시작했다. 이는 정부뿐만 아니라 민간에서 자발적으로 서로의 이익을 증대하기 위해 공생(共生)의 기반을 폭넓게 정비한 것으로 평가된다.

3. 한 · 일 해협 초국경 경제권의 성공조건

1) 초국경 경제권 구축의 현황자료

부산과 후쿠오카의 월경한 초국경 경제권 교류와 그 성공조건에 관한 자료는 두 가지 수준에서 수집되었다. 하나는 교류실태에 관한 현황자료로서 두 도시의 주요 현황과 교류의 진척 상황에 관한 것이다. 이는 우리나라 부산시의 경우 행정자치국 국제협력과, 경제산업본부 경제정책과, 문화체육관광국 관광진흥과, 부산국제교류재단(BFIA) 등에서 구체적인 자료를 획득하는 것이 가능하다. 이를 구체적으로 소개하면 다음과 같다.

일본의 경우 후쿠오카시(福岡市) 총무기획국 국제부(總務企劃局 國際部), 경제진흥국 집객교류부(經濟振興局 集客交流部), (재)후쿠오카 국제교류협회(福岡國際交流協會), (재)규슈경제조사협회(九州經濟調査協會), 후쿠오카현 서울사무소, 후쿠오카현 관광연맹, 재부산일본국 총영사관, 후쿠오카시 공식홈페이지 등을 통하여 파악이 된다.

이 외에 중앙정부의 국제교류 부처와 (구)한국지방자치단체국제화재단이 업무를 이관한 전국시도지사협의회(KLAFIR), 외교통상부와 산하기관인 한국국제협력단(KOICA), 국외의 국제기구인 세계지방자치단체연합(UCLG), 동북아자치단체연합(NEAR) 등에서도 여러 가지 자료를 수집할 수 있다.

월경한 해항도시 간 교류의 현실적 성공조건에 관한 것으로 두 도시정부의 국제교류 업무부서 및 관계자에 대한 설문조사 자료도 소개할 필요가 있다. 구체적으로 초국경 경제권 교류전담 부서 및 유관사업부서의 연락처를 확보하고, 조직현황과 실무인원을 전화로 사전조사(pilot survey)된 자료가 존재하고 있다(우양호, 2012e).

〈표 4〉 초국경 경제권의 성공조건에 대한 전문가 조사표(예시)

차원(조건)	성공조건	주요 내용(한국어/일본어 등)
생태 · 지리적조건(3)	지리적 접근성(2)	지정학적 위치, 체감위치의 접근성
	왕래의 빈도(2)	교통의 편리성, 목적성 출입국의 용이함
	기후/지형의 유사성(2)	기후/자연환경의 유사성, 지형의 유사성
문화 · 정서적 조건(3)	문화적 이해도(2)	문화적 동질감, 문화적 이해도
	감정적 우호성(2)	정서적 친밀감, 지역정서의 호감도
	상호호혜와 존중감(2)	상호호혜원칙의 준수, 상호 존중감의 정도
정치적 조건(2)	정치인의 성향/동기(2)	정치인의 국제감각, 동기화 정도
	민주주의와 정치제도(2)	지역민주주의 수준, 지방자치의 수준
경제적 조건(3)	산업구조의 동질성(2)	주력산업의 유사성, 교역의 시너지 효과
	경제규모의 유사성(2)	지역경제규모, 경제발전수준의 유사성
	기업과 시장상황(2)	기업사정, 지역경기상황의 우호성
행정적 조건(2)	단체장과 관료(2)	단체장/관료의 관심도, 실천의지
	행정조직과 예산(2)	인력의 전문성, 예산의 안정성
환경적 조건(2)	국가의 지원(3)	국가의 인력지원, 예산지원, 전반적 지원
	국가의 외교관계(2)	국가의 외교관계상 안정성, 수월성
결과	초국경 경제권 구축과 교류의 성공(3)	두 도시 간 교류의 당위성, 타당성, 만족도

2) 초국경 경제권 구축의 성공조건

앞선 부산-후쿠오카 초국경 경제권 형성의 주요 과정과 현황에 따르면 현재까지 그 외연의 확대와 의미는 비교적 명확하였다. 그러면 향후 교류의 지속적인 성공을 담보하고 교류확대와 성과가 계속 유지되도록 만들기 위해서는 과연 어떠한 원인으로 교류가 가능해지고 있는 것인지를 알아볼 필요가 있다.

그리고 이러한 결과는 부산, 후쿠오카와 비슷한 처지나 상황에 놓인 여러 도시들의 교류 활성화 문제에 간접적인 시사점도 줄 수 있다. 나아가 여러 도시들이 국경을 초월한 국제교류를 통하여 도시발전을 도모하기 위한 계획에 일반화시키기에도 좋은 요인들이 될 수 있을 것이다. 즉 교류의 이론과 실제에서 모두 중요했던 요인은 더욱 강화해 나갈 필요가 있고, 이론적으로 중요성을 가지지만 실제 영향을 미치지 못한 요인은 보완을 할 필요도 있을 것이다.

여기에서는 이론을 토대로 부산-후쿠오카의 국제교류의 성공조건을 실증적으로 알아보기 위해 양 도시의 전문가 및 실무자에 대한 조사자료를 회귀모형을 통해 통계적으로 추정하여 본다. 추상적 개념에 대한 모형의 설명력을 나타내는 결정계수(R^2)는 0.585로 현재 초국경 경제권 교류의 성공의 약 58.5%가 7개의 유의미한 요인들에 의해 설명되고 있으며, F값은 145.771($p<0.001$)로 나타났다. 전반적으로 각 조건들의 상대적 중요도를 나타내는 표준화계수(β값)를 보면 다음과 같은 결과가 보여지고 있다(우양호, 2012e).

먼저 초국경 경제권 교류에 영향을 미친 유의미한 요인($p<.05$) 중에서 설명력이 가장 크게 나타난 순위는 산업구조의 동질성(β =.229), 행정조직과 예산(β =.207), 국가의 외교관계(β =.192), 민주주의와 정치제도(β =.170), 지리적 접근성(β =.157), 단체장과 관료(β =.155), 상호호혜와 존중감(β =.134)으로 나타났다. 나머지 조건들은 통계적으로 유의하지 못한 것으로 나타났다($p>.05$).

이러한 결과를 해석하면 최근까지 부산-후쿠오카 초국경 경제권 구축을 위한 국제교류에서 그 성공조건은 7가지 요인들이 실제 중심이 되어왔다고 조심스럽게 판단할 수 있다. 또한 두 도시는 이러한 조건들을 토대로 국제교류의 수준을 향상시키기 위해 노력해왔다는 점을 간접적으로 시사한다(우양호, 2012e).

첫째, 생태 · 지리적 조건에서는 지리적 접근성이 부산과 후쿠오카 교류의 성공에 중요한 요인으로 나타난다. 즉 교통과 통신의 발달에도 불구하고 지리적으로 먼 곳보다는 가까운 곳일수록 국경을 넘어선 교류가 원활하게 이루어짐을 의미한다. 이는 다른 유럽연합 등에서 발트해 연안이나 북유럽 지역과 같이 국경이 맞닿아 있거나 근접한 지역일수록 초국경 교류가 원활하게 이루어지고 있는 사례들과도 유사한 결과이다. 현재 국경을 초월하는 투자나 전략적 제휴가 통상적으로 해당 국가들의 경제적, 지리적 핵심지역에서만 나타난다는 주장(이갑영, 2005; Martinez, 1994a)도 재확인되었다.

둘째, 문화 · 정서적 조건에서는 상호호혜와 존중감이 부산과 후쿠오카 교류의 성공에 제법 의미 있는 영향을 미치는 것으로 나타난다. 이는 양 지역이 서로에 대해 객관적인 입장에서 동등한 파트너로 인식하고 서로의 장점을 인정하며 활용하는 것이 중요하다는 뜻이다. 즉 국가와 민족이 다른 두 도시 간에는 크고 작은 문화적 차이가 분명 있기 때문에 상대를 먼저 배려하는 마음가짐으로 상대방과 보조를 맞추면서 점진적으로 교류 · 협력해 나가야 한다는 의미로 해석된다. 따라서 유럽연합(EU)의 여러 지역과 같이 비슷한 동양 문화권에서도 언어와 감정의 장벽을 먼저 허물고, 이를 전체 부문으로 확산해 나가는 초국경 교류방식(Barkema & Vermeulen, 1997; Katsikeas, Skarmeas & Bello, 2009)은 동북아시아와 우리나라 도시들에게도 벤치마킹이 충분히 가능한 방식이다.

셋째, 정치적 조건에서는 민주주의와 정치제도가 초국경적 교류의 성공에 상당한 영향을 미치는 것으로 드러난다. 이는 기존의 우리나라에서 국가(중앙정부) 중심과 정부 주도의 교류지원이 필요하다는 주장(이정주·최외출, 2003; 오성동, 2007)과는 약간 다른 것이다. 즉 부산과 후쿠오카의 초국경 교류사례에서 두 도시가 민주화의 정도나 민주주의 정착의 수준이 비슷하고 지방의 자율성(local autonomy)나 자치(self-government)의 수준이 비슷한 이유로 교류의 성공가능성이 더욱 높아졌다는 것을 암시한다. 지금까지 두 도시정부와 기업, 시민 간의 네트워크의 구축이 자연스럽게 이루어지는 것을 볼 때 이 요인의 유의성은 설득력이 있다. 동시에 해외의 주장처럼, 민주적 지방분권과 도시의 충분한 자치역량이 전제된다면, 국가의 지원이 충분하지 않아도 자발적인 초국경 도시네트워크는 성사될 수 있음을 뜻한다 (Morosini, Shane & Singh, 1998; Sassen, 2002)

넷째, 경제적 조건에서는 산업구조의 동질성이 교류성공에 큰 영향을 주는 것으로 나타나는데, 이 조건은 전체의 성공조건들 중에서 그 유의성이 가장 큰 것을 알 수 있다. 이에 두 도시는 전통적으로 오랜 경제성장의 역사를 가지고 있으나, 최근 지역산업의 침체를 함께 경험하고 있는 도시임을 감안할 때 초국경 교류를 통해 돌파구를 찾는 노력을 한 것으로 보여진다. 주요 산업구조에서도 두 도시는 아주 유사한데, 현재 부산은 항만물류, 기계부품소재, 관광컨벤션, 영상·IT, 자동차, 조선해양이 중심이 되고 있으며, 후쿠오카는 자동차용 소프트, 정보, 건강·의료·복지, 나노테크 에너지, 디지털 콘텐츠, 물류관련 산업, 도시형 공업 등이 주력 산업이다. 그리고 과거 두 도시의 산업구조에서 제조업 중심의 역사가 길었기 때문에 3차 서비스 산업을 새로운 성장동력으로 간주하고 있는 것도 유사하다.

다섯째, 행정적 조건에서는 단체장과 관료, 행정조직과 예산의 두 가지 조건이 초국경 경제권의 교류성공에 모두 의미 있는 영향을 주고 있다. 먼저 단체장과 관료의 경우 교류의 공식업무와 정책을 담당

〈표 5〉 부산과 후쿠오카 초국경 경제권 교류의 성공조건

차원과 조건		비표준화 계수		표준화 계수	t	유의확률	공선성 통계량	
		B	표준오차	베타(β)			TOL	VIF
(상수)		.607	.138		4.418	.000		
생태지리	지리적 접근성	.138	.038	.157	3.580	.000	.301	3.321
	왕래의 빈도	7.995E-02	.045	.097	1.787	.074	.489	2.044
	기후와 지형의 유사성	6.083E-02	.033	.086	1.846	.062	.562	1.780
문화정서	문화적 이해도	2.292E-02	.062	.013	.371	.711	.263	3.804
	감정적 우호성	8.965E-02	.045	.112	2.013	.055	.169	5.922
	상호호혜와 존중감	8.378E-02	.028	.134	3.028	.003	.213	4.690
정치	정치인의 성향/동기	4.239E-02	.086	.016	.494	.621	.134	7.438
	민주주의와 정치제도	.129	.045	.170	2.868	.005	.435	2.299
경제	산업구조의 동질성	.181	.032	.229	5.876	.000	.240	4.159
	경제규모의 유사성	.299	.230	.059	1.297	.195	.139	7.177
	기업과 시장상황	5.076E-02	.052	.065	.967	.334	.339	2.954
행정	단체장과 관료	.112	.032	.155	3.554	.000	.501	1.996
	행정조직과 예산	.149	.038	.207	4.892	.000	.525	1.903
환경	국가의 지원	5.621E-02	.072	.033	.783	.434	.157	6.370
	국가의 외교관계	.137	.027	.192	4.078	.000	.241	4.154
R^2= .618		Adjusted R^2=.585		F=145.771		P=0.000		

출처: 우양호(2012e)를 인용, 재구성.

하는 주체로서 도시를 관리하는 최고관리자의 관심과 실무자의 의지가 교류의 성공에 전제되어 있어야 한다는 것을 뜻한다. 지금까지 두 도시의 교류연혁과 각종 언론보도를 봐도 각 도시정부 수장들의 적극적인 리더십과 관료들의 역동적인 활동이 돋보인다. 같은 맥락에서 행정조직과 예산의 경우도 상당히 중요하게 인식되고 있는데, 이를 해석하면 두 도시에서 별도의 교류조직과 재정확보는 교류의 효율과 성과에 중요한 요인이 될 수 있음을 시사한다. 나아가 두 도시는 스스로의 교류에 있어 상호 좋은 성과를 거둘 수 있음을 체감하고, 앞으로도 인력과 예산투입의 필요성을 함께 절감하고 있는 상황으로 여겨진다.

여섯째, 환경적 조건에서는 국가의 외교관계가 의미 있는 요인이었

다. 이는 두 도시의 내부조건이 아닌 외부적인 국가 환경으로서의 성격으로 상정되었음에도 불구하고 교류의 성공에 큰 영향을 미치고 있다. 부산과 후쿠오카는 한 · 일 외교관계가 원만한 우방국가라는 양호한 환경 하에 비교적 동양문화권의 동질성이 높은 정서적 우방에 속한 도시라는 점이 교류의 성공과 확대에 긍정적이었던 것을 알 수 있다. 다만, 외교관계의 유의성은 오래된 한 · 일 감정이 향후 도시들의 교류에 도움이 되기도 하고, 때로는 장애가 되기도 한다는 기존의 학설이나 주장(이종열, 2007; 김희재 · 윤영준, 2008)을 고루 지지할 수 있는 것으로 보인다.

4. 한 · 일 해협 초국경 경제권의 발전과 미래

1) 초국경 경제권의 향후 해결과제

부산과 후쿠오카 두 해항도시의 초국경 경제권 구축은 대략적으로 약 2,130만여 명의 인구와 약 5,616억 달러 규모의 지역 내 총생산(GRDP)을 가진 동북아시아 핵심경제권으로의 도약이 예상되고 있다. 이에 두 해항도시가 국경을 초월해 경제적 협력과 문화적 교류의 다양한 네트워크를 구축한 것은 동북아시아 지역 최초의 시도라는 점에서 높은 기대와 평가를 받고 있다. 그러나 앞선 논의와는 다른 한편으로, 한 · 일 해협을 사이에 둔 부산과 후쿠오카 초국경 경제권 형성의 장밋빛 청사진에 비해 앞으로 남겨진 과제도 적지 않은 것으로 보여진다.

첫째, 통합된 경제권역의 기본적인 "외형과 규모에 따른 경쟁의 문제"이다. 아직 부산과 후쿠오카는 공히 수도권이 아닌 지방의 해항도시인 관계로 아직 자국 내에서 광역경제권의 중심도시로서의 위상이 수도권에 비해 상대적으로 낮은 약점이 있다. 대외적으로도 이들 도시의 초국경 경제권은 이미 형성된 기존 동북아시아 6대 경제권의 다른 대도시들에 비해서는 그 규모나 경제적 기능이 우월한 편은 아님을 알 수 있다.

세계도시경쟁력포럼(international forum on urban competitiveness)의 자료에 따르면 일본의 동경과 오사카, 우리나라의 서울, 중국의 북경, 상해, 홍콩 등 동북아시아 6대 대도시권의 네트워크가 논의되고 있으나, 부산과 후쿠오카는 이들 권역의 중심도시들에 비해 상대적으로 그 규모나 경쟁력이 뒤쳐지고 있다(글로벌도시경쟁력보고서, 2010). 2013년 기준으로 동남권(부산, 울산, 경남)의 인구는 약 800만 명, GRDP는 약 1,200억불이며, 규슈권은 인구 약 1350만 명, GRDP는 약 4100억 달러 규모로 세계 17위권에 위치하고 있다.

이에 따라 두 해항도시는 산업의 구조나 지역적 동질성은 비교적 높지만, 권역의 거대화로 인한 외부로의 파급효과는 기대하는 상상 이상으로 높지 않을 것이라는 일각의 지적도 있다. 물론 이러한 예상은 초국경 경제권의 형성 이후 시너지 효과를 내더라도, 주변의 더 큰 경제권역의 구축이 현실화된다면 장기적인 한계점으로 작용될 수 있다. 따라서 중국의 북경경제권과 상해경제권, 홍콩경제권 등과 차별화를 이룬 비전과 전략이 그래서 더욱 필요하게 되었다.

둘째, 통합된 경제권역에서의 "시너지효과와 상생방안"이 명백하게 도출되지 못한 것이 숙제이다. 이것은 두 해항도시가 막연하게 경제규모와 구조가 비슷하므로 통합해야 한다는 논리의 비약만을 초래할 수 있다. 동남권과 규슈권의 지역 간 연계협력은 철강이나 화학 등 소재형 산업에서부터 자동차와 반도체, 전자 및 전기기기 등 가공조립

〈표 6〉 동북아시아의 연안 초광역 경제권 규모 비교

구분	면적 (km²)	인구 (천명)	지역총생산 (억달러)	취업인구 (천명)	특징
도쿄권	13,555	34022	13254	16672	수도권
오사카권	18,589	18237	6032	8780	지방도시권
서울권	11,730	23782	3419	11135	수도권
베이징권	215,813	95540	2892	47330	수도권
상하이권	210,740	143450	5802	76240	지방도시권
홍콩권	179,132	161660	5066	45700	(반)이국간
부산-후쿠오카권	17,318	12990	2760	5890	이국간 지방도시권

비고: 2013년 이전 추정, 동남권(부산)+규슈권(후쿠오카) 시너지 효과는 제외
출처: 부산광역시(2009) 보도자료.

형 산업까지 폭넓게 영향을 미치는 등 상호협력으로 인한 시너지 효과가 클 것으로 기대되고 있다. 그러나 구체적인 산업의 시너지 창출이 나타나지 않으면 교류과정에서 서로를 손쉬운 수출, 제품판촉이나 관광유치의 대상으로만 바라보게 되고, 기업 및 정부의 이해관계가 첨예하게 대립하는 결과를 낳을 수도 있다. 경제활동과 산업구조상의 상생·보완관계가 확실히 담보되지 못하면, 초국경 경제권 형성은 언제든지 균열이 생길 여지를 남겨두게 된다.

그러므로 향후에는 부산과 후쿠오카는 초국경 지역단위 기능적 경제공동체(sub-national functional economic bloc)에 관한 공동의 미래비전(common vision)을 마련할 필요가 있다. 이는 동북아시아에서 인구와 물동량이 특정한 초국경 공동체 지역에 집중되면서 규모의 경제가 발생하게 되고, 이에 따라 수송비용이 절감되며, 이는 다시 초국경 공동체 지역을 중심으로 경제활동의 집중을 가져오는 선순환 구조를 발생시킨다는 논리에 기반하고 있다.

셋째, 두 도시의 자체적인 "협력의 역량과 여건제한"의 문제도 남아 있다. 현재 시범적으로 운영되는 부산과 후쿠오카의 초국경 네트워크에는 그 비전과 가능성에 비해서 상시업무를 담당할 정규직 인력이 고용되어 있지 않고, 공동예산이나 협력적 재정도 넉넉하지 않은 상황이다. 게다가 부산과 후쿠오카는 모두 서울과 동경으로의 수도권 집중화라는 어려운 환경 속에서 지역경제를 활성화시켜야 하는 이중과제를 안고 있다. 장기적으로 이러한 이중고(二重苦) 현상은 한·일 양국 중앙정부의 정책과 재정지원을 이끌어 내는데도 장애가 될 수 있음을 상기해야 한다.

넷째, 두 도시에 남아 있는 "문화적, 언어적, 관행적 장벽"도 해소되어야 한다. 각 도시는 문화적으로 시민들의 국제화 능력이 제한적이고, 상대방 문화에 대한 이해도 측면에서 충분한 여건을 갖추었다고 보기 어렵다. 언어장벽과 외국어 활용 능력의 격차(우리나라의 영어 지향 풍속과 일본의 한국어 구사능력 부족)도 남아 있다. 관행적으로 취업비자 발급 등의 출입국 장벽도 여전히 높게 형성되어 있다. 따라서 부산과 후쿠오카가 이러한 과제를 해결하기 위해서는 부산-후쿠오카 초국경 경제권을 형성하여 '규모의 경제효과'를 빨리 입증하고, 자립적 지역발전의 기반을 마련하며, 나아가 통합적 문화권의 비전을 지향해야 할 것이다.

다섯째, 장기적이면서 진정한 초국경 협력으로 가기 위해 "문화와 사회·환경적 차원의 토대"도 어느 정도 마련되어야 한다. 부산과 후쿠오카는 두 도시가 속한 국가에서 각각 영토, 역사, 정치 등의 문제로 인한 알력이 일부 남아 있고, 독도, 종군위안부, 역사교과서, 야스쿠니신사 참배 문제 등 민감한 외교사안이 상존하고 있어, 교류의 지속적인 발전에 잠재적인 장애로 작용하고 있다.

부언하자면, 특히 우리에게는 일본이 인접국가임에도 과거 전쟁배상 문제와 국교단절 등의 역사적 사건으로 인해 외교경험이 다소 적었다는 점이 향후 해항도시 간 교류에 부담이 될 수도 있다. 외형적 교류의 증대가 쉽게 내적인 공동체 의식으로 접목되지는 않는다는 것이 정설인데, 물질적 교류가 초국경적 협력을 위한 '도로'라 한다면 정서적·문화적 교류는 그 위를 달리는 '자동차'이기 때문이다(김부성, 2006). 따라서 접경지역에서 상대방에 대한 사회적·심리적 장벽이 제거될 때만이 명실공히 초국경적 공동체가 완성되었다고 할 수 있다.

2) 초국경 경제권의 미래 발전방향

(1) 초국경 경제권의 지속적 확대와 내실화

최근까지의 국제협력과 경제협력의 실태와 현황에 대한 고찰을 통해 살펴본 부산과 후쿠오카의 초국경 교류와 경제권 합의는 빠르게 확대되어 왔고 여러 긍정적 의미를 시사했으나, 동시에 극복할 여러 한계와 과제도 안고 있다. 먼저 긍정적 측면에서는 다른 사례와 달리 해항도시 차원의 초국경 협력을 통해 인근지역과 국가적 차원의 교류로 확대하려는 상향식 사고로 전환한 점, 국가주도가 아닌 자치에 기반한 자발적 네트워크라는 점, 새로운 글로벌 지역연계 모델을 제시하고 있다는 점, 민간저변이 급속히 확대되고 있다는 점이 있었다.

그러나 한·일 해협 사이에서 통합된 초국경 경제권의 외연과 규모가 아주 거대하지는 않다는 점, 초국경 경제권역으로 통합된 이후의 시너지효과와 상생방안이 확실히 도출되지 못한 점, 국가의 지원이 없으면 협력의 역량과 투자자원 및 여건이 다소 제한된다는 점, 언어와 문화 및 관행적 장벽이 상존한다는 점은 극복되어야 할 과제로 나

〈그림 61〉 동북아시아 7대 광역경제권과 부산 · 후쿠오카 초광역 경제권

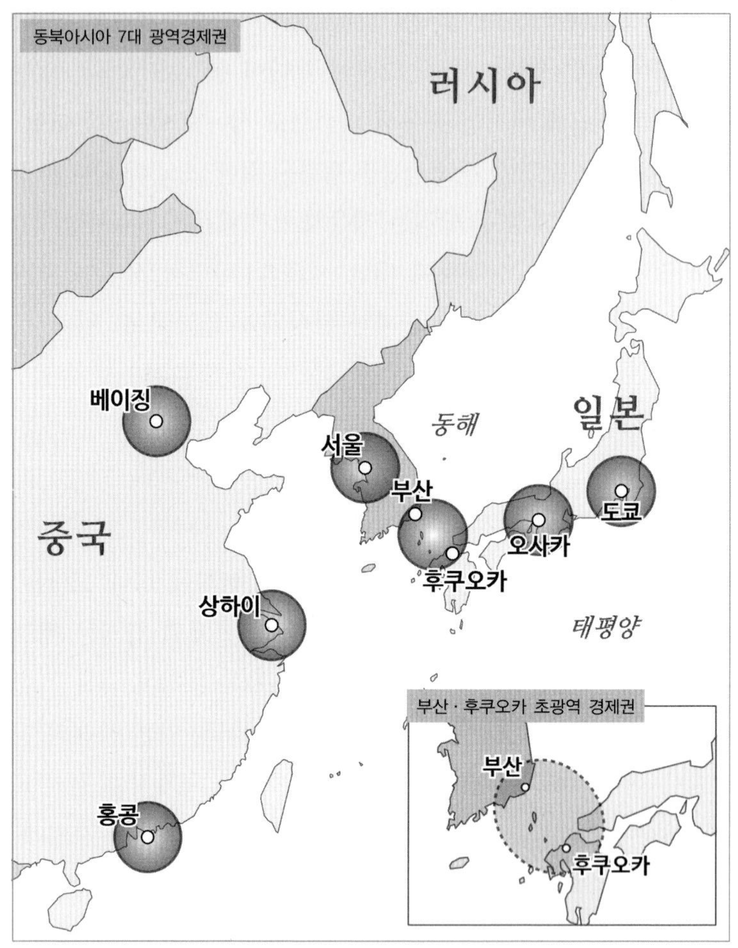

부산 · 후쿠오카 초광역권 규모

구 분	인 구	지역총생산
부산 · 후쿠오카	500만 명	1,137억 달러
부산 · 후쿠오카 현	1,300만 명	3,101억 달러
동남권 · 쿠슈	2,000만 명	6,000억 달러

*출처: 정문수 외(2014).

타났다. 따라서 미래에 한·일 해협에서 제대로 된 초국경 경제권 구축을 꿈꾸는 부산과 후쿠오카는 이러한 점을 인지하고, 상호 초국경적인 경제협력의 외연에 걸맞은 질적 내실화 방안을 하나씩 마련해 나가야 할 것이다.

한·일 해협에서 부산과 후쿠오카 두 도시의 초국경 경제권 교류에 있어 실제적 성공조건은 산업구조의 동질성, 행정조직과 예산, 국가의 외교관계, 민주주의와 정치제도, 지리적 접근성, 단체장과 관료, 상호 호혜와 존중감 등으로 대략 나타났다. 이는 두 도시의 경제 및 산업구조가 비슷할수록, 별도의 행정조직과 예산이 편성될수록, 국가적 외교 환경이 우호적일수록, 민주주의와 자치의 수준이 비슷할수록, 지리적으로 가까울수록, 시장이나 공무원의 관심과 의지가 높을수록, 상호호혜의 원칙과 존중감이 클수록 교류의 성공가능성이 높음을 뜻한다.

(2) 이동의 편의성과 접근성의 강화

생태·지리적 차원에서 지리적 접근성(access)은 동북아시아 권역인 한국, 일본, 중국의 도시와 지역교류에 있어서 중요한 요소임이 확인되었다. 실제로 멀리 있는 국가보다는 지리적으로 인접한 도시들의 지정학적 위치가 교류의 현실에서는 더 중요하게 다루어지고 있다. 지리적으로 용이한 접근성에 기반을 둔 잦은 소통구조와 만남은 실질적인 구속력을 갖지 못하더라도 교류의 성공에 있어 언제나 중요할 수 있기 때문이다.

그러한 측면에서 살펴보면, 가까운 미래에 부산과 후쿠오카를 잇는 한·일 해협의 해저터널 건설계획 구상(Korea Japan Tunnel Project)은 많은 주목을 받은 바 있다. 이러한 구상은 크게는 한반도와 일본열도를 해저터널로 잇는 실로 막대한 건설공사계획이자 역사적인 구상이

〈그림 62〉 미래 한·일 해협 해항도시의 해저터널 건설계획 구상

출처: http://ko.wikipedia.org/wiki(CC-BY)

다. 해저터널은 과거 20년 동안 우리나라와 일본에서 각각 상당한 논의가 있었으나 진전이 없었던 것이 사실이다.

그러나 유럽에서 이미 영국과 프랑스 사이의 도버해협을 잇는 해저터널이 성공적으로 운영되고 있고, 동북아시아 도시와 국가들이 모두 적극적인 경기 부양책을 펼 필요가 있는 상황이므로 분명한 추진의 명분은 있는 상황이다. 보다 자세한 내용은 한·일 해저터널(Korea Japan Tunnel Project)에 관한 공식홈페이지가 있으니 참조하면 된다(http://www.kj-tunnel.com).

지금까지 나온 해저터널의 기본구상은 대략 3가지 경로인데, 먼저 루트 A는 거제도-대마(하)도-이키섬-가라쓰 시(사가현)를 잇는 약 209km(해저구간은 145km)의 경로이다. 루트 B는 거제도-대마(상-하)도-이키섬-가라쓰 시(사가현)를 잇는 약 217km(해저구간은 141km)의 경로이다. 루트 C는 부산-대마(상-하)도-이키섬-가라쓰 시(사가현)를

잇는 약 231km(해저구간은 128km)의 경로이다. 루트 A와 루트 B는 일본 측의 제안, 루트 C는 우리나라가 제안을 한 상태이며, 찬반 논쟁이 진행형이라고 할 수 있다.

지금과 가깝거나 혹은 먼 미래에 구상된 해저터널의 총 공사비는 60조에서 100조 원 정도로 추산되고 있으며, 총 공사기간은 대략 15년에서 20년에 이를 것으로 예상되고 있다. 문제는 여기에 대해 우리나라와 일본의 의견이 다른 것뿐만 아니라, 양쪽이 공히 사회 내부적으로도 찬성과 반대의 의견이 극명하게 나뉘고 있다는 것이다. 우리나라와 일본의 정부가 나서지 않은 한 재원조달은 불가능하기 때문에 미래에 양쪽 모두 명확한 국가 사회적 합의가 있어야 함은 당연하다.

한·일 해협의 해저터널 건설을 찬성하는 의견은 일단 장기적으로 우리나라와 일본, 중국까지를 연결하여 우리나라(특히 부산)가 동북아시아의 모든 교역 및 금융 중심지 역할을 하는 데에 큰 도움이 될 것이라는 논리를 내세운다. 즉 해저터널을 통해 동북아시아 전체가 평화롭게 지내면서 그 연결을 하는 비즈니스 중심국가가 된다는 점이 크다. 중단기적으로 건설사업을 통한 일자리 창출도 가능하다는 의견도 있다. 그리고 주변도시 및 국가 차원의 우호 증진이나, 철도를 이용한 대량수송으로 유라시아 대륙 각지를 통과하는 물류허브로서의 기능을 할 수 있다는 것을 추진 이유로 내세우고 있다.

그러나 한·일 해협의 해저터널 건설을 반대하는 쪽은 육상을 통한 대륙 진출을 꿈꾸는 일본에게만 좋은 일을 해 주는 결과가 된다는 주장이 있다. 항공편을 이용한 수송이 주류인 이 시대에 큰 예산을 들여서까지 이런 터널을 건설할 필요가 있는가에 대해 의문을 제기하기도 한다. 또한 국방에 관계된 문제와 무역관세, 환율조정의 어려움 등의 문제가 주요한 반대 이유이기도 하다.

〈그림 63〉 미래 동북아시아 해저육상교통 연결망 구상

출처: 국토해양부(2008) 및 국가균형발전위원회(2009) 보도자료.

지정학적으로 해저터널이 지나가는 노선을 살펴보면 대한해협을 중심으로 환태평양 조산대를 피할 수 없기 때문에 지질학적인 구조문제와 건설 기술적인 문제를 극복할 수 있느냐에 대한 회의적인 의견도 존재한다. 따라서 우리나라와 일본 양국 정부 모두 현재는 한일 해저 터널이 다분히 미래의 구상이자 계획일 뿐이라고만 언급하는 정도이고, 본격적인 착공을 위한 계획은 아직 미지수인 상태로 남아 있다.

(3) 상호호혜성과 문화적 동질감의 강화

문화·정서적 차원에서는 현실적으로 지금까지의 상호호혜와 존중감이 두 도시 사이에서 중요한 것으로 나타나고 있는데, 두 해항도시의 교류협력이 급속히 진전된 배경에는 지속적인 공감적 교류가 저변에서 자리하고 있었다는 점이 매우 중요하다. 그리고 문화·정서적

차원에서 두 도시는 〈부산-후쿠오카 포럼(2006)〉 등을 통해 매년마다 정기적으로 각계각층의 오피니언 리더들이 상호이해의 폭을 다년간 넓혀왔기 때문에 긴밀한 협력이 증대된 것으로 추정된다.

월경한 해항도시 간 국제교류의 목적은 상호 공동발전에 있으므로 상대지역의 비교우위 분야와 보완관계에서 조화로운 협력방안을 강구해 나가는 것이 무엇보다 중요하고, 이것은 반드시 상호 폭넓은 동기와 마음에서 우러난 민주적 합의에 의거해야 한다. 예컨대 일본의 느리고 신중한 문화와 한국의 빠르고 급한 문화를 상호 이해하고 조화시키는 것은 보이지 않게 중요하다. 더구나 이러한 당위성의 중심에는 민단 단위가 주체가 되어 매년 개최하는 포럼활동이 자리하고 있다.

지금 후쿠오카는 우리나라와 지리적으로 가깝고, 인적인 왕래와 물적 이동이 많아 일본에서 가장 친한(親韓)적인 정서를 가진 도시이다. 물론 한·일 해협의 두 도시는 지리적으로 수도보다 거리가 가깝기는 하지만 일상 의식이나 생활 면에서 아직 상당한 문화적 차이가 있는 것은 엄연한 사실이다. 특히 초광역 경제권 형성을 장기적 실천 과제로 본다면, 미래세대인 젊은 층의 이해가 무엇보다 중요할 것이다. 이렇기 때문에 우리는 상대를 먼저 배려하는 마음가짐으로 상대방과 문화·정서적인 보조를 맞추면서 나가는 것이 중요할 것으로 보인다. 그리고 문화와 정서적으로 상호 이해를 넓히기 위해 앞으로 두 도시의 청년층이나 학생들의 교류는 우선되어야 마땅하다.

지금 부산과 후쿠오카, 두 해항도시가 현존하는 제약요인을 극복하고 초국경 경제권을 완성하기 위해서는 무엇보다 교류의 간접비용(indirect costs), 낭비요인(waste factors)을 줄여주는 무형의 호혜성과 신뢰의 구축이 앞으로도 계속 큰 의미를 가질 것으로 예상되고 있다. 이들의 경험을 바탕으로 동북아시아 주요 해항도시들이 먼저 근대 국민국가 이후의 체제에서 벌어진 문화의 차이와 가치관의 차이를 극복하고 서로의 문화적 경계를 자유로이 오갈 수 있는 개방성의 가치를 추구한다면, 이는 서로 다른 배경의 미래 동북아시아 공동체 확립에 중요한 근거로 작용할 것이다.

(4) 민주적 자치와 교류거버넌스 강화

정치적 차원에서 민주주의와 자치의 수준은 교류의 성공에 중요한 역할을 해 왔고 앞으로도 그러할 것으로 보여진다. 초광역 경제권 형성을 위한 교류의 초기부터 부산과 후쿠오카는 도시 자체적으로 민주적 자치와 지방분권의 수준이 높았고, 중앙정부의 통제가 적은 상태에서 자발적인 교류가 이루어졌음은 이 결과에서 재확인되었다.

또한 이는 한·일 해협에서 부산과 후쿠오카 두 도시의 교류사례가 국가적 필요나 중앙의 권유나 필요에 의해서가 아니라 도시 내부에서부터 발생한 자생적인 욕구였다. 정치적 리더십이 없으면 초광역 경제권 형성은 요원한 문제가 될 수 있다. 이에 치밀한 조사와 연구를 통해서 앞으로 이론과 실제적 근거를 확보한 뒤, 도시와 중앙정부를 중심으로 강한 추진력을 발휘할 수 있도록 만드는 정치적 리더십과 자치의 역량이 계속적으로 필요하다.

부산과 후쿠오카가 도시차원에서 가져야 하는 민주적 자치의 역량은 앞으로 국가적 외교관계에서 만약 민감한 문제가 생겼을 때, 우리나라와 일본의 두 도시가 이를 얼마나 슬기롭게 극복하는가 하는 것에 중요한 역할을 할 수 있다. 즉 향후 초광역 경제권 형성의 분위기가 무르익어 가면, 외교적 마찰의 문제가 생겼을 때 하나의 지방자치정부로서 부산시와 후쿠오카시가 각각의 중앙정부에 대해 화해를 위한 강력한 항의나 건의를 할 수 있는 상황도 충분히 만들어 질 수 있다.

(5) 산업구조와 경제적 보완관계의 강화

경제적 차원에서 산업의 구조와 유사성은 초국경 경제권 구축에 아주 중요한 요소였는데, 이는 부산과 후쿠오카에서 최근 산업구조의 개선을 위한 경제교류가 성공적으로 진행되어 왔으며, 향후에도 '규모와 권역의 경제'를 달성하고 지역발전의 경제기반을 마련하기 위한 가능성이 높다는 것을 뜻한다. 다만 앞으로는 초광역 경제권이 형성될 경우를 가정하여, 거점 해항도시로서 부산과 후쿠오카가 얻을 수 있는 가장 실질적인 경제혜택과 상호 유형적 편익이 무엇인가를 시각적으로 보여줄 수 있어야 한다.

주지하다시피 부산은 아직 조선과 자동차 등 제조업 중심의 산업구조가 강하게 남아 있다. 이러한 구조는 일본 후쿠오카 중심의 규슈지역의 산업구조와 상당 부분 일치하는 것이다. 즉 대외수출과 글로벌 선진화를 위해 본격적인 일본 진출을 앞둔 우리나라와 부산의 제조기업들에게 비록 외국임에도 불구하고 매우 지리적으로 가까운 후쿠오카는 최적의 테스트 마켓(test market)이 될 수 있는 것이다.

특히 후쿠오카가 위치하고 있는 규슈는 원래부터 일본의 4대 제조거점이었으며, 자연환경이 뛰어나고 인재가 풍부해 기타큐슈 지역 신일본 제철의 야하타 제철소(八幡製鐵所)를 중심으로 예전부터 중공업과 제조업이 발달하였다. 현재 규슈의 수출품목은 일반기계, 반도체 등 전기기계, 정밀기계, 화학물 등이고 수입품목은 일반기계, 식료품 등이다.

최근에 들어 규슈 지역은 일본의 자동차 생산의 거점으로 부상하고 있는데, 이미 2006년에 자동차 생산 100만대를 돌파하였으며, 아시아 경제 비중이 커지면서 규슈를 새로운 생산 거점, 수출 거점으로 하려는 기업들이 증가하고 있다. 최근에는 일본 후쿠시마 동일본 대지진

〈그림 64〉 일본 규슈지역의 2차 산업(제조업) 성장 추이

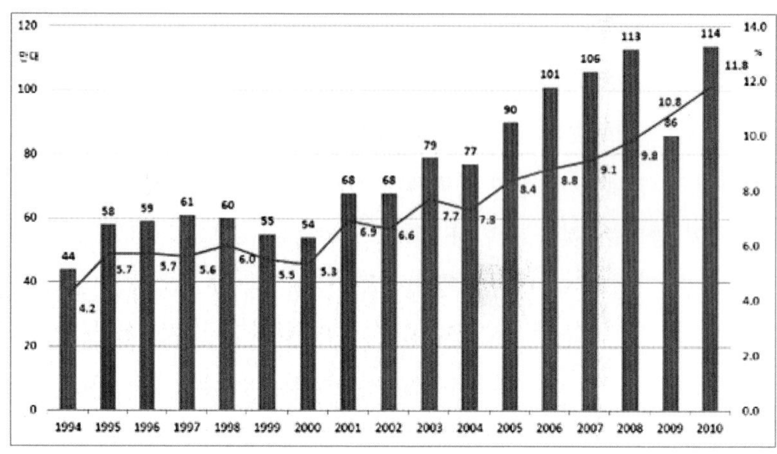

출처: 九州經濟調査協會(2012: http://www.rainbowfia.or.jp: CC-BY-SA).

사건 이후, 일본 산업계의 제조업종을 중심으로 지진이 거의 없는 규슈 지역으로 그 생산기지를 이전하거나 기존 규슈지역 공장의 생산비중을 늘리는 기업들도 늘어나고 있다.

이 외에도 후쿠오카는 일본의 지방도시가 아닌 아시아의 쇼핑 도시로 확실히 자리를 잡았으며, 이는 국제적 해양관광도시와 전시 · 컨벤션 산업을 중요시하고 있는 부산의 상황과 잘 맞게 될 것으로 예상된다. 앞으로 후쿠오카는 규슈와 야마구치현을 묶는 거대 상권의 중심이 될 것이며 중국, 한국 관광객의 쇼핑천국이자, JR하카타시티 캐널시티 하카타를 중심으로 후쿠오카의 집객력은 한층 커질 것으로 알려지고 있다. 이것은 부산과 관광산업과 문화, 쇼핑의 측면에서 시너지 효과가 가능함을 의미한다.

그럼에도 불구하고 앞으로 두 도시는 이러한 경제와 산업에서 각종 시설, 인력, 노하우 등 자원의 공동활용에 의한 새로운 성장동력 창출

을 해 나갈 필요가 있다. 일본은 최근 1990년대 이후 장기간 경제침체(소위 '잃어버린 20년')를 겪으면서 새로운 기술개발에 대한 투자동력이 떨어진 반면, 우리나라는 외환위기 이후 구조조정을 거치면서 기업들의 과감한 투자가 이루어져 전자·자동차 등에서 일본의 기술력과 경쟁하고 있는 상황이다. 우리나라와 일본의 기술격차가 급격히 줄어들면서 부산과 후쿠오카의 제조업 생산 분업체계는 종래의 격차에 의한 수직적 가치사슬 구조에서 많이 벗어나 수평적 분업형태로 진화하는 경향을 나타내고 있다.

(6) 도시정부의 행정 및 재정역량의 강화

행정적 차원에서 교류를 전담하는 단체장과 관료, 전담조직과 예산이 가졌던 중요성은 향후 도시들이 국경을 초월한 교류를 활성화시키기 위해서 전담조직의 확충과 관련예산의 배정을 우선적으로 고려해야 함을 말해준다. 국민국가 체제에서 국경장벽을 초월한 도시 간 교류와 소통은 그 특성상 초기 그 도시정부의 주도적 역할에 따른 인력과 예산의 소요가 필연적일 것으로 보여진다. 그리고 현실적으로 국제교류를 위한 초기 투입요소(인력, 재정, 제도 인프라)의 제반 여건을 확보하는 문제는 무엇보다 도시의 정치·행정권력을 가진 최고관리자(시장)의 역량에 의해 많이 좌우되기도 한다.

게다가 현실적으로 국제행사나 외국인사 초청, 투자유치 등의 문제에서도 시장이나 공무원의 역할비중은 지대하다. 따라서 우리나라와 일본의 교류 도시들은 정부행정 차원에서 국제적 전문인력의 확보, 전문가 양성을 위한 중장기 프로그램 개발 등에 투자해야 하고 이들이 장차 교류사업의 주역이 되도록 해야 한다. 그리고 행정과 정책실무에서는 쉬운 것에서 어려운 것으로, 저예산 사업에서 고예산 사업

〈그림 65〉 한·일 해협 해항도시 초국경 교류와 협력의 확대 영향권

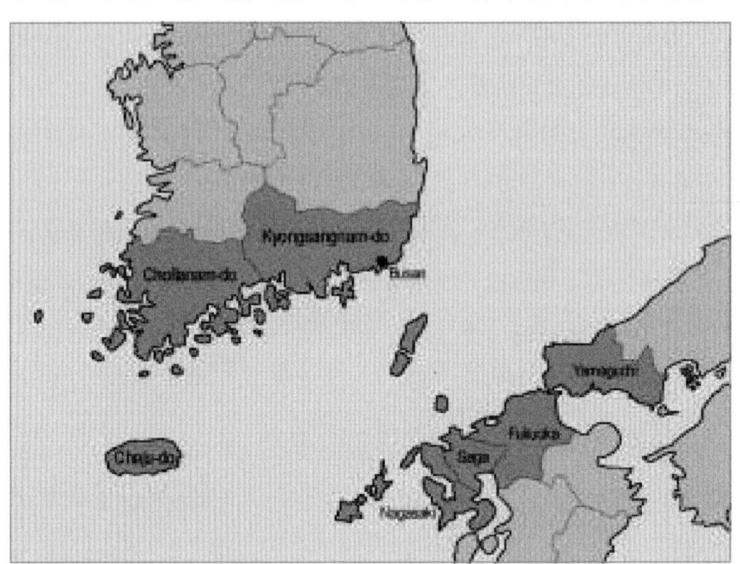

출처: 국토해양부(2008) 및 국가균형발전위원회(2009) 보도자료.

으로 가야하며, 시장이나 관료의 임기에 맞춘 재정투입이나 성과전략을 배제해야 할 것이다.

가까운 미래에 우리나라 부산과 일본의 후쿠오카는 도시정부를 중심으로 행정적 역량과 재정확충을 통해서 초국경 경제권 교류의 범위를 주도적으로 넓혀나가야 한다. 이를 위해서는 우리나라 동남권의 주축인 부산과 울산, 경상남도가 협력해야 하며, 규슈지역에도 후쿠오카를 포함한 여덟 개의 현(행정구역의 하나로 한국의 도에 가깝다)이 있는데, 이들 도시정부의 공동적 차원과 행정적 주체간의 상호 연계가 우선적으로 필요하다.

이른바 정부 차원에서 추구하는 상호 협력 기반의 대형화, 즉 규모의 경제는 행정과 재정적 역량의 구축에서도 현실적으로 중요한 원리

가 될 수 있다. 예컨대, 지금 부산과 후쿠오카에서 출발한 교류의 권역은 단기적으로 부산·경남권과 후쿠오카현으로 확대하고, 다시 장기적으로 부·울·경 동남권과 규슈 전역으로 가능한 확대시켜 나가는 것이 바람직하다. 나아가 국가적으로 우리나라의 남해안 권역과 일본의 북부연안권역으로의 확대는 초국경 통합과 새로운 월경권역 형성의 부족한 논리와 역량을 채워주는 중요한 근거가 될 수 있다.

또한 우리나라와 일본에서 국가적인 거점 해항도시인 부산과 후쿠오카는 행정과 재정의 차원에서 연구 및 협력사업 추진의 상설 기구화를 도모하고, 유럽연합(EU)의 인터레그(Interreg) 지원 프로그램을 참조하여 두 도시 사이에 초국경 연계협력의 공동재정과 상설기관을 설치하는 것도 필요하다.

구체적으로 동북아시아 경제의 미래를 책임지는 부산과 후쿠오카의 초국경 경제협력을 활성화시키기 위해서는 주요 도시 간 공동기금 마련이 요구된다. 실천적으로는 우리나라와 일본의 중앙정부에서 운용 중인 공적원조자금(ODA: Official Development Aid)에서 초국경 경제권 형성을 위한 초기 일부 재원을 마련하는 방안을 검토해 볼 수 있다. 이는 막대한 규모의 재정자원으로 실제 해항도시들이 초국경 협력을 위한 지원을 얻어내기 위해서는 유럽의 외레순드나 페마른 벨트, 발트해 네트워크 등의 사례와 같이 합리적이고 타당한 설득작업이 요청될 것이다.

현실적으로 초국경 협력을 활성화하기 위해서는 공공과 민간의 다양한 이해관계자들이 적극적으로 참여하도록 유도할 필요가 있는데, 이럴 경우 사전에 충분히 마련되어 있는 기금(fund)을 통한 재정적 인센티브 제공은 실제적으로 유효한 유인수단이 될 수 있다. 이는 우리나라가 국가적으로 지향하는 연안 및 해항도시 기반의 국가적 초국경

〈그림 66〉 우리나라 3개 연안 해항도시 기반의 국가적 초국경 교류 방향

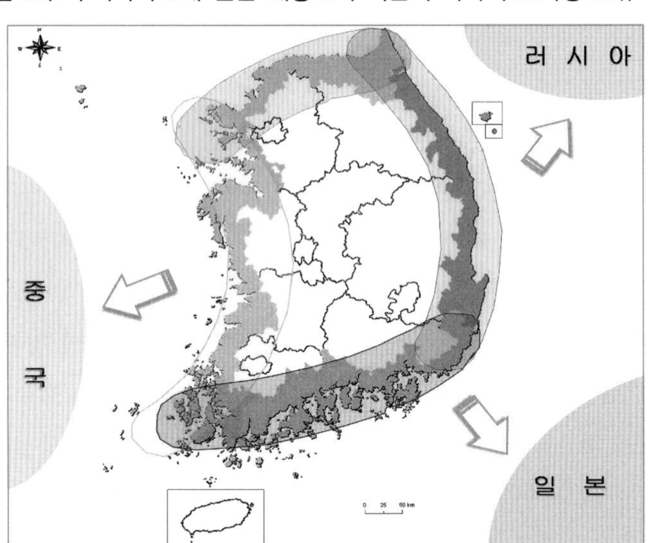

교류 방향과도 거의 일치하는 것이라 현실에서 정합성이 높은 대안이 될 수 있다. 그리고 해항도시의 입장에서는 외부의 자금을 이용하여 초국경 협력에 대해 보다 많은 이해관계자를 양산시키고, 실제적이고 효과적인 추진력을 얻는 동시에 각계각층의 관심을 유도할 수 있는 이점도 생긴다.

(7) 외교적 안정성과 지지기반의 강화

환경적으로 국가적 외교관계는 도시교류의 중요한 외생적 조건으로 나타나, 교류를 하고자 하는 도시는 외교관계의 우호성과 안정성을 사전에 점검해야 할 것으로 보인다. 아직 우리나라와 동북아시아는 도시나 지방이 스스로의 정체성을 확립하고 교류에 있어서도 독자적인 역할을 하기에는 아직 미숙한 감이 있다고 보여진다.

단적인 예로 우리나라와 일본은 두 나라 사이의 정치·외교적 격랑에 도시의 관계가 쉽게 흔들리는 점을 들 수 있다. 일본의 과거사 왜곡과 독도문제 등으로 한·일 관계가 흔들리면, 교류관계로 영향을 받지 않을 수 없는 것이 현실이다. 그리고 유럽 발트해 지역 도시들의 과거 한자동맹(Die Hanse), 북유럽 덴마크와 스웨덴 도시들의 외레순드(The Öresund) 구축 등의 성공사례를 참조하면 국가의 외교적 지원 및 지지가 해항도시의 초국경 교류와 월경협력의 유지에 상당히 중요하다.

물론 이를 위해 부산과 후쿠오카는 앞으로 동남권과 규슈권으로 교류의 범위를 넓혀야 하는 난제도 동시에 안고 있다. 다행스럽게도 최근 2013년에 개최된 제7차와 제8차 부산-후쿠오카 포럼에서 이러한 숙제는 매듭이 조금이나마 풀리고 있다. 즉 부산과 후쿠오카 초국경 경제권 구상을 실현하려면 두 도시 간의 협력은 물론 우리나라 부

〈그림 67〉 동북아시아 초국경 해항도시와 연안지역의 개발 및 발전계획

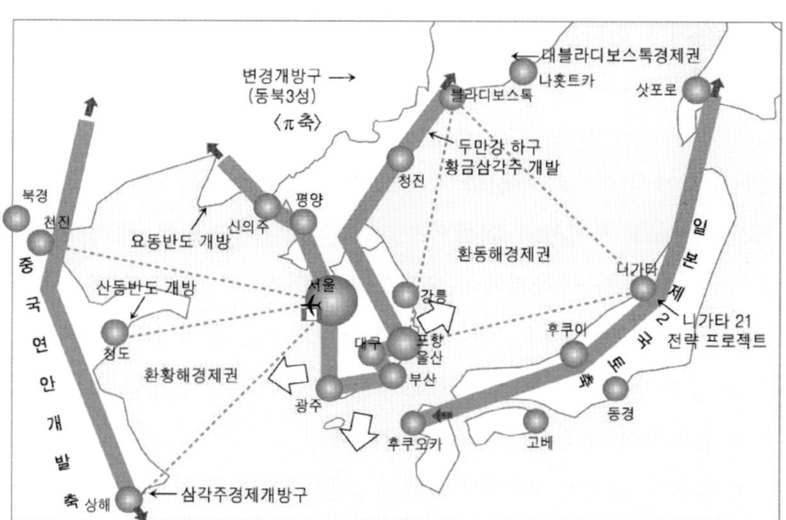

출처: 국토해양부(2008) 및 국가균형발전위원회(2009) 보도자료.

〈그림 68〉 세계 속의 아시아와 유럽 네트워크

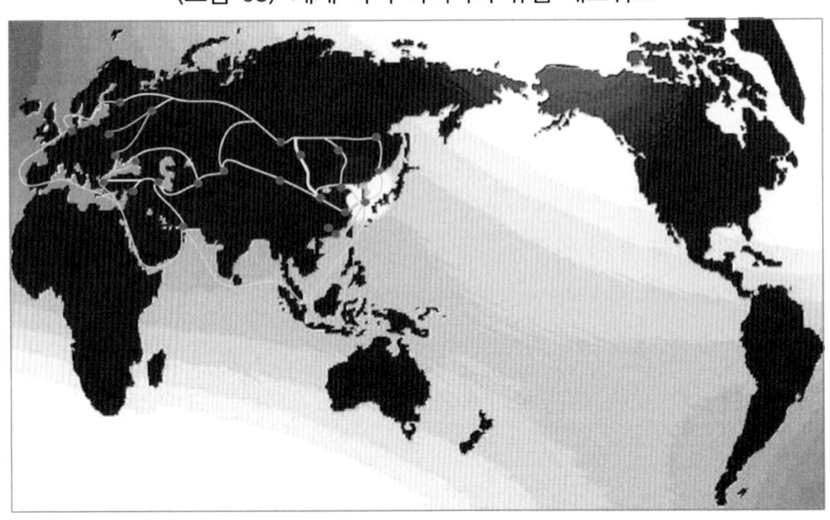

출처: http://ko.wikipedia.org/wiki(CC-BY)

산 · 울산 · 경남을 아우르는 동남권과 일본 규슈권 전체로 협력 범위를 확대해야 한다는 인식은 공유되어가고 있다.

이에 따라서 두 도시는 초광역 경제권이 국가적으로도 새로운 한 · 일 협력을 파생시키는 측면을 강조하여 중앙의 외교와 정책지지를 이끌어내어야 한다. 즉 부산과 후쿠오카는 함께 발전될 동북아시아 인접경제권역과 경쟁하기 위해서라도 기존의 공동건의문 채택 이외에 스스로의 교류가 국가전체에 유용하다는 비전과 성과를 추가로 발굴해 내는 것이 필요하다. 또한 부산과 후쿠오카는 우리나라와 중국, 일본 등 동북아시아 주요 국가의 초국경 지역의 거시적 개발 및 발전계획과 연동하여 추진하는 것도 필요하다.

먼 미래에 동북아시아에서 교류와 소통의 거점을 차지하고 있는 주요 해항도시들이 제각각 초국경 교류와 초광역 통합경제권 창조의 꿈을 갖고 있다면, 그것은 작은 것에서부터 출발하여야 한다. 왜냐하면, 언젠가 그 꿈을 이루기 위해서는 먼저 그것이 반드시 이루어진다는 확신을 갖고서 처음부터 하나하나 실천해 나가는 것이 지금으로서는 가장 중요하기 때문이다.

제 8 장

우리나라 해항도시와 국제교류

제 8 장
우리나라 해항도시와 국제교류

1. 해항도시 국제교류의 배경과 의의

1) 국제교류의 배경

21세기에 들어서 지구촌 곳곳에서 나타난 세계화(globalization)와 국제화(internationalization), 그리고 지역화(regionalization)라는 새로운 질서들은 국경의 의미를 점점 퇴색시키는 동시에 한 국가 내에서 지방과 도시를 국제활동의 주역으로 등장시키고 있다(Sassen, 2002; 김지희, 2008). 선진국가를 중심으로 보면 주요 도시들은 그간 정치, 경제, 사회, 문화적인 면에서 자체적인 규모가 점점 확대되어 왔고, 이제 여기에 따르는 비용이나 당면과제를 상호간의 국제교류와 협력을 통하여 해결하려 하고 있다(Alger, 1990; Geringer, 1991; Morosini, Shane & Singh, 1998). 즉 국가단위의 외교와 마찬가지로 각 도시나 해항도시도 스스로의 문제해결에 필요한 유용한 지식과 기술을 다른 도시와 교류하여 얻는 동시에, 공통적으로 가진 목표를 국제적 협력을 통해 달성해야 할 필요성을 느끼기 시작한 것이다.

이제 국제교류는 어느 지역이나 해항도시가 그냥 하지 않아도 되는 선택적 사업은 아니게 되었다. 서로 다른 국가 간에 있어 지방 및 도시단위의 국제교류는 실제적으로도 상당히 중요한 의미로 변해 가고 있기 때문이다. 초국경 협력이나 국제교류에 관한 과거의 관점은 외교라는 미명 하에 대부분 국가(nation) 단위에 상당기간을 의존했었고, 국가주도의 하향식(top-down) 접근을 취할 수밖에 없었다(이갑영, 2005; 김부성, 2006).

그러나 최근 지방과 도시 중심의 국제교류 현상은 이와는 전혀 다른 맥락으로서, 지역이나 도시 간 네트워크 형성을 통해 중앙정부 간 지역통합으로 발전시킨다는 점에서 기존 외교네트워크나 국제교류에 관한 발상의 전환이자, 상향식(bottom-up) 접근이라고 할 수 있다.

예컨대 도시 간 긴밀한 국제교류는 국경을 초월한 또 하나의 새로운 공동체를 형성하게 만들고 국가별 정체성이나 가치를 재형성함으로써 결속력 있는 국가협력체제로까지 발전되는 기반이 되고 있다(오성동, 2007). 유럽이나 미국에서 나타난 몇몇 지방의 사례를 보자면, 한 지역이 다른 나라 지역과의 자발적 교류를 통해 만든 다양한 네트워크 구축은 거시적 차원에서 국가외교나 교류에게까지 중요한 하부토대를 만들어 주기도 하다(Martinez, 1994a; Medina, 1996; Harrison, 2007).

특히 우리나라가 속한 동북아시아는 세계적으로 국가별 교류의 용이성과 상호보완성이 높은 지역인 동시에 여전히 국가단위의 제도화되고 조직화된 협력이 없는 지역이기도 하다(이종수, 2004). 우리나라와 중국, 일본의 경우 경쟁과 협력을 표방하는 틀 속에서 진일보한 교류협력이 필요함을 인정하면서도 국가단위의 이익과 명분 충돌로 인하여 그 교류와 협력기반을 다지지 못하고 있다(이정남, 2005).

이러한 가운데 2008년 미국 서브프라임 모기지(sub prime mortgage)

사건 등 세계경제 위기를 계기로 자발적인 한·중·일 간 통화 스와프 협정 체결을 비롯한 공동 대응 움직임이 있었고, 지금도 동북아 공동체 형성과 관련하여 국가들은 여러 분야에서 다양한 형태의 일시적 국제협력을 간헐적으로 추진하고 있다(동북아자치단체연합, 2009). 따라서 교류에 관한 국가차원에서의 큰 틀이 마련되기 쉽지 않다는 가정이 만약 옳은 것이라면, 이제 수준을 낮추어 지역과 도시차원에서의 교류에 관심을 가지고 이로부터 그 성과를 확대하는 방법을 생각해야 할 것이다.

최근 들어 중요해진 지방과 도시단위의 국제교류 문제는 근래 학자들에 의해 간간이 언급되고 있으며, 세계화와 국제화 시대에 해항도시 간 교류와 협력에 대한 관심은 학문적으로 적지 않은 성과도 낳았다. 우리나라에서는 이미 지방화 시대 도시의 세계화 및 국제화에 관한 담론(이정남, 2005; 양기호, 2006; 오성동, 2007)을 비롯하여, 해항도시의 국제화의 문제점과 방향(김판석, 2000; 황정홍·전영평, 2000; 이종수, 2004; 이갑영, 2005 등), 해항도시 간 국제교류의 다양한 평가와 사례(이정주·최외출, 2003; 김부성, 2006; 김지희, 2008 등) 등의 논의가 진척되어 있다.

그러나 이 같은 학자들의 논의와 성과에도 불구하고 지금 우리나라 해항도시가 국제교류를 하도록 만드는 실질적인 요인(factors)이나 원인(determinants)을 본격적으로 다룬 주제는 찾아보기 힘들다. 오히려 도시 간 국제교류에 관한 대부분의 기존 주장이나 이론들은 아이러니하게도 교류의 당위성과 이점을 미리부터 전제하는 경우가 많았다. 그러므로 현 단계에서 해항도시를 대상으로 해외도시와의 국제교류를 발생시키는 원인이나 조건이 무엇인가에 대한 의문을 가질 필요가 있다.

2) 해항도시 국제교류의 의의

일반적으로 국제교류란 "언어, 인종, 종교, 이념, 체제 등의 차이를 초월하여 개인, 집단, 기관, 국가 등의 다양한 주체들이 각각의 우호, 협력, 이해증진 및 공동이익 도모 등을 목적으로 관련주체 상호 간에 공식 또는 비공식으로 추진하는 대등한 협력관계"를 말한다(이정남, 2005; 양기호, 2006; 오성동, 2007; 김지희, 2008). 쉽게 말해 우리나라 해항도시에서 국제교류가 갖는 의미는 "외국의 해항도시 내지는 지역과 인적 또는 문화적으로 교류하는 것"을 말한다(김판석, 2000; 황정홍·전영평, 2000).

국가적 차원의 외교와 달리 해항도시 간의 국제교류는 주로 "한 도시가 국제교류의 자발적인 주체가 되어 해당 도시와 시민의 이익을 위하여 인적, 물적, 문화적 교류를 실시하는 것"을 의미한다(Barkema & Vermeulen, 1997; Morosini, Shane & Singh, 1998). 가장 대표적인 예로는 우리나라와 외국의 해항도시 간 공무원 연수파견, 행정정보 교환, 국제회의/전시회 개최, 문화/스포츠교류, 청소년/대학생 교류 등이 있다.

해항도시 간 여러 국제교류는 그 단위나 주체에 상관없이 상호 문화적 전통 및 가치관을 존중하는 대등한 관계에서 출발함을 전제로 한다(Wendt, 1987; Harrison, 2007). 국가외교와 같이 해항도시 국제교류 상의 기본원칙은 상호의존(interdependency)의 원리에 따라 일방적으로 한 주체가 자국의 가치관이나 우월성 등을 고집할 수 없고, 타국의 입장을 간섭하거나 강제할 수 없다는 점이 중요하다.

국제교류와 비슷한 개념으로는 국제협력과 국제화가 있다. 먼저 국제협력이란 도시나 지역보다는 주로 국가 간이나 국가와 국제기관간의 유무상의 기본협력, 교역협력, 기술 및 인력협력, 사회문화협력 등 국제사회에서 발생하는 다양한 형태의 국제적 유통을 의미한다.

내부의 국제화란 국가, 지역, 도시가 밖으로부터의 이질적인 것을 받아들인다고 하는 의식적인 면에 있어서의 국제화를 의미한다. 예컨대 외국인을 위한 관광안내 수준, 외국인 노동자나 결혼이민자를 위한 외국어 교실 개설 및 의료보험 제공, 기타 공공시설에서의 외국어 안내표시 수준 등을 들 수 있다(양기호, 2006).

3) 해항도시 국제교류의 유형

(1) 자매결연

국제교류의 대표적인 유형으로는 자매결연(sisterhood relationship)과 우호협력(friendship)이 있다. 우호협력 및 자매결연은 가장 전형적이면서 중요한 국제교류의 형태로 이를 기초로 행정수준 또는 민간수준의 다양한 활동이 전개되는 사례가 대부분이다.

먼저 해항도시 간 자매결연은, "한 해항도시가 다른 해항도시에 대해 상호 공동의 관심사에 대한 긴밀한 협력을 약속하고, 행정·경제·문화·인력 등 다양한 분야에서의 친선과 공동발전을 도모해나가는 교류협력의 약속을 맺는 것"을 말한다(이종수, 2004; 이갑영, 2005). 즉 자매결연이란 어떤 지역이나 단체 또는 집단이 다른 지역이나 단체 또는 집단과 친선이나 상호교류를 목적으로 밀접한 관계를 맺는 것을 의미한다. 외국 도시나 지역과의 우호적인 제휴를 통해 긴밀한 협력관계를 만들어 나가는 자매결연은 해항도시 차원에서 중요한 국제화 수단이자, 가장 보편화된 국제교류 활동이 되고 있다(황정홍·전영평, 2000).

해항도시 간 자매결연은 곧 해항도시가 지역사회의 공공복리를 발전시키고 시민의 삶의 질을 높이기 위해 다른 자치단체의 협력이 필요할 때 이루어진다. 즉 자매결연이 맺어지는 조건으로는 양 해항도시에 공동의 관심사가 존재하고, 여기에 대한 공동행동의 약속과 그 실천을 상호 간에 확인하는 것을 들 수 있다. 보다 구체적으로는 해당 해항도시의 최고관리자에 의한 공식서명 행위와 지방의회의 승인을 받은 이후, 협약문서로 자매결연의 관계가 성립되는 경우가 일반적인 관행이 되고 있다(Barlett & Ghoshal, 1992).

(2) 우호협력

해항도시 간 우호협력은 도시나 지역 간의 친선을 전제로 상호 협력하는 체제를 의미하는데, 이는 초기단계의 국제교류의 형태로 흔히 자매결연의 이전 단계를 지칭하는 용어로 많이 사용되고 있다(Geringer, 1991; 김병준, 2009). 즉 최초 우호협력을 바탕으로 일정기간 신뢰관계가 형성된 이후에 나타나는 보다 구체적이고 차원 높은 상호협력이 바로 자매결연인 것으로 이해될 수 있다. 심지어 현재 우리나라에서는 해항도시가 자매결연을 맺기 위해 우호도시(friendship city)의 관계를 먼저 거치는 경우도 있고, 전략적으로 한 국가에 자매도시를 이중으로 갖지 않기 위해서 우호도시를 맺는 경우도 많다(오성동, 2007).

이에 따라서 국제적인 도시 간 교류관행으로 본다면 자매결연이 보다 성숙하고 구체화된 협력관계이며, 우호협력은 아직 그렇지 못한 상태에서 상호 호감을 증대시켜 나가는 친구관계로 해석하면 무리가 없을 것이다. 우리나라 해항도시의 국제교류 현황에 있어서도 외국도시에 대해 우호도시(friendship city)와 자매도시(sister city)는 명확하게 구분하고 있으며, 대부분 우호협력 보다는 자매도시의 형태로 공식교류가 이루어지고 있다.

그리고 현재 우리나라 해항도시의 국제교류에서 '우호'라는 말보다 '자매'를 많이 사용하는 것은 그만큼 교류의 구체성과 공식성이 높은 경우라는 것을 서로 인정하고 대외로 알리기 위함이다. 따라서 해항도시별 국제교류 수준은 관련담당자 및 전문가(informed person)가 판단하는 자매결연의 양적인 활성화와 질적인 우수성을 통해 전반적으로 파악할 수 있다(Arino, et. al., 1997; Katsikeas, Skarmeas & Bello, 2009; 오성동, 2007).

(3) 공통점과 차이점

자매결연과 우호협력의 유래는 1920년 유럽에서 도시 간의 공생과 파트너십 형성 과정에서 비롯되었으며, 1950년대 이후 세계 각 나라에서 급속히 확대되어 왔다. 최초 유럽에서 도시와 지역 사이에 자매결연이 발생한 이유는 전쟁예방과 국제평화 유지 때문이었다. 즉 제2차 세계대전 참전국들을 중심으로 한 국가외교 증진 차원의 일환으로 각 지역과 도시는 상호 긴밀한 교류를 통해 정보를 교환하고 우호협력 관계를 형성하기 시작한 것이 오늘날 자매결연으로 확대, 발전한 것으로 학자들은 보고 있다(Alger, 1990).

자매결연은 우호협력과 절차적 측면에는 차이가 없으나, 우리나라 중앙정부의 국제교류 현황통계 및 해항도시 자체교류의 정도와 인식 측면에서는 여전히 차이를 보여주는 것을 알 수 있다. 현재 산업, 경제, 문화, 스포츠, 기술, 학술, 청소년 등의 교류형태는 자매결연 이후 해항도시 상호간 합의에 따라 임의로 정할 수 있는 사항이므로 수없이 많은 사례를 가질 수 있다(이종열, 2007). 종래에는 우리나라에서 해항도시가 외국도시와 자매결연을 맺을 경우 중앙정부의 사전 승인을 받아야 했으나, 2004년 승인제도가 폐지된 이후에 자매결연은 급속하게 확대되고 있다.

달리 말해 해항도시의 국제교류는 자매결연 등을 통한 '상호친선형', 문화 예술 등 개별문제 중심의 협력을 이루어 나가는 '개별협력형', 도시정책 등에 관한 정보를 교환하기 위해 이루어지는 '정보교류형', 공동의 정책방향을 천명하는 '선언형' 등이 있을 수 있다. 그러나 대부분은 자매결연을 통한 상호친선형이 기본적 케이스이다(김병준, 2009).

2. 해항도시와 국제교류의 논리적 조건

1) 총괄적 차원과 분류

지금까지 해항도시의 국제교류에 대한 원인이나 그 조건은 국내·외적으로 비교적 다양한 관점에서 논의되어 왔다. 현재까지의 국·내외 기존 이론을 종합해 보면 해항도시의 국제교류에 영향을 주는 요인으로는 도시에 관한 내적 요인과 도시를 둘러싼 환경적 요인으로 구분되고 있다. 대체적인 논의의 흐름은 국제교류의 수준이나 활성화 문제는 정부 스스로 교류의 역량을 갖추는 것(internal capacity)도 중요하지만, 외부의 환경조건(external conditions)에 의해서도 큰 영향을 받는다는 것이다(Scott, 2001; Samers, 2002).

현재까지의 여러 문헌과 논거에 따르면 해항도시와 관계된 요인으로는 정부의 규모, 전담조직과 예산, 최고관리자의 특성, 시민(단체)의 특성, 동기부여, 정부 간 파트너십 등으로 요약되며, 외부의 환경요인으로는 중앙정부(국가)의 지원, 지리·생태적 조건, 문화·정서적 조건 등이 거론되고 있다.

〈그림 69〉 해항도시와 국제교류의 논리적 조건

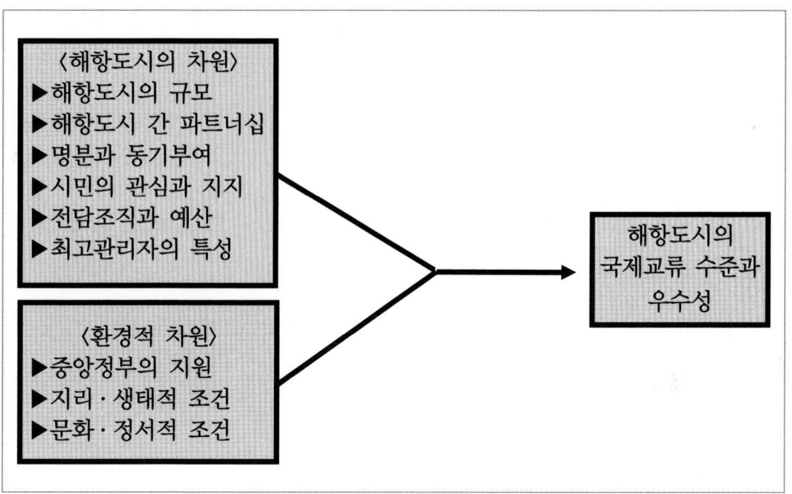

현재 우리나라 해항도시의 국제교류의 정도나 수준에 대해 영향을 미칠 것으로 논의된 주요 조건들은 해항도시 차원과 환경적 차원에서 다루어지는 조건 등이 있다. 그러므로 우리나라 해항도시의 국제교류 수준을 결과적인 현상으로 설정하고 여기에 영향을 미치는 조건들은 해항도시 자체에 관련된 내적인 요인들과 기타 외적인 환경적 차원의 조건이라고 할 수 있다.

먼저 해항도시의 국제교류 수준은 도시의 규모에 따라 다르다는 기존 이론에 따라 이를 광역자치단체와 기초자치단체로 분류한다. 즉 해항도시의 규모에서는 기초자치단체보다는 광역자치단체가 국제교류의 수준이 높다. 국제교류를 위한 조직과 예산에 있어서는 별도의 조직과 예산이 배정된 해항도시가 그렇지 않은 해항도시보다 국제교류의 수준이 높다. 또한 국제교류에 대한 최고관리자의 관심과 의지가 높을수록, 시민(단체)의 관심과 지지가 높을수록, 교류의 동기가 체계적이고 명확할수록, 정부간 파트너십이 상호 동등하고 신뢰에 기반 할수록 국제교류의 수준이 높다.

다음으로 환경적 차원에 있어서 해항도시에 대한 중앙정부의 국제교류 지원수준이 높을수록, 교류를 희망하는 외국 지역과의 지리·생태적 환경이 유사할수록, 문화·정서적 환경이 유사하거나 우호적일수록 국제교류의 수준도 높다. 그렇다면 이제 앞으로는 우리가 해항도시 국제교류를 활성화하기 위해 필요한 요인이나 기능 중에서, 과연 어떠한 요소를 재조정하거나 강화하는 것이 좋은지에 대한 경험적 근거를 제공받아야 할 필요성이 있다.

2) 해항도시와 국제교류의 조건

(1) 해항도시의 규모

해항도시의 국제교류에 영향을 주는 가장 기본적인 요인으로 먼저 정부의 외형적인 규모(size)를 들 수 있다. 일반적으로 해항도시의 규모에 따라 인적, 물적 역량(capacity)이 좌우되므로, 국제교류의 양적, 질적 수준도 다를 수 있다는 것이다. 예를 들어 광역자치단체의 경우 상대적으로 기초자치단체보다 상대적으로 가용인력(공무원) 측면에서나 재정적 측면에서 풍부하므로 독자적인 국제화 업무를 추진할 수 있는 역량이 클 수 있다(황정홍·전영평, 2000). 대부분의 주요 해항도시에 자체적인 국제교류기관이나 부서가 있다고 하더라도, 해항도시는 법적으로 개별 법인이자 행정행위자(actor)이기 때문에 대동소이한 국제관련 업무를 각 해항도시 개별로 추진하게 된다(이정주·최외출, 2003).

그러나 재원이나 인력의 확보가 어려운 작은 규모의 지방이나 도시의 경우 별도의 국제교류 부서나 조직을 제대로 운영하기도 어렵고, 만약 운영하더라도 그 작은 규모로 인해 국제화 업무를 추진하는데는 무리가 있다. 우리나라에서 국제교류의 발전에 관한 기존 학자들의 논의를 종합하더라도 해항도시의 국제교류에 대한 조건을 따져 볼 때 도시정부의 규모는 중요한 원인으로 고려될 수 있으며, 해항도시나 도시의 외형적 규모 자체가 국제교류의 수준에 영향을 미치는 제법 일관성 있는 결과가 나타나는 것을 알 수 있다(김판석, 2000; 황정홍·전영평, 2000; 이정주·최외출, 2003; 이갑영, 2005).

또한 해항도시 단위에서 국제교류를 통해 산출되는 각종 편익과 서비스는 주로 그 지역에 다시 배분되는 경우가 많은데, 이러한 과정과 결과 전반에서도 해항도시의 규모가 차이를 보이게 만들 수 있다(Geringer, 1991; Samers, 2002). 예컨대 국제교류는 통상적으로 인구가 많고 밀집된 대도시인 경우에 그만큼 이루어질 가능성이 높고 그렇지 않은 중·소도시는 국제교류를 위한 기본적인 환경이 나쁠 수 있다. 게다가 해항도시 중에서도 인구가 많은 대도시는 소도시보다 상대적으로 여러 가지 이해관계를 많이 가지고 있기 때문에 원래부터 국제교류를 위한 여건과 환경이 좋을 수도 있다(Wendt, 1987; 양기호, 2006). 따라서 이러한 것들은 모두 해항도시의 물리적 규모와 관련된 내용으로 국제교류에도 영향을 줄 수 있는 요인들이다.

(2) 해항도시 간 파트너십

최근 해항도시 간 파트너십은 국제교류의 형성과 성공에 영향을 미치는 주요 원인으로 최근 많은 학자들에게 관심을 끌고 있다. 원래 국가적 외교의 관례와 마찬가지로 해항도시의 국제교류도 서로 다른 상대방에 대한 존중과 신뢰(mutual trust and respect)를 토대로 하기 때문이다(Arino, et. al., 1997; Katsikeas, Skarmeas & Bello, 2009). 즉 국제교류의 일반화된 관행은 일단 해항도시나 도시 간 파트너십을 형성하고 국제교류의 각 단계별로 역할을 분담하는 것이 적절한 형태로 알려져 있다(오성동, 2007).

흔히 월경한 도시정부간 교류의 파트너십 유형에 있어서는 수평적 파트너십의 형성이 아주 중요한데, 이러한 가운데서 특히 해항도시가 국제교류를 위한 사전 준비단계에서 계획과 집행, 상호 이익을 공유하는 모든 과정에서 참여주체간의 파트너십이 동등하게 인정되는 것이 중요한 세부적인 문제들이다.

같은 맥락에서 국제교류를 통한 파트너십과 협력사업의 원활한 추진을 위해서는 서로 다른 해항도시에 포함된 참여 주체 간의 상호 사전적 네트워크 형성도 상당히 중요하다(Scott, 2001; Sassen, 2002). 예컨대 해항도시 간 제도적이고 본격적인 형태의 국제교류를 하기 이전부터 민간수준에서 비공식적 차원의 교류를 하고 있었거나, 정부 간 교류의 분위기나 역사적 토대를 이미 가지고 있다면 신뢰성(dependability) 측면에서 이후의 네트워크의 구성은 더욱 용이해질 수 있다(이정주 · 최외출, 2003; 이종열, 2007).

최근에는 해항도시나 지역정부간 국제교류를 활성화시키고 파트너십을 강화하기 위하여 지방자치단체국제연합(IULA)이나 국제도시경영연합(ICMA) 등의 국제기구도 운영되고 있다. 전 세계의 각 도시들은 이러한 관련 국제기구 또는 도시연합을 통해 참여지역과 도시 간 파트너십 기반을 조성하는 사례를 늘려가고 있는 것이다(Alger, 1990; Samers, 2002; 이종수, 2004).

해항도시는 관련 국제기구 또는 연합체(기관)와의 협력을 통하여 국제교류에 필요한 여러 정보를 제공하거나 제공받고 있으며(Geringer,

1991), 참여하는 도시정부간의 국제교류 사업을 효율적으로 지원하거나 상호 신뢰와 역할을 격상시켜 나가는 추세에 있다(Arino, et. al., 1997).

(3) 명분과 동기부여

해항도시 간 국제교류를 활성화하기 위해서는 무엇보다도 "국제교류가 왜 필요한가?"에 대한 각 해항도시의 정확한 이해가 전제되어야 할 것이며, 이 과정은 곧 교류의 '동기화(motivation)'라고 정의할 수 있다(Arino, et. al., 1997; Medina, 1996; Harrison, 2007). 국제교류는 그 목적이나 성격이 정치, 경제, 문화적 측면에서 다양하게 나타날 수 있으나, 그 질적 수준과 결과의 산출에는 양쪽 해항도시 간의 명분과 동기부여가 상당히 중요한 요소로 작용한다(Barkema & Vermeulen, 1997). 왜냐하면, 기본적으로 국제교류는 양쪽 도시에서 동일한 상황이나 문제가 발생하고 여기에 대한 인식의 공유가 발생할 때 교류와 공동체 구성을 위한 합의형성이 보다 용이해질 수 있기 때문이다.

또한 이를 위해서는 사전에 서로 장기간 조사를 하고 계획을 수립하여 순차적으로 추진하는 교류방안을 합리적으로 강구하여야 한다. 그렇지 못할 경우, 즉 해항도시 간 국제교류의 최초 동기나 명분이 명확하지 않으면 이후의 전반적인 교류과정에 좋지 못한 영향을 미치게 된다. 마찬가지로 국제교류의 효과나 성과는 당장 눈에 보이지 않으므로 해항도시의 정책결정자나 관료는 뚜렷한 동기가 없으면 교류를 시작하더라도 이 문제에 대해 지속적인 관심을 두지 않는 경우가 있을 수 있다(김병준, 2009).

이런 점들에 근거하여 한 지역이나 도시가 국제교류를 함에 있어 확실한 명분과 동기를 가지고 그 대상(partner)을 선정하는 사항은 지속적인 교류협력(sustainable international exchange)이라는 관점에서 볼 때 가장 중요한 사항이라고 할 수 있다(Medina, 1996; Harrison, 2007).

국제교류를 하기 위해서는 먼저 스스로의 현황과 특성을 충분히 파악하여 희망하는 해외 지역이나 도시의 조건을 정확하게 설정해야 한다(Watson, 2000). 그리고 자매결연 대상지역의 선정은 다양한 정보를 수집하고, 전문기관의 자문을 받아 종합적으로 결정한다. 그러나 최초부터 국제교류의 동기가 명확하지 않거나 즉흥적인 경우라면 우호협력 및 자매결연을 체결하고도 교류가 부진하거나 단절되는 사례가 발생할 가능성이 높아진다(양기호, 2006). 그러므로 해항도시가 고위관료나 학계, 기타 지역 유명인사의 개인적 친분이나 지인 관계(people to people)를 통해서 교류도시나 지역을 선정할 경우, 그 교류의 지속성과 안정성에 문제가 없는지 사전에 충분히 검토해야만 한다.

현재 우리나라 해항도시의 국제교류는 다양한 동기를 통해서 발생하고 있다. 예컨대, 세계화 시대에 부응하는 외국 지방자체단체와의 우호 친선, 경제 및 산업기술 분야의 교류로 상호간의 공동발전에 기여, 외국 선진행정과의 교류를 통한 행정의 선진화, 자매결연지역 간의 우호를 바탕으로 한 민간교류의 활성화 도모, 자매결연지역 재외동포의 권익신장, 친선관계의 국제교류협력으로 정부의 외교시책에 대한 뒷받침 등이 주요 명분이나 동기가 되고 있다.

(4) 시민의 관심과 지지

오늘날 해항도시가 국제교류를 하기 위해서는 종래의 전통적인 행정방식인 정부의 일방적인 결정과 집행(government paradigm)이 아니라, 교류 관련 이해관계자들의 참여와 협력(cooperation of stakeholders)이 필수적 요소가 되어가고 있다. 즉 해항도시나 지역차원에서 거버넌스 패러다임(governance paradigm)이 확산되면서 국제교류를 발생시키는 한 원인으로 시민들의 열정과 관심, 그리고 교류에 대한 선호와 지지(preferences & support)가 한층 중요해진 것이다(이종열, 2007).

정부와 시민 혹은 시민과 시민간의 네트워크의 구축 및 확장정도는 도시 간 국제교류의 의제설정과 결정상의 투명성, 개방성과도 연결되는 것으로, 여기에 다른 행위자로 하여금 국제교류 네트워크에 대한 참여가 쉽도록 만드는 것을 의미한다. 한 도시가 다른 도시와의 국제교류의 관계 형성과 유지에 있어서, 매번 특정한 이슈가 떠오를 때마다 이것을 지역의 다른 행위자들에게 이양(referral send)할 수 있는 대상이 있고, 같이 의논할 수 있는 절차를 마련하여 문제해결에 쉽게 접근할 수 있음을 뜻하기도 한다(Martinez, 1994a; Morosini, Shane & Singh, 1998).

특히 민선단체장을 직접 선출하는 지방자치시대에 들어서서는 해항도시가 국제교류를 위한 계획이나 발의단계에서부터 시민(단체)들의 강력한 찬성과 지지를 흡수하는 것이 성공의 중요한 영향요소로 작용하고 있다(Samers, 2002; 김부성, 2006). 또한 이는 해항도시가 국제교류를 진행하는 전 과정에서 원활한 추진력을 형성하는 촉매(catalysis)가 되며, 국제교류의 궁극적인 목표달성이나 실질적인 효과를 창출하는데 있어서도 시민의 열정(passion)과 지지의사(supportive intentions and willingness)는 점점 필수적인 요소가 되어가고 있다(Harrison, 2007).

보다 구체적으로 해항도시가 다른 도시와의 국제교류를 활성화하기 위해서는 정부만이 아니라 다른 행위자를 위한 충분한 교류의 영역과 공간이 확보되어야 할 것인데, 이를 정부 단독으로 제공할 수는 없으므로 다른 민간부문과 지역사회의 관심과 협력이 절대적으로 필요하다(Sassen, 2002). 즉 국제교류의 활성화를 통해 지역에서 보다 많은 민간교류 주체들이 생겨나고 이들의 활동성과가 오히려 해항도시에게 다시 피드백으로 제공될 수 있어야 한다. 이를 위해서는 국제교류에 관한 시민사회와 민간부문의 기대와 요구에 대해 정부가 민감하게 부응할 수 있어야 할 것이고, 다양한 유인을 제공해야 할 것이며, 그 방법으로는 대화와 협력이 필수적이며 시민과의 네트워크도 필요할 것이다.

게다가 기존 학자들이 규범적으로 주장하는 바도 역시 비슷한 내용이다. 그것은 현재 선진국을 중심으로 국제교류 관련 의사결정체제에서 다양한 수준의 정부나 이익집단, 기업과 개인에 의해 국제교류에 관한 정치력이 상호 공유되어 가고 있다는 것이다(이종열, 2007; 오성동, 2007; 김지희, 2008). 해항도시 수준에서 다양한 이해관계자는 국제교류 형성에 영향력을 미치고, 이후 과정에서도 상호작용을 통해서 그 교류의제의 방향과 속도를 조정해 나가고 있다. 따라서 해항도시 입장에서 시민의 존재는 국제교류에 대한 지역사회의 다양한 협조를 구하고 그 자원을 활용할 수 있으며(이종열, 2007), 결과적으로는 정부와 관료에게 부족한 교류 상의 문제를 해결하는 데 도움을 줄 수 있기 때문에 중요한 의미를 가진다.

(5) 전담조직과 예산

현대 도시정부에 있어서 대부분의 행정과 정책현상의 변화는 외형적으로는 먼저 인력과 예산의 변화에서부터 출발한다고 해도 과언이 아니다. 현재 해항도시의 국제교류를 체계적으로 확산, 정착시키기 위해서도 우선 기본적인 인력과 예산의 개선을 통한 교류시스템의 정비가 필요하다는 의견이 많다(Barlett & Ghoshal, 1992; Zeira, Newburry & Yeheskel, 1997; 김판석, 2000).

해항도시에서 국제교류를 위한 별도의 기관이나 부서(exclusive

organizational system)를 안배해야 하는 논리적 당위성은 일단 교류의 기본적인 전문성(expertise)과 역량(competency) 강화문제를 논외로 하더라도, 행정조직에서 고정비용(fixed costs)이 큰 필수업무는 규모의 경제(economies of scale)를 누릴 수 있게 그 기능을 독립시키는 것이 효율적이라는 주장에 기반하고 있다(Geringer, 1991; Harrison, 2007).

만약에 어느 해항도시 조직에서 인사, 경제, 사회, 문화, 관광, 예술, 체육 등의 부서에 국제화 및 교류업무가 각기 분산되어 있다면 업무의 중복 및 비효율성으로 인한 손해를 감수하게 된다. 따라서 일정규모 이상의 해항도시에서 이러한 국제교류업무를 하나의 전담조직에서 관장하게 된다면, 규모의 경제효과를 바탕으로 저렴한 비용으로 많은 성과를 창출하는 것이 가능하게 된다. 또한 이러한 내부적 효율(efficiency of internal operation)은 시민에 대해서도 비슷한 인력과 비용으로 보다 질 높은 국제서비스나 교류의 편익을 제공받게 만든다(이갑영, 2005).

현재 우리나라 해항도시의 국제교류 전담부서 및 기관의 주요 업무는 개략적으로 다음과 같이 소개할 수 있다. 그것의 내용인 즉, 각종 국제화업무의 총괄 기획 조정, 외국도시와의 자매결연 및 행정협정체결, 자매도시를 비롯한 주요 외국 도시와의 교류추진, 국제관계단체 운영지원, 국제회의 개최 참여, 각종 국제 정보자료 수집 관리 등이 여기에 해당된다.

같은 맥락에서 해항도시가 외국도시와 자매결연이나 우호협력을 위한 제도적 절차를 마친 다음에, 양적으로 다양하고 질적으로 높은 수준의 교류를 유지하기 위해서는 자체적인 예산의 뒷받침도 필수적이다. 국제교류와 관련된 예산의 규모와 안정성은 곧 해항도시의 재정적 상황이 반영될 수 있으나, 기본적으로 해항도시가 세부적인 국제교류 사업의 원활한 추진과 활성화를 주도하고 장려하기 위해서는 안정적이고 독립적인 예산의 뒷받침이 있어야 한다는 점은 크게 공감되고 있다(Medina, 1996; Watson, 2000; 김병준, 2009).

예컨대, 일본은 도시마다 다양한 국제교류활동 관련기금이 마련되어 있어 그것을 지원 받아 교류사업을 추진하고 있다. 우리나라 해항도시는 아직 예산편성이나 보조금 설정에 있어, 자체적인 교류기금이 따로 마련되어 있지는 않다. 이에 지역사회단체에 대한 보조금 형식으로 일부를 지원하는 형태를 띠고 있거나 다른 예산에 비해 우선순위에서 뒤로 미뤄지는 경우가 많다(이정남, 2005).

(6) 최고관리자의 의지와 리더십

지금 우리나라 해항도시에서 국제교류의 시작 초기에는 대개 공식적 교류절차를 밟기 위한 희망의사를 서한형식을 통해 최고관리자(혹은 시장) 명의로 제의하고 상대측 의견을 파악하는 것으로 시작한다. 이것은 일반적인 도시의 교류관행과 크게 다르지 않다. 해항도시와 시민을 대표하는 최고관리자(CEO)의 존재는 국제교류에 있어서 우선적으로 중요한 절차적 요인의 하나가 되는 것이다(황정홍 · 전영평, 2000). 더 나아가 해항도시에 관한 요인 중에서 최고관리자인 시장이 국제교류에 대한 관심과 의지를 가지고 있는가에 따라 해항도시의 국제교류 수준이나 성과에는 커다란 차이가 날 수 있다.

왜냐하면, 어느 해항도시에서 민선단체장의 개인적 성향(personal character)이 어떠하냐, 지도력(leadership) 및 비전(vision)이 어떠한가에 따라서 "우리 지역발전과 시민의 이익을 위해 과연 국제교류가 필요한가?"라는 기본명제가 영향을 받게 될 것이 분명하기 때문이다(Zeira, Newburry & Yeheskel, 1997). 그리고 다시 이에 따라 그 해항도시의 구체적인 교류목표와 세부내용까지도 설정되는 그러한 순환적 구조를 가질 수도 있다(Barlett & Ghoshal, 1992).

보다 현실적 관점에서 논의하자면, 해항도시의 통치기구는 관료제 조직이므로 계층제의 원리상 최고관리자인 시장의 관심이 행정과정에서 가장 중요하다(김병준, 2009). 만약 도시의 행정과 정책을 책임지는 시장이 국제교류에 대해 별로 중요하다고 생각하지 않으면, 다른 중간관료나 외부인이 아무리 중요하다고 주장하더라도 국제교류는 그 도시의 정책의제로 설정되기 어려우며, 현실적으로 시행될 가능성도 낮다. 만약 해항도시의 의회가 국제교류의 필요성을 인식한다면, 주요 정책의제로서의 채택을 오히려 최고관리자와 집행부에 촉구할 수는 있을 것이다(Yan & Gray, 1994).

역시 이러한 상황 하에서 국제교류의 시작에 가장 중요하게 영향을 미치는 요인의 하나는 최고관리자인 시장의 의지와 리더십일 것이다. 어느 한 해항도시의 국제교류와 관련하여 관심이나 전문성, 의지가 전혀 없는 정치인이 최고관리자로 있다면 교류의 활성화가 쉽게 이루어질 수 없을 것이다. 지금 전 세계적으로 한 국가의 대통령이 외국에 나가 자국의 이익을 위해 외국기업인이나 재계인사를 만나는 외교노력이나 정부마케팅은 이제 흔한 광경이 되었다. 최근에는 이것을 단체장이나 시장이 그대로 실행하는 경우가 늘고 있다. 즉 세일즈 외교나 마케팅 외교는 이제 해항도시 수준에서 지역발전을 위해 이루어지고 있으며, 민선단체장들의 치적이나 성과를 거론할 때 빠지지 않는 핵심내용이 되고 있다.

(7) 환경적 조건

지금까지 해항도시의 국제교류 원인을 논의함에 있어서 내부적 요인을 위주로 소개하였으나, 현실적으로는 이러한 요인뿐만 아니라 외부적 환경도 고려할 필요가 있다. 예컨대 여기에는 우리나라에서 현재 국제교류를 하고 있거나 앞으로 하려는 해항도시를 둘러싼 상위 중앙정부나 다른 국가차원의 환경적 요소가 포함된다. 국제교류에 관한 기존 이론들에 따르면 해항도시 국제교류에 있어서 중요하게 언급되고 있는 외부적 요인은 중앙정부의 지원, 지리·생태적 요인, 문화·정서적 요인 등으로 요약될 수 있다.

가. 중앙정부의 지원

중앙정부의 지원은 해항도시의 국제교류의 수준과 활성화에 많은 영향을 미친다. 현재 우리나라와 외국의 중앙정부는 정도의 차이는 있지만 각 해항도시나 도시들에 대해 국제교류를 장려하기 위한 각종 정책적, 재정적 지원을 하고 있다(Watson, 2000; 이정주·최외출, 2003). 전 세계에서 해항도시에 대해 이러한 국가적 교류지원을 하는 이유는 상호발전, 경제적 이익증대, 정치적 갈등 및 분쟁 예방 등에 걸쳐 실로 다양하게 나타나고 있는 상황이다(Zeira, Newburry & Yeheskel, 1997).

그러나 자세히 들여다보면 공통적인 지원의 이유도 나타난다. 그것은 중앙정부에서 국제협력이 공식 외교라고 볼 때, 해항도시 간 우호협력이나 자매결연은 국가외교를 뒷받침하고 협력기반을 조성할 뿐 아니라 국가 전체의 외교역량 증진에도 크게 기여하는 것으로 알려져 있기 때문이다(황정홍·전영평, 2000). 우리나라도 해항도시의 세계화 기치를 내건 김영삼 정부 이후 중앙정치인 및 관료의 국제화 인식도 많이 변화되었다. 국제화시대의 국가경쟁력은 바로 해항도시의 국제경쟁력과 직결된다고 해도 과언이 아니게 된 것이다.

현재 우리나라 중앙정부(외교부와 일반 행정부처)는 세계화·지방화 · 정보화의 중요성을 인식하고 국제교류는 국가의 외교만이 전부가 아니라 해항도시 간에도 상호 협력하고 경쟁해야 하는 시대가 도래했다는 점을 강조하고 있다(김병준, 2009). 따라서 선진국에 비해 크지는 않지만 해항도시에 대한 중앙의 행 · 재정적인 지원은 국제교류의 확대와 효과의 관점에서 바람직한 정책으로 평가될 수 있다. 그리고 해항도시 차원에서 국제교류는 이러한 중앙정부의 지원, 특히 통제보다는 정책적 장려와 이에 따른 실질적인 재정 지원에 많은 영향을 받을 수 있다.

나. 지리 · 생태적 환경

해항도시 국제교류의 핵심적 원인을 알아내는 것에 있어서 지리 · 생태적 요인에 관한 부분을 통제할 필요가 있는데, 국가외교와 마찬가지로 해항도시 간 국제교류에는 지리적 근접성, 자연환경과 같은 생태적 유사성이 의미 있는 요인이 될 수 있기 때문이다(Martinez, 1994a; 김부성, 2006). 물론 과학기술 및 통신과 교통수단의 발달로 과거보다 타 국가나 지역 간의 이동성(mobility)과 접근성(access)이 좋아졌으나, 실제 국제교류의 정도에 있어서 지정학적 위치와 여건이 크게 고려되지 않는 것은 아니다(이정남, 2005). 예컨대, 국가외교에 있어서도 멀리 있는 국가보다는 지리적으로 인접한 국가 간의 외교가 더 중요하게 다루어지고 있으며(Scott, 2001), 해항도시 국제교류도 여기에 편승하는 경우가 많다.

또한 역사적으로도 지리적 근접성은 변화될 수 없는 고정적 상수(constants)로서 인접한 국가나 지역 간 갈등과 협력의 중요한 원인이 되기도 했다(Martinez, 1994b). 지금 모든 지방과 국가는 지리적으로 이웃과 좋은 관계를 갖는 것이 경쟁력의 원천이 되고 있는 것이다. 예컨대 우리나라 내에서 행정구역 통합과 광역경제권 형성이 그러한 예이고, 남북한 경제협력과 통합논의가 그러하며, 유럽의 EU 탄생 경험이 이러한 점을 잘 보여주고 있다. 최근 인천-상해, 부산-후쿠오카 등 다양한 형태의 경제통합을 구체화하는데 지리적 근접성의 요소가 중요한 고려대상이 된다는 것은 이미 알려져 있는 사실이다.

또한 지리적으로 동아시아 주요 국가들은 다수의 도서를 보유하고 있거나 항만을 비롯한 나라별 주요도시가 해안선을 따라 형성돼 있어서 동아시아는 해양을 통한 교류가 편리하다(이정남, 2005). 이 때문에 동아시아 권역은 오래 전부터 동남아시아국가연합(ASEAN), 동북아자치단체연합(NEAR) 등의 협력기구로 국제교류가 구체화되어 왔다. 따라서 해항도시 국제교류에 있어서도 양호한 지정학적 위치와 자연환경이 지역의 곧 경쟁력과 발전가능성을 좌우하는 핵심요소 중 하나가 되고 있다.

다. 문화·정서적 환경

해항도시가 속한 국가 및 지역사회의 문화·정서적 요인의 중요성을 제시할 수 있다. 해항도시가 국제교류를 추진함에 있어 지역사회의 여론(public opinion), 사회 전반적인 정서와 분위기(national consensus) 등의 요소는 상당히 중요하다. 왜냐하면 지역이나 도시는 결국에는 국가에 소속된 단위체(unit)이며 서로 간의 이미지는 국가 전체 단위로 확대되어지기 마련이기 때문이다(Barkema & Vermeulen, 1997; Morosini, Shane & Singh, 1998).

지역이나 도시의 이익이 생기거나 지구촌 글로벌 체제에서의 생존과 발전이라는 공감대는 국제교류에 긍정적으로 작용할 수 있다(Katsikeas, Skarmeas & Bello, 2009). 그러나 해항도시 단위의 교류라고 할 지라도 서로 다른 국가의 역사적, 심리적, 정서적 거리감이 있다거나, 지역사회에서 상대국가나 도시에 대한 우호적인 분기가 조성되어 있지 않다면 그 현실적 교류 가능성은 낮아지게 된다(Samers, 2002; 오성동, 2007). 요컨대, 이들 요소가 긍정적으로 작용한다면 교류나 협력이 원활하게 진행되어질 수 있는 반면 그렇지 못한 경우에는 정체나 부진한 상태가 될 가능성이 높다(Sullivan & Bauerschmidt, 1990; Barkema & Vermeulen, 1997; 김부성, 2006).

현재 우리나라 해항도시의 국제교류의 현황에서 그 대상 국가는 중국, 미국, 일본에 집중적으로 편중되어 있고, 러시아, 베트남, 호주, 멕시코 등의 소수 도시가 산재해 있다. 그 이외 국가와의 교류관계는 거의 없거나 극소수에 그치고 있다. 특히 남미지역과 중동지역과의 외교나 도시교류가 상대적으로 없다는 점은 우리나라의 모든 국제교류가 지금껏 지리적, 문화/정서적 우방에 지나치게 치우쳐 왔다는 점을 우회적으로 말해준다. 그러므로 국제교류에 있어 상대방에 대한 일반 국민의 정서나 사회 · 문화적 공감대(common sense)는 결코 무시할 수 없는 중요한 요인이며, 해항도시가 교류대상 국가나 도시를 선정할 경우에도 문화나 정서의 차원에서 보다 신중을 기해야 할 필요성이 높아지고 있다.

3. 해항도시와 국제교류의 현황과 문제

1) 해항도시 간 국제교류의 역사

우리나라는 김영삼 정부 이후 지방화와 세계화라는 정책적 기조 하에서 각 지역과 도시는 의욕적으로 국제교류의 활성화를 시도해왔다. 1990년대 중반부터 확대되기 시작한 해항도시의 국제교류는 2009년 현재 시점에서 약 90%이상이 자매결연의 형태로 이루어지고 있으며, 선진국 수준에 비해 어느 정도의 양적 증가는 달성한 것으로 보여진다. 구체적으로 우리나라 주요 도시의 국제교류의 역사를 알아보면, 약 50년 전인 1960년대로 거슬러 올라간다.

우리나라는 지난 1961년 경남 진주시와 미국 오리건(Oregon) 주의 유진(Eugene)시가 국내 최초로 국제자매결연을 맺은 이래 우리나라와 외국 도시와의 자매결연은 1980년대까지 약간씩 증가하였다. 그러나 전반적으로 1980년대까지 20-30여 건에 불과했던 도시들의 국제교류는 1990년대 지방자치제도가 실시되면서 기하급수적으로 증가하기 시작한다. 즉 1991년 기초의회 및 광역의회 선거, 1995년 민선자치단체장 선거의 실시를 기점으로 각 도시와 지방자치단체의 국제교류도 급속하게 활성화되었다.

지방자치가 실시되기 이전인 1961년에서 1990년까지 약 30년 동안 총 116건의 자매결연이 이뤄졌는데 비해, 2002년 이후 근래 10년 동안에는 광역자치단체의 경우 약 160건, 기초자치단체의 경우 약 480건으로 총 640건의 자매결연이 형성되었으며, 나라별 숫자는 전 세계적으로 약 55개국을 넘어서고 있다. 비교적 근래인 2011년까지 약 10년의 누계(총 640건의 자매결연)만으로 따지자면, 우리나라 해항도시의 국제교류의 양적 성과는 서구 선진국의 그것 못지않은 수준을 보이고 있는 것이다.

일단 국제교류를 하는 도시와 지방의 숫자가 증가되었다는 것은 국제사회의 활동주체로서 지방의 중요성이 그만큼 커졌음을 의미한다. 동시에 지방자치시대에 지방행정의 무대나 정부간 관계의 장이 공간

〈표 7〉 우리나라 지방자치단체 자매결연 도시의 변화

구분(년)	2002	2003	2004	2005	2006	2007	2008	2009	2010	2011	누계
광역 시/도	22건	11건	14건	12건	11건	12건	11건	25건	20건	22건	160건
기초 시/군/구	45건	35건	40건	53건	61건	80건	39건	54건	38건	35건	480건
누계	67건	46건	54건	65건	72건	92건	50건	79건	58건	57건	640건

적으로 확대되었음을 뜻하기도 한다.

지금까지 우리나라 지방과 도시는 국경을 넘어서 이루어지는 외교적 행위를 자매결연 방식을 통한 국제교류로 이해했다. 그리고 이를 관행적으로 친선방문이나 문화교류 정도로 이해하여 왔다. 그러나 세계의 각 선진도시들이 쌓아 온 발전의 노하우와 경험은 해항도시가 국제교류를 제대로 활용하는 경우에 국제문제의 해결에 상당한 영향력을 발휘할 수 있음을 보여주고 있다.

예컨대 우리나라 도시들은 최근까지 국제교류 관련 부서와 통상협력, 국제관계자문대사 제도도입, 해외주재관제 설치, 정부의 출연 · 출자에 의한 과거 중앙정부의 지방자치단체국제화재단 설립, 해외통상과 설치 등 제도적 측면에서 많은 성과를 구축해 왔다. 뿐만 아니라 자체 인력의 질적 향상을 위한 공무원의 해외 연수 및 파견, 국제교류를 위한 국제회의 참석 등 다각적인 노력을 하고 있다. 이는 해항도시의 국제교류가 양 · 질적인 측면에서 많은 변화를 보이고 있음을 의미한다.

그렇지만 전반적으로 아직 우리나라 도시들의 국제교류 활동에서 자매결연 이외의 활동은 아직까지는 미약한 형편이라 할 수 있다. 자매결연 역시 선진국에 비해 아직은 내실 있고 건실한 지속 가능한 쌍

방관계라고 보기는 다소 어렵다. 형식적이고 일방적인 자매교류 추진에서 벗어나서 실질적으로 양쪽 기관 상호 간에 공동의 이익을 가져다 줄 수 있는 지속 가능한 국제교류 토대를 만들어 나가는 것이 필요할 것이다.

2) 해항도시 간 국제교류의 주요 현황

실제적으로 현재 광역자치단체 16곳, 기초자치단체 213곳이 외국의 64개 국가, 880개 도시와 자매결연을 체결하고 있어 국제교류의 높은 성과에 기여하고 있다. 광역자치단체 단위에서 외국 도시와 가장 많은 자매결연을 체결하여 국제교류를 활성화하고 있는 곳은 서울과 경기도로 각각 25개 국가 30개 도시, 19개 국가, 26개 도시로 나타나고 있다.

전통적인 항만과 무역의 도시인 부산광역시와 인천광역시, 그리고 외국인관광을 전략산업으로 하는 강원도도 높은 국제교류 실적을 가지고 있다. 반면 광주광역시, 전라북도, 울산광역시 등 일부 지방에서는 상대적으로 국제교류와 자매결연 실적이 극히 저조한 경우도 있다. 우리나라 해항도시에서 국제교류의 양적 증가 속에 나타나는 이러한 지역별 양극화 현상은 일단 시급히 개선되어야 할 문제로 보여진다.

또한 우리나라 해항도시의 국제교류 현황에서 교류대상과 유형의 정형화도 문제점으로 지적할 수 있다. 우리나라 주요 지역과 도시의 자매결연 현황에서, 전체의 자매결연 대상국가는 64곳이지만, 도시는 무려 880여 곳에 달한다는 점은 1개 국가의 평균 교류도시가 13개 이상으로 다소 중복의 가능성이 있음을 뜻한다. 외국 도시와의 자매결연은 해항도시 차원에서 국제외교의 역할을 담당하기 때문에 다양한

〈표 8〉 우리나라 주요 지역과 해항도시의 자매결연 현황

지역	단체수	결연대상(광역)		단체수	결연대상		자치단체별소계	
소계	(광역)	외국국가	외국도시	기초	외국국가	외국도시	국가	도시
합계	16	50	280	213	50	763	64	880
서울특별시	1	25	30	25	22	105	33	130
부산광역시	**1**	**17**	**23**	**15**	**7**	**33**	**19**	**55**
대구광역시	1	9	13	6	4	13	11	26
인천광역시	**1**	**13**	**23**	**10**	**8**	**33**	**17**	**56**
광주광역시	1	7	9	5	2	7	8	16
대전광역시	1	17	21	5	2	8	18	29
울산광역시	**1**	**8**	**13**	**5**	**3**	**11**	**8**	**23**
경기도	1	19	26	30	32	153	36	179
강원도	1	13	18	17	11	66	18	84
충청북도	1	11	18	12	6	29	13	47
충청남도	1	11	19	15	8	51	16	69
전라북도	1	3	6	12	7	38	7	43
전라남도	1	12	27	20	16	73	22	98
경상북도	1	10	11	15	13	53	19	64
경상남도	1	11	13	19	13	70	16	83
제주도	1	9	10	2	4	20	10	30

국가를 대상으로 하는 것이 바람직하다고 할 수 있다. 그러나 우리나라 해항도시의 자매결연은 일본, 중국, 미국 등에 다소 편중되어 있는 경향이 있다. 이러한 자매결연 대상지역의 편중은 지리적 접근성과 선진국 위주의 결연 희망, 자매결연 지역의 선정시 지역규모나 상대도시의 외양에만 지나치게 집착한 결과에 기인할 수도 있을 것으로 보여진다.

3) 해항도시 간 국제교류의 문제점

이상의 논의를 토대로 보자면, 현재 해항도시의 국제교류는 질적 측면에서 실질적 교류내용이나 성과, 그리고 지역주민들의 참여를 통한 교류의 다양성 측면에서는 양적 성장을 따라가지 못했다는 지적도

받을 수 있는 상황이다. 즉 여러 도시와 자치단체의 자매결연 체결이 급증하여 활발한 국제교류를 추진함으로써 지방행정 발전에 크게 기여하고 있다는 긍정적 평가도 있는 반면에 지방의 국제업무 경험과 정보 등의 부족으로 인한 시행착오로 예산을 낭비하고 있다는 지적도 제기할 수 있는 것이다.

우리나라 도시는 국제교류 유형의 측면에서도 문제점을 나타내기 시작했다는 지적이 최근 나오고 있다(오성동, 2007; 김병준, 2009). 자매결연은 공무원을 주축으로 한 대표단과 민간단체의 상호방문 등 인적교류에서 시작하여 공무원 상호 파견연수, 문화예술의 상호 교환공연 등 행정발전 도모와 주민간 이해의 증진을 통한 유대감을 조성시켜 나가는 우호협력 및 교류사업을 바탕으로 경제협력 사업까지 발전시켜 나가는 것이 바람직한 형태이다.

그러나 외국 도시와의 자매결연 체결 이후의 지방자치단체의 교류유형을 살펴보면 기관장의 상호방문, 공무원의 해외연수, 공무원의 상호파견근무, 의회대표단의 상호방문, 문화·예술행사의 개최, 체육·청소년 교류 등이 주류를 이루고 있으며, 지역발전에 기여하는 경제·통상교류는 상대적으로 미진한 상태이다. 이러한 상황에서 최근 실질적 성과를 중시하는 교류형태로서 경제협력 사업을 우선적으로 추진하는 사례가 조금씩 증가하고 있다(오성동, 2007).

또한 과거에 우리나라 해항도시가 활용해 온 국제협력의 수단이 자매결연, 네트워크 구축, 기관형성 등에 한정되었던 것은 국제협력에 대한 주요 행위자들의 관심과 이해의 부족을 반증하는 것이다. 따라서 현 단계에서 해항도시의 국제교류의 조건이나 요인을 체계적으로 논의해 보는 것은 그 의미가 크다.

4. 해항도시와 국제교류의 실천적 조건

해항도시와 국제교류의 다양한 조건을 실제적으로 이해하는 것은 크게 국가의 외교와는 분명 다른 지방과 도시의 교류조건을 이해시켜 주는 교훈적 의의를 갖는다. 또한 실제적으로 우리나라에서 각 해항도시가 국제교류를 활성화시킬 수 있는 나름의 전략적 요소 또한 생각할 수 있게 한다. 나아가 지방과 도시 단위에서 구상 중이거나 향후 시행할 계획에 있는 국제교류정책에 있어 다양한 논리적 토대를 마련하는데 있어서도 도움을 받을 수 있다.

결국 우리는 현 단계에서 우리나라 해항도시를 대상으로 외국도시와의 국제교류 실태를 살펴보고, 교류발생의 조건을 경험적으로 한번 알아보는 것이 중요하게 되었다. 이것은 우리가 우리나라에서 해항도시의 국제교류를 설명할 수 있는 현실적 요인을 발견하고, 이를 통한 여러 가지 논의와 함의도출을 가능하게 하기 때문이다.

1) 현실적 검증의 대상

해항도시의 국제교류의 실태에 관해서 필요한 자료는 두 가지 수준에서 소개할 수 있다. 하나는 국제교류의 실태에 관한 현황자료로서 해항도시의 국제교류와 관계된 세계지방자치단체연합(UCLG), 동북아자치단체연합(NEAR) 및 주요 정부기관인 일반행정과 외교부처, 한국국제협력단 등에 자료가 있다. 이를 통해 알 수 있는 것은 우리나라 해항도시 국제교류에 있어 최근까지의 주요 변화와 통계현황이이다,

자료의 다른 하나는 해항도시 국제교류의 현실적 조건에 관한 것으로 우리나라 전국 지방자치단체 국제교류 업무부서 및 관계자에 대한

설문조사를 통해 수집될 수 있다. 이 때의 대상은 16개 광역자치단체(특별시 1개, 광역시 6개, 도 8개, 특별자치도 1개)와 230개 기초자치단체(시 75개, 군 86개, 자치구 69개)를 대상이 된다. 실제 조사과정에서는 전국 기초자치단체 중 국제교류를 하는 곳은 213곳으로 파악된다. 해항도시 국제교류의 현실적 조건에 대해 수집된 자료를 통해 목록으로 정리하여 예시를 하면 다음과 같이 표현이 된다.

2) 국제교류의 현실적 조건

앞선 우리나라 해항도시의 국제교류 현황에 따르면 현재까지 그 외연의 확대와 양적인 성장은 분명한 것으로 나타났다. 그러면 민선자치시대에 나타나고 있는 이러한 해항도시의 국제교류 확대와 그 성과

〈표 9〉 해항도시 국제교류의 현실적 조건과 세부내용(예시)

조건(세부내용)	세부내용
해항도시의 규모(2)	광역자치단체, 기초자치단체
전담조직과 예산(4)	조직(기관/팀)의 분리정도, 업무의 집중과 통합, 인력의 우수성과 전문성, 예산의 안정성과 충분성
최고관리자의 특성(4)	최고관리자의 교류관심과 수용성, 실천의지, 국제감각과 리더십, 정책반영의 수준
시민의 특성(3)	시민(단체)의 관심과 열정, 문제제기, 참여/활동수준
명분과 동기부여(3)	교류동기의 타당성, 명확성, 지속성
해항도시 간 파트너십(3)	파트너십의 이해도, 상호존중과 호혜성, 신뢰수준
중앙정부의 지원(3)	교류업무상 지원, 예산지원, 기타 전반적 지원
지리·생태적 조건(3)	지리적 접근성, 왕래의 용이성, 자연환경의 유사성
문화·정서적 조건(3)	문화적 동질감, 정서적 친밀감, 감정의 우호성
국제교류 수준(3)	자매결연의 양적 활성화, 질적 우수성, 전반적 수준

가 향후 지속적으로 향상되도록 만들기 위해서는 과연 어떠한 원인으로 국제교류가 발생하고 있는 것인지에 대해 알아볼 필요가 있다.

국제교류에 관한 이론의 관점에서 해항도시의 국제교류 수준에 현실적 조건을 살펴보기 위해 최근의 조사자료를 분석해 본 결과는 다음과 같다. 전반적으로 여러 조건들의 상대적 중요도를 나타내는 표준화계수(β 값)를 보면 그 결과가 다음과 같이 나타나고 있다. 먼저 해항도시의 국제교류에 영향을 미치는 요인 중에서 전담조직과 예산(β =.302)의 설명력이 가장 크게 나타났고, 다음으로 중앙정부의 지원(β =.296), 최고관리자의 특성(β =.241), 명분과 동기부여(β =.183), 문화 · 정서적 조건(β =.120)의 순으로 국제교류의 수준에 영향을 미치고 있다.

이러한 결과를 해석하면 우리나라 해항도시는 우선 유의성을 가진 5가지 요인들을 중심으로 국제교류의 수준을 향상시키기 위해 더 많

〈표 10〉 해항도시 국제교류에 영향을 주는 현실적 조건

현실적 조건	비표준화 계수		표준화 계수	t	유의확률	공선성 통계량	
	B	표준오차	베타			공차한계	VIF
	.642	.141		4.547	.000		
해항도시의 규모*	-2.517E-02	.089	-.009	-.284	.776	.668	1.496
전담조직과 예산	.274	.032	.302	5.393	.000	.506	1.978
최고관리자의 특성	.203	.039	.241	3.623	.000	.258	3.882
시민의 관심과 지지	2.757E-02	.064	.016	.433	.665	.529	1.890
명분과 동기부여	.141	.050	.183	2.214	.027	.170	5.885
해항도시 간 파트너십	1.191E-02	.051	.013	.235	.814	.217	4.608
중앙정부의 지원	.238	.027	.296	5.142	.000	.492	2.031
지리 · 생태적 조건	-6.829E-02	.044	-.083	-1.551	.122	.248	4.027
문화 · 정서적 조건	8.184E-02	.028	.120	1.947	.043	.432	2.315
R^2= .591	Adjusted R^2=.574		F=136.952		P=0.000		

비고: * 표시는 가변수로 처리되는 조건

은 노력을 기울여야 한다는 것을 말해준다. 이에 대한 보다 구체적인 주장은 다음과 같이 전개할 수 있다.

(1) 전담조직과 예산의 중요성

해항도시의 국제교류에 대해서 이를 전담하는 '조직과 예산'은 가장 큰 영향을 미치는 것으로 나타난다. 이러한 결과는 향후 해항도시가 국제교류를 활성화시키기 위해서 전담조직의 확충과 관련예산의 배정을 우선적으로 고려해야 함을 말해준다. 우선 전담조직이나 인력의 문제는 국제교류에 있어 상당히 중요하게 인식되고 있는데, 이를 해석하면 규모가 크지는 않더라도 해항도시 내에 일단 별도의 조직이 존재하기만 하면 국제교류의 효율과 성과가 높아질 수 있음을 뜻한다.

국제교류를 위한 별도의 예산의 문제도 상당히 중요하게 나타났는데, 최근 우리나라 해항도시는 스스로 국제교류에 있어 일정부분 성과를 거둘 수 있음을 체감하고, 많은 곳에 예산투입의 필요성을 절감하고 있는 상황으로 보여진다. 그리고 민간도 국제교류나 자매결연의 확대에 대한 필요성을 많이 느끼고 있으나, 오늘날 국경을 초월한 국제교류나 자매결연의 특성상 초기 정부의 주도적 역할에 따른 공적 예산의 소요가 필연적인 경우가 많은 것도 현실이다.

(2) 정부지원의 중요성

중앙정부의 지원은 국제교류의 직접적인 원인이 아니라, 다소 환경적인 간접조건으로 상정되었음에도 불구하고, 우리나라 해항도시의 국제교류에 상당한 영향을 미치는 것으로 드러난다. 이를 해석하면 역설적으로 해항도시의 국제교류가 현재 중앙정부의 지원에 많이 의존하고 있고, 그만큼 교류의 자생력이 부족함을 말해준다.

정치적 민주주의의 정착과 민선지방자치의 실시 이후, 우리나라 중앙정부는 국제교류 지원을 강화하고 있다. 현재 해항도시 국제교류에 대한 중앙정부의 지원은 재단이나 국제협력단 등을 통하여 교류업무를 전반적으로 지원하고 있고, 이 기관들은 지방의 국제화와 국제교류에 있어 정보공유와 교류확산의 최대창구가 되고 있다. 따라서 중앙정부에 의한 이러한 각종 지원을 지속적으로 확대해나가는 것은 바람직한 현상으로 보여진다.

(3) 최고관리자의 중요성

최고관리자의 의지나 관심이 해항도시 국제교류에 영향을 미치는 것으로 나타난다. 이러한 결과는 국제교류가 활성화되기 위해서 기본적으로 그 해항도시를 이끄는 최고수장의 관심과 의지, 리더십이 확립되어 있어야 한다는 것을 뜻한다. 뿐만 아니라 현실적으로도 국제교류를 위한 초기 예산, 인력, 인프라와 기타 여건을 확보하는 문제는 무엇보다 최고관리자의 역량에 많이 좌우되기도 한다. 교류의 활성화에 있어서도 국제화에 적응하는 주민의식, 능동적인 교류, 외국관계자들을 모을 수 있는 여건 조성, 외국인의 접근성 증대, 국제행사, 투자 유치, 기반 확충 등은 기본적으로 최고관리자 및 고위공직자들의 관심과 의지, 경험과 역량에 의존할 수밖에 없는 것이 현실로 여겨진다.

(4) 명분이나 동기의 중요성

해항도시의 국제교류에 있어 명분이나 동기부여의 요인도 현실세계에서 제법 의미 있는 영향을 미치는 것으로 나타난다. 즉 동기가 타당하고 확실할수록 국제교류의 수준이 높아진다. 자매결연의 궁극적 목적은 상호 공동발전에 있으므로 행정, 문화, 경제 등에서 상대지역의 비교우위 분야와 보완관계에서 조화로운 협력방안을 강구해 나가는 것이 무엇보다 중요하고, 이는 반드시 상호 동기와 합의에 의거해야 한다.

앞으로 명분과 동기부여의 중요성에 비추어 볼 때 우리나라 해항도시는 단기적인 이익에만 치우치지 말고, 중장기 내지는 거시적인 안목에서 보다 다양한 대상을 찾아볼 필요가 있다. 해항도시의 국제교류는 정치적 행사나 단순한 유행으로 그칠 일 아니며, 그렇게 되어서도 안될 것이기 때문이다.

(5) 문화 · 정서적 환경의 중요성

환경적 차원에서 문화 · 정서적 환경이 우리나라 해항도시의 국제교류에 약간의 영향을 미치는 것으로 나타난 점은 흥미롭다. 문화 · 정서적 환경이 영향을 미치는 것으로 나타난 것은 국제교류에 있어서 지리 · 생태적 조건보다 문화 · 정서적 우호성이 더 큰 역할을 할 수 있음을 말해준다. 예컨대 우리나라와 일본, 중국, 미국의 관계에 대한 국민정서는 상당한 차이가 있고, 이는 이들 국가에 속한 도시와의 교류에도 상당한 영향을 미칠 수 있는 것이다. 성공가능성을 높이기 위해 해항도시는 이러한 점을 고려하여 국제교류를 추진해야 할 것이다. 동시에 우리나라 해항도시가 외국도시에 대한 국제교류를 추진함에 있어 상대방의 문화와 정서도 충분히 고려해야 할 것이다.

현실적으로 국제교류는 오로지 우리의 입장과 처지만 중요한 것이 아니다. 상대방이 어떤 문화와 정서를 가진 나라인지도 함께 고려하고, 그에 대한 접근도 달라져야 하는 것은 자명한 이치이다. 예컨대, 미국은 외국 해항도시와의 교류에 있어 초기단계부터 민간의 역할이 상당한 비중을 차지하고 있을 뿐만 아니라 실제 교류 과정에서도 큰 역할을 수행하도록 되어 있다.

일본의 경우는 처음부터 직접적인 접근보다는 교류를 희망하는 간접적인 표현이 훨씬 더 호의적으로 받아들여질 가능성이 높다. 일본의 문화나 정서는 공식적 교류가 어디까지나 충분한 사전 교감이 이루어진 후 나타나는 자연스러운 절차로 판단하고 있기 때문이다. 반면 중국은 우호교류협정이라는 공식적 교류협정을 먼저 체결한 후에 자매결연을 체결하므로 상호 공식적, 제도적인 교류라는 목표를 당연시하는 문화가 있다. 이렇듯 나라와 도시별로 다른 문화적 입장과 상황은 보이지는 않지만 중요하게 고려되어야 할 조건들이다.

5. 해항도시와 국제교류의 발전방향

현 단계 우리나라 해항도시의 국제교류의 수준이 미래에 대해 갖는 중요한 의의는 명확하다. 그것은 향후 해항도시의 국제교류 활성화 전략에 있어서 주요 영향요인들을 토대로 한 차별화전략이 필요하다는 것이다. 즉 해항도시 국제교류의 이론과 실제에서 모두 중요했던 조건은 더욱 강화해 나갈 필요가 있고, 이론적으로 상당한 중요성을 가지지만 실제 영향을 미치지 못한 조건은 보완을 할 필요가 있다. 그러면 지금까지의 논의와 결과를 토대로 미래에 대한 생각과 시사점을 총괄적으로 정리해 보도록 하자.

1) 국제교류의 균형적 내실화

민선 4기까지 해항도시 국제교류는 10년이 넘게 양적으로 급속히 증가하여 왔으나, 동시에 여러 가지 문제점도 안고 있었다. 국제교류 현황에서 검토된 문제점으로는 해항도시와 지역별 교류의 양적 양극화, 교류국가와 도시의 제한, 국제교류 유형이나 내용적 협소함 등이 있었다.

그러므로 중앙 및 해항도시는 이러한 점을 인지하고 국제교류의 양적 성장에 걸맞은 질적 내실화 방안을 마련해야 할 것이다. 예컨대, 중앙정부가 그동안 해항도시의 국제교류를 지원하고 교류경험을 공유할 수 있도록 하는 데 많은 역량과 시간을 투자한 것처럼, 이제는 해항도시도 광역을 중심으로 기초자치단체나 민간단체, 개인의 국제교류 경험을 축적하고 이를 체계적으로 자료화시킬 필요가 있다.

중앙정부도 기존 해항도시의 자매결연 현황을 재점검하고, 외양의 확대보다는 교류국가와 내용의 다양성에 관한 질적 토대를 다지는 방향으로 지원을 해야 할 것이다. 또한 해항도시 간 편차를 고려해 각종 지원요청에 신속하게 대응하되, 국제교류실적이 미비한 해항도시가 교류를 희망할 시에는 이를 우선적으로 지원해주어야 할 것이다.

2) 국제교류 전담조직과 예산

우리나라 해항도시의 국제교류에 영향을 미치고 있는 가장 중요한 요인은 전담조직과 예산의 문제로 나타났다. 이는 기존 해항도시 조직 내에서 업무분장만으로 인력을 재활용하는 방식은 이제 국제교류 분야에 있어 한계에 봉착하고 있다는 것을 시사한다.

만약 어떤 해항도시가 조직이나 인력이 배치되지 않은 상태에서 자매결연이라는 형식적 교류부터 시작한다면, 세월이 흐르면서 당시 관계자들이 그 업무와 직책에서 사라질 수도 있다. 그러할 경우 교류기반 자체가 흔들려 결국은 국제교류의 실패나 관계중단으로 이어지는 경우도 나타날 수 있다. 따라서 해항도시는 규모가 작더라도 별도의 교류조직을 기존 조직과 구분해주고, 순환보직에 따른 담당자의 업무단절을 사전에 방지하는 장치를 마련해주어야 할 것이다. 이마저도 여력이 없다면 개방형직위, 계약직, 자원봉사자를 활용하는 방안도 고려될 수 있다.

예산문제에 있어서도 해항도시는 열악한 지방재정과 낮은 재정자립 상황이 고려되지만, 국제교류예산을 가급적 별도로 편성해 주어야 한다. 물론 빠르게 가시적 성과를 거둘 수 없는 국제교류는 정책우선순위에서 뒤로 밀릴 수도 있다. 그러나 액수에 상관없이 별도의 국제교류예산을 배정하는 것은 중요한 정책행위이고, 특히 해항도시가 출연한 소규모 (재단)법인의 형태는 국제교류의 실무에 있어 흔히 가장 효율적인 방식으로 생각되어지고 있다. 지역에서 기존 국제교류가 활발한 부분을 증명하고, 다른 주요 역점사업과의 연계를 토대로 한 예산논리도 개발해야 한다.

3) 중앙정부의 혁신적 재정지원

현재 중앙정부의 지원도 해항도시 국제교류에 있어서 비중 있는 요인인데, 현재 중앙정부는 예산지원보다는 정부출연재단이나 산하기구 등을 통한 행정적 지원에 치중하고 있다. 그러나 앞선 결과에서 보듯 해항도시에는 행정지원만큼이나 예산지원도 중요하다. 현재 지원

목적으로 운영되는 중앙정부 재단들의 대부분은 각 해항도시가 재원의 일부를 출연하도록 정하고 있어, 교류확대의 재정적 부담이 될 수 있다.

이에 중앙정부는 해항도시의 국제교류에 관한 중앙정부의 보조금 및 기금 설치 등을 통하여 재원확보 방안을 재검토하는 시도가 있어야 하고, 국제교류 관련재단에 투입되는 예산의 일부를 지방의 국제교류사업에 직접적으로 전환시키는 등의 새로운 고려가 필요하다. 실례로 중앙정부는 스스로 운영하는 국제교류지원 재단에 대해 해항도시의 재정출연을 전액 면제하거나 대폭 감액시킬 필요가 있고, 자치단체 사무인 여권발급 시에 징수하는 국제교류기여금(외교부)의 일정 비율을 해항도시들에 전격 교부해주는 방안도 고려해 보아야 할 것이다.

4) 지도자들의 국제감각과 마인드

현대 해항도시에서 도시정부의 최고관리자는 시장이나 고위 정치인들이다. 실제적으로 이들의 특성은 국제교류 활성화에 중요한 원인을 제공할 가능성이 높았다. 해항도시는 자체적인 역량강화와 지역활성화를 위해 국제교류를 전략적으로 바라보는 최고관리자가 필요하기 때문이다. 최고관리자가 원래 이런 사고방식(personality)과 마인드를 가지고 있다면 모르지만, 그렇지 않다면 정부는 최고관리자 개인의 경력과 의사문제로만 치부시킬 것이 아니라, 교류감각과 마인드를 높이는 방안에 대해 숙고해야 할 것이다.

민선자치 이후 국제화를 지향하는 도시에서는 최고관리자의 해외도시 연수, 출장 및 견학이 늘어가고 있는데, 이 이유는 직접 국제교류의 현장에서 경험을 해보고 제대로 된 마인드와 감각을 갖추기 위한 목적을 포함하는 것이다. 게다가 해항도시가 민간교류를 지원할 경우에도 최고관리자의 현장감각은 중요한 요소가 될 수 있는데, 일선에서 국제적 추세를 느끼고 체험한 고위관리가 제대로 된 교류지원을 할 수 있기 때문일 것이다.

5) 문화적 이해과 정서적 교류

국제교류에 대한 동기부여와 문화·정서적 조건 역시 해항도시에게는 중요한 성공요인이다. 먼저 확실한 동기부여는 그간 해항도시 국제교류에서 잘 지켜지지 않았던 관행으로 볼 수 있다. 그간 우리나라의 민주적 자치시대에서 주요 지역과 해항도시는 국제교류의 뚜렷한 동기를 가지지 못한 채, 민선단체장의 치적을 높이는 손쉬운 방법이거나 심지어 이벤트 행위라고 보는 지적도 적지 않았기 때문이다.

방법상에 있어서도 교류동기와 목적에 부합하는 체계적인 진행보다는 지역의 명망 있는 사람이나 사업가, 국회의원, 해외동포 등 인적 경로를 통하여 국제교류를 추진하는 경우가 많았다. 그러므로 우리나라에서는 자매결연의 목적에 부합되는 해외도시나 지역의 선정에 지금보다 신중해져야 하며, 다원적이고 전략적인 교류·협력을 강화하기 위하여 장기적인 비전을 가지고 다양한 국가와의 교류확대가 요망된다.

특히 앞으로는 국제교류의 대상을 보다 다변화하거나 전략적으로 접근해볼 필요가 있다. 각 해항도시만의 고유한 특징과 부합하는 상대를 찾아보는 것도 새로운 시도가 될 수 있을 것이다. 비슷한 맥락에서 문화·정서적 조건도 중요한데, 해항도시 간 국제교류는 상호 간의 합의를 바탕으로 양 지역의 상황을 충분히 고려하여 추진되는 것이므로 모든 자치단체에게 일률적으로 적용될 수 없다. 따라서 자기 지역의 상황을 충분히 검토하여 상대지역과 어떠한 교류가 적절한지를 제의함과 동시에 상대지역의 문화와 현황에 대한 이해도 필수적이다. 자치단체의 자매결연이 지향하는 바는 상호협력을 통해 양 지역이 한층 더 활성화되고 발전하는 일이므로 상대에 대한 배려에서부터 출발해야 하기 때문이다.

6) 시민사회 참여형 교류 거버넌스

해항도시 국제교류의 요인은 제도화와 각종 지원, 분위기 조성 등과 결코 무관치 않다는 것을 알 수 있었다. 국제교류는 원래 '비용 대비 효과(B/C)'를 측정하는 것이 힘들고, 시민들도 이에 공감해 묵인하는 측면이 크기 때문이다. 하지만 국가외교와 달리 유독 교류가 활발한 지방과 국제적 이미지의 몇몇 해항도시에 대해서는 조급하게 가시적 성과를 요구하는 면도 없지 않았는데, 그것은 시민과 정부의 교감이 없거나 신뢰가 부족했기 때문일 수 있다.

이런 점은 해항도시 국제교류와 초국경 협력 등에 있어 아직 시민중심의 거버넌스(governance)가 전혀 구축되지 않았거나, 아주 허약한 상태임을 간접적으로 암시해 준다. 시민과 관련된 요인에서 통계적 유의성이 없었던 점도 그러했다. 따라서 향후 해항도시 차원의 국제교류는 기본적으로 민간이 주체가 되어나가야 하며 장기적으로 민간교류가 활성화되어야 한다.

지금도 대부분의 해항도시는 국제교류나 자매결연 대상의 선정에서부터 구체적인 교류사업에 이르기까지 모든 과정이 정부주도로 이루어지고 있어, 지역주민과 민간단체(기업)의 참여와 호응이 부진한

〈그림 70〉 시민사회 참여형의 해항도시 거버넌스

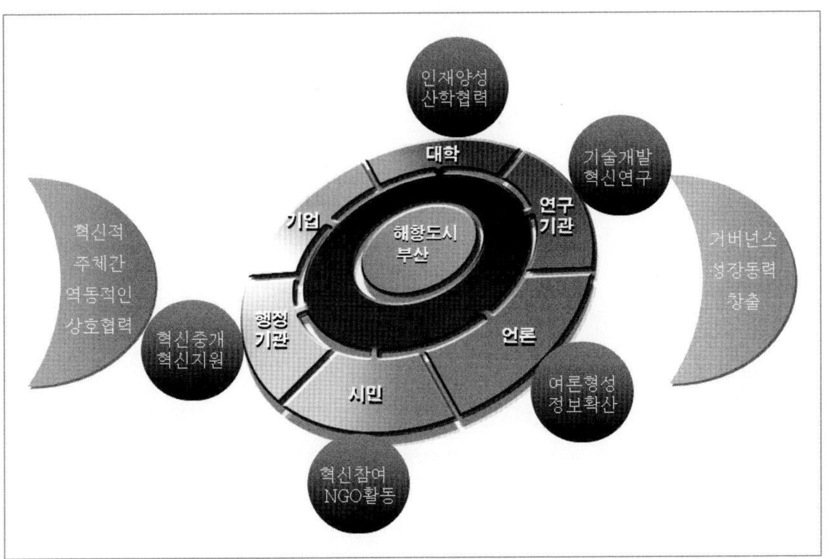

실정이다. 따라서 장기적으로는 국제교류사업의 추진과정에서 지역주민과 민간부문의 다양한 주체가 폭넓게 참여하는 국제교류 거버넌스의 구축이 필요할 것이다.

해항도시는 시민사회 각계의 참여로 구축된 그러한 교류나 협력의 거버넌스를 통하여 민간부문과 인적·물적 자원을 상호 분담할 수 있고, 재정적 부담을 줄일 뿐만 아니라 효율성까지 높일 수 있기 때문이다. 종국적으로 단지 정부의 손에 의한 자매결연이나 관치 수준의 협정 등은 국제교류의 최종 성과가 아니라, 단지 한층 활발하고 내실 있는 교류를 위한 시작 절차임을 우리는 결코 잊어서는 안 될 것이다.

참고문헌

1. 국내 논문 및 단행본

강대민(1997). 부산역사의 산책. 경성대학교 출판부.

강윤호(2008). 지역경제성장의 영향요인 분석. 한국행정학보. 42(1): 365-381.

강윤호 · 우양호(2013). 해항도시의 경제성장과 해양산업의 관계. 한국항해항만학회지. 37(6): 627-635.

강영문(2006). 우리나라 항만공사의 효율적 운영에 관한 연구. 물류학회지. 16(2): 5-26.

강윤호(2006). 항만공사(PA)제도 도입에 따른 항만 거버넌스 구조의 효율화 방안. 40(1): 151-174.

강윤호(2008). 미국 항만 거버넌스 제도의 형성과 변화. 지방정부연구. 12(4): 323-343.

강윤호 · 김상구 · 박상희 · 우양호(2007a). 부산항 거버넌스 제도의 개편방안. 지방정부연구. 11(2): 109-132.

강윤호 · 김상구 · 박상희 · 우양호(2007b). 부산항만공사(BPA)의 도입성과와 그 영향요인. 한국거버넌스학회보. 14(1): 165-196.

강윤호 · 우양호(2013). 해항도시의 경제성장과 해양산업 간의 관계: 부산시를 중심으로. 한국항해항만학회지, 37(6): 627-635.

고성호(1994). 한국 도시의 성장. 1960-1980: 생태학적 접근. 한국사회학. 28(2): 65-84.

교황 비오 11세(1987). 사십주년. 서울: 천주교중앙협의회.

곽정섭(1989). 독일 도시한자에 관한 연구. 부산대학교 박사학위논문.

곽정섭(1997). 중세후기 독일도시동맹의 성격. 서양중세사연구. 2: 123-159.

곽정섭(2005). 한자에서 뤼-벡의 지위. 서양중세사연구. 15: 91-122.

김건환(2003). 독일의 사회 · 문화 변천과 언어변천: 독일어 변천사. 서울: 한국문화사.

김군수 · 강승우 · 박영태 · 박정석 · 한정우 · 신민경(2008). 환황해권 경제협력에 대한 연구. 정책연구 2007-57: 1-133.

김길성 · 박복재(2008). 여수세계박람회의 경제적 효과 제고방안: 광양만권을 중심으로. 한국항만경제학회지. 24(3): 37-55.

김계동(2007). 현대유럽정치론: 정치의 통합과 통합의 정치. 서울: 서울대학교출판부.

김면(2003). 독일 산문소설의 형성과 전개양상 연구: 중세민중본에서 짐플리치스무스까지. 독일어문학. 20: 87-109.

김병준(2009). 지방자치론. 서울: 법문사.

김부성(2006). 스위스 · 독일 · 프랑스 접경지역에서의 월경적 상호작용. 대한지리학회지. 41: 22-38.

김상구 · 우양호(2014). 해항도시 부산의 민선자치와 지역정치문화의 정체성: 의정활동 20년의 성과를 중심으로. 지방정부연구. 17(4): 1-25.

김상빈 · 이원호(2004). 접경지역연구의 이론적 모델과 연구동향. 한국경제지리학회지. 7(2): 117-136.

김석준(2000). 뉴거버넌스 연구. 서울: 대영문화사: 1-345.

김석준 외(2006). 거버넌스의 이해. 서울: 대영문화사.

김석태(2005). 지방분권의 근거로서 보충성 원칙의 한국적 적용. 지방정부연구. 9(4): 95-110.

김승철(2007). 항만 거버넌스 구축과 운용방안에 관한 연구. 국제상학. 22(4): 107-128.

김열규(1998). 한국인의 해양의식. 해양문화연구. 3: 1-45.

김율(2007a). 중세 미학사상의 흐름: 미학대계 제1권: 미학의 역사. 서울: 서울대학교출판부. 129-141.

김율(2007b). 토마스 아퀴나스의 미학사상: 미학대계 제1권: 미학의 역사. 서울: 서울대학교출판부. 153-167.

김인 · 박수진(2006). 도시해석. 서울: 푸른길.

김일평(2010). 초광역개발권 정책의 의의와 추진방향. 국토(국토연구원). 340: 6-11.

김정수(2008). 용어해설을 중심으로 한 서양건축사. 서울: 구미서관.

김정훈(2003). 도시성장과 토지이용전환에 관한 이론적 고찰. 국토연구. 39: 163-177.

김종완(2004). 인구변화에 따른 도시성장 요인분석에 관한 연구. 조선대학교 박사학위논문.

김준우(2007). 국가와 도시. 전남대학교 출판부.

김지희(2008). 서유럽의 지방외교: 영국, 프랑스 지자체의 국제협력현황과 대응전략. 비교민주주의연구. 4(2): 87-106.

김판석(2000). 지방자치단체의 국제교류 발전방향. 한국지방자치학회보. 12(4): 5-31.

김홍률(2009). 부산-후쿠오카 초광역 경제권 형성을 통한 지역경제협력 방안. 일본근대학연구. 23: 249-273.

남영우(2007). 세계도시론, 서울: 법문사.

독일연방정치교육회 편(1999). 유럽연합의 실체와 전망. 서울: 연세대학교출판부.

롤프 하멜-키조(2011). 한자 해항도시들의 기능과 의미: 해항도시문화교섭학. 5: 1-35.

롤프 하멜-키조(2012). 한자. 서울: 도서출판 선인.

마크 기로워드(2009). 도시와 인간: 중세부터 현대까지 서양도시문화사. 서울: 책과함께.

문성혁(2005). 현대 항만관리론. 서울: 다솜출판사.

문용일(2009). EU 권한분배와 보충성 원칙의 실제적 적용. 세계지역연구논총. 27(1): 219-253.

문진영(2009). 유럽연합의 사회정책에 관한 연구. 서울: 집문당.

박경희(2001). 우리나라 항만관리의 포트 오소리티 체제로의 전환에 관한 연구. 박사학위논문. 한국해양대학교.

박노경(2001). 한국 항만도시의 입지. 인구성장과 화물집중도연구. 한국항만경제학회지. 17(2): 61-87.

박종화(2005). 도시행정론: 이론과 정책. 서울: 대영문화사.

박화진(2003). 부산의 역사와 문화. 부경대학교 출판부.

방희석 · 권오경(2006). 항만거버넌스의 구축과 항만공사(PA)의 역할. 해운물류연구. 51: 141-162.

부산대학교 한국민족문화연구소(1998). 부산의 역사와 문화. 부산대학교 출판부.
부산발전연구원(2007). 해양수도 부산의 잠재력분석과 추진전략 연구. 연구보고서: 1-88.
부산발전연구원(2007). 해양특별시 설치타당성 연구조사용역. 연구보고서: 1-23.
부산발전연구원(2001). 해양수도의 기능 및 역할 수립과 부분별 사업검토. 연구보고서: 1-45.
블라디슬라브 타타르키비츠(2006). 미학사 제2권: 중세미학. 서울: 미술문화.
사카이 다케시(2009). 고딕: 불멸의 아름다움. 서울: 다른세상.
송병준(2005). 유럽연합의 다층적 통치에서 새로운 지역행위자에 대한 연구. 유럽연구. 22: 45-65.
송병준(2006). 다층적 거버넌스의 확장과 국가의 재구성. 국제지역연구. 10(2): 83-105.
송하중 · 윤지웅 · 김주경(2010). 한국 지방자치단체의 국제화수준에 영향을 미치는 요인에 관한 실증분석: 한국지방자치단체국제화재단의 서비스를 중심으로. 정부학 연구. 16(1): 73-97.
신안준 · 윤재희(2008). 서양도시건축사. 서울: 세진사.
양기호(2006). 지방정부의 외국인대책과 내향적 국제화. 한국지방자치학회보. 18(2): 67-85.
오성동(2007). 한 · 중 지방정부간 국제교류의 새로운 패러다임: 경제, 문화분야 협력방안을 중심으로. 경영사학. 43: 131-156.
오스트롬 저. 윤홍근 역(1999). 집합행동과 자치제도. 서울: 자유기업센터.
요셉 회프너 추기경(2000). 가톨릭 사회론. 서울: 서강대학교출판부.
요아힘 쉴트(1998). 간결하게 쓴 독일어의 역사. 서울: 한국문화사.
옥동석 · 정영서 · 신재광(2007). 항만공사체제하의 민간자본 활용방식. 한국항만경제학회지. 23(1): 19-39.
우양호(2009a). 우리나라 항만도시의 성장 영향요인 분석. 한국행정논집. 21(1): 915-939.
우양호(2009b). 항만이 해항도시의 경제성장에 미치는 효과: 부산과 인천의 사례(1985-2007). 지방정부연구. 13(3): 339-362.
우양호(2010a). 도시와 국가의 길항관계 및 협력의 논거에 관한 소고: 정부간 관계에 대한 해석을 토대로. 해항도시문화교섭학. 3: 55-90.

우양호(2010b). 지방정부 해양행정의 문제점과 발전방향: 해양거버넌스(Ocean Governance) 구축을 중심으로. 한국거버넌스학회보. 17(2): 1-22.

우양호(2010c). 동북아 해항도시의 역사적 성장요인에 관한 연구: 한국, 일본, 중국의 사례(1989-2008). 역사와 경계. 75: 57-90.

우양호(2010d). 해항도시(海港都市) 부산의 도시성장 특성에 관한 연구: 패널자료를 통한 성장원인의 규명(1965-2007). 지방정부연구. 14(1): 135-157.

우양호(2012a). 이민자(immigrants)에서 시민(citizens)으로?: 해항도시(海港都市)의 내부적 세계화에 관한 분석. 세계해양발전연구. 21: 1-32.

우양호(2012b). 우리나라 도시 및 지방의 내향적 국제화 수준과 그 영향요인: 거주외국인과의 접촉과 화합을 위한 과제. 지방행정연구. 26(1): 193-222.

우양호(2012c). 우리나라 주요 항만의 항만공사(PA) 운영 성과와 요인: 부산, 인천, 울산, 경기평택 항만공사의 사례. 한국행정논집. 24(3): 567-590.

우양호(2012d). 도시와 국가의 길항(拮抗)에 대한 현대적 고찰: 연구성과와 전망을 중심으로. 해항도시문화교섭학. 7: 155-197.

우양호(2012e). 월경한 해항도시간 권역에서의 국제교류와 성공조건: 부산과 후쿠오카의 초국경 경제권 사례. 지방정부연구. 16(3): 31-50.

우양호(2012f). 동북아시아 해항도시의 초국경 교류와 협력방향 구상: 덴마크와 스웨덴 해협도시의 성공경험을 토대로. 21세기정치학회보. 22(3): 375-395.

우양호(2013a). 해항도시(海港都市)와 해양산업의 세계화: 해양산업전시회의 현재와 미래. 세계해양발전연구. 22: 61-86.

우양호(2013b). 지역사회 다문화 정책의 문제점과 발전방향: 해항도시 부산의 다문화거버넌스 구축 사례. 지방정부연구. 17(1): 393-418.

우양호(2013c). 해항도시간 국경을 초월한 통합의 성공조건: 북유럽 '외레순드(Oresund)'의 사례. 도시행정학보. 26(3): 143-164.

우양호(2013d). 해항도시의 월경협력모델 구축에 관한 연구: 한·일 해협의 초광역 경제권을 토대로. 해항도시문화교섭학. 9: 186-219.

우양호(2014). 유럽 해항도시 초국경 네트워크의 발전과 미래: '외레순드'에서 '페마른 벨트'로. 해항도시문화교섭학. 10: 123-156.

우양호·강윤호(2012). 해양수도 부산의 해양거버넌스 형성수준 및 원인분석: 이해관계자의 접촉과 갈등해결을 중심으로. 한국항해항만학회지. 36(3): 233-243.

우양호·김만홍·김상구(2012a). 海港城市港口治理制度: 以韓國港灣公社制度例. 世界海運. 35(5): 5-9.

우양호 · 김만홍 · 김상구(2012b). 韓國海港城市的社會文化特征: 海洋同管理的時角. 大連大學學報. 33(2): 15-22.

우양호 · 이정석(2010). 지방정부 국제교류의 영향요인에 관한 연구. 지방행정연구. 24(4): 393-422.

우양호 · 홍미영(2012). 동북아시아 해항도시의 초국경 교류와 협력방향 구상:덴마크와 스웨덴 해협도시의 성공경험을 토대로. 21세기정치학회보. 22(3): 375-295.

이갑영(2005). 지방자치단체 국제교류 평가와 전략: 문제점과 개선점. 대한지방행정공제회 지방행정. 54(통권 619): 41-50.

이수형(2005). 다층거버넌스로서의 유럽연합체제: 유럽연합체제의 이해. 서울: 백산서당.

이시철 · 김혜순(2009). 지방 국제화 논의와 다문화 담론: 의제화, 정책, 측정. 한국행정연구. 18(2): 109-139.

이정주 · 최외출(2003). 지방자치단체의 국제교류 효과분석을 통한 국제교류 활성화방안에 관한 연구. 한국지방자치학회보. 15(2): 145-162.

이종수(2004). 지방의 세계화 현상에 대한 이론적 조망. 한국지방자치단체국제화재단10주년 논문집: 지방의 국제화: 51-75.

이종열(2007). 문화교류의 거버넌스 접근: 한류활성화를 위하여. 한국사회와 행정연구. 17(4): 123-144.

이주호 · 강은방 · 유건상 · 이재은(2007). 지방자치단체의 국제교류 활성화 방안 연구: 충청북도를 중심으로. 한국지방자치연구. 18(1): 19-44.

이재기(2004). 세계지역연구. 서울: 한올출판사.

이철호(2006). 해양아시아의 부활: 동북아 지방간 월경협력과 항만도시 네트워크. 21세기정치학회보. 16(1): 321-344.

임석재(2006). 하늘과 인간: 임석재 서양건축사 3. 서울: 북하우스.

에디트 엔넨(1997). 도시로 본 중세유럽. 서울: 한울아카데미.

전영평(2007). 소수자의 정체성, 유형, 그리고 소수자 정책 연구 관점. 정부학 연구. 13(2): 107-131.

정근식 · 김 준(1993). 도서지역의 경제적 변동과 마을체계: 소안도의 사례연구. 도서문화. 11: 301-332.

정문수(2005). 서양에서의 중앙과 지방: 이탈리아 역사에서의 중앙과 지방의 관계. 서양사론. 86: 95-120.

정문수(2008). 해항도시의 문화교섭학. 한국해양대학교 2008년도 인문한국(HK)지원사업 인문분야 신청서.

정문수(2009). 발트해 지역의 형성과 해항도시 네트워크. 해항도시연구 4: 29-40.

정문수 · 정진성(2007). 국경을 넘어 부활하는 한자 도시 네트워크. 독일언어문학. 37: 295-313.

정문수 · 정진성(2008). 해항도시 네트워크가 구성하는 발트해 지역. 독일언어문학. 42: 233-251.

정문수 · 류교열 · 박민수 · 현재열(2014). 해항도시 문화교섭 연구 방법론. 서울: 도서출판 선인.

정해용(2008). 중국 상하이의 도시 거버넌스와 국가-사회관계. 아세아연구. 131: 226-261.

조성호 · 박희정(2004). 지방의 국제화 추진역량 평가에 관한 연구: 경기도의 사례를 중심으로. 지방행정연구. 18(4): 103-130.

존 나이스비트 저, 홍수원 역(1996). 메가트렌드 아시아. 서울: 한국경제신문사.

최성두(2007). 해양수도 부산의 항만경쟁력 강화를 위한 해양행정체계 모색. 지방정부연구. 10(4): 221-236.

최성두 · 우양호 · 안미정(2013). 해양문화와 해양거버넌스. 서울: 도서출판 선인.

최재수(1997). 북유럽 초기의 해운업: 한자동맹과 영국해운. 해운물류연구. 24집: 37-73.

카린 자그너(2007). 어떻게 이해할까? 고딕. 서울: 미술문화.

쿠르트 로트만(1982). 독일문학사. 서울: 탐구당.

페터 바프네스키(1983). 중세 독일문학 개관. 서울: 탐구당.

프레데릭 B. 아르츠(1993). 중세 유럽의 문화유산. 서울: 보진재.

프리드리히 호프만 · 헤르베르트 뢰쉬(1992). 독일문학사. 서울: 일신사.

한국해양대학교 국제해양문제연구소(2010). 해항도시의 역사적 형성과 문화교섭. 서울: 도서출판 선인.

한국해양대학교 국제해양문제연구소(2010). 바다와 인간. 서울: 도서출판 선인.

한승미(2003). 일본의 내향적 국제화와 다문화주의의 실험: 가와사키 시 및 가나가와 현의 외국인 대표자 회의를 중심으로. 한국문화인류학. 36(1): 119-147.

한승미(2010). 국제화 시대의 국가, 지방자치체 그리고 이민족시민(ethnic citizen):

동경도(東京都)정부의 다문화주의 실험과 재일 한국/조선인에의 함의. 한국문화인류학. 43(1): 263-305.

해양산업발전협의회(2007). 부산지역 해양산업 실태조사 및 분석. 연구보고서.

홍용진(2012). 한자동맹으로 본 중세 북부 유럽의 도시 네트워크. 도시연구: 역사 · 사회 · 문화. 8: 191-196.

홍익표(2007). 지역의 도전과 유럽연합 내부동학의 변화. 유럽연구. 25(3): 27-47.

홍현옥(1998). 한국 도시성장의 유형화에 관한 연구. 단국대학교. 박사학위논문.

황정홍 · 전영평(2000). 지방정부의 국제교류 정책 분석: 현실과 과제. 한국행정논집. 12(1): 67-91.

2. 해외 논문 및 단행본

Alexandersson, G.(1982). The Baltic Straits. Martinus Nijhoff Publishers: 63-70.

Alger, C. F.(1990). The World Relations of Cities: Closing the Gap Between Social Science Paradigms and Everyday Human Experience. International Studies Quarterly. 34(4): 493-518.

Alvin, D. Sokolow(1988). The Changing Property Tax and State-Local Relations. The Journal of Federalism. 28(1): 165-187.

Arino, A., Abramov, M., Skorobogatykh, I., Rykounina, I. and Vila, J.(1997). Partner Selection and Trust Building in West European-Russian Joint Ventures. International Studies of Management & Organizations. 27(1): 19-37.

Bachrach, P. and Baratz, M. S.(1970). Power and Poverty: Theory and Practice. Oxford: Oxford University Press: 39-40.

Baltic Development Forum(2013). 175 Ideas about The Future in the Fehmarnbelt Region. Creative Ideas from The Workshops at Fehmarnbelt Days 2012(http://www.bdforum.org): 1-114.

Barkema, H. G., Vermeulen, F.(1997). What Differences in the Cultural Backgrounds of Partners are Detrimental for International Joint Ventures?. Journal of International Business Studies. 28(4): 845-864.

Barlett, C. A. and Ghoshal, S.(1992). What is a Global Manager?. Harvard Business Review. 70(5): 1-32.

Barry, B.(2002). Culture and Equality: An Egalitarian Critique of Multiculturalism. Harvard University Press: 1-418.

Bassett, K. and Hoare, T.(1996). Port-City Relations and Coastal Zone Management in the Severn Estuary: the view from Bristol, in Hoyle, B.(Ed). Cityports, Coastal Zones and Regional Change: International Perspectives on Planning and Management. Chichester, Wiley.

Bates. R. H.(1988). Contra Contractarianism: Some Reflections on the New Institutionalism. Politics and Society. 16: 387-401.

Baudelaire, J. G.(1988). Privatization of Port Activities within the Context of Port Public Responsibilities. The International Association of Ports and Harbors: 28-35.

Becker, D. and Ostrom. E.(1995). Human Ecology and Resource Sustainability: The Impact of Institutional Diversity. Annual Review of Ecological System. 26: 113-133.

Beiner, R.(2006). Multiculturalism and Citizenship: A Critical Response to Iris Marion Young. Educational Philosophy and Theory. 38(1): 25-37.

Bellini, N. and Hilpert, U.(2013). Europe's Changing Geography: The Impact of Inter-regional Networks(Regions and Cities). Routledge: 1-223.

Benhabib, S.(2002). The Claims of Culture: Equality and Diversity in the Global Era, Princeton: Princeton University Press: 24-78.

Böker, Hans Josef(1988). Die mittelalterliche Backsteinarchitektur Norddeutschlands. Darmstadt.

Bracker, Jörgen · Henn, Volker · Postel, Rainer(2006). Die Hanse. Lebenswirklichkeit und Mythos. Lübeck.

Branch, A. E.(1986). Elements of Port Operation and Management(Paperback). Kluwer Academic Publishers: 1-250.

Braunmüller, Kurt(1995). Semikommunikation und semiotische Strategien-Bausteine zu einem Modell für die Verständigung im Norden zur Zeit der Hanse: Niederdeutsch und die skandinavischen Sprachen II. Heidelberg: 35-70.

Broeze, F.(1997). Gateways of Asia: Port Cities of Asia in the 13th-20th Centuries. London, New York: Kegan Paul International: 265-293.

Bunnell, T.(2004). Malaysia, Modernity and the Multimedia Super Corridor: A Critical

Geography of Intelligent Landscapes. Routledge Curzon, London and New York: 1-224.

Bunnell, T., Muzaini, T. B. and Sidaway, J. D.(2006). Global City Frontiers: Singapore's Hinterland and the Contested Socio-Political Geographies of Bintan, Indonesia. International Journal of Urban and Regional Research. 30(1): 3-22.

Cappellin, R.(1993). Interregional Cooperation in Europe: An Introduction, in Cappellin, R. and Batey, P. W. J.(eds). Regional Networks, Border Regions and European Integration. European Research in Regional Science Series No. 3: 60-69.

Carens, J.(2000). Culture, Citizenship, and Community: A Contexual Exploration of Justice as Evenhandedness. Oxford: Oxford University Press: 1-76.

Castles, S. and Miller, M. J.(2009). The Age of Migration: International Population Movements in the Modern World(Third Edition). New York and London: The Guilford Press: 1-154.

Cattan, N.(2007). Cities and Networks in Europe: A Critical Approach of Polycentrism. John Libbey Eurotext Ltd: 1-224.

Chandler, J.(2001). Local Government Today. Manchester: Manchester University Press: 1-54.

Cho, D. O.(2006). Evaluation of the Ocean Governance System in Korea. 30(5): 570-579.

Church, A. and Reid. P.(1999). Cross-border Cooperation, Institutionalization and Political Space Across the English Channel. Regional Studies. 33(7): 643-655.

Clark, X., Dollar, D. and Micco, A.(2004). Port Efficiency, Maritime Transport Cost and Bilateral Trade. National Bureau of Economic Research Working Paper Working Paper No.10353: 1-21.

Cochran, P. L., Wood, R. A. and Jones, T. B.(1985). The Composition of Boards of Directors and Incident of Golden Parachutes. Academy of Management Journal. 28(3): 664-671.

Coleman, J. S.(1988). Social Capital in the Creation of Human Capital. American Journal of Sociology. 94(Supplement): 95-120.

Cook, K. S. and Cooper, R. M.(2003). Experimental Studies of Cooperation, Trust, &

Social Exchange, in Ostrom, Elinor, and Walker, James, eds., Trust & Reciprocity: Interdisciplinary Lessons from Experimental Research. New York: Russell Sage Foundation.

Cooper, M.(1999). Prediction and Reality: The Development of the Australian Convention Industry 1976-1993, and Beyond. Journal of Convention & Exhibition Management. 1(4): 3-15.

Copenhagen Economics and Prognos(2006). Regional Effects of a Fixed Fehmarn Belt Link. Final Report prepared for the Ministry of Transport and Energy, Denmark and the Federal Ministry of Transport, Germany: 1-128.

Debrah, Y. A., McGovern, I. and Budhwar, P.(2000). Complementarity or Competition: The Development of Human Resources in a South-East Asian Growth Triangle: Indonesia, Malaysia and Singapore. International Journal of Human Resource Management. 11(2): 314-335.

Dick, H. W. and Rimmer, P. J.(1998). Beyond the Third World City: The New Urban Geography of South-East Asia. Urban Studies. 35(12): 2303-2321.

Dierwechter, Y.(2008). Urban Growth Management and Its Discontents: Promises, Practices, and Geopolitics in U. S. City-Regions. Palgrave Macmillan: 1-304.

Deichman, U., Kaiser, K., Lall, S. and Shalizi, Z.(2005). Agglomeration, Transport, and Regional Development in Indonesia. World Bank Policy Research Working Paper. No. 3477: 1-23.

Doig, J. W.(2001). Empire on the Hudson: Entrepreneurial Vision and Political Power at the Port of New York Authority. New York: Columbia University Press: 1-588.

Dollinger, Philippe(1998). Die Hanse. Stuttgart.

Dosenrode-Lynge, Z. V. and Halkier. H.(2004). The Nordic Regions and the European Union(The International Political Economy of New Regionalisms Series). Ashgate Pub Ltd: 1-234.

Dunn, K., Thompson, S., Hanna, B., Murphy, P. and Burnley, I.(2001). Multicultural Policy within Local Government in Australia. Urban Studies. 38(13): 2477-2494.

Dunsire, A.(1981). Central Control Over Local Authorities: A Cybernetic Approach. Public Administration. 59(2): 173-188.

Eisenberg, A.(2003). Diversity and Equality: Three Approaches to Cultural and Sexual Difference. Journal of Political Philosophy. 11(1): 41-64.

Falk, Alfred.(2006). Haus, Wohnen und Hausrat: Die Hanse. Lebenswirklichkeit und Mythos. Lübeck: 537-543.

Felgentreu, Simone · Nowald, Karlheinz(2008). Duden Kunst. Berlin / Frankfurt am Main.

Fleras, A.(2009). The Politics of Multiculturalism: Multicultural Governance in Comparative Perspective. Palgrave Macmillan: 1-288.

Florini, A. M.(Ed)(2000). The Third Force: The Rise of Transnational Civil Society, Tokyo & Washington, D. C.: Japan Center for International Exchange & Carnegie Endowment for International Peace: 1-38.

Flyvbjerg, B., Bruzelius, N. and Rothengatter, W.(2003). Mega-projects and Risk: An Anatomy of Ambition. Cambridge University Press: 1-215.

Ford, M. T. and Lyons, L. T.(2006). The Borders Within: Mobility and Enclosure in the Riau Islands. Asia Pacific View Point. 47(2): 257-271.

Frumkin, H.(2004). Urban Sprawl and Public Health: Designing, Planning, and Building for Healthy Communities. Island Press: 1-364.

Friedland, R.(1982). Power and Crisis in the City. London: MacMillian.

Friedman, T. L.(2005). The World Is Flat: A Brief History of the Twenty-first Century. Farrar, Straus and Giroux(토머스 L. 프리드먼 저, 김상철 · 이윤섭 역.(2006). 세계는 평평하다. 서울: 창해출판사): 2장~3장.

Fujita, M. and Mori, T.(1996). The Role of Ports in the Making of Major Cities: Self Agglomeration and Hub Effect. Journal of Development Economics. 49: 93-120.

Fujita, M. and Thiese, J. F.(2002). Economics of agglomeration: Cities, Industrial location and Regional Growth. Cambridge University Press. UK.

Gardiner, R.(2002). Governance for Sustainable Development: Outcomes from Johannesburg. London: WHAT Governance Programme. Paper 8: 1-7.

Garlick, S., Kresl, P. and Vaessen, P.(2006). The Øresund Science Region: A Cross-Border Partnership Between Denmark and Sweden. Report of OECD Programme on Institutional Management of Higher Education(IMHE): 1-57.

Geringer, M. J.(1991). Strategic Determinants of Partner Selection Criteria in International

Joint Ventures. Journal of International Business Studies. 22(1): 41-62.

Gilchrist, D. T.(1967). The Growth of the Seaport Cities, 1790-1825. Published for the Eleutherian Mills-Hagley Foundation by The University Press of Virginia: 1-78.

Gipouloux, Francois.(2011): The Asian Mediterranean: Port Cities and Trading Networks in China, Japan and Southeast Asia, 13th-21st Century. Cheltenham / Northampton.

Goldsmith, M.(1986). Urban Political Theory and the Management of Fiscal Stress. Aldershort: Gower.

Good, K. R.(2009). Municipalities and Multiculturalism: The Politics of Immigration in Toronto and Vancouver. Toronto: University of Toronto Press: 1-45.

Goonewarddena, K. and Kipfer, S.(2005). Spaces of Difference: Reflections from Toronto on Multiculturalism. Bourgeois Urbanism and the Possibility of Radical Urban Politics. International Journal of Urban and Regional Research. 29(3): 670-678.

Görmar, Wilfried(2002). Kultur als Entwicklungsfaktor im Ostseeraum: Beispiele der transnationalen Zusammenarbeit. Informationen zur Raumentwicklung. 4/5.

Graßmann, Antjekathrin(1988). Lübeckische Geschichte. Lübeck.

Graßmann, Antjekathrin(2006): Die städtische Verwaltung: Die Hanse. Lebenswirklichkeit und Mythos. Lübeck: 479-496.

Graf, A.(2009). Port Cities in Asia and Europe: Routledge Studies in the Modern History of Asia. Routledge: 1-222.

Griesbach, M.(2007). Die Bedeutung Einer Festen Fehmarn-Belt-Querung Fur Den Standort Norddeutschland. Germany: Grin Verlag: 1-57.

Guttman, D. and Yaqin, S.(2007). Making Central-Local Relations Work: Comparing America and China Environmental Governance Systems. Frontiers of Environmental Science & Engineering in China. 1(4): 418-433.

Haklai, O.(2009). State Mutability and Ethnic Civil Society: The Palestinian Arab Minority in Israel. Ethnic and Racial Studies. 32(5): 864-882.

Hall, P. M.(1997). Race, Ethnicity and Multiculturalism: Policy and Practice. Garland Publishers. New York: Vincent: 89-114.

Hall, R. B.(2003). The Discursive Demolition of the Asian Development Model. International Studies Quarterly. 47(1): 71-99.

Harrison, J.(2007). From Competitive Regions to Competitive City-Regions: A New Orthodoxy, But Some Old Mistakes. Journal of Economic Geography. 7(3): 311-332.

Hatry, H. P., Fisk, D. M., Hall Jr., J. R. and Schaenman, P. S. and Snyder, L.(2006). How Effective are Your Community Services?. Washington D. C: The Urban Institute and the International City Management Association.

Hartley, O.(1981). The Relationship between Central and Local Authorities. Public Administration. 59: 189-202.

Henn, Volker(2006). Das Brügger Kontor: Die Hanse. Lebenswirklichkeit und Mythos. Lübeck: 216-223.

Hershman, M.(1988). Urban Ports And Harbour Management: Responding To Change Along US waterfronts: Responding to Change Along U. S. Waterfronts. Taylor & Francis: 1-368.

Hilton, R. M.(1992). Institutional Incentives for Resource Mobilization: an Analysis of Irrigation Systems in Nepal. Journal of Theoretical Politics 4(3): 283-308.

Hinds, L.(2003). Oceans Governance and the Implementation Gap. Marine Policy. 27(4): 349-356.

Hogeforster, Jürgen(2007). Ein Zukunstszenario-Der Ostseeraum-Die innovativste Region mit Weltgeltung: Von der Geschichte zur Gegenwart und Zukunft-Wissentransfer und Innovationen rund um das Mare Balticum. Hamburg: 217-244.

Hornsby, S. J.(1997). Discovering the Mercantile City in South Asia: The Example of Early Nineteenth-Century Calcutta. Journal of Historical Geography. 23(2): 135-150.

Hoyle, B.(1995). Inter-Port Competition in Developing Countries: an East African Case Study. Journal of Transport Geography. 3(2): 87-103.

Hucker, Bernd Ulrich(1996). Der hansestädtische Roland: Hanse-Städte-Bünde. Die sächsischen Städte zwischen Elbe und Weser um 1500. Calbe: 474-494.

Huff. W. G.(1997). The Economic Growth of Singapore: Trade and Development in the Twentieth Century. Cambridge University Press: 1-78.

Hultsman, W.(2001). From the Eyes of An Exhibitor: Characteristics that Make Exhibitions a Success for All Stakeholders. Journal of Convention & Exhibition

Management. 3(3): 27-44.

Idvall. M.(2009). Across, Along and Around the Oresund Region: How Pleasure Boaters Live the Swedish-Danish Border Area. Anthropological Journal of European Cultures. 18(1): 10-29.

Innovation ist Tradition(2007). Arbietsgruppenergebnisse der Hansetagung 2007: Von der Geschichte zur Gegenwart und Zukunft-Wissentransfer und Innovationen rund um das Mare Balticum. Hamburg: 245-266.

Ipsen, D.(2005). The Socio-spatial Conditions of the Open City: A Theoretical Sketch. International Journal of Urban and Regional Research. 29(3): 644-653.

Jaacks, Gisela(2006). Repräsentation durch Kunst: Die Hanse. Lebenswirklichkeit und Mythos. Lübeck: 508-524.

Johnson, D. and Turner, C.(1997). Trans European Networks: the Political Economy of Integrating Europe's Infrastructure. Palgrave MD. 1-248.

Johnson, K. R. and Bill Ong Hing(2005). National Identity in a Multicultural Nation: The Challenge of Immigration Law and Immigrants. Michigan Law Review. 103(6): 1347-1390.

Kakazu, H.(1997). Growth Triangles in ASEAN: A New Approach to Regional Cooperation, GSID APEC Discussion Paper Series(9). Nagoya: Nagoya University: 1-16.

Keiner, M.(2005). Managing Urban Futures: Sustainability And Urban Growth In Developing Countries. Ashgate Publishing. 1-277.

Kelly, P(Ed).(2002). Multiculturalism Reconsidered: Culture and Equality and its Critics. New York: Cambridge, Polity Press: 21-47.

Kivisto, P.(2002). Multiculturalism in a Global Society. Blackwell Publishing: 10-49.

Kirton, G. and Greene, A.(2000). The Dynamics of Managing Diversity: A Critical Approach. Oxford, U. K: Butterworth Heinemann: 1-37.

Klooster, D.(2000). Institutional Choice, Community and Struggle: A Case Study of Forest Co-Management in Mexico. World Development. 28(1): 1-20.

Kivisto, P.(2002). Multiculturalism in a Global Society. Blackwell Publishing: 10-49.

Koenig, M.(1999). Democratic Governance in Multicultural Societies: Social Conditions for the Implication of International Human Rights through Multicultural Policies. Management of Social Transformations Discussion Paper Series No.

30. Paris: UNESCO: 1-45.

Kogan, M.(1983). The Central-Local Government Relationship: A Comparison Between the Education and Health Services. Local Government Studies. 9(1): 65-85.

Kratke, S.(1998). Problems of Cross-Border Regional Integration: The Case of the German-Polish Border Area. European Urban and Regional Studies. 5(3): 249-262.

Kymlicka, W.(1996). Multicultural Citizenship: A Liberal Theory of Minority Rights. Oxford University Press: 1-296.

Kymlicka, W. and Norman, W.(2000). Citizenship in Diverse Societies. New York: Oxford University Press: 1-244.

Klaassen, L. H. and Paelinck, J. H. P.(1979). The Future of Large Towns. Environment and Planning A. 11(10): 1095-1104.

Kullenberg, G.(2004). Marine Resources Management: Ocean Governance and Education, in Ocean Yearbook 18, editors A. Chircop and M. McConnell. The University of Chicago Press(1046): 578-599.

Lane, M. B.(1999). Resion Forest Agreements: Resolving Resource Conflicts or Managing Resource Politics?. Australian Geographical Studies. 37(2): 142-153.

Lee, H. S., Chou, M. T., and Kuo, S. G.(2005). Evaluating Port Efficiency in Asia Pacific Region with Recursive Data Envelopment Analysis. Journal of the Eastern Asia Society for Transportation Studies. 6: 544-559.

Lee, T. Y.(1991). Growth Triangle: The Johor-Singapore-Riau Experience. Singapore: Institute of Southeast Asian Studies: 1-120.

Leibenath, M., Korcelli-Olejniczak, E. and Knippschild, R.(2010). Cross-border Governance and Sustainable Spatial Development: Mind the Gaps!. Central and Eastern European Development Studies(CEEDES). Springer: 1-204.

LLC Books(2010). Bridges in Denmark: Oresund Bridge, Fehmarn Belt Bridge, List of Bridges in Denmark by Length, Gedser-Rostock Bridge, Storstrøm Bridge. General Books LLC: 1-54.

Levitt, P. and Jaworsky, B. N.(2007). Transnational Migration Studies: Past Developments and Future Trends. Annual Review of Sociology. 33(1): 129-156.

Lim, Jung Duk(2008). Impact of Port and Port Related Industries on Busan Regional Economy. Journal of Korea Port Economic Association. 24(2): 113-129.

Macleod, S. and McGee, T.(1996). The Singapore-Johore-Riau Growth Triangle: An Emerging Extended Metropolitan Region, in Fuchen Lo and Yue-man Yeung(eds). Emerging World Cities in Pacific Asia. United Nations University Press, New York: 417-464.

Mack, J. S.(2004). Inhabiting the Imaginary: Factory Women at Home on Batam Island. Singapore Journal of Tropical Geography. 25(2): 156-179.

Malchow, M. and Kanafani, A.(2001). A Disaggregate Analysis of Factors Influencing Port Selection. Maritime Policy and Management. 28(3): 265-277.

Marcet, I. Barbe, R., Brebbia, C. A. and Olivella, J.(2005). Maritime Heritage and Modern Ports. WIT Press(Southampton, UK, Boston): 1-492.

Martinez, O. J.(1994a). Border people: Life and society in the U.S.-Mexico borderlands. Tucson: University of Arizona Press: 1-76.

Martinez, O. J.(1994b). The Dynamics of Border Interaction: New Approach toBorder Analysis, in Schofield, C. H.(ed.). Global Boundaries, Routledge,London: 1-15.

Maskell, P. and Tornqvist, G.(1999). Building a Cross-Border Learning Region. Copenhagen Business School Press: 1-100.

Matthiessen, C. W. and Worm, M.(2011). The Fehmarnbelt Fixed Link: Regional Development Perspectives. University Press of Southern Denmark: 1-440.

McDonald, J. F.(2007). Urban America: Growth, Crisis, and Rebirth. M. E. Sharpe: 1-377.

McGoldrick, D.(2005). Multiculturalism and its Discontents. Human Rights Law Review. 5(1): 27-56.

McManus, P.(2007). The Changing Port-City Interface: Moving Towards Sustainability? State of Australian Cities National Conference. 3: 427-433.

Medina, N.(1996). A Role for International Strategic Alliances as Agents of Economic Development in the Context of Regional Economic Groups: The Case of Latin America. University of Oregon, Eugene, OR.

Meier, Jürgen · Möhn, Dieter(2006a). Die Sprache im Hanseraum: Die Hanse. Lebenswirklichkeit und Mythos. Lübeck: 580-590.

Meier, Jürgen · Möhn, Dieter(2006b). Literatur: Formen und Funktionen: Die Hanse. Lebenswirklichkeit und Mythos. Lübeck: 524-534.

Menke, Hubertus(1996): (Stadt-)Bürgerliche Literatur im ostfälischen Hanseraum (15./16. Jahrhundert): Hanse-Städte-Bünde. Die sächsischen Städte zwischen Elbe und Weser um 1500. Calbe: 535-544.

Mensah, T. A.(1996). Ocean Governance: Strategies and Approaches for The 21st Century. proceedings, The Law of the Sea Institute, Twenty-eighth Annual Conference; in cooperation with East-West Center. Honolulu, Hawaii: 11-14.

Merrow, E. W.(2011). Industrial Mega-projects: Concepts, Strategies, and Practices for Success. Wiley: 1-371.

Miles, E. L.(1999). The Concept of Ocean Governance: Evolution Toward the 21st Century and the Principle of Sustainable Ocean Use. Coastal Management. 27(1): 1-30.

Miller, D. I.(2000). Citizenship and National Identity. Oxford: Clarendon Press: 4-38.

Miltzer, Klaus(1996). Ratsverfassungen und soziale Schichtungen: Hanse-Städte-Bünde. Die sächsischen Städte zwischen Elbe und Weser um 1500. Calbe: 152-162.

Morosini, P, Shane, S. and Singh, H.(1998). National Cultural Distance and Cross-Border Acquisition Performance. Journal of International Business Studies. 29(1): 137-158.

Morrow, S.(2001). The Art of the Show. An Introduction to the Study of Exposition Management. IAEM Foundation Inc.(3rd edition): 1-43.

Moss, L.(2005). Biculturalism and Cultural Diversity: How Far does State Policy in New Zealand and the UK seek to Reflect, Enable or Idealise the Development of Minority Culture. International Journal of Cultural Policy. 11(2): 187-196.

Murray, G. and Perera, A.(1995). Singapore: The Global-City State. Kent: China Library: 33-68.

Nelson, H. Graburn, H., Ertl, J. and Tierney, R. K.(2008). Multiculturalism in the New Japan: Crossing the Boundaries Within. London and New York: Berghahn Press: 1-250.

Ngamsom, B., and J. Beck.(2000). A Pilot Study of Motivation, Inhibitors, and Facilitators of Association Members in Attending International Conferences. Journal of Convention & Exhibition Management. 3(3): 45-62.

Ng'ang'a, S. M., Sutherland, M., Cockburn, S and Nichols, S.(2004). Toward a 3D Marine Cadastre in Support of Good Ocean Governance: A Review of the Technical Framework Requirements. In Computer, Environment and Urban Systems. 28: 443-470.

O'Dowd, L., Anderson. J. and Wilson, T. M.(2003). New Borders for a Changing Europe: Cross-Border Cooperation and Governance(Routledge Series in Federal Studies). Routledge: 1-256.

Øresund University(2005). Self-Evaluation Report for the Øresund Region to The OECD/IMHE Project: Supporting the Contribution of Higher Education Institutions to Regional Development. Øresund, Denmark/Sweden: 1-92,

Øresund Committee(2004). Cultural Identity, Cultural Mapping and Planning in The Øresund Region. Report of Øresund Committee's Cultural Forum. Øresund, Denmark/Sweden: 1-34.

Øresund Committee(2009). Interreg a after 2006: Examples and Proposals from the Øresund Committee. Øresund, Denmark/Sweden: 31-78.

Page, E. and Michael J. Goldsmith(1987). Central and Local Government Relations. London: Sage.

Panossian, R., Berman, B. and Linscott, A.(2007). Governing Diversity: Democratic Solutions in Multicultural Societies. Montreal: International Centre for Human Rights and Democratic Development: 1-22.

Parsonage, J.(1992). Southeast Asia's 'Growth Triangle': A Subregional Response to Global Transformation. International Journal of Urban and Regional Research. 16(2): 307-317.

Payoyo, P.(1994). Ocean Governance: Sustainable Development of the Seas. Tokyo: United Nations University Press: 1-369.

Perry, M.(1991). The Singapore Growth Triangle: State, Capital and Labor at a New Frontier in the World Economy. Singapore Journal of Tropical Geography. 12(2): 138-151.

Peter, J.(2001). Local Governance in Western Europe. London: SAGE: 1-157.

Peters, Robert(1986). Das Mittelniederdeutsch als Sprache der Hanse: Sprachkontakt in der Hanse-Aspekte des Sprachausgleichs im Ostsee- und Nordseeraum, Akten des 7. Internationalen Symposions über Sprachkontakt in Europa, Lübeck: 65-88.

Pfotenhauer, Angela · Lixenfeld, Elmar(2000). Backsteingotik. Monumente-Edition, Bonn.

Poeck, Dietrich W.(2002). Hansische Ratssendeboten: Vergleichende Ansätze in der hansische Geschichtsforschung, Trier: 97-142.

Pred, A. R.(1980). Urban Growth and City-Systems in the United States, 1840-1860. Harvard University Press: 1-297.

Pries, L. and Sezgin, Z.(2013). Cross Border Migrant Organizations in Comparative Perspective(Migration, Diasporas and Citizenship). Palgrave Macmillan: 1-304.

Puhle, Matthias(1996). Hanse-Städte-Bünde. Die sächsischen Städte zwischen Elbe und Weser um 1500. Calbe.

Ray, D. and Blankfeld, R.(2002). Reforming Indonesia's Ports. Technical reports Partnership for Economic Growth(PEG) Project Under USAID: 22-45.

Reed, S.(1982). Is Japanese Government Really Centralized?. Journal of Japanese Studies. 8(1): 133-164.

Reeves, A.(1992). Enhancing Local Self-Government and State Capabilities: The U. S. Advisory Commission On Intergovernmental Relation Program. Public Administration Review. 52(4).: 401-405.

Renshon, S. A.(2000). American Identity and the Dilemmas of Cultural Diversity, in Political Psychology: Cultural and Cross Cultural Foundations, Stanley A. Renshon and John Duckitt eds.; London: Macmillan: 285-310.

Rhodes, R. A. W.(1981). Control and Power in Central-Local Government Relations. London, Social Sciences Research Council.

Rhodes, R. A. W.(1986). Power Dependence Theories of Central-Local Relations: A Critical Reassessment. In Michael Goldsmith(Ed.). New Research In Central-Local Relations. Aldershot, U. K.: Gower: 1-78.

Riera, C.(2005). Social Policy and Community Development in Multicultural Contexts. Community Development Journal. 40(4): 433-438.

Richarsdon. H. W.(1981). National Urban Development Strategies in Developing Countries. Urban Studies. 18(3): 267-283.

Rimmer, P.(1967). The Changing Status of New Zealand Seaports, 1853-1960. Annals Association of American Geographers. 51(1): 88-100.

Rondinelli, D. A.(1983). Secondary Cities in Developing Countries. Beverly Hill, Sage

Publications: 1-172.

Rhodes, R. A. W.(1981). Control and Power in Central-Local Government Relations. London, Social Sciences Research Council.

Rhodes, R. A. W.(1986). Power Dependence: Theories of Central-Local Relations: A Critical Reassessment. In Michael Goldsmith(Ed.). New Research In Central-Local Relations. Aldershot, U. K.: Gower.

Robin, S. G.(2006). IOI-Ocean Learn: Rationalizing the IOI's Education and Training in Ocean Governance. Ocean and Coastal Management. 49(9/10): 676-684.

Roe, M.(2009). Maritime Governance and Policy-Making Failure in the European Union. International Journal of Shipping and Transport Logistics. 1(1): 1-19.

Rokicki, J.(2009). Regional Opportunities of the Fehmarn Belt Link: Linking Scandinavian Stars-Regional Development in Fehmarn Belt Region. GRIN Verlag: 1-84.

Samers, M.(2002). Immigration and the Global City Hypothesis: Towards an Alternative Research Agenda. International Journal of Urban and Regional Research. 23(2): 252-266.

Sanders, Willy.(1982). Sachsensprache, Hansesprache, Plattdeutsch. Sprach- geschichtliche Grundzüge des Niederdeutschen. Göttingen.

Sassen, S. J.(ed).(2002). Global Networks: Linked Cities. New York: Routledge: 1-178.

Sassen, S. J.(2011). Cities in a World Economy(Sociology for a New Century Series). SAGE Publications: 1-424.

Saunders, P.(1982). Why study Central-Local Relations?. Local Government Studies. 8(2): 55-66.

Scheffler, S.(2007). Immigration and the Significance of Culture. Philosophy and Public Affairs. 35(2): 93-125.

Scheftel, Michael(1988). Gänge, Buden und Wohnkeller in Lübeck. Bau- und sozialgeschichtliche Untersuchungen zu den Wohnungen der ärmeren Bürger und Einwohner einer Großstadt des späten Mittelalter. Neumünster.

Schülke, Thorsten(2005). Der mittelniederdeutsch-skandinavische Sprachkontakt zur Hansezeit (1300-1550). München.

Scott, A.(2001). Global City-Regions: Trend, Theory, Policy. Oxford: Oxford

University Press: 263-284.

Selzer, Stefan(2010). Die mittelalterliche Hanse. Darmstadt.

Shamir, R.(2005). Without Borders?: Notes on Globalization as a Mobility Regime. Sociological Theory. 23(2): 197-217.

Sheldon, G., Oakerson, R. and Wynne, S.(1990). An Institutional Analysis of the Production, Processing, and Marketing of Arabica Coffee in the West and North West Provinces of Cameroon, Associates in Rural Development. Inc.

Shore, C. and Wright, S.(1997). Anthropology of Policy: Critical Perspectives on Governance and Power. London: Routledge(EASA Series): 3-87.

Sim, L. L.(2003). Singapore's Competitiveness as a Global City: Development Strategy, Institutions and Business Environment. Cities. 20(2): 115-127.

Smith, M. P.(2005). Transnational Urbanism Revisited. Journal of Ethnic and Migration Studies. 31(2): 235-244.

Smith, S. L. D.(1997). The Indonesia-Malaysia-Singapore Growth Triangle: A Political and Economic Equation Australian. Journal of International Affairs. 51(3): 369-382.

Sparke, M., Sidaway, J. D., Bunnell, T. and Grundy-Warr, C.(2004). Triangulating the Borderless World: Geographies of Power in the Indonesia-Malaysia-Singapore Growth Triangle. Transactions of the Institute of British Geographers, 29(4): 485-498.

Stenberg, A. W.(1981). Beyond The Days of Wine and Rose: Intergovernmental Management in a Cutback Environment. Public Administration Review. 41(1): 10-20.

Stoker, G.(1988). The Politics of Local Government. Houndmill: Macmillan Education: 1-76.

Sullivan, D. and Bauerschmidt, A.(1990). Incremental Internationalization: A Test of Johanson and Vahlne's Thesis. Management International Review. 30(1): 19-30.

Sutherland, M. and Nichols, S.(2004). The Evolving Role of Hydrography in Ocean Governance and the Concept of the Marine Cadastre. In The Hydrographic Journal. 111: 13-15.

Tanaka, Y.(2008). A Dual Approach to Ocean Governance: The Cases of Zonal and

Integrated Management in International Law of the Sea. Ashgate Pub Co: 26-192.

Tang, S. Y.(1992). Institutions and Collective Action: Self-Governance in Irrigation, San Francisco, Ca.: ICS Press, Chap. 2: An Institutional Analysis of Irrigation Systems and Institutions: 1-151.

Taylor, P. J.(2000). World Cities and Territorial States under Conditions of Contemporary Globalization II: Looking Forward, Looking Ahead. GeoJournal. 52(2): 157-162.

Taylor, P. J. and Hoyler, M.(2000). The Spatial Order of European Cities under Conditions of Contemporary Golblaization. Tijdschrift voor Economische en Sociale Geografie. 91(2): 176-189.

Terashima, H.(2004). The Importance of Education and Capacity-Building Programs for Ocean Governance, in Ocean Yearbook 18, editors A. Chircop and M. McConnell. The University of Chicago Press(1046): 600-611.

Thompson, S., Burnley, I., Murphy, P. and Hanna, B.(1998). Multiculturalism and. Local Governance: A National Perspective. New South Wales Department of Local Government. Ethnic Affairs Commission of New South Wales. University of New South Wales, Sydney: 1-143.

Toman, Rolf.(2009). Gotik. Architektur-Skulptur-Malerei. Potsdam.

Trafikministerie(2004). Economy-wide Benefits: Dynamic and Strategic Effects of a Fehmarn Belt Fixed Link: a Report from Copenhagen Economics APS, Denmark and Prognos AG, Germany: 1-211.

Vallega, A.(2008). Sustainable Ocean Governance: A Geographical Perspective. Routledge: 1-208.

Van-Grunsven, L.(1995). Industrial Regionalization and Urban-Regional Transformation in Southeast Asia: The SIJORI Growth Triangle Considered Malaysian. Journal of Tropical Geography. 26(1): 47-65.

VASAB 2010(1996). Leitbild und Strategien rund um die Ostsee 2010. Vom Leitbild zur Aktion. Vierte Konferenz der Raumordnungsminister der Ostseestaaten. Stockholm.

VASAB 2010(1994). Vision and Strategies around the Baltic Sea 2010. Toward a framework for Spatial Development in the Baltic Sea Region. Third Conference of Ministers for Spatial Planning and Development, Tallinn, December: 7-8.

Vieregg-Rössler GmbH(2008). Expert Report on the Traffic Forecasts and Cost Calculations of the Proposed Fixed Fehmarnbelt Link. NABU Naturschutzbund Germany E. V: 1-56.

Vince, J. and Haward, M.(2009). New Zealand Oceans Governance: Calming Turbulent Waters?. Marine Policy. 33(2): 412-418.

Wadley, D. and Parasati, H.(2000). Inside South East Asia's Growth Triangles. Geography. 85(4): 323-334.

Walsh, C.(2012a). Policy and Planning Brief: The Territorial Agenda of the European Union 2020. Planning Theory and Practice. 13(3): 493-496.

Walsh, C.(2012b). Soft Spaces across the Fehmarnbelt: Territorial Re-shaping and Cross-border Region-building. Regional Studies Association European Conference.

Walsh, C. and Allin, S.(2012). Strategic Spatial Planning: Responding to Diverse Territorial Development Challenges: Towards an Inductive-Comparative Approach. International Planning Studies. 17(4): 377-395.

Wang, J. J. and Olivier, D.(2004). Port Governance in China: A Review of policies in an Era of Internationalizing Port Management Practices. Transport Policy. University of Oxford, Elsevier. 11(3): 237-250.

Wang, J. J., Olivier, D., Notteboom, T. and Slack, B.(2007). Ports, Cities, and Global Supply Chains(Transport and Mobility). Ashgate Publishing: 1-278.

Wang, J. J. and Slack. B.(2004). Regional Governance of Port Development in China: A Case Study of Shang-hai International Shipping Center. Maritime Policy and Management. London: Guildhall University. 31(4): 357-373.

Warr, C. G., Peachey, K. and Perry, M.(1999). Fragmented Integration in the Singapore-Indonesian Border Zone: Southeast Asia's Growth Triangle Against the Global Economy. International Journal of Urban and Regional Research. 23(2): 304-328.

Watson, D.(2000). The International Resources Cities Program: Building Capacity in Bulgarian Local Governments. Public Administration Review. 60(5): 457-463.

Weatherbee, D.(1995). The Foreign Policy Dimensions of Sub-regional Economic Zones. Contemporary Southeast Asia. 16(4): 425-430.

Wendt, A.(1987). The Agent-Structure Problem in International Relations Theory.

International Organization 41(3): 335-370.

Wilson, D.(2007). The Urban Growth Machine(Suny Series in Urban Public Policy). SUNY Press: 1-328.

Yeoh, C., Koh, C. S and Cai, C.(2004). Singapore's Regionalization Blueprint: A Case of Strategic Management, State Enterprise Network and Selective Intervention. Journal of Transnational Management Development. 9(4): 14-36.

Zusammenarbeit uber den Fehmarnbelt(2013). Der Fehmarnbelt und seine Umgebung ist unsere Heimat: 1-13.

3. 기타

경제협력개발기구(OECD)(2009). 아시아 주요 도시별 비교통계.

국무총리실직속 외국인정책위원회(2006). 외국인정책 기본방향 및 추진체계. 제1회 외국인정책회의 자료.

국토해양부(2008-2012). 국토해양백서(해양/수산/항만부문).

국토해양부(2008). 국토해양용어사전. 국토해양백서.

국토해양부(2009). 국토해양통계연보 및 통계누리(http://stat.mltm.go.kr).

기획재정부(2012). 공공기관 경영정보공개시스템(ALIO)공시(www.alio.go.kr).

동북아자치단체연합 홈페이지(2012). The Association of North East Asia Regional Governments. http://www.neargov.org.

부산광역시(1986~2008). 시정백서(항만/수산분야).

부산광역시(1993). 직할시 30년: 부산의 어제, 오늘 그리고 내일(1963-1992).

부산광역시(2009). 부산-후쿠오카 초광역 경제권 포럼 자료집(2009. 2. 2).

부산광역시(2012). 국제협력과 부산국제자매도시위원회 내부자료.

부산광역시 해양항만과(2000~2012). 항만시설 및 운영통계.

부산직할시(1984). 직할시 20년.

부산직할시(1993). 직할시 30년: 부산의 어제, 오늘 그리고 내일(1963-1992).

부산직할시(1983). 부산시정(1965-1982).

부산직할시(1978). 부산의 역사.

부산직할시사 편찬위원회(1990). 부산시사(1-2권).

부산상공회의소(1992). 부산경제지표.

부산상공회의소(1989). 부산경제사.

부산상공회의소 부산경제연구원(1992). 부산경제백서.

부산 · 울산지방통계청(1982-2008). 지역산업 총 조사.

부산지방해운항만청(1996). 부산항사.

부산지방해양항만청(2008-2012). 항만시설 및 운영통계.

부산발전연구원(1993-1994). 부산발전론 및 부산경제론.

부산발전연구원(1994). 부산시 자치구별 경제 · 사회 통계지표의 비교.

부산발전연구원(2000). 부산도시론.

부산일보사(1998). 부일연감.

부산항만공사(2009). 부산항 부두 및 항만시설 운영통계.

부산항만공사(2009). 부산항 부두 및 항만시설 운영통계(Port-MIS).

부산발전연구원(2007). 해양수도 부산의 잠재력 분석과 추진전략 연구보고서 (2007-14).

부산발전연구원(2009). 초국경 광역경제권 발전의 조건과 미래. 부산의 미래발전 전략수립을 위한 국제세미나 자료집.

부산/인천/울산/경기평택항만공사(2008-2012). 경영공시자료/재무제표자료/기관 설립백서 등(12종).

부산시보(부산-후쿠오카, 초광역 경제권 시대로, 2008. 10. 22); 국제신문(부산-후쿠오카 민간교류협회 결연, 2009. 8. 27); 서울신문(부산 후쿠오카 초광역 경제권 추진, 2008. 3. 8); 조선일보(부산 후쿠오카 초광역 경제권 프로젝트 발진, 2010. 2. 10). 조선일보(하나의 도시, 꿈꾸는 부산 · 후쿠오카, 2010. 2. 23).

세계도시경쟁력포럼(International Forum on Urban Competitiveness)(2010). 글로벌 도시경쟁력보고서(The Council of Global Urban Competitiveness Project, 2009-2010).

세계지방자치단체연합(2012). World Organization of United Cities and Local Governments. http://www.cities-localgovernments.org.

인천광역시 자치행정과/항만공항정책과(1980-2010). 항만/공항시설 및 운영현황 통계.

인천광역시(각 연도). 자치행정과/항만공항정책과. 항만/공항 및 운영현황 통계.

인천광역시(1986-2008). 시정백서.

인천항만공사(2009). 인천항 부두시설 운영통계(Port-MIS).

일본 총무성 통계국(總務省 統計局)(1980-2010). 일본통계연감.

일본 총무성 통계국 통계연수소(統計研修所)(1980-2010). 국세(國勢) 주택/토지통계조사.

일본 후쿠오카시 정책조정과(福岡市經濟振興局政策調整課)(1980-2010). 경제 및 산업통계 및 항만통계.

전국시도지사협의회(2013). 거주외국인정책(http://www.klafir.or.kr).

전국시도지사협의회(2013). 국제교류편람 및 국제화정보DB(구 한국지방자치단체 국제화재단). http://www.klafir.or.kr.

전국항운노동조합연맹(2009). 전국 항운노동조합 지역별 현황.

중국 국가통계국(國家統計局)(1980-2010). 중국통계적요 및 공업경제통계연감.

중국 국가통계국 도시사회경제조사총대(都市社會經濟調査總隊)(1980-2010). 도시통계연감.

중국인력자원사회보장부(人力資源社會保障部)(1980-2010). 노동통계연감.

중국 상해시 인민정부 민정국(上海市人民政府民政局)(1980-2010). 경제/산업/노동통계.

중국 상해국제항무그룹유한공사(SIPG)(1980-2010). 항만통계.

재부산일본국총영사관(2012). www.busan.kr.emb-japan.go.jp.

통계청(1965-2011). 인구주택총조사 및 경제활동인구조사, 한국의 사회지표.

통계청(1993). 통계로 본 광복전후의 경제/사회상.

통계청(2012). KOSIS(사업체기초통계조사).

한국무역협회(2009). 아시아 주요도시 지표.

한국산업은행(2004). 한국의 산업(1958, 1960, 1962, 1964-2001).

한국은행(1965-2008). 경제통계연보.

한국은행조사부(1955-1960). 경제연감.

한국지방재정공제회(1990-1993). 지방재정편람.

한국해양대학교 국제해양문제연구소(2009). 한바다호와 함께 하는 청소년 해양 아카데미. 행사 및 강의자료집.

한국해양대학교 국제해양문제연구소(2009). 누리마루호와 함께하는 청소년 해양 아카데미. 행사 및 강의자료집.

한국해양대학교 국제해양문제연구소(2009). 누리마루호와 함께 하는 해양문화 선

상 시민아카데미: 해양세계의 재현과 현실. 행사 및 강의자료집.

한국해양대학교 국제해양문제연구소(2010). 청소년과 함께 하는 해양과학문화 선상 아카데미. 행사 및 강의자료집.

한국해양대학교 국제해양문제연구소(2010). 부산항 시민 선상아카데미. 행사 및 강의자료집.

한국해양대학교 국제해양문제연구소(2011). 부산항축제 발전방안 시민대토론회 및 선상시민아카데미. 행사 및 강의자료집.

한국해양대학교 국제해양문제연구소(2012). 해항도시문화교섭 시민강좌: 세계의 해항도시를 가다. 행사 및 강의자료집.

한국해양대학교 국제해양문제연구소(2013). 해항도시문화교섭 시민강좌: 해항도시 부산 재발견-이문화 가마솥, 부산 다시보기. 행사 및 강의자료집.

한국해양대학교 국제해양문제연구소 · KBS부산방송총국(2009). 경계를 넘어 미래로(제1편): 발트해의 선택, 신한자네트워크. TV방영 및 DVD 영상자료.

한국해양대학교 국제해양문제연구소 · KBS부산방송총국(2010). 경계를 넘어 미래로(제2편): 덴마크-스웨덴의 미래: 외레순드. TV방영 및 DVD 영상자료.

한국해양대학교 국제해양문제연구소 · KBS부산방송총국(2011). 경계를 넘어 미래로(제3편): 근대의 문, 나가사키. TV방영 및 DVD 영상자료.

한국해양대학교 국제해양문제연구소 · KBS부산방송총국(2011). 경계를 넘어 미래로(제4편): 제국의 도시, 광저우. TV방영 및 DVD 영상자료.

한국해양대학교 국제해양문제연구소 · KBS부산방송총국(2012). 경계를 넘어 미래로(제5편): 동서문화의 접점, 말라카. TV방영 및 DVD 영상자료.

한국해양대학교 국제해양문제연구소 · KBS부산방송총국(2012). 경계를 넘어 미래로(제6편): 미래로 바다로, 리스본. TV방영 및 DVD 영상자료.

한국해양대학교 국제해양문제연구소 · KBS부산방송총국(2012). 경계를 넘어 미래로(제7편): 무역항에서 문화도시로, 프랑스 마르세유. TV방영 및 DVD 영상자료.

한국해양대학교 국제해양문제연구소 · KBS부산방송총국(2013). 경계를 넘어 미래로(제8편): 제국의 수도, 이스탄불. TV방영 및 DVD 영상자료.

한국해양대학교 국제해양문제연구소 · KBS부산방송총국(2013). 경계를 넘어 미래로(제9편): 동방(東方)을 꿈꾸다, 블라디보스톡. TV방영 및 DVD 영상자료.

한국국제협력단(외교통상부 산하) 홈페이지(2012). http://www.koica.go.kr.

안전행정부(구 행정안전부/행정자치부/지방자치부/내무부: 1965-2012). 한국도시연감 및 지방재정연감.
안전행정부 국제교류관실(2000). 국제자매결연 운영 활성화 지침(내부자료).
안전행정부 국제교류관실(2009). 지방자치단체 자매결연 현황(내부자료).
안전행정부 국제교류관실(2012). 국제도시간 자매결연 업무처리 규정(훈령 제47호).
후쿠오카시(福岡市)(2012). http://www.city.fukuoka.lg.jp
후쿠오카시 총무기획국 국제부(總務企劃局 國際部) 및 경제진흥국 집객교류부(經濟振興局 集客交流部)(2008-2011). 내부자료 및 국제교류 통계 및 현황자료.
후쿠오카현 관광연맹(2012). http://www.japanpr.com
후쿠오카국제교류협회(福岡國際交流協會) 및 규슈경제조사협회(九州經濟調査協會)(2012). http://www.rainbowfia.or.jp

Baltic Development Forum(2013). http://www.bdforum.org
Baltic Sea Academy(2013). http://de.wikipeda.org/wiki/Baltic_Sea_Academy
Bundesministerium fur Verkehr, Bau und Stadtentwicklung(BMVBS)(2013). http://www.bmvbs.de
Citizens Action Committee Against the Fehmarn Belt Fixed Link(2013). Fehmarn Belt: Review of a Fixed Link Crossing(http://www.fehmarnbelt.riechey.de).
Copenhagen(2012). http://www.kk.dk
Danish Traffic Ministry(2013). PP20 Railway axis Fehmarn belt(http://www.trm.dk).
Europäische Territoriale Zusammenarbeit/Interreg-IV(2013). http.stmwivt.bayern.de/EFRE/lnterreg-IV/index.html
Fermern A/S website(2013). http://www.fehmarnbeltdays.com
Fehmarnbelt Fixed Link(2013). http://www.femern.com
Fehmarnbelt-Portal des Fehmarnbelt Komitees(2013). http://www.fehmarnbelt-portal.de
Finn Mølsted Rasmussen(2013). How to Get an Overview of the Traffic in Fehmarn Belt?(http://blog.ramboll.com/fehmarnbelt)
Forening Øresund(2012). http://www.oresund.com
Hanseatic Parliament(2013a). http://hanse-parlament.org
Hanseatic Parliament(2013b). http://wikipedia.org/wiki/Hanseatic_Parliament
Hanse-Parlament(2013). http://wikipedia.org/wiki/Hanse-Parlament

Hamburg(2013). http://english.hamburg.de

Interreg-Kooperationsraum: Ostseeraum(2013). http://www.bbr.bund.de/cln_005/nn_82522/DE/FP/INTERREG/Kooperationsraeume/Ostseeraum/ostseeraum.html

Interreg(2013). http://de.wikipedia.org/INTERREG

Interreg(2013). http://en.wikipedia.org/wiki/interreg

Malmo(2012). http://www.malmo.se

Ministry of Foreign Affairs of Denmark(2012). http://www.investindk.com

Ministry for Foreign Affairs of Sweden(2012). http://www.sweden.gov.se

Neue Hanse(2013). http://de.wikipedia.org/wiki/Neue_Hanse

OECD(2003). OECD Territorial Reviews: Oresund, Denmark/Sweden: 1-176.

OECD(2010). OECD Territorial Reviews: Trans-border Urban Cooperation in the Pan Yellow Sea Region: 55-192.

Øresundsregionen(2012). http://www.oresundsregionen.org

Oresund Institute(2012). http://www.oresundsinstituttet.org

Port of Hamburg(2013). http://www.hafen-hamburg.de/en

Ramboll(2013). http://www.ramboll.com/projects

Städtebund Hanse(2013). http://www.hanse.org/de/die_hanse)

Subsidarität(2013). http://de.wikipedia.org/wiki/Subsidarit

TransBaltic(2013). http://transbaltic.eu

Wikipedia(2013). http://de.wikipedia.org/wiki/Fehmarnbelt

찾아보기

1 A

ㄱ

ㄹ

ㅁ

ㅂ

ㅅ

ㅇ

ㅈ

ㅋ

ㅌ

ㅍ

저자소개

우양호 (禹良昊)

| 부산대학교 행정학 박사
한국해양대학교 국제해양문제연구소 HK교수
한국해양대학교 국제해양문제연구소 HK해항문화연구실장

박민수 (朴珉洙)

| 독일 베를린자유대학 문학 박사
한국해양대학교 국제해양문제연구소 HK교수
한국해양대학교 국제해양문제연구소 HK해역교섭연구실장

정진성 (鄭眞星)

| 독일 괴팅엔 대학 언어학 박사
한국해양대학교 국제대학 유럽학과 교수
한국해양대학교 국제해양문제연구소 HK일반연구원, 부소장